Revista de Direito Tributário

68

MALHEIROS EDITORES

Revista de Direito Tributário

Publicada sob os auspícios do

Instituto Geraldo Ataliba – IDEPE — Instituto Internacional de Direito Público e Empresarial
e do
IBET — Instituto Brasileiro de Estudos Tributários

ISSN 0102-7956

REVISTA DE DIREITO TRIBUTÁRIO
publicação trimestral de
MALHEIROS EDITORES LTDA.
Rua Paes de Araújo, 29, 17º andar
conj. 171 - CEP 04531-940
São Paulo, SP - Brasil - Tel. (011) 822-9205
Fax: (011) 829-2495

Assinaturas e comercialização:
CATAVENTO DISTRIBUIDORA DE LIVROS S.A.
Rua Conselheiro Ramalho, 928
CEP 01325-000
São Paulo, SP - Brasil - Tel. (011) 289-081
Fax: (011) 251-3756

Diretor Responsável: Álvaro Malheiros
Diretora: Suzana Fleury Malheiros
Supervisão Gráfica: Vânia Lúcia Amato

Composição: Helvética Editorial
Impressão: Gráfica e Editora FCA
(Fundação de Ciências Aplicadas)

SUMÁRIO

CADERNOS DE DIREITO TRIBUTÁRIO

LAS FACULTADES DE LA ADMINISTRACIÓN EN MATERIA DE DETERMINACIÓN DE TRIBUTOS
— **José J. Ferreiro Lapatza** 7

DISCREZIONALITA DELL'AMMINISTRAZIONE NELL'ACCERTAMENTO TRIBUTARIO
— **Andrea Amatucci** 19

COMPENSAÇÃO DOS PREJUÍZOS FISCAIS ACUMULADOS DO IMPOSTO SOBRE A RENDA E A INCONSTITUCIONALIDADE DA LIMITAÇÃO DE 30% PRESCRITA NA LEI N. 8.981/95
— **Paulo de Barros Carvalho** 29

FACULDADES DA ADMINISTRAÇÃO EM MATÉRIA DE LANÇAMENTO TRIBUTÁRIO
— **Alcides Jorge Costa** 39

AS LIMINARES E O DIREITO DE LANÇAR TRIBUTO
— **Hugo de Brito Machado** 46

ICMS — TRANSFERÊNCIA ENTRE ESTABELECIMENTOS DO MESMO CONTRIBUINTE — DIREITO AO APROVEITAMENTO DOS CRÉDITOS — COMPENSAÇÃO — AUTONOMIA DAS OPERAÇÕES
— **Aires Fernandino Barreto** 52

ICMS — ANÁLISE DA CONSTITUCIONALIDADE DA VINCULAÇÃO DA RECEITA TRIBUTÁRIA PREVISTA NA LEI ESTADUAL N. 6.556/89
— **Eros Roberto Grau** 71

O REGIME ESPECIAL DO ICMS
— **Heron Arzua** 76

INTELIGÊNCIA DO ART. 155, § 2º, INC. IV DA CONSTITUIÇÃO FEDERAL — COMPETÊNCIA EXCLUSIVA DO SENADO FEDERAL DE FIXAÇÃO DAS ALÍQUOTAS INTERESTADUAIS DO ICMS — CONSTITUCIONALIDADE DO PROJETO DE RESOLUÇÃO N. 113/96 DO SENADO FEDERAL QUE AS FIXA PARA A NAVEGAÇÃO AÉREA NO PRESSUPOSTO DE CONSTITUCIONALIDADE DA LEI COMPLEMENTAR N. 87/96 PARA REGULAMENTAÇÃO DESSA INCIDÊNCIA — PARECER
— **Ives Gandra da Silva Martins** 84

DIREITO CONSTITUCIONAL TRIBUTÁRIO COMPARADO: BRASIL E ESPANHA
— **Diego Marín-Barnuevo Fabo e José Roberto Vieira** 95

FACULDADE DA ADMINISTRAÇÃO NA DETERMINAÇÃO DE TRIBUTOS (LANÇAMENTO E LIQUIDAÇÃO)
— **Aurélio Pitanga Seixas Filho** 100

A CONTRIBUIÇÃO AO PASEP E SUAS IMPLICAÇÕES COM O ART. 173 DA CONSTITUIÇÃO FEDERAL
— **Reinaldo Pizolio** ... 106

CRÉDITO PRESUMIDO DE IPI, INSTITUÍDO EM BENEFÍCIO DO PRODUTOR EXPORTADOR DE MERCADORIA NACIONAL, OU, NA IMPOSSIBILIDADE DE SEU APROVEITAMENTO, O RESSARCIMENTO EM MOEDA CORRENTE, AMBOS COMO MODALIDADE DE "INDENIZAÇÃO FISCAL" PELO PAGAMENTO DE EXCESSIVAS CONTRIBUIÇÕES SOCIAIS (DESTINADAS AO PIS/PASEP E COFINS), INCIDENTES SOBRE OS INSUMOS UTILIZADOS NO PROCESSO PRODUTIVO — INTERPRETAÇÃO E ALCANCE DA NORMA JURÍDICA — LEI FEDERAL N. 9.363/96
— **Edison Araújo Peixoto** ... 117

ICMS — SUBSTITUIÇÃO TRIBUTÁRIA — BASE DE CÁLCULO — LEI COMPLEMENTAR N. 87/96 — PREÇO DE VENDA SUGERIDO — ADMISSIBILIDADE PERANTE AS LEIS TRIBUTÁRIAS E DE DEFESA DO CONSUMIDOR
— **J. A. Lima Gonçalves** ... 125

CONFERÊNCIAS E DEBATES

LA IMPOSICIÓN A LAS RENTAS DE LAS EMPRESAS EN LOS PROCESOS DE INTEGRACIÓN
— **Ramon Falcon y Tella** (Relator geral do tema na XVIII Jornada Latino-Americana de Direito Tributário) ... 138

FACULDADES DA ADMINISTRAÇÃO NO LANÇAMENTO TRIBUTÁRIO
— **Paulo de Barros Carvalho** (Relator geral do tema na XVIII Jornada Latino-Americana de Direito Tributário) ... 163

A PROGRESSIVIDADE DO ITBI (SISA)
— **Aires Fernandino Barreto** ... 180

NOTAS E COMENTÁRIOS

IPI — PRINCÍPIO DA NÃO-CUMULATIVIDADE — CRÉDITO RELATIVO A INSUMOS ISENTOS
— **Marcelo Paulo Fortes de Cerqueira** ... 189

ICMS — CRÉDITO — CORREÇÃO MONETÁRIA
— **Paulo Ayres Barreto** ... 202

JURISPRUDÊNCIA

ICMS E ENERGIA ELÉTRICA: CREDITAMENTO ... 210
IPTU — O SISTEMA DE PROGRESSIVIDADE NO MUNICÍPIO DE SÃO PAULO ... 212
ICMS — BASE DE CÁLCULO: É O VALOR DA OPERAÇÃO DE QUE DECORRE A SAÍDA DA MERCADORIA ... 220
CRÉDITO TRIBUTÁRIO — PRESCRIÇÃO — EXTINÇÃO ... 223
CONTRIBUIÇÃO SOCIAL — COMPENSAÇÃO — PRAZO E PRESCRIÇÃO ... 225
ISS — MUNICÍPIO DE SÃO PAULO — EXERCÍCIO DE 1978-1992 — ILEGITIMIDADE — EMPRESA NÃO-PRESTADORA DE SERVIÇOS MÉDICO-HOSPITALARES ... 227
IPTU — BASE DE CÁLCULO — ALÍQUOTA PROGRESSIVA — NÃO ENQUADRAMENTO NAS HIPÓTESES PREVISTAS NO ART. 182, § 4º, DA CF/88 — CARACTERIZAÇÃO DE VERDADEIRO CONFISCO — INCONSTITUCIONALIDADE DECLARADA ... 231

Revista de Direito Tributário

CADERNOS DE DIREITO TRIBUTÁRIO

Fundador: Rubens Gomes de Souza (†)

CADERNOS DE DIREITO TRIBUTÁRIO

CADERNOS DE DIREITO TRIBUTÁRIO

LAS FACULTADES DE LA ADMINISTRACIÓN EN MATERIA DE DETERMINACIÓN DE TRIBUTOS*

José J. Ferreiro Lapatza
por la Asociación Española de Profesores
de Derecho Financiero y Tributario

1. Introducción. Liquidación, acto de liquidación y procedimiento de liquidación. La determinación de la base y las facultades de la Administración respecto a ella. Precisiones terminológicas. El objeto de nuestro análisis

El art. 28 de la Ley General Tributaria dice que: "El hecho imponible es el presupuesto de naturaleza jurídica o económica fijado por la Ley para configurar cada tributo y *cuya realización origina el nacimiento de la obligación tributaria*".

El Derecho positivo español se alinea así con los ordenamientos positivos que, de una forma clara, tajante y contundente disciplinan la obligación tributaria, es decir, la obligación de pagar una suma de dinero al Estado a título de tributo, como una obligación *ex lege* que nace, precisamente, de la realización del hecho imponible.

Del carácter *ex lege* de la obligación tributaria se deriva, obviamente, la necesidad de que la norma jurídica determine no sólo el hecho generador de la obligación sino también la cantidad a pagar. Bien directamente (tributos fijos) o bien determinando los elementos de cuantificación de tal cantidad (tributos variables); fundamentalmente la base imponible y el tipo de gravamen.

El principio de legalidad, tal y como aparece recogido en el art. 31.3 de la Constitución Española alcanza, desde luego, tanto al hecho imponible como a los elementos de cuantificación de los tributos variables. Y a la fijación de la cuota en los tributos fijos, cuya escasa significación en el sistema tributario español hace innecesarias más referencia a ellos.

*Relatório apresentado na XVIII Jornada Latinoamericana de Derecho Tributario (Montevidéu, Uruguai, de 1 a 6 de dezembro de 1996).

"La creación *ex novo* de un tributo", ha dicho en el sentido apuntado, el Tribunal Constitucional (S.T.C. de 4 de febrero de 1983), "y la determinación de los elementos esenciales o configuradores del mismo pertenecen siempre al plano o nivel de la ley y no pueden dejarse nunca a la legislación delegada y menos todavía a la potestad reglamentaria."

La determinación del hecho imponible y de los elementos que sirven para fijar la cuantía de la obligación tributaria, esencialmente base y tipo, está pues reservada a la Ley. A la norma con rango de ley que en un plano general y abstracto fija las obligaciones de los ciudadanos en orden al sostenimiento y financiación de los gastos públicos.

Pero fijémonos bien en que cuando decimos que los elementos de cuantificación de la deuda sirven para fijar la cuantía de la obligación tributaria, para hacer líquida esta deuda, para liquidar esta obligación, estamos pasando del plano normativo al plano de la aplicación de la norma a cada caso concreto.

La liquidación se coloca así, pues, siempre, a mi juicio, en este segundo plano: en el plano de la aplicación efectiva de las normas jurídicas.

Ya en este segundo plano podemos hablar de una actividad de liquidación o, más exactamente de un procedimiento de liquidación para referirnos a una serie de actos jurídicamente significativos, es decir, de los que derivan efectos jurídicos y que tienen como fin o están encaminados a fijar la cuantía de una determinada obligación tributaria. Y podemos hablar de acto de liquidación como resultado o acto final de este procedimiento. Como acto con el que o en el que se fija la cuantía de una determinada obligación tributaria.

Pues bien, el ordenamiento jurídico puede encomendar la actividad de liquidación, entendida como procedimiento y la realización del acto de liquidación tanto a la Administración como a los particulares. O puede ordenar que en dicho procedimiento o en dicho acto puedan y deban intervenir tanto la Administración como a los particulares.

La evolución del ordenamiento español en los últimos años ofrece ejemplos muy claros de la gama completa de las posibilidades a las que acabo de referirme.

En efecto, de un procedimiento basado en la declaración por parte de los contribuyentes de los hechos imponibles realizados y en la liquidación administrativa de la correspondiente obligación, se ha pasado, en este período de tiempo a un procedimiento basado en la declaración, autoliquidación y pago por el contribuyente de la práctica totalidad de los tributos del sistema.

Pero antes y después, en cualquiera de estas etapas, la Administración podía y puede, claro está, comprobar los hechos declarados y las liquidaciones realizadas por la propia Administración (con el carácter de liquidaciones previas por basarse sólo en los hechos declarados por el contribuyente y no comprobados y no tener por ello el carácter de definitivas) o por los contribuyentes sobre la base de tales hechos y liquidar las obligaciones correspondientes a hechos no declarados y descubiertos por ella.

La diferencia está en que mientras hace treinta años la actividad liquidatoria de la Administración se desarrollaba generalmente en el seno de relaciones normales, no patológicas, entre Administración y administrados y sólo excepcionalmente tendía a corregir actuaciones de los contribuyentes contrarias al ordenamiento, en la actualidad la actividad liquidatoria de la Administración sólo se realiza en el ámbito de unas actuaciones y de un procedimiento que está pensado y dirigido a la corrección de comportamientos antijurídicos de los contribuyentes.

En cualquier caso, la actividad liquidatoria de la Administración se desarrolla a través de un procedimiento que, en cuanto realizado por ella, se configura como un procedimiento administrativo de liquidación y que debe conducir como resultado a un acto administrativo de liquidación.

En este procedimiento administrativo de liquidación y en su fin o resultado el acto administrativo de liquidación se enmarca el tema objeto de estas jornadas y de este trabajo.

Pero inmediatamente surge la idea de que tal tema debiera, en pura teoría, estar vacío de contenido.

Pues si la ley determina la base de los distintos tributos, y sólo la ley puede hacerlo, la Administración sólo puede aplicar la determinación así hecha por la ley careciendo de facultad alguna, tanto en plano normativo o reglamentario como en el de gestión, para variar o modificar o alterar en cualquier sentido el mandato legal que ha de limitarse, simplemente, a cumplir.

Pero es aquí, por el contrario y precisamente, donde se plantean los múltiples y difíciles problemas, comunes a toda norma jurídica, de interpretación de las normas u de su aplicación a los que tan acertada y oportunamente hace alusión el relator general en sus directrices subrayando las dificultades "esenciales" inherentes a la imprecisión del lenguaje jurídico-normativo en su referencia a la realidad.

Es obvio que el problema de la imprecisión del lenguaje jurídico está en la esencia de la norma y es, en este sentido, irresoluble en su totalidad. Como está en la esencia de la norma de imposibilidad de recoger en ella todas las circunstancias de cada uno de los casos concretos que caen bajo su ámbito de aplicación. El "tipo" al que responden estos casos no puede recoger, lógicamente, las características individuales de cada uno de ellos.

Es en este punto en el que la ciencia y la técnica del Derecho, en cuanto elaboran y utilizan un lenguaje jurídico lo más riguroso y preciso posible, pueden ayudar a reducir el problema. Recogiendo con las palabras de la norma realidades fácilmente identificables sin renunciar por ello al grado de abstracción y generalidad al que toda norma jurídica debe responder y aspirar para responder al principio de igualdad, unido a la generalidad del mandato, y al principio de seguridad o certeza atado a la tipicidad.

La norma jurídico-tributaria no es ajena a estos problemas. Por el contrario, en ella se acentúan debido a la exagerada influencia en su elaboración de un "economicismo" empeñado en diseccionar, distinguir y diferenciar hasta el infinito las distintas situaciones en que un ciudadano puede encontrarse a la hora de medir su capacidad económica. La prolijidad, el casuismo y la complejidad de las leyes tributarias se debe en gran parte a la exagerada influencia en su elaboración de teorías económicas o técnicas contables empeñadas en defender en cada uno de los numerosos y diferentes supuestos pranteados sus conclusiones, a veces expuestas como dogmas no sujetos a discusión, sin tener suficientemente en cuenta, de una parte, el carácter siempre relativo, en particular en las ciencias sociales, de las verdades científicas, ni, de otra y sobretodo, las exigencias del Derecho como ciencia de la organización social ni de la norma como técnica de organización.

El largo planteamiento que he venido haciendo no trata, claro está, de orillar el objeto y tema de mi trabajo. Por el contrario trata de situarlo en el plano en que, en mi opinión, debe de colocarse.

Y este plano es, siempre en mi opinión, no el plano ejecutivo de aplicación de la norma al caso concreto sino el plano normativo. El plano de la elaboración de la norma o de análisis o crítica de la norma ya elaborada.

De su congruencia o no con los principios constitucionales y, en un primer plano, con aquellos que tienen una especial incidencia en el ámbito tributario: el principio de legalidad, el principio de seguridad, los principios de capacidad e igualdad, referido este último también a la igualdad de las partes en los litigios que pudieran suscitarse entre Administración y contribuyentes.

Y ello, desde la perspectiva metodológica que yo asumo en el estudio jurídico del tributo, equivale a decir que el análisis de las normas que regulan y determinan la base imponible debe examinar, en primer lugar hasta que punto tales normas se integran en el esquema de un tributo jurídicamente estructurado como una obligación rigurosamente establecida, en su existencia y cuantía por la ley; como una obligación en la que Estado y contribuyente se colocan en el mismo plano de igualdad en cuanto que ambos se encuentran por debajo de la ley y sometidos a ella; como una obligación que responde tanto por el hecho que la genera como por su cuantía, fundamentalmente, al principio de capacidad.

El análisis de las normas que regulan y determinan la base debe examinar, en el mismo primer lugar y como contrapunto, hasta donde ellas alejan al tributo del esquema obligacional que hemos descrito para acercalo al de una relación de poder en el que la ley concede a la Administración un ámbito de libertad de actuación y un haz de facultades para ejercer en este ámbito incompatibles con aquel esquema obligacional.

Desde esta perspectiva parece claro que el paradigma, en cuanto a la determinación normativa de bases imponibles, viene representado por bases directamente mensurables, aun con la relatividad con que cabe entender esta expresión, referidas a sujetos determinados e individualizables: el beneficio o renta neta de una empresa o persona física, el precio efectivamente pagado en una transacción, el volumen de mercancía importada o fabricada, etc.

Resulta, sin embargo que, en ocasiones, el legislador no considera conveniente, ni incluso deseable desde el punto de vista de la justicia, la aplicación de este paradigma; y, por el contrario, entiende que la base ha de ser determinada no de acuerdo con magnitudes reales sino con arreglo a magnitudes promedias o potenciales. En otras, la base cierta, medida directamente de la realidad, puede ser sustituida por una base "objetiva" fijada en función de ciertos elementos de entre los que sirven para determinar directamente (p. ej. ventas, salarios) la base o de signos o índices ajenos a ella (p. ej. número de obreros, potencia instalada) o incluso al propio contribuyente (p. ej. rendimientos promedios del sector). Elementos, signos o índices que pueden ser también utilizados por la Administración para fijar ella la base cuando faltan los datos que el contribuyente ha de aportar para su determinación.

Pero nuestro análisis no debe detenerse en los métodos de determinación de la base, considerada en su totalidad, a que acabamos de hacer alusión. Debe de extenderse también al uso de ciertas técnicas de determinación parcial o de alguno o algunos elementos de la base, ficciones, presunciones, reglas de valoración, cuya utilización contribuye a fijar, en ocasiones de modo decisivo, la posición de la Administración frente al contribuyente en este campo. Y debe de extenderse asimismo a las posibilidades que la ley ofrece a la Administración en nuestro ordenamiento para fijar bases revisables por ella misma posteriormente. Así como a las posibilidades de discusión, contradicción o conciliación que se ofrecen a los administrados frente a las facultades de la Administración.

2. *Los gravámenes sobre rendimientos medios presuntos y la forfetización de bases y cuotas en impuestos sobre rentas netas y volumen de ventas*

El principio constitucional de capacidad quiere que el legislador elija, en general, como hecho imponible de los distintos tributos un hecho que revele una cierta capacidad económica en quién lo realiza. Y que elija para cuantificar el tributo una base imponible que revele también esta capacidad.

El procedimiento de determinación de la base más fiel al principio de capacidad es, sin duda y como ya hemos apuntado, aquel que exige la medición directa de la base: valor, renta, ventas, etc.

Pero este modo de determinación de la base no pudo ser utilizado históricamente en mi país, y me estoy refiriendo a la segunda mitad del S. XIX y a la primera mitad del XX, en los gravámenes sobre los rendimientos de bienes rústicos y urbanos ni siquiera cuando tales tributos formaban una parte fundamental del sistema tributario estatal. Debido fundamentalmente a los medios de gestión de los tributos de que se disponía tales impuestos se configuran entonces como impuestos sobre rendimientos medios presuntos o potenciales. Pero tampoco ahora, cuando tales tributos han perdido gran parte de su importancia y se han transformado en tributos locales, han dejado de concebirse como tributos sobre rendimientos medios o potenciales; lo mismo que sucede también ahora con el impuesto local que grava el ejercicio de las distintas actividades económicas en el Municipio. Y la justificación deriva ahora de los costes de gestión y la presión fiscal indirecta que, en relación con su importancia recaudatoria y el círculo de sujetos pasivos a los que afecta, generaría la elección de otro tipo de base.

La coherencia de este modo de determinación de la base con los principios constitucionales se plantea, sin embargo ahora, con una especial importancia y significado, cuando el gravamen sobre rendimientos medios o presuntos se inserta en tributos de aplicación masiva como el Impuesto sobre la Renta de las Personas Físicas o el Impuesto sobre el Valor Añadido; tributos que, en general, se giran sobre bases ciertas o reales como son la renta global neta de las personas físicas o la contraprestación efectiva por la prestación de servicios o la transferencia de bienes por un empresario.

Los costes de recaudación, las posibilidades de la Administración, la excesiva presión fiscal indirecta sobre los ciudadanos, imponen la utilización de métodos forfetarios para determinar las rentas o ventas de profesionales y pequeñas empresas.

A mi juicio tales métodos transforman los impuestos a los que se aplican en impuestos no sobre rentas o ventas reales sino sobre rentas o ventas medias potenciales.

La constitucionalidad o inconstitucionalidad de la forfetización debe ser, en consecuencia, juzgada no desde la perspectiva de la constitucionalidad o inconstitucionalidad de un método de cuantificación, sino desde la perspectiva de la constitucionalidad o inconstitucionalidad de un impuesto sobre rentas o ventas medias potenciales y no sobre ventas o rentas reales.

Siempre en mi opinión, el principio de capacidad económica no se puede oponer a la existencia de tal tipo de impuestos. Impuestos sobre magnitudes o valores medios o potenciales que conjugan, por el contrario, las exigencias del principio de capacidad con las de una acción posible, eficaz y económica de la Administración y con la de una mínima intervención en la esfera de los particulares propiciada siempre desde la óptica de la libertad individual. Valores todos ellos, eficacia, economicidad, no ingerencia, que se ven reflejados también en el texto constitucional.

Valores que se unen a la certeza y claridad, es decir, a la seguridad jurídica, que tales tributos normalmente incorporan y a las virtudes que, ya desde el punto de vista estrictamente económico, se le han reconocido siempre en cuanto que, tales impuestos sobre magnitudes medias priman al empresario diligente y perjudican al que no lo es.

La constitucionalidad de un tributo sobre valores medios inserto en el seno del IRPF o del IVA sólo puede cuestionarse, en nuestro sentir, si con ellos resulta gravemente lesionada la igualdad general y básica que debe existir entre los sometidos al tributo por valores reales y los sometidos al tributo por valores medios.

La igualdad básica y general entre estos dos grupos de contribuyentes no puede evitar la existencia de casos concretos en los que la forfetización suponga un cierto alejamiento de las reglas de igualdad y capacidad.

Tales casos concretos son inevitables en la aplicación de toda norma jurídica y no invalidan por sí solas el sistema.

Pero aunque esto sea así, pueden y deben ser evitados, en aras de una más rigurosa aplicación de tales principios, reconociendo a los particulares sujetos al tributo un derecho de opción entre el gravamen por valores medios y el gravamen por valores reales aplicando claro está, en cada caso, el procedimiento previsto para la fijación de hechos y bases y para la liquidación del tributo.

Esto es lo que sucede en España en los dos tributos cuya regulación prevé la utilización masiva del sistema de forfetización ("estimación objetiva singular"), el IRPF y el IVA: en todo caso los sujetos pasivos pueden renunciar al sistema forfetario y optar por la determinación directa de sus bases.

En este sentido y en este punto la fidelidad del legislador español a la Constitución es total.

El alejamiento en este punto del texto constitucional puede discurrir, y de hecho discurre en mi país y en mi opinión, por otra vía.

La consideración del sistema forfetario como un procedimiento de determinación de bases y cuotas y no como la sustitución de un impuesto sobre valores reales por un impuesto sobre valores medios se toma por el legislador como base, a mi juicio inexistente, para dejar la regulación de tales "procedimientos" en manos del reglamento, es decir, de la Administración, arrancándolos de las manos de la ley que se limita, así, a autorizar el *forfait* y encomendar a la Administración su normativa concreta.

La consideración del sistema forfetario como sustitución de un gravamen sobre valores reales por un gravamen sobre valores medios debe servir de base y razón inexcusable para residenciar en el Parlamento la competencia para su regulación, conforme a un principio, el de legalidad, que impide la atribución de poderes normativos al Ejecutivo en materias reservadas a la ley, debilitando la seguridad jurídica, fortaleciendo inadecuadamente y sin base alguna los poderes de la Administración y debilitando en consecuencia, la situación de libertad y seguridad de los ciudadanos.

3. *Ficciones y presunciones: valoraciones ficticias o presuntivas*

Acabo de decir que, en mi opinión, el legislador puede establecer sistemas de forfetización de bases sin violentar los principios constitucionales de capacidad económica y de legalidad.

Debemos preguntarnos ahora que juicio constitucional debe merecer la norma cuando el legislador utiliza, para la determinación de la base imponible una ficción jurídica que sustituye la verdad real por la verdad normativa coincida o no con aquella; o utiliza una presunción *iuris et de iure* que da por cierto un hecho, se haya realizado o no, a partir de otro que si se ha realizado; u ordena, en fin, valorar de determinado modo ciertos bienes cualquiera que sea su valor real o el valor que les haya dado el contribuyente o, eventualmente, las partes que intervienen en una transacción.

Aunque la distinción entre presunciones *iuris et de iure* y ficciones pueda argumentarse, sin duda, teóricamente lo cierto es que los contornos de ambas figuras se mezclan frecuentemente, aunque no en todos los casos, cuando el legislador ordena sustituir valores reales por valores legales. Por ello entiendo preferible subsumir ambas figuras, en cuanto a determinación de valores se refieran, en la de valoraciones ficticias o presuntivas: valores ordenados por la ley con independencia del valor real y sin posibilidad de modificación o variación ni por la Administración ni por los contribuyentes con dos fines fundamentales: evitar la elusión de impuestos o fijar normas de valoración en supuestos en que la determinación real encierra graves dificultades sino se quiere aumentar desproporcionadamente la presión fiscal indirecta.

Así, p. ej., cuando el legislador ordena acumular, a efectos de determinar la base, las donaciones realizadas de padres a hijos en un período de tres años sustituye la verdad real por una verdad legal presumiendo, sin duda, que, en la intención de las partes se trata de una única donación fraccionada por motivos fiscales. Así, cuando el legislador ordena valorar las operaciones entre sociedades vinculadas a precio de mercado ordena sustituir este por aquel presumiendo sin duda otras ventajas para las partes, significativamente ventajas fiscales, que compensan la diferencia entre el valor otorgado en la operación y el valor de mercado.

En supuestos como éstos, con toda evidencia, el legislador trata de evitar la elusión de impuestos. Pero ello se hace a costa, de un lado, de sustituir los índices de capacidad económica real por una capacidad económica legal y, de otro, de un aumento no deseable en el grado de complicación y complejidad de las leyes fiscales.

Ello nos lleva a concluir, aunque sea ésta una conclusión de carácter muy general e imprecisa, que tales valoraciones presuntivas deben de reducirse al mínimo posible mejorando como contrapartida la técnica en la delimitación del hecho y de la base imponible y renunciando de antemano a la utópica creencia de que toda economía de opción o fraude de ley puede ser evitada con disposiciones de este tipo.

En otros supuestos, sin embargo, la fijación de un valor por ley sólo trata de introducir certeza allí donde la medición del valor real entrañaría graves dificultades sin un aumento desproporcionado de la presión fiscal indirecta. Así, cuando el legislador ordena valorar el ajuar doméstico en un 2% del valor del patrimonio exista o no dicho ajuar sustituye la realidad por una verdad legal presumiendo en todo caso no sólo la existencia del ajuar sino también su valor. Así, cuando el legislador permite deducir el 1 por 100 de los rendimientos íntegros a la hora de determinar la base, es decir, los rendimientos netos de profesionales.

Supuesta la ponderación del legislador a la hora de precisar estos valores, desde el punto de vista de la técnica legislativa estas bases ficticias, en casos como los que se acaban de poner como ejemplo no deben de merecer sino un juicio positivo por razones equiparables al juicio positivo que merecían en páginas anteriores los impuestos con bases medias o presuntas, que conjugan, como decíamos, las exigencias del principio de capacidad con una acción posible, eficaz y económica de la Administración y con la de una mínima intervención en la esfera de los particulares. Valores que se unen a la certeza y claridad que tal tipo de normas introducen en el sistema.

La determinación de la base a través de las presunciones absolutas o ficciones a que nos hemos referido hasta ahora refleja la nota positiva de su neutralidad: la determinación legal de la base se impone por igual a Administración y Administrados sin variar la posición de igualdad, ante y bajo la ley, de los dos sujetos de la relación.

No ocurre lo mismo sin embargo con las presunciones *iuris tantum* de que también, con frecuencia, se vale el legislador para la determinación de la base imponible. Así, p. ej., la Ley del IRPF española nos dice que: "las prestaciones del trabajo personal y las de bienes o derechos en sus distintas modalidades se presumirán retribuidas por su valor normal en el mercado, salvo prueba en contrario".

Se trata en estos casos, clara y únicamente, de favorecer y fortalecer la posición de la Administración evitándole la carga de probar directamente la realidad de los hechos y la eventual evasión del impuesto y trasladando esta carga al obligado. Ninguna ventaja ofrecen en orden a la seguridad, ni a la claridad del sistema, ni a la reducción de la presión fiscal indirecta, siendo, por lo demás, y con toda evidencia contrarias al principio de igualdad de las partes en el proceso y al derecho constitucional a la tutela judicial efectiva. Por ello, entiendo, su eliminación del sistema fiscal debe de ser perseguida con mayor ahínco que la de las presunciones absolutas y bases ficticias basadas, como hemos visto, en ocasiones, en ineludibles razones de lucha contra el fraude o en eliminar situaciones de incertidumbre difícilmente soslayables en otro modo.

4. Comprobación de valores

Las bases fijadas a través de una presunción *iuris et de iure* o de una ficción, así como las presunciones *iuris tantum* a que acabamos de referirmos han de ser en todo caso fijadas por la Ley. Pues cualquier facultad de la Administración para utilizar o no tales ficciones o presunciones chocaría no sólo con la igualdad de las partes que debe de presidir la regulación de la obligación colocando al deudor en situación clara de indefensión, sino que chocaría igualmente con el principio de legalidad que reserva a la Ley la fijación de la base y no permite por ello que sea la Administración quien potestativamente la determina sin posibilidad de contestación por el administrado. Una formulación legal como la contenida actualmente en la Ley del Impuesto sobre Sociedades en España según la cual "la Administración podrá valorar por su valor normal de mercado" determinados componentes de la base dan a la Administración un poder y una libertad de actuación incompatible con un Ejecutivo sometido a la ley.

Por supuesto que todas las consideraciones hechas hasta ahora no empecen para nada las facultades de que toda Administración Tributaria debe ser titular para comprobar los hechos imponibles realizados y las bases, en su caso, declaradas por los contribuyentes. Sólo los derechos fundamentales reconocidos por la Constitución pueden actuar como límite para el legislador a la hora de reconocer tales facultados a la Administración, siempre, insisto, que estas se refieran a la comprobación de los hechos efectivamente realizados.

Pero, en ocasiones, las leyes tributarias reconocen a la Administración la facultad de comprobar los valores que determinan la base y que han sido declaradas por los contribuyentes por medios que no se refieren a los hechos declarados. Así el art. 52 de la LGT española dice que:

"El valor de las rentas, productos, bienes y demás elementos del hecho imponible podrá comprobarse por la Administración Tributaria con arreglo a los siguientes medios:

"a) Capitalización o imputación de rendimientos al porcentaje que la Ley de cada tributo señale o estimación por los valores que figuren en los registros oficiales de carácter fiscal.

"b) Precios medios de mercado.

"c) Cotizaciones en mercados nacionales y extranjeros.

"d) Dictamen de peritos de la Administración.

"e) Tasación pericial contradictoria.

"f) Cualesquiera otros medios que específicamente se determinen en la Ley de cada tributo."

Pero inmediatamente hemos de decir que este artículo señala que "el sujeto pasivo podrá, en todo caso, promover la tasación pericial contradictoria, en corrección de los demás procedimientos de comprobación fiscal señalados", tratando de reequilibrar así las garantías del contribuyente con las facultades de la Administración. Propiciando una técnica arbitral de discusión o contradicción, con un tercer perito dirimente, que adolece sin embargo del grado de institucionalización y especialización que puede alcanzar un tribunal arbitral que quizás deba ser propiciado, como después diremos, como evolución deseable del método de contradicción ahora regulado.

5. *Liquidaciones provisionales y definitivas*

Dentro del ordenamiento positivo español, la inspección, a la que como ya dijimos está hoy encomendada normalmente la liquidación administrativa de los tributos goza de facultades que, aunque formalmente tasadas, le atribuyen unas amplias posibilidades de dictar liquidaciones provisionales que pueden ser modificadas después libremente por la propia Administración dentro del plazo de prescripción sin sujeción a otros plazos rigurosos que regulen sus actuaciones.

Parece claro que una reglamentación de este tipo, que se suma a la posibilidad de que las actuaciones inspectoras previas a la liquidación duren indefinidamente, choca con las más elementales exigencias del principio de seguridad jurídica por lo que no podemos sino hacernos aquí eco de las constantes peticiones que doctrinalmente se formulan sobre la necesidad de tasar rigurosamente los casos en que puede proceder una liquidación provisional, la duración de su validez como tal (dando paso, quizás, después de un período corto de tiempo, p. ej. seis meses, a su invalidez o a su transformación en definitiva), conectando este período a una regulación igualmente más rigurosa del período de tiempo en que un contribuyente puede estar sometido a un procedimiento inspector.

6. *Estimación indiciaria*

La estimación indirecta que permite la determinación administrativa de la base por medio de datos o índices absolutamente ajenos al contribuyente aparece fundamentalmente regulada en España en el art. 50 LGT, según el cual:

"Cuando la falta de presentación de declaraciones o las presentadas por los sujetos pasivos no permitan a la Administración el conocimiento de los datos necesarios para la estimación completa de las bases imponibles o de los rendimientos, o cuando los mismos ofrezcan resistencia, excusa o negativa a la actuación inspectora o incumplan sustancialmente sus obligaciones contables, las bases o rendimientos se determinarán en régimen de estimación indirecta utilizando para ello cualquiera de los siguientes medios:

"a) Aplicando los datos y antecedentes disponibles que sean relevantes al efecto.

"b) Utilizando aquellos elementos que indirectamente acrediten la existencia de los bienes y de las rentas, así como de los ingresos, ventas, costes o rendimientos que sean normales en el respectivo sector económico, atendidas las dimensiones de las unidades productivas o familiares que deban compararse en términos tributários.

"c) Valorando los signos, índices o módulos que se den en los respectivos contribuyentes, según los datos o antecedentes que posean en supuestos similares o equivalentes."

La desafortunada redacción de este artículo puede inducir a una interpretación puramente literal que reduzca el carácter subsidiario de la estimación indirecta a los supuestos de falta de declaración o de declaración defectuosa haciendo posible que la Administración acuda a ella, aun pudiendo conocer los datos necesarios para la estimación directa, cuando los sujetos pasivos "ofrezcan resistencia, excusa o negativa a la actuación inspectora o incumplan sustancialmente sus obligaciones contables".

Una interpretación literal de este tipo, indica acertadamente Génova Galván, "y la conclusión, a que lleva, ha de ser rechazada de plano, pues conforme a la naturaleza jurídica de la estimación indirecta, la mera conducta del sujeto pasivo, sin más, no puede erigirse en presupuesto habilitante para el recurso por la Administración a esta vía de todo punto excepcional y, consiguientemente, subsidiaria. De este modo, la Administración nunca podrá acudir directamente a la estimación, pues no se puede olvidar que la naturaleza jurídica de ésta es la de un procedimiento subsidiario y excepcional dentro del procedimiento de liquidación tributaria que supone el abandono (...) del procedimiento 'normal' o 'general' y su sustitución por otro distinto en atención, precisamente, a la imposibilidad de que la Administración siga aquel como consecuencia de no poder disponer de los medios ordinarios de comprobación". "Sólo cuando sea imponible la utilización de esos medios como consecuencias de una determinada conducta del sujeto pasivo", concluye, "y de tal modo que sea imposible a la Administración llevar a cabo una determinación, será factible acudir a la estimación indirecta".

A ello, seguimos diciendo nosotros, debemos añadir que, desde el punto de vista del adecuado equilibrio entre las facultades administrativas y las garantías del contribuyente, el texto transcrito adolece del defecto indudable de una gradación rigurosa de los datos a tener en cuenta por la Administración.

Pues este tipo de estimación, necesaria en todos los ordenamientos cuando los datos a aportar por el contribuyente son claramente insuficientes para la determinación de la base, no tiene porqué prescindir de los datos, aunque sean parciales, aportados, alejándose así lo menos posible de la realidad que se somete a comprobación.

7. Las técnicas de arbitraje en la determinación de la base

Puede decirse sin duda que, en España y en el actual proceso de gestión de los tributos la Inspección goza, de hecho y de derecho ya que a la propuesta de la inspección puede responder la conformidad del contribuyente, de un amplio margen para hacer propuestas de liquidación a los contribuyentes que si son aceptadas por éstos, en ocasiones, pueden variar en sus términos y no ir acompañadas de sanción y que, si no son aceptadas por éstos si pueden ir acompañadas de sanción.

Desde el inicio de las actas de invitación en el año 1927, que dieron por primera vez un soporte legal estable y sistemático a tal tipo de propuestas, el procedimiento de gestión de los tributos se vio así abocado en numerosas ocasiones a la transacción, entendiendo por ésta, según clásica definición de Castán, "el contrato por el cual las partes, mediante recíprocas concesiones, ponen fin a la incertidumbre que entre ellas mediaba acerca de la existencia, contenido o extensión de una relación jurídica", o, como dice el art. 1.809 CC, "un contrato por el cual las partes, dando o reteniendo cada una alguna cosa, evitan la provocación de un pleito o ponen término al que habían comenzado".

"La cuestión que da vida a la transacción", indican Diez Picazo y Gullón, "y que hace dudosa e incierta la relación jurídica, ha de entenderse, según ha dicho la jurisprudencia (STS de 17 de octubre de 1924 y de 3 de mayo de 1958) no por el valor racional de la duda, sino por el valor real nacido de la contradicción entre las partes".

"Entre las partes, la transacción es una forma de componer su litigio o una controversia. En lugar de encomendar la solución a un árbitro o a un juez, son las partes interesadas mismas quienes proceden a establecerla." "Por tratarse de un negocio jurídico dirigido a componer un litigio entre las partes, el contrato de transacción tiene el mismo valor que una sentencia. Puede decirse que es una sentencia que las partes se dan a si mismas."

"Al dirimir el litigio o controversia, la transacción declara, fija y da certeza a las relaciones jurídicas existentes entre las partes, o, lo que es lo mismo, la transacción posee un valor declarativo o de fijación."

Históricamente este tipo de transacciones, que a mi juicio vienen impuestas por el modo en que en nuestro Derecho se ha regulado la gestión de los tributos y la forma en que ésta debe alcanzar el máximo grado de agilidad, rapidez y eficacia, ... históricamente digo, este tipo de transacciones ha ido afectando a tantos más elementos de las relaciones jurídicas cuanto más amplias han sido las funciones inspectoras — desde la mera constatación de hechos, a la fijación de bases, cuotas y sanciones — y cuanto más abiertas, amplias en la concesión de facultades a la Administración o simplemente imprecisas eran las normas tributarias.

Creo que los que estén de acuerdo con lo que acabo de decir, estarán también de acuerdo con que el ancho campo de transacción al que nuestro ordenamiento tributario actual obliga en la actualidad tanto al inspector, por la operativa que se le impone, como al contribuyente, por la situación (de verdadero sujeto pasivo no de una relación obligacional sino de una verdadera relación de poder) en que se le sitúa debe de ser acotado al máximo por la Ley, pues como señala Bobbio: "*El proceso de autotutela asegura menos la igualdad proporcional entre violación* y *respuesta,* y *es, por tanto, sustituido en los ordenamientos más evolucionados por el proceso de heterotutela.* El reconocimiento de la venganza privada como sanción en determinados ordenamientos primitivos da lugar a una institución de autotutela; en la medida en que se refuerza el poder central de un ordenamiento, la función de la tutela de las normas jurídicas se substrae cada vez más de los individuos para dárselas a órganos diferentes a las partes en conflicto: el sistema de heterotutela garantiza, a más de la mayor eficacia, también una mayor proporción entre la culpa y la reparación, y por consiguiente satisface mejor algunas exigencias fundamentales de toda vida social, entre las cuales está ciertamente el orden para cuyo mantenimiento basta la garantía de que las normas impuestas se hagan valer, pero, sobre todo, *la igualdad en el tratamiento,* que es asegurada solamente cuando la sanción se atribuye a un órgano *super-partes*".

Parece, por lo demás, claro que la amplia libertad de que goza hoy la inspeción para hacer propuestas al contribuyente choca, de un lado, con el principio de indisponibilidad de la obligación tributaria y, de otro, se acentúa en ciertos supuestos de hecho debido, sobre todo, a la imperfección acusada de las normas que regulan la obligación de contribuir.

La introducción de la técnica del arbitraje como una de las piezas que mejorarían la situación del actual procedimiento de gestión y de resolución de controversias entre Administración y contribuyentes dentro de este proceso, debe partir, a mi juicio, de los seguintes principios:

1º) No cabe transacción sobre los hechos descubiertos o comprobados por la Inspección. Los términos de una posible transacción sobre hechos para eliminar una situación de incertidumbre respecto a los mismos han de ser sometidos, si ambas partes constatan la imposibilidad de despejar por otros medios tal situación de incertidumbre, a un arbitraje.

2º) La Inspección no debe tener facultades sancionadoras. Las facultades sancionadoras deben ser atribuidas a órganos independientes de la Inspección a través de un procedimiento separado; las sanciones no deben ser executivas hasta que sean firmes y claro está, deben quedar siempre sujetas a la revisión judicial.

3º) El contribuyente ha de tener derecho a una solución arbitral y vinculante al menos en los cuatro supuestos siguientes:

a) Cuando se aplique una presunción (como modo de reducir el peso de la carga de la prueba).

b) Cuando se aplique un concepto jurídico indeterminado tal como el de valor de mercado (p. ej. en los supuestos de precios de transferencia).

c) En los supuestos de estimación indirecta.

d) En los supuestos de aplicación de los artículos que regulan el fraude de ley (art. 24) y la simulación (art. 25) en la LGT.

En todos estos supuestos, repito, el arbitraje debe ser vinculante. Resulta obvio, por lo demás, que el arbitraje en cuanto técnica de resolución de conflictos en nada ataca al principio de indisponibilidad de la relación tributaria.

Y resulta asimismo obvio que la sumisión a un arbitrio en las situaciones descritas puede tener carácter previo a la actuación del contribuyente.

Cuando tenga carácter previo en los supuestos de presunciones, conceptos jurídicos indeterminados o calificación de acuerdo con los arts. 24 y 25 LGT (el carácter previo no juega, claro está, en los supuestos de estimación indirecta) la propuesta del contribuyente sólo ha de poder ser aceptada por la Inspección (dándose a su silencio el valor de la aceptación) o reconducida a la solución arbitral.

CADERNOS DE DIREITO TRIBUTÁRIO

FACULDADES DE LA ADMINISTRACIÓN EN MATERIA DE DETERMINACIÓN DE TRIBUTOS DISCREZIONALITA DELL'AMMINISTRAZIONE NELL'ACCERTAMENTO TRIBUTARIO*

ANDREA AMATUCCI

1. Il potere discrezionale[1] è riconosciuto in generale alla Pubblica Amministrazione affinchè sia esercitato in relazione ad un interesse pubblico primario, il quale non è generico, ma è specificamente individuato da una norma attraverso almeno l'attribuzione di una determinata competenza. Gli altri interessi secondari, che sono collegati al primario e che vengono in rilievo al fine dell'esercizio del potere discrezionale, sono non sempre egualmente determinati dalla norma, ma soltanto percepiti e risultano spesso eterogenei, perchè riferibili a più rami della Pubblica Amministrazione ed anche a soggetti privati.

Il potere discrezionale consiste in un'analisi comparativa degli interessi secondari rispetto ai primari. La Pubblica Amministrazione deve ispirarsi al principio di imparzialità in occasione della valutazione del peso degli interessi secondari; in tal senso è tenuta a realizzare la tutela dell'interesse pubblico con il minore sacrificio possibile di quelli privati.

Non è determinabile il criterio in base al quale deve avvenire la comparazione. L'ordinamento offre tuttavia elementi sufficienti per costruire principi che sovrintendono la valutazione ma non la scelta degli interessi, i quali sono più agevolmente identificabili se, nell'ambito del procedimento, la loro indicazione è affidata ai respettivi titolari.

Tuttavia la Pubblica Amministrazione deve evidenziare nella motivazione dell'atto che la comparazione è avvenuta e con quale criterio, che può essere sottoposto al sindacato di legittimità sotto il profilo dell'eccesso di potere, nelle sue figure

* Relatório apresentado na XVIII Jornada Latinoamericana de Derecho Tributario (Montevidéu, Uruguai, de 1 a 6 de dezembro de 1996).

1. La dottrina italiana in proposito è ampia. In particolare cfr. G. Barone, *L'intervento del privato nel procedimento amministrativo*, Milano, 1969, ed *Aspetti dell'attività interna della P.A.*, Milano, 1980; N. Daniele, "Discrezionalità tecnica della P.A. e giudice amministrativo", in *Scritti in memoria di A. Giuffrè*, III, Milano, 1967; E. Forsthoff, *Lehrbuch des Verwaltungsrechts*, München-Berlin, 1966; M. S. Giannini, *Diritto amministrativo*, I, Milano, 1970; F. Levi, *L'attività conoscitiva della pubblica amministrazione*, Torino, 1967; C. Mortati, "Discrezionalità", in *Nuoviss. Digesto* V, Torino, 1960, 1.098; A. Piras, "Dicrezionalità amministrativa", in *Enc. dir.*, XIII, Milano, 1964, 65; S. Sambataro, *L'abolizione del contenzioso nel sistema di giustizia amministrativa*, Milano, 1977; A. M. Sandulli, *Manuale di diritto amministrativo*, Napoli, 1974; P. Virga, "Appunti sulla cosiddetta discrezionalità tecnica", in *Jus*, 1957, 95; G. Zanobini, *Corso di diritto amministrativo*, I, Milano, 1958.

sintomatiche, tra le quali emergono l'illogicità, l'irrazionalità, la contraddizione e l'ingiustizia manifesta.

L'esercizio del potere discrezionale è, ad un tempo, giudizio, inteso quale comparazione degli interessi e della volontà, e scelta della solucione imposta da tale valutazione; inoltre può coinvolgere l'*an*, cioè se adottare un procedimento, o il *quid* o il *quomodo*.

Diversa è la discrezionalità tecnica, attraverso la quale la Pubblica Amministrazione deve ricorrere a cognizioni specialistiche, che non siano dominio della generalità del soggetti di una comunità. Ma se l'utilizzazione di regole specialistiche consente di comparare l'interesse da tutelare con altri, si verte sempre nel campo della discrezionalità. Se al contrario il ricorso a regole tecniche conduce ad un risultato certo, si perviene ad un giudizio che si risolve in un'operazione di individuazione della materialità di un fatto e perciò è assente ogni forma di discrezionalità.

É opportuno esaminare i principi che regolano la disciplina dell'accertamento tributario, e la concreta articolazione di esso al fine di stabilire se sono presenti i caratteri di tale potere discrezionale.

2. Il principio costituzionale di riserva di legge[2] impone che in una materia tanto delicata, quale è la tributaria, la collettività decida attraverso i propri rappresentanti; pertanto solo la legge nazionale deve stabilire gli elementi costitutivi dell'obbligazione.

La legge tributaria però può essere eventualmente integrata in caso di natura relativa della riserva.

L'Assemblea rappresentativa della collettività locale è titolare di un'autonomia tributaria per una duplice motivazione: la prima è politica ed è espressa dalla maggiore ampiezza della rappresentatività, che implica la compartecipazione del Parlamento nazionale e del'Assemblea dell'Ente locale nella formazione della norma; la seconda è tecnica e si identifica nell'esigenza di garantire l'efficienza, l'economicità e la produttività del sistema tributaria nel suo complesso.[3]

La partecipazione dell'Assemblea rappresentativa locale deve avvenire entro limiti precisi stabiliti dalla legge nazionale e deve riguardare soltanto l'*an* e il *quantum*; cioè la legge nazionale, istitutiva di un tributo e completa, può conferire all'Assemblea rappresentativa locale il potere di stabilire annualmente se essa stessa operi o meno nell'ambito del territorio di competenza dell'Ente medesimo; inoltre, la legge nazionale, istitutiva di un tributo ed incompleta, può attribuire all'Assemblea rappresentativa locale il potere di fissare l'aliquota tra un minimo ed un massimo prestabilito.

3. L'Amministrazione finanziaria deve raggiungere un livello di organizzazione capace di garantire che il procedimento tributario svolga il suo delicato ruolo di applicazione della legge istitutiva del tributo al caso concreto; in tal senso è tenuta ad accertare che la situazione di fatto del soggetto passivo corrisponda alla fattispecie alla quale la legge ricollega la nascita dell'obbligazione tributaria.

Il procedimento provoca il sorgere di un rapporto giuridico che è denso di diritti e di doveri e che intercorre tra Stato e contribuente. Sono in genere previsti dal diritto procedimentale tributario i criteri con i quali l'Amministrazione finanziaria deve stabilire se si è concretamente verificata la fattispecie. Il procedimento[4] assolve la funzione di garantire la legittimità dell'imposizione.

Il diritto di credito dello Stato costituisce l'essenza dell'obbligazione tribu-

2. Cfr. A. Fedele, "La riserva di legge", in *Trattato di diritto tributario*, diretto da A. Amatucci, CEDAM, Padova, 1994, I, 1, 157.

3. Cfr. G. Tremonti-Vitaletti, *Il federalismo fiscale*, Roma-Bari, 1994.

4. G. Marongiu, "Disposizioni sulla legge tributaria in generale", in *Dir. e prat. trib.*, 1994, 337.

taria. Ad esso corrisponde il debito di imposta cui si connette la responsabilità (*Schuld und Haftung*).

L'obbligazione a sua volta impegna fondamentalmente il rapporto giuridico tributario; difatti, accanto all'obbligazione si pongono doveri relativi ad adempimenti formali, diritti del soggetto passivo e poteri dell'Amministrazione finanziaria.

L'accertamento tributario[5] svolge la funzione di scomporre l'obbligazione tributaria nei suoi elementi costitutivi previsti dalla legge (presupposto, base imponibile ed aliquota). Tale funzione è assolta attraverso il procedimento amministrativo che si compone delle seguenti fasi.

I) Precisa e completa conoscenza della situazione di fatto che si è verificata concretamente.

II) Individuazione della legge che collega la nascita dell'obbligazione tributaria ad una fattispecie astrattamente definita la quale riveli il maggior numero di elementi comuni con la situazione di fatto.[6]

III) Svolgimento dell'analisi di qualificazione giuridica, intesa come comparazione tra fattispecie legislativa e situazione di fatto al fine di stabilire se esiste una loro identificazione o se, ritenendo ammissibile l'applicazione analogica, gli elementi della situazione di fatto non comuni alla fattispecie siano irrilevanti ai fini della *ratio*[7] normativa.

Queste prime tre fasi svolgono insieme un ruolo preliminare e condizionante rispetto alle successive.

Difatti, se il risultato della terza fase è positivo, e perciò la legge istitutiva del tributo è "del caso", il procedimento continua nella seguente articolazione.

IV) Trasformazione del presupposto di imposta (diviene tale la situazione di fatto coincidente con la fattispecie legislativa) nel suo preciso valore economico (base imponibile) in attuazione del criteri fissati dalla legge.

V) Applicazione alla specifica base imponibile dell'aliquota per essa prevista dalla legge e conseguente determinazione del *quantum* del tributo.

VI) Produzione dell'atto di accertamento che indichi i passaggi essenziali di tale procedimento e suggelli il risultato finale cioè il *quantum* del tributo oggetto della pretesa.

VII) Riscossione del tributo attraverso lo spontaneo adempimento da parte del contribuente o, in mancanza, processo di esecuzione a suo carico.[8]

La motivazione dell'atto di accertamento assolve la rilevante funzione di

5. C. Bollo Arocena ("L'accertamento, natura e funzioni", in *Trattato di diritto tributario*, diretto da A. Amatucci, CEDAM, Padova, 1994, v. III, 90) precisa che l'accertamento può essere inteso: a) come insieme di atti collegati tra loro, la cui conclusione da luogo alla dichiarazione di esistenza o meno dell'obbligazione (procedimento impositivo); b) come atti concreti del procedimento che, prima provvisoriamente, poi definitivamente stabiliscono il valore (atto di liquidazione); c) come collocato all'interno del procedimento di imposizione al fine di verificare gli elementi del fatto imponibile dichiarati a controllo di quelli non dichiarati.

6. Cfr. U. Eco, *I limiti dell'interpretazione*, Milano, 1990, e R. Quadri, "Dell'applicazione della legge in generale", in *Comm. cod. civ.*, Bologna-Roma, 1974, 115.

7. K. Tipke, *Die Steuerrechtsordnung*, Köln, 1993, III, 1.372.

8. Il diritto tributario tedesco prevede tre tipi di accertamento, a seconda che il procedimento si concluda con la determinazione dell'imposta dovuta (*Festsetzungsverfahren*, che sfocia in un provvedimento definitivo *Steuerbescheid*) ovvero con la sola determinazione dell'imponibile (*Feststellungsverfahren*, che sfocia in un provvedimento qualificato *Feststellungsbescheid*), cui seguirà uno *Steuerbescheid* contenente il calcolo dell'imposta dovuta. L'art. 32 dal decreto delegato 29.9. 73 n. 600 stabilisce i poteri degli uffici per l'adempimento dei loro compiti nei confronti del contribuenti. L'esercizio di tali poteri non implica alcuna discrezionalità, ma solo la scelta dei criteri da seguire, per tutelare meglio l'unico interesse pubblico che viene in rilievo.

comunicazione al soggetto passivo del ragionamento logico-giuridico in base al quale è stato svolto il procedimento.[9]

L'adempimento dell'obbligo di motivazione costituisce la condizione dell'effettivo riconoscimento nei confronti del contribuente di una garanzia fondamentale, qual'è il diritto alla difesa.

Difatti egli, attraverso l'analisi della motivazione, è in grado di rilevare eventuali vizi di legittimità destinati a costituire i motivi del suo ricorso da proporre innanzi all'Organo giurisdizionale avverso l'atto dell'Amministrazione finanziaria.

L'accertamento costituisce perciò non un atto o un procedimento, bensì un atto che rappresenta un procedimento svolto. Nella forma è un atto impugnabile, ma nella sostanza è un procedimento.

Su comuni basi si fonda il corretto convincimento secondo il quale non è valida alcuna delle tesi che considera oggetto della legge tributaria il procedimento o il rapporto giuridico o le istituzioni. Difatti ciascuna delle teorie commette il comune errore di evidenziare soltanto un aspetto della complessa realtà che è oggetto della legge tributaria.[10]

L'accertamento riveste una natura dichiarativa, in quanto l'obbligazione nasce con il verificarsi di un presupposto che coincide, nei termini esaminati, con la fattispecie prevista da una legge istitutiva di un tributo. L'accertamento si limita infatti a rendere liquido ed esigibile il credito di imposta.

La legge costituisce l'espressione dell'esercizio da parte dell'Assemblea rappresentativa nazionale della potestà tributaria dello Stato eventualmente integrata a livello locale. È dalla legge che discendono immediatamente e direttamente gli effetti giuridici e perciò, con il verificarsi del presupposto coincidente con la fattispecie legislativa, automaticamente si costituisce l'obbligazione tributaria, che in seguito con l'accertamento è dichiarata sorta.

Dal principio di riserva di legge emerge un triangolo: ai due angoli inferiori si collocano allo stesso livello il contribuente e l'Amministrazione finanziaria ed all'angolo superiore si pone invece la legge che li sovrasta.

4. È evidente che nel procedimento di accertamento è presente un solo ed unico interesse tutelato dalla legge tributaria e consiste nella ricerca nella situazione di fatto delle caratteristiche legislative che la elevano a dignità di presupposto di imposta ed, in caso positivo, nella sua trasformazione in valore economico (base imponibile) e nell'applicazione dell'aliquota. Queste operazioni rientrano tutte nell'attività di interpretazione ed applicazione della legge tributaria in virtù del principio costituzionale esaminato; non coesistono interessi secondari pubblici e privati da comparare, poichè tutti gli altri soccombono rispetto all'interesse pubblico ed unico di dichiarare, laddove esistono le condizioni legislative, la nascita dell'obbligazione tributaria e pervenire alla determinazione del tributo.

Neanche è configurabile una "discrezionalità" tecnica, perchè l'Amministrazione finanziaria con l'ausilio di nozioni specialistiche perviene ad un risultato certo ed all'individuazione della materialità del fatto.

Walter Schick[11] sostiene a ragione che, mentre è riconosciuta nel particolare

9. L'art. 42 del decreto delegato 29.9. 73 n. 600 prevede la nullità dell'atto di accertamento privo di motivazione.

10. A. Amatucci, *L'ordinamento giuridico finanziario*, Napoli, 1995 (V ediz.), 171.

11. "Il procedimento tributario", in *Trattato di diritto tributario*, diretto da A. Amatucci, CEDAM, Padova, 1994, v. III, p. 79. Cfr. W. Jakob, *Abgabenordnung, Steuerverwaltungsverfahren und finanzgerichtliches Verfahren*, München, 1991, e R. Mussgnug, "Sacherverhalts aufklärung und Beweishebung im Besteuerungsvefahren", in *Juristische Schulung*, 1993, 48. Il procedimento tributario è

un'ampia discrezionalità circa l'articolazione dello svolgimento all'Amministrazione finanziaria, questa è però vincolata all'obiettivo di ogni procedimento tributario che consiste nell'accertamento degli elementi costitutivi dell'obbligazione. Ciò significa che l'Amministrazione finanziaria è tenuta ad accertare i fatti fiscalmente rilevanti ed è responsabile della legittimità del procedimento.

Egli aggiunge che la discrezionalità esiste solo nell'organizzazione dello strumento, cioè del procedimento, laddove la legge lo consente, ma non nella comparazione di un interesse primario con altri secondari; difatti il procedimento tributario mira a tutelare solo un interesse pubblico primario: l'accertamento degli elementi costitutivi dell'obbligazione.

5. I sistemi giuridici tributari prevedono talvolta nel corso del procedimento di accertamento delle metodologie operative semplificate in deroga alle fasi esaminate.

L'Amministrazione finanziaria è tenuta in taluni casi ad applicare parametri stabiliti dalla legge, pervenendo alla determinazione di una situazione di fatto che[12] ovviamente può essere diversa da quella che realmente si è realizzata e la cui conoscenza diretta e certa implica procedimenti molto più complessi. In virtù di tali parametri sono determinati i ricavi, i compensi ed il volume di affare fondatamente attribuibili al contribuente in base alle caratteristiche ed alle condizioni di esercizio della specifica attività svolta; a tal fine sono sovente identificati, in riferimento ai settori omogenei di attività, campioni di contribuenti che hanno presentato dichiarazioni dalle quali si rilevano coerenti indici di natura economica e contabile.

L'esigenza di essere in grado di accertare ogni presupposto di imposta prevale in tal caso sulla garanzia fondamentale dell'applicazione della legge tributaria in funzione della conoscenza della situazione reale.

Il contribuente può, ove concretamente possibile, dimostrare il contrario, in quanto questo sistema di "scorciatoie procedurali" provoca l'inversione dell'onere della prova a suo carico e perciò una restrizione dell'esercizio del suo diritto di difesa.

Si perviene così alla determinazione di una "base presunta", che può non coincidere con la "base reale". Difatti, se il fatto noto indicato dalla legge fosse in grado di dimostrare con certezza il verificarsi del fatto ignoto (presupposto) in virtù dell'esistenza di un rigoroso nesso di causalità tra i due fatti, sarebbe inutile una presunzione legislativa, in quanto risulterebbe suficiente la presunzione *hominis* consentita certamente all'Amministrazione finanziaria.

La presunzione relativa, limitandosi ad invertire l'onere della prova,[13] rende più complesso l'esercizio del diritto di difesa.

disciplinato in Italia dalla legge sull'amministrazione in generale 7.8.90 n. 241 (il regolamento di attuazione per la materia tributaria degli artt. 2 e 4 è stato approvato con decreto del Ministro delle Finanze del 19.10. 94) ed in Spagna dalla legge del 26.11.92 n. 30 e dal real recreto n. 803 del 28.5.93; questo ultimo all'art. 1 stabilisce i termini entro i quali devono concludersi le tre categorie di procedimenti tributari. Invece nella Repubblica Federale Tedesca il procedimento tributario è regolato dall'*Abgabenordnung* (AO: codice tributario), secondo il quale presupposto essenziale di ogni imposizione è l'individuazione del contribuente e la conoscenza del presupposto fiscalmente rilevante.

12. La legge italiana n. 549 del 28.12.95 all'art. 3, comma 184, stabilisce che il Ministero delle Finanze elabori tali parametri. Il comma 186 sancisce però che essi sono approvati con decreto del Presidente del Consiglio dei Ministri su proposta del Ministro delle Finanze. Sui "parametri" in Spagna, definiti "medios para la estimación indirecta de bases", son *métodos indiciarios*, cfr. J. Martin, Queralt e C. Lozano Serrano, *Curso de derecho financiero y tributario*, Tecnos, Madrid. 1993, 346.

13. Anche sulla prova F. Perez Royo, *Derecho financiero y tributario* — Parte general, Civitas, Madrid, 1993, 202.

Ancora C. Albinana García-Quintana, "La prueba en el procedimiento de inspección y la estimación indirecta de bases", *C. T.* n. 59-60. Anche C. Palao Taboada, "La prueba en el procedimiento de gestión tributaria", in *Comentarios a la LGT*, IEF, Madrid, 1991, v. II.

Si tratta di una presunzione stabilita dalla legge, la quale impone un nesso di causalità tra due eventi, che non esiste necessariamente nella realtà. Anche in sede di accertamento presuntivo non è configurabile perciò una "facoltà amministrativa" autorizzata dalla legge, in quanto l'Amministrazione finanziaria deve conoscere non il presupposto (ignoto), bensì il fatto (noto); il verificarsi del secondo impone all'Amministrazione finanziaria di dichiarare verificatosi il primo (presunto) e conseguentemente nata l'obbligazione tributaria.

Alcuni sistemi tributari prevedono anche un accertamento con adesione[14] del contribuente. L'Amministrazione finanziaria perviene ad un atto di accertamento attraverso specifici parametri presuntivi previsti dalla legge e chiede al contribuente se intende esercitare il diritto di adesione. L'accertamento presuppone come verificatosi un presupposto che ovviamente può essere diverso dal fatto realizzatosi; però tale atto è destinato al contribuente non perchè egli provi il contrario, ma solo perchè con la sua adesione esso diventi definitivo.

In ambedue i casi è assente ogni forma di discrezionalità, non dovendosi comparare interessi.

In astratto è configurabile anche un sistema misto attraverso il quale la legge impone che nel medesimo provvedimento di accertamento taluni elementi debbano essere individuati nella loro reale manifestazione ed altri (ignoti) invece ritenuti verificati in conseguenza della conoscenza di altre situazioni (note).[15]

In concreto diviene però non agevole per il legislatore scomporre con precisione gli elementi di cui si compone una situazione di fatto, in quanto la connessione che esiste tra loro non consente l'isolamento del momento conoscitivo solo in riferimento ad alcuni di essi.

Laddove comunque è possibile configurare un'autonomia tra gruppi di elementi collegati dello stesso presupposto, la coesistenza tra i due metodi di accertamento è possibile.

Anche in tali casi è assente ogni forma di discrezionalità, in quanto l'Amministrazione finanziaria non è tenuta solo a motivare il proprio atto, ma in sede di sindacato giurisdizionale le ragioni logico-giuridiche emergono attraverso la prova contraria del contribuente.

Il diritto positivo italiano non riconosce all'Amministrazione finanziaria il potere di creare presunzioni. È lo stesso diritto positivo che li stabilisce imponendoli ad essa.

La presunzione assoluta presenta lo stesso carattere della relativa, perchè investe il medesimo concetto di presunzione e cioè la funzione di indurre a ritenere verificata una situazione di fatto che può anche non essersi realizzata.

La presunzione assoluta e la prova legale, che conduce alla determinazione di una verità formale, non invertono però l'onere della prova come le presunzioni relative, ma vietano la prova contraria.[16]

Sulle *presunciones*, A. M. Cubero Truyo, "Las presunciones", in AA.VV., *Comentarios a la LGT y líneas para su reforma*, II, Madrid, 1991.

14. Ha iniziato ad operare in Italia dal 28.6.96. È stato infatti introdotto nell'ordinamento italiano dall'art. 2-bis e 2-ter del decreto-legge n. 564 del 30.9.94 convertito in legge n. 656 del 30.11.94; il regolamento con le modalità operative è contenuto nel decreto delegato n. 316 del 30.4.96. Con regolamento sono state stabilite le disposizioni necessarie per la determinazione delle modalità di accertamento con adesione basate su parametri oggettivi, coefficienti presuntivi e studi di settore. Il paragrafo 185 dell'art. 3 della legge 549 del 28.12.95 stabilisce che l'intervenuta definizione dell'accertamento con adesione, previsto da tali leggi, inibisce la possibilità per l'Ufficio di effettuare l'accertamento per lo stesso periodo di imposta.

15. Sui "coefficienti" presuntivi, cfr. J. Martin Queralt e C. Lozano Serrano, *Curso de derecho financiero* ..., cit., 345.

16. Cfr. R. Pignatone, "Costituzionalità della presunzione assoluta dell'intento speculativo", in *Dir. prat. trib.*, 1981, II, 689.

Il contribuente perciò per effetto di una presunzione assoluta deve subire la costruzione da parte dell'Amministrazione finanziaria di una situazione fittizia a suo carico, senza però poter dimostrare quale è invece la reale.

È evidente che in tali ipotesi non gli è consentito affatto di esercitare il diritto di difesa mediante l'impugnativa dell'atto di accertamento al fine di convincere l'Organo giurisdizionale che il suo ricorso è fondato in fatto e diritto.

Sono violati i principi fondamentali dei sistemi giuridici tributari, quali il diritto di difesa, l'impugnabilità degli atti dell'Amministrazione finanziaria, la riserva di legge, la capacità contributiva e la progressività.

Difatti la legge tributaria, anche se è legittima perchè capace di garantire i valori costituzionali, per effetto della presunzione assoluta è applicata su una situazione di fatto che facilmente non coincide con la fattispecie legislativa.

Di consecuenza la presunzione assoluta pur non determinando discrezionalità dell'Amministrazione finanziaria, produce automaticamente altre leggi non scritte che si differenziano da quelle scritte solo per la sostituzione della fattispecie in tante altre indefinibili ed imprevedibili; l'applicazione a queste ultime della legge tributaria scritta inevitabilmente infrange tutti gli equilibri di rispondenza ai valori fondamentali. Una legge tributaria, se è legittima costituzionalmente e se è applicata ai casi da essa previste rischia di trasformarsi in altra illegittima creata dall'Amministrazione finanziaria o dall'Organo giurisdizionale qualora operi nei confronti di altre situazioni diverse e non analoghe.

La provvisorietà dell'accertamento[17] dell'Amministrazione finanziaria non è la conseguenza dell'applicazione di criteri presuntivi.

Si tratta di due aspetti distinti e non collegati. L'accertamento è definitivo o provvisorio indipendentemente dal suo ricorso a metodi di presunzione. Difatti l'accertamento, come osservato, è definitivo, salvo revoche o integrazioni successive da parte di atti complementari o suppletivi. Diversa è la definitività intesa come non impugnabilità dell'atto di accertamento per effetto del decorso del termine; in tal caso vi è l'acquiescienza del contribuente, come nel caso della sentenza passata in giudicato.

La situazione non muta se l'Amministrazione finanziaria ha fatto ricorso, perchè imposti dalla legge, a parametri presuntivi.

6. Interessante è stabilire se il potere riconosciuto all'Amministrazione finanziaria al di fuori dell'attività di accertamento in senso stretto sia talvolta discrezionale.

In taluni sistemi giuridici la legge impone all'Amministrazione finanziaria centrale di elaborare proposte di tali parametri. Il risultato di tale attività viene vagliato in sede di Governo ed eventualmente approvato; perciò l'Amministrazione finanziaria collabora tecnicamente all'elaborazione di un disegno di legge e la risultante di qualsiasi discrezionalità, riconosciuta ad essa attraverso

17. L'ordinamento tedesco prevede un accertamento definitivo (*endgültige Festsetzung*), un accertamento con riserva di riesame (*Festsetzung unter Vorbehalt der Nachprufung*) ed un accertamento provvisorio (*voläufige Festsetzung*). L'accertamento definitivo costituisce l'ipotesi normale di accertamento, in cui il contribuente che ha ricevuto il provvedimento, lo lascia diventare definitivo e lo stesso può essere modificato solo in poche circostanze espressamente stabilite dalla legge. L'accertamento con riserva di riesame (paragrafo 164, comma, 1, AO) non è definitivamente concluso, senza che per ciò sia necessaria la motivazione. Lo scopo della norma è di rendere possibile un accertamento rapido. L'Ufficio decide in base alla documentazione presentata dal contribuente, riservandosi un successivo controllo. L'accertamento provvisorio (paragrafo 165 comma 1, AO) è consentito allorchè risulti incerto se si siano verificati i presupposti. D. Birk, "Lineamenti del procedimento tributario nella Repubblica Federale Tedesca", in *Riv. di dir. trib.*, 1995, 1.003.

indirizzi di Governo, è valutata dal legislatore che con eventuali modifiche la fa propria.

La definitività assoluta non è un requisito dell'atto di accertamento: difatti, esaurito il procedimento, l'atto finale può essere modificato dall'esercizio della potestà di autotutela.[18]

L'Amministrazione finanziaria deve infatti revocare e rinnovare il procedimento nelle fasi che abbiano eventualmente prodotto un vizio di legittimità individuato anche grazie agli elementi convincenti forniti dal contribuente.

L'esercizio della potestà di autotutela, relativamente alla fase implicata del procedimento e quindi all'atto nella parte interessata, evita un procedimento giurisdizionale destinato in futuro a condurre al medesimo risultato attraverso la sentenza di annullamento.

Il nuovo atto di accertamento può essere determinato anche da errori commessi dal contribuente in sede di dichiarazione.[19]

Pur se il contribuente chiede, nel caso in cui l'ordinamento lo consente nell'ambito di un specifico procedimento, all'Amministrazione finanziaria di revocare l'atto di accertamento ed eventualmente integrarlo in termini a lui più favorevoli, non vi è discrezionalità. L'Amministrazione finanziaria, nell'esercizio del suo potere di autotutela, deve accogliere l'istanza del contribuente solo se questa è fondata, perchè in essa è dimostrata la nullità o l'illegittimità del suo atto.

Al principio dell'autotutela si contrappone l'altro della certezza del diritto. Le due esigenze possono essere contemperate se il potere di autotutela è esercitabile entro un periodo di tempo limitato dalla legge sul procedimento tributario.

Nella disciplina del contenuto di tale potere bisogna che la legislazione concilii due principi costituzionali contrastanti: la legalità dell'azione amministrativa e la tutela dell'affidamento del cittadino in ordine alla definitività degli atti di accertamento.[20]

Sembra invece sussistere uno spazio di discrezionalità in relazione al potere dell'Amministrazione finanziaria di sospensione dell'efficacia di un proprio atto.

L'istanza deve però essere accolta se esistono precise condizioni e cioè che si colga il *fumus boni juris* nelle motivazioni, che un danno grave ed irreparabile sarebbe subito dal contribuente nonostante che in futuro sopraggiunga una sentenza definitiva a lui favorevole, e che la sospensione non rischi di compromettere la riscossione del tributo. Anche in questo caso è l'apparente fondatezza del ricorso che induce all'esercizio di un potere provvisorio di autotutela, senza alcuna comparazione dell'interesse primario pubblico alla riscossione del tributo con l'interesse privato a non subire un danno grave ed irreparabile; il secondo è tutelato indirettamente sol perchè il ricorso risulta fondato e di conseguenza si attenua la tutela dell'interesse pubblico.

18. Prevista nell'ordinamento italiano dall'art. 2-quater del decreto-legge n. 564 del 30.9.94, convertito in legge 30.11.94 n. 656. Tale norma prevede che con decreto del Ministro delle Finanze siano indicati gli organi dell'Amministrazione finanziaria competenti per l'esercizio del potere di annullamento di ufficio o di revoca, anche in pendenza del giudizio o in caso di non impugnabilità degli atti illegittimi o infondati. Nell'ordinamento tedesco il paragrafo 172 AO, n. 2a, consente al contribuente, che ritenga l'imposta accertata superiore a quella dovuta, di proporre un'istanza di modificazione del procedimento. Tale domanda deve essere proposta entro il termine previsto per esperire i mezzi di impugnazione, cioè entro un mese dalla notifica. L'istanza impone all'Amministrazione finanziaria il riesame del provvedimento. Il paragrafo 173 AO stabilisce i casi in cui, in presenza di conoscenza di nuovi elementi, possa essere aumentata l'imposta accertata.

19. Cfr. art. 43, III comma, del decreto delegato 29.9.73 n. 600.

20. W. Schick, "Il procedimento tributario ...", cit., 85. La conciliazione di tali principi costituzionali è alla base degli artt. 176 e 177 AO.

7. Le disposizioni dell'Amministrazione finanziaria centrale destinate ai propri Uffici periferici non spiegano alcun effetto vincolante per i contribuenti e per l'Organo giurisdizionale. Si sono tuttavia formati orientamenti nella giurisprudenza tedesca, secondo la quale in taluni casi tali disposizioni devono essere eccezionalmente osservate dai contribuenti e dall'Organo giurisdizionale. Difatti talvolta le norme legislative "semplici" concedono un'apparente discrezionalità all'Amministrazione finanziaria centrale che, nei limiti dei vincoli costituzionali e legislativi, deve operare una scelta tra più alternative. La ragione per la quale non si deve disattendere la disposizione amministrativa in alcuni casi risponde, come osserva la giurisprudenza tedesca, all'esigenza di rispettare il principio di eguaglianza. Il legislatore non può però concedere all'Amministrazione finanziaria discrezionalità che sia relativa all'applicazione della legge e che sfugga conseguentemente al sindacato giurisdizionale.

Nella dottrina tedesca[21] si discute circa la distinzione tra discrezionalità ed interpretazione del concetto giuridico non definito. È evidente che il principio di riserva di legge consente di concedere all'Amministrazione finanziaria centrale, non una discrezionalità, bensì solo la funzione di interpretare concetti juridici non definiti.

Neanche in caso di conciliazione giudiziale su iniciativa dell'Amministrazione finanziaria o del contribuente[22] vi è discrezionalità in quanto, in virtù del principio dell'autotutela, l'Amministrazione finanziaria, sulla base dei motivi del ricorso, perviene ad un accordo con il contribuente, anticipando il contenuto della sentenza definitiva a lui favorevole e facilmente prevedibile.

L'operatività di questi vincoli garantisce alla conciliazione giudiziale la funzione di provocare l'estinzione di procedimenti giurisdizionali inutili rispetto al risultato certo e non attribuisce alcuna discrezionalità all'Amministrazione finanziaria, che si trasformerebbe in un arbitrio di cui si avvantaggerebbe solo qualche contribuente in violazione delle garanzie costituzionali fondamentali.

I concordati tributari, se invece consentono l'esercizio di potere discrezionale, sono fondamentalmente illegittimi nello Stato moderno. Essi violano in particolare il principio di uniformità dell'imposizione. Ciò esclude che l'Amministrazione finanziaria ed il contribuente possano raggiungere un accordo su questioni giuridiche nell'ambito di un procedimento; è legittimo invece un accordo vincolante per le parti su aspetti controversi dei fatti. L'Amministrazione può preannunciare ai soggetti passivi il tipo di comportamento che assumerà in presenza di particolari fatti complessi.[23]

8. Il principio di capacità contributiva, collegato a quelli della progressività e dell'eguaglianza, impone infatti l'effettività dell'imposizione. La legge istitutiva di un tributo deve essere applicata fedelmente dall'Amministrazione finanziaria in conseguenza della conoscenza precisa della situazione di fatto.

Attraverso questo procedimento la conoscenza risulta certa e diretta e tramite la qualificazione si stabilisce se la situazione di fatto rientri nella fattispecie legislativa.

I fini perseguiti dalla legge, nel rispetto dei principi richiamati, sono conseguiti

21. C. Trzaskalik, "Le disposizioni amministrative nel diritto tributario", in *Trattato di diritto tributario*, diretto da A. Amatucci, CEDAM, Padova, 1994, I, 675.

22. Previsto dall'art. 48 del decreto legislativo italiano sul processo tributario n. 546 del 31.12.92.

L'art. 2-quinquies del decreto-legge 30.9.94 n. 564, convertito nella legge 30.11.94 n. 656, prevede la chiusura delle liti pendenti al 31.12.94 attraverso il versamento di una somma molto ridotta rispetto al valore della lite.

23. Così W. Shick, "Il procedimento ...", cit., 84.

soltanto se essa è applicata al fatto che prevede; ciò presuppone che esso sia conosciuto integralmente dall'Amministrazione finanziaria.

L'assenza di un potere discrezionale dell'Amministrazione finanziaria risponde fondamentalmente all'esigenza di certezza del diritto, che in materia tributaria è particolarmente avvertita. Difatti il contribuente effettua le proprie scelte anche sulla base degli effetti fiscali di esse ad ha il diritto di poterle conoscere con precisione prima di decidere.

In virtù di tale principio il sistema tributario italiano dichiara non sanzionabile il comportamento del contribuente che sia stato rispondente alle disposizioni dell'Amministrazione finanziaria centrale, successivamente modificate a danno del contribuente per effetto di un mutamento dell'orientamento interpretativo delle leggi tributarie. Nell'ordinamento tedesco[24] invece è addirittura previsto che il comportamento del contribuente conforme agli orientamenti vigenti in quel momento dell'Amministrazione finanziaria e dell'Organo giurisdizionale provoca la nascita di un diritto all'applicazione della legge, così come era stata interpretata secondo quegli orientamenti.

L'ordinamento giuridico tributario italiano esclude perciò categoricamente ogni forma di discrezionalità dell'Amministrazione finanziaria. Tuttavia essa deve operare nei casi previsti dalla legge sulla base di parametri. La verità formale, cui perviene l'Amministrazione finanziaria, è conseguenza della legge e non della sua discrezionalità.

La sottoposizione alla legge garantisce negli altri casi il sistema ordinario di accertamento, che è diretto a conoscere la reale situazione di fatto, di trasformarla in base imponibile e di applicare a questa ultima l'aliquota secondo i criteri stabiliti dalla stessa legge eventualmente integrata dalle Assemblee degli Enti locali.

La carenza di discrezionalità assicura l'applicazione della legge tributaria, per quanto talvolta l'Amministrazione finanziaria non sia in grado di pervenire alla conoscenza della realtà relativamente a tutti i contribuenti che si trovino nella medesima situazione.

Sarebbe tuttavia auspicabile che venissero abrogate le leggi che prevedono parametri e si ritornasse all'unico sistema del mero accertamento capace di giungere all'individuazione della reale situazione di fatto, potenziando e riorganizzando l'Amministrazione finanziaria.

24. Il paragrafo 176 AO tutela l'affidamento del contribuente. La modifica di un atto di accertamento deve avvenire applicando le norme in vigore all'epoca dell'accertamento medesino. Cfr. C. Trzaskalik, "Le disposizioni amministrative ...", cit., 677.

COMPENSAÇÃO DOS PREJUÍZOS FISCAIS ACUMULADOS DO IMPOSTO SOBRE A RENDA E A INCONSTITUCIONALIDADE DA LIMITAÇÃO DE 30% PRESCRITA NA LEI N. 8.981/95

PAULO DE BARROS CARVALHO
Professor Titular de Direito Tributário e Coordenador do Programa de Pós-graduação (Mestrado e Doutorado) da Pontifícia Universidade Católica de São Paulo

1. O subsistema constitucional tributário brasileiro

O conceito de sistema incide em todas as regiões ônticas: no mundo dos objetos naturais, ideais, metafísicos e culturais. Falamos em sistema nervoso, sistema solar, sistema social, sistema jurídico e outros mais. Aquele que particularmente nos interessa é o sistema jurídico, locução que se refere tanto ao direito positivo, quanto à ciência que o descreve (a dogmática). Em termos mais precisos, o primeiro seria um sistema nomoempírico prescritivo, ao passo que o último seria também nomoempírico, porém teorético ou descritivo. Nomoempírico porque se compõem de linguagem, ambos projetados para o setor da experiência. Prescritivo, o primeiro, por dirigir-se às condutas interpessoais, postulando alterá-las em homenagem à implantação de valores que a sociedade quer ver realizados; teorético ou descritivo, o segundo, por ocupar-se do primeiro, com pretensão cognoscente: a Ciência do Direito pretende descrever o direito positivo (metalinguagem descritiva), para conhecê-lo na sua intimidade. Tem natureza declarativa, indicativa, teorética ou descritiva.

Da concepção global de sistema jurídico-positivo, tomada a expressão como conjunto de normas, associadas segundo critérios de organização prescritiva, e todas elas voltadas para o campo material das condutas intersubjetivas, extraímos o subsistema das normas constitucionais e, dentro dele, outro subsistema, qual seja o subsistema constitucional tributário. Pode dizer-se, ainda que em traços largos e sobremodo abrangentes, que as unidades que o integram são as normas constitucionais que versem, direta ou indiretamente, a matéria tributária.

O subsistema de que tratamos é fortemente marcado por enunciados de cunho axiológico, revelando a orientação do legislador constituinte em impregnar as normas de inferior hierarquia com uma série de conteúdos de preferência por núcleos significativos. São os princípios constitucionais tributários, que muito interessarão ao esclarecimento do indigitado problema.

2. *A certeza do direito, como previsibilidade, e outros valores que se compõem para realizar o sobreprincípio da segurança jurídica*

Entre as grandes diretrizes que formam o estrato axiológico das normas tributárias no Brasil, algumas se apresentam como substância de enunciados expressos, enquanto outras se encontram na implicitude dos textos do direito positivo. Todas, porém, com a mesma força vinculante. A circunstância de figurarem no texto, ou no contexto, não modifica o teor de prescritividade da estimativa, que funciona como vetor valorativo que penetra as demais regras do conjunto, influindo decisivamente na sua conformação semântica. Por isso mesmo são colocadas no altiplano da Constituição. De lá, precisamente onde começam todos os processos de positivação das normas jurídicas, descem aqueles primados para os vários escalões da ordem legislada, até atingir as regras terminais do sistema, timbrando os preceitos que ferem, diretamente, as condutas em interferência intersubjetiva, com a força axiológica dos valores constitucionalmente consagrados.

O princípio da certeza do direito experimenta uma dualidade de sentido que não pode ser ignorada: (I) exprime a circunstância de que o comando jurídico, atuando numa das três modalidades do deôntico (proibido, permitido e obrigatório), requer, com assomos de necessidade absoluta, que a conduta regrada esteja rigorosamente especificada (alguém, estando obrigado, tendo a permissão ou estando proibido, deve saber, inequivocamente, qual a conduta que lhe foi imputada, comportamento esse que não se compadece com a dúvida, com a hesitação, com a incerteza). (II) Ao mesmo tempo, "certeza do direito" significa previsibilidade, isto é, o administrado tem o direito de saber, com antecedência, qual o conteúdo e alcance dos preceitos que lhe serão imputados, para que possa programar-se, tomando iniciativas e dirigindo suas atividades consoante a orientação que lhe advenha da legislação vigente. É aquilo que alguns preferem chamar de "princípio da não-surpresa", traduzindo-se, como leciona Alberto Xavier, "praticamente, na possibilidade dada ao contribuinte de conhecer e computar os seus encargos tributários com base exclusivamente na lei" (*Os Princípios da Legalidade e da Tipicidade da Tributação*, 1ª ed., p. 46).

Mas, ao lado da "certeza", em qualquer das duas dimensões de significado, outros valores constitucionais, explícitos e inexplícitos, operam para concretizar o sobrevalor da "segurança jurídica". Diremos que num dado sistema existe este sobreprincípio, pairando sobre a relação Fisco-contribuinte, sempre que nos depararmos com um feixe de estimativas, integradas para garantir o desempenho da atividade jurídico-tributária do Estado-Administração. Convencionou-se que tais valores são, basicamente, a igualdade, a legalidade estrita, a universalidade da jurisdição, a vedação do confisco, a irretroatividade e a anterioridade, ao lado do princípio que consagra o direito à ampla defesa, com o devido processo legal.

Qualquer violação a essas diretrizes supremas compromete, irremediavelmente, a realização do princípio implícito da certeza, como previsibilidade, e, mais acima ainda, o grande postulado, também inexpresso, da segurança jurídica.

Na plataforma das imposições tributárias, e tendo em conta a figura do administrado, o plexo desses princípios, ao lado de disposições atinentes à conduta que se espera do súdito do Estado, forma aquilo que se convencionou chamar de "estatuto do contribuinte" que, sustentando entendimento anterior, entendo definir-se como a somatória, harmônica e organizada, dos mandamentos constitucionais sobre matéria tributária que, positiva ou negativamente, estipulam direitos, obrigações e deveres do sujeito passivo, diante das pretensões do Estado (aqui utilizado na sua acepção mais ampla e abrangente — *entidade tributante*). E quaisquer desses direitos, obrigações e deveres, porventura encontrados em outros níveis da escala jurídico-normativa, terão de achar respaldo de validade naqueles imperativos supremos, sob pena de flagrante injuridicidade.

Note-se que a posição sobranceira desse concerto de valores não se compadece com procedimentos que de qualquer modo agravem os princípios explícitos e implícitos, entre eles, naturalmente, o primado da anterioridade, conquista secular dos povos civilizados.

Isso se dá, por igual, com a transgressão ao valor jurídico da irretroatividade, que se apresenta também em duas instâncias: (I) uma, geral, não podendo a lei tributária retroagir para alcançar o direito adquirido, o ato jurídico perfeito e a coisa julgada (art. 5º, XXXVI, da CF); (II) outra, peculiar ao campo das imposições tributárias, em que se veda ao Poder Público cobrar tributos em relação a fatos geradores ocorridos antes do início da vigência da lei que os houver instituído ou aumentado (art. 150, III, "a", da CF).

Agora, é preciso dizer que o aparato do direito positivo se desmonta inteiramente, como intrumento de realização da Justiça, calcada nos fundamentos da segurança jurídica e da previsibilidade das condutas, quando se transige com a irretroatividade. Desarma-se o sistema e desativam-se as expectativas, relegando-se a disciplina social ao plano da dúvida e do azar. Ninguém ficará seguro com relação aos comportamentos juridicizados pelo direito, que tanto poderão inserir-se na esfera do lícito, quanto do ilícito, oscilando de tal maneira que os planejamentos não se sustentam, desmanchando-se as tentativas de programação de condutas e realização dos valores sociais.

Tudo isso porque a irretroatividade, em princípio, pode fulminar o ato jurídico perfeito, a coisa julgada e o direito adquirido. Sobre este último, Paulo Lacerda (*Manual do Código Civil Brasileiro*, pp. 151 e 152), oferece as linhas estruturais de sua formação: "E o direito se torna em concreto quando deixa de ser meramente uma norma de ação para se apresentar como faculdade de agir, e, pois, quando de objetivo, que era, se converte em subjetivo, pela caracterização dos elementos dêste — o sujeito, o objeto, a relação e a coação social. Ora, o direito se subjetiva mediante um fato idôneo, que motiva a aplicação do direito objetivo, que é a lei. A norma e o fato constituem dois elementos essenciais para o nascimento de um direito concreto. Enquanto esses dois elementos não se conjugam, haverá uma simples possibilidade, isto é, um mero direito abstrato".

Essas palavras do jurista ilustre dizem bem do fundamento da incidência jurídica, que pressupõe, unicamente, a previsão normativa e o acontecimento factual nela contido. A relação jurídica, vinculando dois ou mais sujeitos de direito, em torno de uma prestação, é laço abstrato que se instaura, automática e infalivelmente, quando ocorre o pressuposto de fato, de tal sorte que se apresenta como algo que necessáriamente se instala, toda vez que o sucesso verificar-se no mundo tangível do relacionamento social.

Deflui daí que basta a existência da regra no ordenamento em vigor, acrescido da ocorrência fáctica nela prevista, para que fique estabelecido o liame relacional em cujo contexto surgirá um direito subjetivo e o dever correlato. Pois bem, provado em linguagem técnica que a norma pertence ao sistema do direito positivo e que aconteceu o fato jurídico na conformidade da hipótese normativa, pode afirmar-se, com toda a convicção, que o patrimônio jurídico do sujeito ativo foi enriquecido com novo direito subjetivo. Em outras palavras, que houve a aquisição de um direito.

3. *O princípio da anterioridade da lei tributária e o conceito de publicação dos textos normativos*

Ainda remanesce o hábito de mencionar-se o princípio da anualidade, no lugar da anterioridade, o que, a bem do rigor, não se justifica. Aquele primeiro (anualidade) não mais existe no direito positivo brasileiro, ao menos com as proporções de significado que tivera em constituições passadas, de tal sorte que uma lei instituidora ou majoradora de tributos pode ser aplicada no ano seguinte, a despeito de inexistir autorização orçamentária específica. Para tanto, é suficiente que o diploma legislado entre em vigor no tempo que antecede ao início do exercício financeiro em que se pretenda efetuar a cobrança da exação criada ou aumentada. Atente-se que continua válida, no sistema, a prescrição do art. 165, §§ 5º e 8º, que determina a obrigatoriedade da inclusão de todas as receitas no orçamento anual. Sua inobservância, todavia, não mais inibe a possibilidade de exigência do gravame, desde que se obedeça à anterioridade firmada no art. 150, III, "b".

O princípio da anterioridade continua soberano, evitando as surpresas de mau gosto que tantas vezes atormentaram os súditos do Estado. Requer-se, apenas e tão-somente, que a lei instituidora, ou que tenha aumentado o gravame, seja publicada antes que se finde o exercício que antecede aquele em que se pretende arrecadá-lo. Sua formulação redacional é simples, clara, mas não tem surtido os efeitos que dele se esperava: a cada passo, vemos o Poder Tributante, dispondo de todo o espaço de tempo necessário, deixar para os últimos momentos do ano a tomada de providências do mais alto interesse para a vida econômico-financeira dos administrados, causando, com isso, sérios detrimentos ao bom funcionamento do sistema tributário brasileiro.

O ato da publicação é aquele mediante o qual a ordem jurídica recebe os veículos introdutores de normas jurídicas, tornando-as conhecidas por todos da comunidade. Sendo assim, passam a existir no sistema e, por isso mesmo, são consideradas válidas, precisamente naquele instante. O direito, como grande *factum* comunicacional que é, pressupõe que a mensagem expedida pelo autor seja recebida pelo destinatário, o que se dá no momento da publicação.

Publicar é tornar público, propiciando a ciência do conteúdo do documento, para todos os destinatários. Publicar uma sentença, nesses termos, é torná-la conhecida pelos interessados, imprimindo-lhe publicidade. A vigência da lei pressupõe sua publicação e a data em que for realizado esse ato de publicidade é que conta para marcar, concretamente, sua validade como nova integrante do sistema positivo. A publicação abrange dois momentos: o primeiro, da emissão do texto, e o segundo, da sua difusão entre os destinatários. Pois bem, é deste segundo marco que se conta o ingresso da matéria, no corpo do ordenamento posto, não do primeiro. É óbvio que não pode haver o segundo se não houver o primeiro. Nada obstante, é com a difusão entre os receptores, entre os destinatários do produto legislado, que se assinala o início da validade dos novos preceitos jurídicos que vieram enriquecer o sistema.

Em recente artigo doutrinário, Lucia Valle Figueiredo (*Revista Dialética de Direito Tributário* n. 16/31-5), versando precisamente o assunto que faz aqui os nossos cuidados, leciona: "Parece curial que se a finalidade da publicidade é tornar a lei conhecida para obrigar (nos termos do art. 3º da LICC, ninguém pode alegar desconhecimento da lei) claro está que a MP n. 812/94, apenas estampada no *Diário Oficial* de um sábado (dia 31.12.94), não alcançaria seu objetivo. E não alcançaria porque tornou-se pública apenas nos primeiros dias de janeiro de 1995, portanto, passando a ter possibilidade de eficácia. Não poderia incidir sobre situações passadas, onerando-as".

Como se percebe, nitidamente, do pensamento da ilustre professora e magistrada, a delimitação precisa do conceito de "publicação" é algo de inestimável importância no direito brasileiro, porque o legislador constitucional o colocou como pedra de toque para o reconhecimento da voz "anterioridade". Esta pressupõe a publicação, dentro de certos limites fixados com rigidez. Daí, também, a necessidade premente de separar o átimo da emissão do texto, daquel'outro, fundamental, qual seja, o de sua propagação entre os administrados. De nada adiantaria estar o *Diário Oficial* devidamente preparado para circular, se as unidades correspondentes ainda não tivessem entrado no processo de circulação entre os destinatários.

O Estado-Administração, que já desfruta de tantas prerrogativas para fazer valer seus direitos constitucionais, tem que se curvar diante desses critérios, que imprimem seriedade e garantia ao relacionamento entre Fisco e contribuinte.

4. Capacidade contributiva absoluta e relativa — o princípio constitucional

É importante distinguirmos capacidade contributiva absoluta da relativa. A primeira se perfaz com a singela escolha de fatos presuntivos de riqueza econômica, ao passo que a segunda, tomando a primeira como pressuposto, se realiza com a manipulação de instrumentos tributários que respeitem, caso por caso, as proporções econômicas dos acontecimentos tributados. Para que se atenda ao princípio da capacidade contributiva absoluta, basta que a ocorrência do mundo factual seja expressiva de valoração econômica, isto é, apresente signos de riqueza. Ao passo que a atinência ao princípio da capacidade contributiva relativa requer, além disso, que a dosagem da percussão tributária se dê em estrita conformidade com o nível de resistência econômica demonstrado pelo contribuinte, tendo em vista aquela mesma experiência factual.

Pois bem. O imposto sobre a renda e proventos de qualquer natureza, bem como as demais figuras impositivas do direito brasileiro, sobre guardarem a observância estrita do primado da capacidade contributiva absoluta, devem cumprir, rigorosamente, a diretriz da capacidade contributiva relativa, como se depreende da formulação explícita do art. 145, § 1º, da Constituição Federal.

É intuitivo reconhecer que o avanço do legislador, extrapassando esses limites, ingressa, irrecusavelmente, no perigosíssimo segmento do confisco, que se caracteriza pelo exercício da imposição tributária para além das possibilidades relativas do sujeito passivo em arcar com o impacto da exação. O art. 150, IV, da Constituição Federal, veda, de maneira contundente, a utilização de tributo com efeitos confiscatórios. É preciso dizer, contudo, que não é fácil indicar a linha demarcatória do confisco, em matéria tributária, exatamente porque também é difícil mensurar, em padrões rigorosos e precisos, a capacidade de contribuir relativa a um dado sujeito passivo. A intuição, todavia, que sabemos ser nosso mais poderoso instrumento cognoscitivo, pode apontar, a cada passo, se o legislador atendeu ou não ao comando constitucional, mantendo a carga tributá-ria dentro de certos limites tidos por suportáveis.

5. Lucro, patrimônio e dedução de prejuízos

Entendamos por lucro a renda financeira das pessoas jurídicas. É a matéria sobre a qual recai a carga do imposto proporcional, a que estão submetidas esses sujeitos de direito. Como regra geral, a legislação estabelece que se apure o lucro em períodos anuais, diante da necessidade de observar a *performance* da empresa num determinado intervalo de tempo, para poder medir adequadamente o lucro e tributá-lo segundo os princípios constitucionais que regem o assunto.

Tanto o lucro, renda financeira que flui para o patrimônio líquido da pessoa jurídica, como sua contranota — o prejuízo —, que subtrai parcela financeira daquele mesmo patrimônio, ambos influem, decisivamente, na estruturação do conjunto, tomado em sua integralidade existencial. Por isso mesmo, no que se refere à individualidade de uma empresa, particularmente observada, os intervalos determinados pela lei não podem ser considerados isoladamente, uma vez que ela não se exaure em cada período, que se entreligam na prossecução de plano geral de suas atividades.

De ver está que a realidade de patrimônio de uma unidade empresarial não se espelha no resultado monádico de um único exercício, mas na conjunção de vários, o que nos leva ao conhecido princípio da "continuidade da pessoa jurídica", pressuposto iterativo no qual as leis tributárias se fundamentam para autorizar a compensação de prejuízos fiscais ou a configuração de "bases negativas", advindas de exercícios anteriores, no que concerne à apuração do lucro atual ou futuro.

6. O encontro da teoria com a prática, da ciência com a experiência

Muitas vezes, na solução de problemas concretos, o estudioso se preocupa com a circunstância de ater-se com desdobramentos de ordem teórica, sem ligação mais direta com a *praxis*. Acode-lhe a dúvida de que as elaborações teoréticas possam ser úteis à decisão que precisa tomar, abrindo espaço à ansiedade e à hesitação. Contra esse tipo de inquietude, Pontes de Miranda (*O Problema Fundamental do Conhecimento*) foi incisivo: "não há diferença entre a teoria e a prática. Aquilo que existe é o conhecimento do objeto: ou se conhece o objeto ou não se conhece o objeto". E o mestre Lourival Vilanova, com sua objetividade e rigor de estilo sempre presentes, focalizando a temática do direito, assertou: "o jurista é o ponto de intersecção entre a teoria e a prática, entre a ciência e a experiência" (*Causalidade e Relação no Direito*).

Se transpusermos para o tema da presente consulta os ensinamentos dos dois grandes juristas; e se recordarmos as noções introdutórias sobre o direito e sobre o modo de interpretá-lo, teremos, certamente, um rumo seguro para a condução do nosso trabalho, porquanto, em algumas oportunidades, a mera leitura dos enunciados legais, na sua formulação textual, parece apontar para certas direções, ao passo que sopesando valores constitucionais, numa compreensão mais abrangente do direito positivo brasileiro, chegaremos a ver, com hialina clareza, que a orientação do sistema é bem outra.

Objeto dos nossos cuidados, agora, é o cabimento jurídico das limitações impostas pela Lei n. 8.981/95 (MP n. 812/94). Vejamos de que maneira será possível aplicar as concepções teóricas mencionadas ao presente caso.

7. Imposto sobre a Renda, compensação de prejuízos e lei aplicável

Se quisermos resumir, é possível dizer que a hipótese de incidência do imposto sobre a renda e proventos de qualquer natureza, é "auferir renda". O conceito de "renda" é construído pelo direito que, arbitrariamente, corta a realidade, delimita o tempo e o espaço, conformando fatos jurídicos que, muitas vezes, não encontram supedâneo no mundo tangível. É o que acontece com a conotação de "renda".

Compensação de prejuízos, antes de ser direito subjetivo do contribuinte, é elemento inerente à configuração do fato "auferir renda". Não se trata de modo de restituição do indébito tributário, pois o expediente da compensação de prejuízos se arma para compor o próprio fato jurídico do imposto. Nesse sentido, assume a feição de um dever do Estado traçar o desenho da incidência e montar o esquema da base de cálculo, absolutamente dentro dos limites competenciais que a Constituição determina.

Lembremo-nos de que a lei é um instrumento introdutor de normas jurídicas no sistema positivo e tais regras são gerais e abstratas porque se projetam para o futuro. O retorno ao passado, em termos regulatórios, descaracteriza a linguagem prescritiva, roubando-lhe a eficácia. Quando o direito se vira para o passado não é para prescrever, mas sim para descrever, juridicamente, os fatos já ocorridos no tempo, juridicizando-os por meio de normas vigentes. Coube ao direito passado regular o fato passado. O direito presente se arma para o futuro, para frente, disciplinando os acontecimentos factuais que venham a verificar-se a partir dele.

A compensação de prejuízos não é direito que nasce no presente, juridicizado pela lei presente. Trata-se de categoria fáctica, compositiva do "auferir renda", núcleo de incidência do imposto da competência da União. Como a base de cálculo é a perspectiva dimensível do critério material da hipótese tributária; e como o esquema compensatório é elemento constitutivo daquela base, a lei aplicável à compensação há de ser aquela que introduz a regra-matriz de incidência, vale dizer, a vigente no instante em que o prejuízo é gerado.

8. A edição da Medida Provisória n. 812/95, convertida na Lei n. 8.981/95, em face da irretroatividade

Não hesito em afirmar que a edição da Medida Provisória, depois convertida em lei, por não fazer as devidas ressalvas, no sentido de assegurar as expectativas normativas de todos aqueles que se programaram para cumprir suas obrigações tributárias dentro do plano geral das possibilidades impositivas ditadas pelo sistema jurídico, feriu, de maneira frontal e direta, o princípio da irretroatividade (art. 5º, XXXVI), ao mesmo tempo em que infringiu o valor implícito da certeza jurídica, aqui entendida como "previsibilidade".

Com efeito, é óbvio que todos os planos de atividades empresariais levavam em conta a forma de apuração e de pagamento do imposto sobre a renda e proventos de qualquer natureza, bem como a contribuição social sobre o lucro. Qualquer modificação que se pretendesse introduzir na matéria teria que atender a esse aspecto, de enorme expressividade.

Ora, no preciso instante em que a legislação se altera, transformando-se o regime de apuração do lucro, rompe-se para as empresas contribuintes, drasticamente, suas possibilidades jurídicas de sustentar o implemento das prestações contratuais dentro do quadro de previsibilidade que vinha mantendo, ingressando em estado de perigosa instabilidade.

Note-se que não se trata de meras expectativas de direito. Na hipótese que ora examinamos, pode-se medir, com facilidade, as proporções do *quantum* as empresas teriam o direito de deduzir, prevalecendo a sistemática anterior, valores esses que se querem respeitados em homenagem ao primado da irretroatividade geral (para não confundir com a irretroatividade específica do Direito Tributário).

É aqui que se pode proclamar, com todo o vigor, ter sido atropelado o direito adquirido dos contribuintes em continuar operando debaixo do antigo regime, ao menos até o ponto em que sua programação empresarial foi traçada, com base na legislação outrora vigente. E, maculado o direito adquirido, sossobra com ele a certeza do direito, indo para o espaço o sobrevalor da segurança jurídica, pois não se pode pensar em certeza e segurança ali onde houver desrespeito àqueles outros valores de que já falei e que funcionam como seus alicerces, em qualquer dos múltiplos momentos do processo de positivação do direito.

9. A emissão do texto da Medida Provisória n. 812/94, convertida na Lei n. 8 981/95, e as condições de sua publicação

A Medida Provisória n. 812/94, que alterou a legislação do imposto sobre a renda e proventos de qualquer natureza e da contribuição social sobre o lucro, limitando a compensação dos resultados negativos, pode ser considerada como um importante instrumento modificativo da legislação até então vigente. Seu inteiro teor está contido na edição do *Diário Oficial da União*, de 31.12.94, sábado. Os exemplares circularam a partir do dia 2 de janeiro de 1995, o que já diz tudo. Nas palavras do ilustre magistrado, Dr. Homar Cais (MS n. 160.639, reg. 95.03.017616-0), "ninguém em sã consciência, poderá supor que na última noite do ano, quando já encerrado o expediente ao público — e todos sabemos como as repartições públicas são rigorosas quanto ao encerramento do expediente — se pudesse pretender tornar pública lei de natureza tributária, cuja incidência validamente está ligada ao princípio da anterioridade (CF art. 150, III, "b"). No caso presente ocorreu ainda que o último dia do ano foi sábado, quando, sequer há expediente nas repartições públicas".

Não é preciso dizer mais nada. A publicação foi a destempo e o princípio da anterioridade lapidarmente violado. Sua sustentação, em termos de legitimidade jurídica, fica comprometida por inteiro, em face da dissonância contundente com valores relevantíssimos do direito positivo brasileiro.

10. A competência da União para criar empréstimos compulsórios — natureza tributária e procedimento exigido

A limitação de 30%, estabelecida na Lei n. 8.981/95, em termos concretos, provoca para os contribuintes o recolhimento de um valor maior do que o devido, uma vez que desconsidera grande parte dos prejuízos efetivamente configurados em exercícios anteriores, majorando, por via de conseqüência, a base de cálculo.

Ora, bem. Acaso não queiramos ver a incidência como um verdadeiro imposto sobre o patrimônio (na parte que excede os 30% do prejuízo efetivo do intervalo), dúvidas não há quanto a corresponder a uma antecipação de recolhimento, que só viria a ser recuperada em exercícios subseqüentes e, mesmo assim, circunscrita àqueles percentuais.

Esse *plus* recolhido (decorrente do não abatimento integral do prejuízo) poderia caracterizar-se, também, como empréstimo compulsório, a ser amortizado, paulatinamente, em exercícios subsecutivos. Todavia, para se configurar como tal, vale dizer, como empréstimo compulsório, teria o legislador que satisfazer os pressupostos constitucionais previstos no art. 148, do Texto Supremo. Isso implicaria a edição de lei complementar, tomando como premissas o atendimento a despesas extraordinárias, no caso de calamidade pública, de guerra externa ou sua iminência, ou, ainda, na hipótese de investimento público de caráter urgente e de relevante interesse nacional, observado o disposto no art. 150, III, "b".

Claro está que nada disso foi feito, o que importa reconhecer que o legislador da União, expressamente, não optou por esse caminho, preferindo operar na faixa do próprio imposto sobre a renda e proventos de qualquer natureza, mas sem as preocupações de respeito aos mandamentos constitucionais que fixam as balizas para o exercício de sua competência impositiva.

11. Direito adquirido à compensação integral e o princípio da segurança jurídica

Não é juridicamente admissível que a Lei nova (Lei n. 8.981/95) venha a impedir a compensação integral dos prejuízos acumulados no período, limitando-os a 30%, uma vez que aquele direito já integrava o patrimônio jurídico das referidas empresas.

De fato, as normas jurídicas invocadas pelos contribuintes para invocar seu direito adquirido à compensação eram regras válidas no sistema, ao ensejo do acontecimento dos fatos nelas previstos. Desse modo, instalaram-se as respectivas relações jurídicas e nasceram os direitos subjetivos correspondentes, incorporando-se ao seu patrimônio jurídico. A Lei nova, que limitou a compensação dos prejuízos acumulados a 30% (trinta por cento), não poderia retroagir, alcançando os fatos que se consumaram e mexendo na textura de direitos legitimamente adquiridos. Admiti-lo, seria reconhecer a retroatividade da lei, para agravar a situação jurídica dos contribuintes, interpretação que atenta contra a certeza do direito, enquanto previsibilidade e, por via de conseqüência, fere, frontalmente, o sobreprincípio da segurança jurídica.

12. Modificação dos conceitos de "renda" e de "lucro"

O "fato gerador" do imposto sobre a renda e proventos de qualquer natureza é "auferir" renda e proventos de qualquer natureza, ao passo que a contribuição social sobre o lucro incide sobre a "obtenção de lucros". Havendo prejuízos, apurados e comprovados pelas demonstrações financeiras de anos anteriores, esses prejuízos hão de ser compensados até se exaurirem. Sob o manto da legislação em que esses decréscimos se verificaram, qualquer limite imputado ao exercício do direito de compensar, modificará a base de cálculo das exações, no período de referência, pois o saldo negativo apurado representa *deficit* no patrimônio da pessoa jurídica, enquanto o lucro, em contrapartida, reflete elevação do nível patrimonial.

Claro está que, ao não abater-se os saldos negativos (prejuízos) dos lucros porventura obtidos, o impacto do gravame estaria alcançando, em cheio, o patrimônio do sujeito passivo, ficando desfiguradas, por conseguinte, as hipóteses de incidência de ambos os tributos (imposto sobre a renda e contribuição social sobre o lucro), o que implicaria cobrar imposto sobre aquilo que não é renda e contribuição social sobre aquilo que não é lucro.

Demais disso, por força de enunciados explícitos e implícitos, há um conceito jurídico-positivo de renda e de lucros, cujo perfil começa a esboçar no altiplano constitucional, desdobrando-se nas esferas inferiores que devem manter a sintonia semântica com o Texto Supremo. Nesse sentido, aliás, o art. 189, da Lei n. 6.404/76, conhecida como a Lei da S.A., prescreve que *do resultado do exercício serão deduzidos, antes de qualquer participação, os prejuízos acumulados e a previsão para o imposto sobre a renda*, o que se faz em respeito ao princípio da continuidade da pessoa jurídica.

13. O problema do lucro fictício e o princípio da capacidade contributiva

Sempre que a percussão tributária atinge acréscimo de patrimônio que, de facto, não se manifestou, a incidência acaba por alcançar o próprio patrimônio, uma vez que inexistiu força econômica suficiente para suportar a exação. A atividade impositiva do Estado, conduzida desse modo, ofende, grosseiramente, o princípio da capacidade contributiva, extrapassado de maneira visível nos seus limites. Ora, bem sabemos que a Constituição brasileira preserva o substrato econômico dos patrimônios privados, impondo, severamente, que a carga tributária seja dosada na conformidade da capacidade contributiva do sujeito passivo (art. 145, da CF).

No que concerne ao imposto sobre a renda — e o raciocínio vale também para a contribuição social sobre o lucro —, o pressuposto de fato tomado na previsão normativa é exatamente o acontecimento, ocorrido dentro de certo trato de tempo, que produz riqueza, acrescendo o patrimônio do sujeito passivo. A ocorrência desse sucesso econômico está vinculada a limites que o fazem anual. Todavia, conhecedor das vicissitudes inerentes ao mundo dos negócios, e não querendo bulir no valor que representa a continuidade da pessoa jurídica, o ordenamento positivo não analisa isoladamente o período de referência, pelo que põe em confronto intervalos subseqüentes, fazendo aproveitar num, aquilo que pesou no antecedente. Aliás, não fora assim e oneraria o patrimônio, como já ficou ressalvado, ingressando na perigosa faixa das apropriações confiscatórias. Vale dizer que é precisamente nesse momento que o legislador se imite no hemisfério do confisco: sempre que no fato tributado inexistir capacidade para contribuir, a incidência colhe uma área indesejada, sufocando a atividade produtiva e fazendo desaparecer a força econômica do poder privado.

14. Configuração de empréstimo compulsório

A Lei n. 8.981/95, impondo o limite de 30% para a compensação de prejuízos advindos de exercícios passados, majora o recolhimento da exação a ser recuperada, e ainda limitadamente, em intervalos futuros. Deixando de lado sua degradação para imposto sobre o patrimônio e, além disso, seu caráter eminentemente confiscatório, impende frisar que assume também a feição de empréstimo compulsório, uma vez que se daria a entrega antecipada de numerário ao Poder Público, que o devolveria, futuramente, em outras condições. Entretanto, como empréstimo compulsório, só poderia ser criado em obediência aos ditames constitucionais inscritos no art. 148, da Constituição Federal, que prevê a instituição mediante lei complementar, além da necessidade de voltar-se ao atendimento de despesas extraordinárias, no caso de calamidade pública, de guerra externa ou sua iminência, ou na hipótese de investimento público de caráter urgente e de relevante interesse nacional, observado o disposto no art. 150, III, "b".

É óbvio que nenhum desses pressupostos existiram, bem como a forma do instrumento introdutório de normas não tenha sido o de lei complementar.

15. A Medida Provisória n. 812/94 e o princípio da anterioridade tributária

O *Diário Oficial* que trazia a publicação da Medida Provisória n. 812/94 (posteriormente convertida na Lei n. 8.981) circulou apenas no dia 2 de janeiro de 1995, data em que o referido ato normativo entrou em vigor, portanto, não podem as disposições nele contidas alcançar os fatos ocorridos antes de 1º de janeiro de 1996.

Com efeito, vigora no Brasil, em toda sua plenitude, o princípio da anterioridade da lei tributária, diretriz inserida no corpo de nossa Carta Constitucional, mais precisamente no art. 150, III, "b". Segundo essa limitação ao desempenho das competências tributárias, para que um tributo possa ser criado ou majorado num dado exercício financeiro, torna-se imprescindível que a lei que o instituiu ou que promoveu o aumento tenha sido publicada até o último dia do exercício anterior. E, paralelamente, a alínea "a" daquele mesmo dispositivo estipula o primado da irretroatividade, vedando à lei tributária que alcance "fatos geradores" acontecidos anteriormente à vigência do diploma legislativo que criou ou majorou a exação.

Aos pés de enunciados prescritivos redigidos de forma tão clara, fica extremamente complicado, para não dizer impossível, admitir que os dispositivos da Medida Provisória n. 812/94, possam alcançar os fatos geradores ocorridos antes de 1º de janeiro de 1996.

De modo que, se o *Diário Oficial* circulou apenas em 2 de janeiro de 1995, a eficácia de suas normas manter-se-ía contida até o final daquele exercício, entrando em vigor, portanto, a partir de 1º de janeiro de 1996. Essa é a orientação prescritiva do direito brasileiro, em atinência aos precitados princípios da irretroatividade e da anterioridade.

FACULDADES DA ADMINISTRAÇÃO EM MATÉRIA DE LANÇAMENTO TRIBUTÁRIO*

ALCIDES JORGE COSTA
Brasil

Ao arrecadar tributos, a administração pública exerce uma função que implica deveres. Para cumpri-los, a administração deve ser dotada de poderes que são apenas instrumentos para cumprimento dos deveres ou, por outras palavras, instrumentos para alcançar as finalidades próprias da função. Portanto, e antes de mais nada, existe o dever de arrecadar tributos e, em conseqüência, o de fiscalizar para que não haja evasão. Os poderes existem em função dos deveres, de modo que se deve falar em deveres-poderes e não em poderes-deveres. Assim é que, ao falar-se em faculdades da administração, está-se fazendo referência aos deveres-poderes da administração na determinação de tributos (lançamento e liquidação) (cfr. sobre os deveres-poderes da administração pública, Celso Antônio Bandeira de Mello, *Curso de Direito Administrativo,* Malheiros Editores, São Paulo, 1993, 4ª ed., p. 21).

É este o sentido que, neste relatório, damos ao vocábulo "faculdade", ao qual se atribuem diversas acepções (cfr. a respeito, Alessandro Anastasi, vb. "Facoltà e Diritti Facoltativi", in *Enciclopedia del Diritto,* Giuffrè Editore, s/d, v. XVI, pp. 207-219).

Ainda no propósito de delimitar o objeto deste relatório, acrescentamos que entendemos por competência o feixe de deveres-poderes de que é dotada a administração pública para exercer a função de lançar e liquidar tributos.

Esta função é regida pelo princípio da legalidade estrita. Antes de examinar este aspecto em pormenor, devemos voltar-nos para o conceito de lançamento, uma vez que, no sistema do Código Tributário Nacional - CTN, não há cobrança de tributos sem lançamento.

O CTN diz que a obrigação tributária é principal ou acessória e acrescenta que a obrigação tributária principal surge com a ocorrência do fato gerador, tem por objeto o pagamento de tributo ou penalidade pecuniária e extingue-se juntamente com o crédito dela decorrente. Acrescenta, ainda, que a obrigação acessória decorre da legislação tributária e tem por objeto as prestações, positivas ou negativas, nela previstas no interesse da arrecadação ou da fiscalização dos tributos (art. 133).

Dada a natureza deste relatório, deixamos de parte a discussão doutrinária a respeito da existência ou inexistência das

* Relatório apresentado na XVIII Jornada Latinoamericana de Derecho Tributario (Montevidéu, Uruguai, de 1 a 6 de dezembro de 1996).

chamadas obrigações acessórias, que muitos autores preferem conceituar como deveres dos contribuintes. E deixamos de parte porque se trata de discussão que, no Brasil, tem tido pouco ou nenhum interesse prático.

O CTN dispõe também que o crédito tributário decorre da obrigação principal e tem a mesma natureza desta (art. 139). Por fim, o art. 142 do CTN diz que "compete privativamente à autoridade administrativa constituir o crédito tributário pelo lançamento, assim entendido o procedimento administrativo tendente a verificar a ocorrência do fato gerador da obrigação correspondente, determinar a matéria tributável, calcular o montante do tributo devido, identificar o sujeito passivo e, sendo caso, propor a aplicação da penalidade cabível".

O CTN contém uma clara dicotomia entre obrigação principal e crédito tributário, aquela surgindo com a ocorrência do fato gerador e este sendo constituído pelo lançamento. Há, também, grande discussão doutrinária a respeito desta possível dicotomia. Exceto, porém, pelo reflexo que pode ter a propósito da contagem dos prazos de decadência e de prescrição, previstos, respectivamente, nos arts. 173 e 174 do CTN, o debate, que envolve, no fundo, o do caráter constitutivo ou declaratório do lançamento, é de escasso alcance prático. De fato, o art. 144 do CTN dispõe que "o lançamento reporta-se à data da ocorrência do fato gerador da obrigação e rege-se pela lei então vigente, ainda que posteriormente modificada ou revogada". Em qualquer caso, o crédito vai ser constituído e reger-se pela lei vigente na data do fato gerador, de modo que se torna irrelevante determinar se o lançamento constitui o crédito ou se apenas o declara existente.

Como se viu acima, o art. 142 do CTN diz que o lançamento é procedimento administrativo, no que parece ter cometido um equívoco. Procedimento é uma série de atos conjugados em vista de um fim. Neste sentido, há um procedimento de lançamento mas o lançamento é o ato final deste procedimento. Ato final, bem entendido, se não levarmos em conta o ato de ciência do sujeito passivo.

Cada lançamento é, em si mesmo considerado, um ato definitivo. O fato de o lançamento ficar sujeito ao controle de legalidade no seio da própria administração, por via de impugnações e recursos, não lhe retira o caráter de ato definitivo. Entretanto, este caráter não impede que, em certas circunstâncias, a autoridade administrativa faça novo lançamento concernente à mesma matéria tributária, para cobrar diferenças que julgue devidas. Estas circunstâncias serão mencionadas posteriormente. Desta maneira, só depois de decorrido o prazo de decadência para efetuar o lançamento é que se pode afirmar ter-se estabelecido uma situação definitiva, em que nada mais pode ser exigido do sujeito passivo.

Mesmo quando se trate de lançamentos que devam ser consolidados, cada um deles tem caráter definitivo no momento em que é efetivado. Assim, o Regulamento do Imposto Estadual sobre Operações Relativas à Circulação de Mercadorias e Prestação de Serviços de Transporte Interestadual e Intermunicipal e de Comunicação, contém a modalidade do cálculo do imposto por estimativa. Para certa categoria de contribuintes, geralmente pequenos contribuintes, e com base em dados por eles declarados e noutros de que a autoridade disponha, é feita a estimativa do imposto a pagar em determinado período que costuma ser de um ano. O contribuinte recolhe, em cada mês, um duodécimo da quantia estimada. No fim do período e verificada a escrituração do contribuinte, é feito um ajuste. Se o total das operações do período superou a estimativa, o contribuinte paga a diferença. Em caso contrário, o excesso pago é descontado dos pagamentos a serem feitos no período seguinte. Este, em linhas muito gerais, o esquema de um lançamento sujeito a ajuste posterior e, portanto, provisório no tocante ao *quantum debeatur.* Entretanto, ainda assim, feita a estimativa inicial (que o contribuinte pode impugnar, instaurando-se, então, um processo para apuração da estimativa a mais próxima possível da realidade previsível), o lançamento dela decorrente é definitivo, no sentido de que a quantia lançada deve ser paga, ainda que sujeita a ajuste posterior.

A atividade da administração no campo tributário rege-se pelo princípio da legalidade estrita. A Constituição Federal diz que "ninguém será obrigado a fazer ou deixar de fazer alguma coisa senão em virtude de lei" (art. 5, II). O art. 150, I, acrescenta que sem prejuízo de outras garantias asseguradas ao contribuinte, é vedado à União, aos Estados, ao Distrito Federal e aos Municípios, "exigir ou aumentar tributo sem lei que o estabeleça".

Assim é que, conforme dispõe o art. 97 do CTN somente a lei pode instituir tributos e majorá-los ou reduzi-los, extinguir tributos, definir o fato gerador da obrigação tributária principal e o sujeito passivo da obrigação, fixar a alíquota dos tributos e sua base de cálculo, cominar penalidades para as infrações à lei, determinar as hipóteses de suspensão e de extinção do crédito tributário, as de isenções e de anistia, bem como as de dispensa ou redução das penalidades.

No que diz respeito às alíquotas, deve salientar-se que, nos termos do art. 153, I, da Constituição, é facultado ao Poder Executivo, atendidas as condições e os limites estabelecidos em lei, alterar as alíquotas do imposto de importação, do imposto de exportação, do imposto sobre produtos industrializados e do imposto sobre operações de crédito, câmbio e seguro, ou relativas a títulos ou valores mobiliários. A autorização constitucional tem sido utilizada em todos estes impostos. Apenas para exemplificar, o art. 4 do Decreto-lei n 1.199, de 27 de dezembro de 1971, diz que o Poder Executivo pode reduzir até zero as alíquotas do Imposto sobre Produtos Industrializados ou a majorá-las, acrescentando até 30 (trinta) unidades de percentual de incidência fixado na lei, quando a medida se torne necessária para atingir os objetivos da política econômica governamental, mantida a seletividade em função da essencialidade do produto, ou, ainda, para corrigir distorções.

A questão da estrita legalidade foi levantada no tocante à fixação de prazos de pagamento dos tributos. Os tribunais acabaram por decidir que se a lei fixa estes prazos, o Poder Executivo não pode alterá-los mas que não há inconstitucionalidade na lei que fixe prazos permitindo que o Poder Executivo os altere, ou na que diga que os prazos serão fixados pelo Poder Executivo.

Ainda no campo da estrita legalidade, deve acrescentar-se não ser possível cobrar tributos em relação a fatos geradores ocorridos antes da vigência da lei que os houver instituído ou aumentado (Constituição, art. 150, III, "a"). E, portanto, vedada a cobrança de tributos com efeito retrativo.

Por último, a Constituição também proíbe cobrar tributos no mesmo exercício financeiro em que haja sido publicada a lei que os instituiu ou aumentou (art. 150, III, "b"). Este dispositivo constitucional contém o chamado princípio da anterioridade que, por disposição expressa da Constituição, não se aplica aos impostos de importação, de exportação, sobre produtos industrializados e sobre operações de crédito, câmbio e seguro, ou relativas a títulos ou valores mobiliários. A regra da anterioridade é diferente para as contribuições sociais, isto é, para aquelas destinadas ao custeio de sistema de seguridade social, mencionadas no art. 195 da Constituição Federal, cujo § 6º diz que estas contribuições só podem ser exigidas após decorridos 90 (noventa) dias da data da lei que as houver instituído ou modificado.

É interessante notar que a Emenda Constitucional n. 3, de 17 de março de 1993. dispôs que a União poderia instituir, por lei complementar e com vigência até 31 de dezembro de 1994, imposto sobre movimentação ou transmissão de valores e de créditos e direitos de natureza financeira (art. 2º). Determinou, ainda, que a este imposto não se aplicariam nem o princípio da anterioridade, nem o da imunidade recíproca de União, Estados e Municípios.

À Emenda Constitucional seguiu-se a Lei Complementar n 77, de 13 de julho de 1993, instituindo este imposto. Entretanto, o Supremo Tribunal Federal suspendeu a cobrança do tributo até 31 de dezembro de 1993, por entender que a aplicação do princípio da anterioridade não podia ser afastada nem mesmo por emenda constitucional. A decisão baseou-se no art. 60, 4, IV, da Constituição, que determina não poder ser objeto de deliberação a proposta de emenda tendente a abolir direitos e garantias individuais; o que se conclui é que o Supremo Tribunal Federal decidiu que o princípio da anterioridade é uma garantia individual. Assim a Lei Complementar n. 77/93 só começou a ser aplicada — e o imposto exigido — a partir de 1º de janeiro de 1994.

O procedimento de lançamento e o ato do lançamento propriamente dito também estão sujeitos ao princípio da legalidade. A atividade relativa ao lançamento é vinculada, como resulta da definição de tributos contida no art. 3º do CTN: "Tributo é toda prestação pecuniária compulsória, em moeda e cujo valor nela se possa exprimir, que não constitua sanção de ato ilícito, instituída em lei e *cobrada mediante atividade administrativa plenamente vinculada*".

O CTN conhece três espécies de lançamento, a saber:

(a) lançamento efetuado com base na declaração do sujeito passivo ou de terceiros, quando um ou outro, na forma da legislação tributária, presta à autoridade administrativa informações sobre matéria de fato, indispensáveis à sua efetivação;

(b) lançamento efetuado e revisto de ofício pela autoridade administrativa nos seguintes casos:

I — quando a lei assim o determine;

II — quando a declaração não seja prestada, por quem de direito, no prazo e na forma da legislação tributária;

III — quando a pessoa legalmente obrigada, embora tenha prestado declaração nos termos do inciso anterior, deixe de atender, no prazo e na forma da legislação tributária, a pedido de esclarecimento formulado pela autoridade administrativa, recuse-se a prestá-lo ou não o preste satisfatoriamente, a juízo daquela autoridade;

IV — quando se comprove falsidade, erro ou omissão quanto a qualquer elemento definido na legislação tributária como sendo de declaração obrigatória;

V — quando se comprove omissão ou inexatidão, por parte da pessoa legalmente obrigada, no exercício da atividade a que se refere o artigo seguinte;

VI — quando se comprove ação ou omissão do sujeito passivo, ou de terceiro legalmente obrigado, que dê lugar à aplicação de penalidade pecuniária;

VII — quando se comprove que o sujeito passivo, ou terceiro em benefício daquele, agiu com dolo, fraude ou simulação;

VIII — quando deva ser apreciado fato não conhecido ou não provado por ocasião de lançamento anterior;

IX — quando se comprove que, no lançamento anterior, ocorreu fraude ou falta funcional da autoridade que o efetuou, ou omissão, pela mesma autoridade, de ato ou formalidade essencial;

(c) lançamento por homologação, que ocorre quanto aos tributos cuja legislação atribua ao sujeito passivo o dever de antecipar o pagamento sem prévio exame da autoridade administrativa e que se opera no ato em que a referida autoridade, tomando conhecimento da atividade assim exercida pelo obrigado, expressamente a homologa.

Como se verifica, na primeira espécie, os dados necessários ao lançamento são fornecidos à autoridade administrativa pelo sujeito passivo. A autoridade pode discordar destes dados e investigá-lo antes de efetuar o lançamento. A espécie de lançamento por declaração vai se tornando rara no Brasil. A maior parte dos impostos é paga antes da atuação da autoridade. Até mesmo o imposto de renda de pessoa jurídica ou física, que requer uma declaração anual, é pago (ou, pelo menos, a primeira parcela é paga) quando da apresentação da declaração. A autoridade administrativa verifica a declaração, aceita-a ou modifica o cálculo e só então notifica o contribuinte. Teoricamente, esta notificação pode ocorrer depois de totalmente pago o imposto (o que sucede quando o contribuinte paga a totalidade ao apresentar a declaração).

A segunda espécie de lançamento, como o próprio nome — lançamento de ofício — o diz, resulta sempre de iniciativa da autoridade que pode solicitar que o contribuinte lhe preste informações.

O lançamento por homologação tem dado margem a discussões. É claro que sua existência no CTN resulta da afirmação de que não existe tributo sem lançamento. Não cabe, neste relatório, reproduzir as discussões havidas, mas apenas dizer que é grande o número de impostos em que ocorre esta espécie de lançamento. Encontram-se nesta situação os impostos federais sobre produtos industrializados e sobre operações de crédito, câmbio e seguro e relativas a títulos e valores mobiliários; o imposto estadual sobre circulação de mercadoria e sobre a prestação de serviços de transporte interestadual e intermunicipal e de serviços de comunicação, bem como o imposto sobre a propriedade de veículos automotores e o imposto municipal sobre serviços de qualquer natureza. A estes impostos devem somar-se todas a chamadas contribuições sociais.

O que acontece, na realidade, é que o sujeito passivo paga o imposto sem interferência da autoridade administrativa que verifica, posteriormente, se o imposto foi corretamente pago ou não. Se a autoridade entende que não foi corretamente pago efetua um lançamento de ofício para cobrar a diferença, com os acréscimos cabíveis, como juros de mora e multa.

Como foi dito, o CTN parte do pressuposto de que não há cobrança de imposto sem lançamento. Não é pouco frequente que contribuintes do ICMS e do IPI efetuem corretamente a escrituração do imposto devido sem, contudo, pagá-lo. A partir dos dados da escrituração do próprios contribuintes, as autoridades administrativas, em vez de efetuarem um lançamento de ofício e, assim, abrirem margem a um processo administrativo, iniciaram, desde logo, um processo judicial de cobrança executiva. Os contribuintes contestaram a cobrança judicial, alegando não ter ela sido precedida do necessário lançamento, mas os tribunais rejeitaram a alegação dos contribuintes. A este propósito, o Supremo Tribunal Federal decidiu que "em se tratando de autolançamento de débito fiscal declarado e não pago, desnecessária a instauração de procedimento administrativo para a inscrição da devida e posterior cobrança" (AR/AI 144.609-9, 2ª Turma, Relator Ministro Maurício Correa, *RT* 720/312). É interessante notar que, neste acórdão do Supremo Tribunal Federal, se fala em autolançamento para designar o que o CTN denomina lançamento por homologação.

Excetuados alguns casos de impostos fixos, isto é, de impostos cujo montante é fixado por lei, o montante a pagar resulta sempre da aplicação de uma alíquota a uma base de cálculo definida em lei. Há sempre, portanto, uma base de cálculo normativa e uma base de cálculo de fato que é o que resulta da aplicação da base normativa.

Esta base de cálculo deve ser certa, isto é, deve consistir em certa quantidade de dinheiro. Normalmente é o que acontece, embora, por vezes, determinar a base de cálculo seja operação complexa como, por exemplo, determinar o lucro tributável de uma sociedade anônima.

O lançamento também suscita algumas dúvidas quando baseado em presunções. De início, deve dizer-se que, neste campo, não são permitidas presunções absolutas. Em seguida, cumpre dar alguns exemplos de bases de cálculo presumidas que existem no Brasil. A legislação brasileira do imposto de renda conhece a determinação do tributo pelo lucro real, pelo lucro presumido e pelo lucro arbitrado. O lucro real constitui base de cálculo certa e é apurado segundo a contabilidade da pessoa jurídica, observadas as regras gerais pertinentes. O lucro presumido resulta da aplicação de uma percentagem sobre a receita bruta total da pessoa jurídica. Esta percentagem é, basicamente, de 3,5%. Para certas atividades, a percentagem é maior, mas é de 3% sobre a atividade de revenda de combustível. Cabe à pessoa jurídica optar pela tributação pelo lucro presumido, mas só o podem fazer as que têm receita bruta anual de até R$ 12.000.000,00.

O lucro é arbitrado quando: I — o contribuinte, obrigado à tributação com base no lucro real não mantiver escrituração na forma das leis comerciais e fiscais, ou deixa de elaborar as demonstrações financeiras exigidas pela legislação fiscal; II — a escrituração mantida pelo contribuinte contiver vícios, erros ou deficiências que a tornem imprestável para determinar o lucro real ou, ainda, revelar evidentes indícios de fraude; III — o contribuinte recusar-se a apresentar livros e documentos da escrituração comercial e fiscal à autoridade tributária; IV — o contribuinte optar indevidamente pela tributação com base no lucro presumido ou não observar os procedimentos legais pertinentes à determinação da base pelo lucro presumido; V — comissário ou representante de pessoa jurídica estrangeira deixar de escriturar e apurar separadamente o lucro do comitente residente ou domiciliado no exterior; VI — o contribuinte não apresentar os arquivos ou sistemas na forma e prazo previstos em lei; e VII — o contribuinte não mantiver, em boa ordem e segundo as normas contábeis recomendadas, livro Razão ou fichas utilizados para resumir e totalizar, por conta ou subconta, os lançamentos efetuados no Diário. O lucro arbitrado resulta da aplicação de certos percentuais à receita bruta. Se esta não puder ser conhecida, utiliza-se uma das alternativas que consistem em aplicar certos percentuais à soma dos valores do ativo circulante, realizável a longo prazo e permanente, existentes no último balanço conhecido, ou ao valor do capital, ou do patrimônio líquido ou do valor das compras de mercadorias, ou da soma dos valores da folha de pagamento dos empregados e das compras de matérias-primas, produtos intermediários e embalagens ou da soma dos valores devidos aos empregados ou, finalmente, do valor do aluguel devido. A utilização do método de arbitramento do lucro tem sido encarada de maneira bastante estrita pelo Conselho de Contribuintes, órgão administrativo ao qual os contribuintes podem recorrer contra decisões das autoridades administrativas encarregadas da arrecadação.

Outro caso de presunção é o que ocorre na cobrança do ICMS. Para certos produtos, as autoridades administrativas fixam o preço do produto naquilo que se chama de pauta de preços, pretendendo que o imposto seja calculado pelo valor da pauta e não pelo valor da operação, exceto se este for mais alto. Esta prática, apesar de constar de leis estaduais, foi condenada pelo Supremo Tribunal Federal no RE n. 92.679-8, Relator o Ministro Leitão de Abreu (*RT*, v. 548/228). Trata-se de um verdadeiro caso de presunção.

De modo geral, no campo do ICMS os tribunais têm condenado as presunções. Por exemplo, a 15ª Câmara Cível do Tribunal de Justiça do Estado de São Paulo decidiu que a base de cálculo do ICMS incidente sobre a aquisição de cana-de-açúcar em caule por usina de álcool há de ser, necessariamente, o valor da operação de compra, vale dizer, de que decorrer a saída da mercadoria, nos termos da lei, sendo inconstitucional a portaria que fixa tal base em razão do número de litros de álcool produzidos (Ap. 106.574-2, *RT* 618/80).

Um último exemplo de presunção, esta largamente aceita pelos contribuintes. O Imposto sobre a Propriedade de Veículos Automotores é de competência do Estados e, no Estado de São Paulo, é regulado pela Lei n. 6.606, de 20 de dezembro de 1989, com algumas alterações posteriores. Diz esta lei que a base de cálculo do imposto é o valor venal do veículo (art. 5º) e que, tratando-se de veículo novo, esta base é o valor constante de nota fiscal ou documento de transmissão da propriedade. Já para veículos usados, diz a lei (art. 6º) que a Secretaria da Fazenda deve estabelecer tabela de valores venais considerando marca, modelo, espécie, ano de fabricação e procedência. Valor venal é sinônimo de valor de mercado, de modo que a tabela de valores não passa de uma presunção, mesmo porque não leva em conta o estado de conservação de cada veículo. Esta presunção tem sido aceita pelos contribuintes, talvez por comodismo e, nalguns casos, talvez porque o eventual ganho econômico não compense o tempo despendido com um processo judicial.

À vista dos exemplos acima, pode concluir-se que, quando se utiliza base presumida, sempre existe algum nexo desta com a realidade. Entretanto, como foi assinalado, pelo menos em matéria de ICMS, bases de cálculo presumidas têm sido recusadas pelos tribunais. Por vezes, a lei prevê que, na impossibilidade de efetuar determinação do imposto com base certa, a administração pode recorrer a presunções. É exatamente o caso do cálculo do imposto de renda pelo lucro arbitrado, acima relatado.

Como já foi dito antes, a atividade administrativa na determinação tributária é plenamente vinculada pelo que não há possibilidade de celebração de acordo ou transação entre administração e contribuinte para especificação dos elementos de fato necessários para a determinação do montante do tributo devido.

Cuida-se, neste relatório, do exame das faculdades da administração na determinação tributária (acertamento, liquidação ou lançamento). Em vista da proteção dos direitos dos contribuintes, deve acrescentar-se que são bastante amplos os poderes de fiscalização da administração pública. Os agentes fiscais tributários do Ministério da Fazenda e dos Estados somente podem proceder a exames de documentos, livros a respeito de contas de depósitos bancários quando há processo instaurado e os exames forem considerados indispensáveis pela autoridade competente. Ainda quando há processo instaurado, as instituições financeiras podem ser solicitadas a prestar esclarecimentos e informações às autoridades fiscais, devendo estes esclarecimentos e informações serem conservados em sigilo, não podendo ser usados senão reservadamente (Lei n. 4.595, de 31 de dezembro de 1964, art. 38, §§ 5º e 6º).

As autoridades fiscais têm pretendido, sem êxito até agora, que a lei seja modificada para dar-lhes acesso às conta bancárias, independentemente da existência de processo administrativo.

Cabe assinalar que qualquer lançamento pode ser revistos pela autoridade administrativa enquanto não extinto o direito da Fazenda Pública, nos casos previstos para o lançamento de ofício, já mencionados acima (CTN, art. 149, parágrafo único). Este direito extingue-se em cinco anos contados do primeiro dia do exercício seguinte àquele em que o lançamento poderia ter sido efetuado. Este prazo aplica-se não só à revisão de lançamentos já efetuados, mas também a lançamento originários.

Por último, a modificação introduzida, de ofício ou em conseqüência de decisão administrativa ou judicial, nos critérios adotados pela autoridade administrativa no exercício do lançamento somente pode ser efetivada, em relação ao sujeito passivo, quanto a fato gerador ocorrido posteriormente à sua introdução (CTN, art. 146).

AS LIMINARES E O DIREITO DE LANÇAR TRIBUTO

HUGO DE BRITO MACHADO
Juiz do Tribunal Regional Federal da 5ª Região
— Professor Titular de Direito Tributário da UFC

1. Introdução. 2. Liminares e atividade da Administração Tributária. 3. Liminares e decadência do direito de lançar. 4. Auto de infração e lançamento. 5. Lançamento e contraditório e ampla defesa. 6. O depósito e o lançamento. 7. Lavantamento de depósito

1. Introdução

Não obstante a incessante elaboração normativa, e jurisprudencial, decorrente dos freqüentes e intensos conflitos ocorrentes na relação fisco contribuinte, muitas questões no Direito Tributário ainda não estão esclarecidas. Entre estas, a questão suscitada pelo deferimento de medida liminar em que o Juiz proíbe a Administração Tributária de lavrar auto de infração contra o contribuinte.

Dividem-se as opiniões, desde logo, no que concerne à validade do provimento judicial proibitivo da lavratura de auto de infração. E nos desdobramentos vários dessa questão seguem-se as divergências. Do provimento judicial decorreria a suspensão do prazo de decadência? Isto seria possível, quando se sabe que a decadência não se suspende? Haveria diferença conforme a liminar seja concedida em ação declaratória ou em mandado de segurança? E se houver depósito da quantia em disputa, será diverso o tratamento a ser dado à questão?

O adequado equacionamento de todas essas questões depende do exame de algumas teses jurídicas que, consagradas na doutrina, são às vezes indevidamente empregadas, quebrando-se com isto a harmonia do sistema jurídico, que sendo sistema é necessariamente harmonioso, isento de incongruências,[1] livre de antinomias,[2] e pleno, vale dizer, sem lacunas.[3]

Entre essas teses temos as que afirmam que: (a) não pode o Juiz impedir a realização da atividade da Administração Tributária; (b) não é possível suspender-se o prazo de decadência; (c) o lançamento de ofício é

1. Considera-se incongruência não apenas o conflito entre duas normas do mesmo plano hierárquico, mas também a não aplicação de normas garantidoras de direitos, que restam sem efetividade, a pretexto de preservar outros direitos, quanto uns e outros podem conviver plenamente.

2. As antinomias, segundo Norberto Bobbio, devem ser superadas pela prevalência da norma superior, se entre normas de diversa hierarquia, ou pela prevalência da norma mais recente, se entre normas da mesma hierarquia.

3. Referidas aqui são as lacunas verdadeiras, ou técnicas, na terminologia de Karl Engish, cuja superação constitui dever do aplicador da lei.

feito com um auto de infração; (d) depósito feito pelo contribuinte para suspender a garantia do Juízo pode ser levantado a qualquer tempo pelo depositante; (e) o lançamento faz-se sempre em processo administrativo, para cuja validade se exige a presença do contraditório.

Examinemos, então, essas teses jurídicas, o que faremos a partir do pressuposto de que nenhuma norma, como nenhuma tese jurídica, é válida para todos os casos, impondo-se a interpretação tópica, que há de fazer-se como forma de preservar pré-falada harmonia do sistema jurídico.

2. *Liminares e atividade da Administração Tributária*

Tem sido freqüentemente afirmada a tese segundo a qual *não pode o Juiz impedir que a autoridade da Administração Tributária realize a atividade que lhe compete*. Seria inadmissível, portanto, um provimento judicial que proibisse a autoridade administrativa de lavrar um auto de infração.

A tese, em princípio, é correta. Ocorre que o sistema jurídico alberga princípios que serão inteiramente anulados se a entendermos de forma absoluta.

Realmente, por força de preceito constitucional, *a lei não excluirá da apreciação do Poder Judiciário lesão ou ameaça a direito*.[4] A preservação da harmonia do sistema jurídico exige que se entenda aquela tese jurídica de forma a que se não anule essa garantia constitucional. Assim, se a atividade da Administração Tributária é especificamente identificada, e há evidência de que, nessa modalidade específica, configura lesão, ou ameaça a direito do contribuinte, evidentemente pode ser vedada por provimento judicial. Não teria sentido algum a garantia de apreciação judicial, se o Judiciário não pudesse garantir o direito contra a lesão, ou a ameaça de lesão.

Em outras palavras, é razoável afirmar-se que o Juiz não pode vedar a atividade da Administração Tributária, de forma indiscriminada, mas pode vedar determinada atividade, especificamente identificada como ameaça, ou lesão a direito do contribuinte. Não pode impedir a fiscalização, ou a lavratura de autos de infração, genericamente. Mas pode, e deve, impedir a lavratura de auto de infração que tenha determinado fundamento, como, por exemplo, a realização de compensação tida pelo Juiz como juridicamente válida, ou a inocorrência de determinada isenção, que o Juiz entende existir, ou cujo reconhecimento está pendente de decisão judicial pedida com fundamentos relevantes.[5]

Em síntese, portanto, tem-se que *o juiz não pode vedar* a atividade de *fiscalização,*

4. Constituição Federal de 1988, art. 5º, inciso XXXV.

5. Empresa sediada no Nordeste requereu à SUDENE o reconhecimento de seu direito à prorrogação do prazo de isenção do imposto de renda. Seu pedido foi liminarmente rejeitado, com fundamento em norma restritiva, constante do art. 59, § 1º, da Lei n. 7.450, de 23/12/85. Impetrou, então, mandado de segurança para garantir o seu direito de ter examinado o seu pedido de prorrogação da isenção, nos termos da lei anterior. Pediu liminar impeditiva da lavratura de auto de infração. Entendendo que é relevante o fundamento da impetração, porque há direito à prorrogação da isenção com base na lei vigente na data em que foi a mesma concedida, o Juiz não apenas pode, como deve, conceder a liminar impeditiva da lavratura do auto de infração. Não de um ato de infração qualquer, mas de um auto de infração que tenha por objeto a exigência do imposto de renda que seria devido se inadmitida aquela prorrogação do prazo de isenção. Neste sentido foi a decisão do TRF da 5ª Região, no Mandado de Segurança n. 49.418-PE, do qual fui designado relator por ter ficado vencido o relator originário, Juiz Ridalvo Costa, e para o qual fiz a seguinte ementa (*DOU*, Seção 2, 26.4.96, p. 27.206):

"Tributário. Imposto de Renda. Pedido de prorrogação de isenção.

"— Enquanto a SUDENE não se manifestar sobre o pedido de prorrogação do prazo de isenção do imposto de renda (Súmula n. 2 deste Tribunal) deve ser assegurado à empresa o direito de não sofrer ação fiscal, especificamente concernente à cobrança do tributo cujo pressuposto seja a ausência do direito àquela prorrogação.

"— Segurança parcialmente concedida."

nem pode vedar, genericamente, a lavratura de autos de infração, mas pode, e deve, em situações específicas, em liminar, ou em sentença, vedar a lavratura de auto de infração que repute indevido.

3. Liminares e decadência do direito de lançar

Pretende-se justificar a tese pela qual o Juiz não pode impedir a lavratura do auto de infração, com o argumento de que não sendo possível suspender o curso do prazo de decadência, quando a decisão judicial definitiva fosse contrária à pretensão do contribuinte, se já decorrido mais de cinco anos do fato gerador do tributo estaria extinto, pela decadência, o direito da Fazenda de constituir o crédito tributário respectivo.

Tal entendimento tem tido tanta repercussão que chegou a constar de anteprojeto de lei, elaborado por um grupo de trabalho no âmbito da Secretaria da Receita Federal, dispositivo admitindo a suspensão do prazo decadencial.

E na verdade, embora em princípio os prazos de decadência não se interrompam, nem suspendam, nada impede que o legislador disponha em sentido contrário. Aliás, o Código Tributário Nacional já assim dispõe, quando em seu art. 173, inciso I, diz que o prazo extintivo do direito de a Fazenda Pública constituir o crédito tributário começa "*da data em que se tornar definitiva a decisão que houver anulado, por vício formal, o lançamento anteriormente efetuado*."

É certo, porém, que inexistente lei atribuindo à medida liminar o efeito de suspender o curso do prazo decadencial, vale dizer, do prazo de que dispõe a Fazenda Pública para fazer o lançamento tributário, o decurso do prazo de cinco anos, previsto no art. 173 do Código Tributário Nacional, extingue o direito de a Fazenda Pública constituir o crédito tributário.

Seja como for, verdade é que impedir a lavratura de auto de infração não quer dizer impedir o lançamento tributário, como adiante será explicado.

4. Auto de infração e lançamento

O Supremo Tribunal Federal tem entendido que lavrado o auto de infração já não se pode mais cogitar de decadência do direito de lançar o tributo, e isto tem sido entendido no sentido de que o auto de infração consubstancia um lançamento tributário.

Mesmo admitindo, em respeito à Corte Maior, que o auto de infração consubstancia um lançamento tributário, não se pode deixar de estabelecer a diferença entre um e o outro.

Realmente, auto de infração é a descrição, feita pelo agente da autoridade administrativa tributária, de uma situação de fato que configura desobediência à legislação tributária. *Auto* é descrição, e *infração* é conduta contrária à legislação. A rigor, portanto, a lavratura de um auto de infração apenas significa a constatação, e conseqüente imputação ao contribuinte, de uma conduta infringente da legislação. Dela pode resultar o não pagamento de um tributo, ou apenas o inadimplemento de uma obrigação acessória. No primeiro caso é possível que no auto de infração se formule a exigência de tributo e de penalidade pecuniária. No segundo, apenas a penalidade pecuniária é exigida. O auto de infração é um ato administrativo com o qual tem início o procedimento de lançamento tributário, mas não é o único, pois o lançamento pode ter início de outras formas.

Seja como for, estando submetida ao Poder Judiciário a questão de saber se determinado tributo é devido, e havendo medida liminar impeditiva da lavratura de auto de infração, nada impede a constituição do crédito tributário respectivo, pelo lançamento, que pode ocorrer independentemente da lavratura de auto de infração.

Promovida ação declaratória da inexistência de relação jurídica tributária, ou impetrado mandado de segurança preventivo contra a exigência de determinado tributo, sem que exista anterior lançamento, a inércia da Fazenda Pública implicará a perda de seu direito de haver o tributo correspondente, a menos que exista depósito do valor correspondente, como adiante será explicado, ou que não se complete o prazo decadencial, obviamente.

Assim, promovida a ação declaratória, ou impetrado o mandado de segurança, pode e deve a Fazenda Pública fazer o lançamento respectivo. Seus agentes fiscais obterão junto ao contribuinte os elementos materiais necessários à quantificação do tributo, cuja cobrança será feita a final, se a decisão lhe for favorável. Dará ciência ao contribuinte, dizendo que a cobrança daquele crédito fica suspensa até a decisão judicial definitiva do caso. Assim, estará suspensa a prescrição. Não tendo a Fazenda, ainda, ação para cobrar seu crédito, não se poderá falar de prescrição, em face do princípio segundo o qual o prazo de prescrição começa com o nascimento da ação, ou princípio da *actio nata*.

Em tal situação o contribuinte não terá direito de impugnar o lançamento, porque preferiu ir desde logo a Juízo.[6]

5. Lançamento e contraditório e ampla defesa

Dir-se-á que o contribuinte tem, em qualquer caso, o direito de impugnar o lançamento tributário, em face da garantia constitucional do contraditório e da ampla defesa.[7] Ocorre que o ingresso em Juízo, para o questionamento da matéria, torna inócuo o processo administrativo fiscal, pois a Administração Tributária não poderia, depois, decidir diversamente do que tenha decidido o Judiciário. Isto seria desconsiderar a harmonia do sistema jurídico.

É certo que em casos especiais, nos quais a disputa judicial se tenha travado apenas em torno de questões formais do procedimento administrativo tributário, pode ser na via administrativa questionado o mérito da exigência. Não é, todavia, de tais situações que estamos cuidando aqui.

6. O depósito e o lançamento

Havendo depósito do valor do tributo em questionamento, a Fazenda pode, e deve, fazer o lançamento respectivo, como acima já foi esclarecido. Assim, terá condições de saber se o depósito é ou não integral.

Existindo provimento judicial suspensivo da exigibilidade do crédito tributário, a insuficiência do depósito é irrelevante para esse fim. Mesmo assim, porém, o lançamento será útil para impedir que a decadência afete o direito da Fazenda Pública. Estando a exigibilidade do crédito tributário suspensa pela feitura do depósito, a Fazenda deve exigir seja este integral, assim entendido o que corresponda ao valor total do crédito tributário, constituído segundo o seu entendimento. Notificará o contribuinte a depositar a diferença, e se isto não ocorrer poderá promover a execução pelo total.

Existindo depósito integral do crédito tributário, estará garantido o direito creditório da Fazenda, de sorte que não será ne-

6. O art. 38, da Lei n. 6.830, de 22.9.80, diz que a propositura da ação para questionar a exigência tributária implica renúncia ao direito de recorrer na via administrativa e ao recurso acaso já interposto. É razoável entender-se tal dispositivo no sentido de que, se o ingresso em Juízo ocorre antes do próprio lançamento, implica renúncia ao direito de impugná-lo na via administrativa. Assim, diante de uma decisão judicial desfavorável ao contribuinte, a Fazenda pode desde logo promover a execução do crédito tributário.

7. Estabelece a Constituição Federal que "aos litigantes, em processo judicial ou administrativo, e aos acusados em geral, é assegurado o contraditório e a ampla defesa, com os meios e recursos a ela inerentes" (art. 5º, inciso LV).

cessária execução. Não se há de falar, portanto, em prescrição. Com o trânsito em julgado da questão, a favor da Fazenda, o Juiz determinará a conversão do depósito em renda, com o que restará extinto o crédito tributário.[8]

Aliás, mesmo que a Fazenda não tenha feito o lançamento, havendo o depósito, deve ser este convertido em renda. A feitura do depósito, neste caso, equivale ao pagamento antecipado para o fim de compor o lançamento por homologação. A atividade da Fazenda, neste caso, destina-se apenas a verificar se o depósito é integral.

7. Levantamento de depósito

Para sustentar a impossibilidade de provimento judicial impeditivo da ação fiscal, tem sido sustentado que o fato de haver sido feito o depósito do montante em disputa não garante à Fazenda o direito de haver o tributo, pois o contribuinte pode fazer, a qualquer tempo, o levantamento do depósito, e assim, se já decorrido o prazo decadencial, não terá a fazenda meios para haver o tributo, pois não mais poderá constituir o crédito tributário.

Pelas razões já acima expostas vê-se que o argumento não justifica a tese, pois a Fazenda pode e deve fazer o lançamento do tributo, embora não possa *promover ação fiscal*, como tal entendida a lavratura de auto de infração, se a tanto está proibida pelo Judiciário.

Se o depósito foi feito voluntariamente, pode ser liberado a qualquer tempo, enquanto não existir decisão determinando sua conversão em renda.

Realmente, o mandado de segurança pode ser impetrado sem que o impetrante precise fazer depósito. A suspensão da exigibilidade pode ser obtida com o deferimento de medida liminar, nos termos do art. 151, IV, do Código Tributário Nacional. Mesmo o deferimento de medida, determinando providências como a liberação de mercadorias, ou o fornecimento de certidão, ou outra qualquer, é possível sem que o impetrante tenha depositado o valor do crédito tributário.

O Tribunal Regional Federal da 3ª também tem entendido que: "O indeferimento de pedido de desistência à medida cautelar de depósito, ao fundamento de que os depósitos devem permanecer até decisão final da ação principal, configura ilegalidade uma vez que, à vista das peculiaridades deste feito, representa ingerência indevida na esfera de disposição do contribuinte". E por isto deferiu mandado de segurança para garantir o levantamento das quantias depositadas.[9]

E decidiu com absoluto acerto. Negar o levantamento de um depósito, que é voluntário, é desigualizar contra o impetrante que depositou, e tal desigualização fere o princípio da isonomia.

Existem, é certo, respeitáveis manifestações em sentido contrário, sustentando que uma vez efetuado o depósito este somente pode ser liberado quando transitar em julgado a decisão favorável ao contribuinte.[10] A Fazenda Pública, que ficou

8. Código Tributário Nacional, art. 156, inciso VI.

9. Ac. da 2ª Seção do TRF 3ª Região, mv, MS 76926/SP, *DJSP* 1.3.94, p. 56; *Repertório IOB de Jurisprudência* 7/93, p. 111.

10. O Tribunal Regional Federal da 4ª Região, por exemplo, tem entendido que:

"A faculdade de o contribuinte depositar em Juízo o débito tributário que questiona exauriu-se por si mesma no próprio ato da efetivação do depósito. Concretizado o depósito, já não lhe assiste direito ao levantamento, porquanto nasceu para a Fazenda Pública, subjugada pelo ajuizamento e pelo próprio depósito, o direito de que o levantamento somente se efetue após solvida a questão, de vez que ela, Fazenda Pública, inibida em sua atividade fiscal de tributar, tem, já agora, direito subjetivo à prestação jurisdicional, de que, se lhe favorável, lhe resultará direito ao crédito judicialmente depositado. Existência, no caso concreto, de coisa julgada, em favor da Fazenda Nacional. Improvimento do recurso" (Ac. da 4ª T. do TRF da 1ª Região, m.v., Ag 93.01.24369-

impedida de promover a execução restaria injustamente prejudicada com a demora.

Não é bem assim. Uma vez efetuado o levantamento do depósito, a Fazenda Pública poderá lavrar auto de infração, impondo ao impetrante as multas cominadas para o não pagamento do tributo, posto que a inadimplência resta caracterizada. E pode promover, de imediato, a execução fiscal, obtendo a penhora de bens, pois o fato de haver o contribuinte ingressado em Juízo para questionar a exigência do tributo, implica renúncia ao questionamento na via administrativa.[11] Assim, poderá arrecadar soma maior, posto que o tributo, neste caso, será acrescido da multa correspondente.

Não se pode dar o levantamento se houver decisão determinando a conversão do depósito em renda, pois neste caso operou-se já a transferência da propriedade do depósito para a Fazenda Pública. Ainda que tenha sido contra tal decisão interposto recurso com efeito suspensivo, o levantamento do depósito é inadmissível. O fato de estarem suspensos os efeitos da decisão não justifica retirar-se, com o levantamento do depósito, a possibilidade de sua execução.

Se o depósito foi feito porque o Juiz a ele condicionou o deferimento de medida liminar, seu levantamento só é possível com o trânsito em julgado de decisão favorável ao contribuinte depositante.

Neste caso, porém, o Juiz pode autorizar a substituição do depósito por outra contra-cautela, como a fiança bancária, por exemplo.

O depósito pode, ainda, ter sido feito como garantia na própria execução fiscal. Neste caso, a liberação somente se fará quando transitar em julgado decisão favorável ao executado.[12]

Não é razoável invocar-se a norma do art. 32, § 2º, da Lei n. 6.830/90, para denegar pedido de liberação de depósito antes do trânsito em julgado de decisão favorável ao depositante. A referida norma reporta-se apenas aos depósitos relacionados com execução proposta pela União ou suas autarquias. E aos relacionados com execução fiscal pelo Estado, Distrito Federal, Municípios e suas autarquias. Depósitos que, relacionados a execução já proposta, destinam-se a suspender-lhe o curso, abrindo oportunidade para a interposição de embargos. Não se aplica aos depósitos feitos pelo interessado com o fito de suspender a exigibilidade de créditos tributários que ainda não são objeto de execução, ou a suspender o dever jurídico de antecipar pagamento, nos casos de tributos objeto de lançamento por homologação.

5-BA, Rel. para o ac. Juiz Leite Soares, j. 13.9.93, *DJU* II, 7.10.93, p. 42.123, *Repertório IOB de Jurisprudência* 22/93, p. 443, texto n. 1/6.846).

11. Lei n. 6.830, de 22.9.80, art. 38 e seu parágrafo único, assim redigidos:

"Art. 38. A discussão judicial da Dívida Ativa da Fazenda Pública só é admissível em execução, na forma desta Lei, salvo as hipóteses de mandado de segurança, ação de repetição do indébito ao ação anulatória do ato declarativo da dívida, esta precedida do depósito preparatório do valor do débito, monetariamente corrigido e acrescido dos juros e multa de mora e demais encargos.

"Parágrafo único. A propositura, pelo contribuinte, da ação prevista neste artigo importa em renúncia ao poder de recorrer na esfera administrativa e desistência do recurso acaso interposto".

12. Lei n. 6.830/80, art. 32, § 2º.

CADERNOS DE DIREITO TRIBUTÁRIO

ICMS — TRANSFERÊNCIA ENTRE ESTABELECIMENTOS DO MESMO CONTRIBUINTE — DIREITO AO APROVEITAMENTO DOS CRÉDITOS — COMPENSAÇÃO — AUTONOMIA DAS OPERAÇÕES

AIRES FERNANDINO BARRETO

Professor de Direito Tributário — Diretor da Faculdade de Direito da UNISA — Presidente do Instituto Geraldo Ataliba — IDEPE (Instituto Internacional de Direito Público e Empresarial) e Membro do Conselho de Estudos Jurídicos da Federação do Comércio do Estado de São Paulo

Consulta

A Consulente quer que opinemos sobre a correção dos seus procedimentos, relativamente às operações realizadas pelo seu estabelecimento do Rio de Janeiro, com adquirentes situados em outros Estados, nos casos em que, por razões de ordem administrativo operacional, as mercadorias são entregues (aos adquirentes) diretamente pelo estabelecimento localizado em Santa Catarina.

Nesses casos, a Consulente tem procedido da seguinte forma, para bem documentar — sobretudo para fins fiscais — as referidas operações:

a) O estabelecimento situado no Rio de Janeiro emite documento fiscal, apropriado para operações interestaduais tributadas, nele fazendo constar a circunstância de que, à sua ordem, mercadoria será entregue ao adquirente, diretamente, pelo seu estabelecimento de Santa Catarina;

b) o estabelecimento situado em Santa Catarina, ao receber a ordem do estabelecimento do Rio, emite

b.1) documentação fiscal, formalizando a transferência da mercadoria ao estabelecimento carioca, onde constará que a entrega da mercadoria, nada obstante, será feita diretamente ao adquirente, à ordem do estabelecimento carioca; e

b.2) documento fiscal próprio para acompanhar a mercadoria em seu trajeto, até o estabelecimento do adquirente, no qual mencionará a circunstância de tratar-se de "remessa por conta e à ordem do estabelecimento do Rio de Janeiro".

Isto exposto, pede-nos o Consulente resposta objetiva aos seguintes quesitos:

1º) Há incidência do ICMS na baixa das mercadorias dos estoques do estabelecimento situado em Santa Catarina, e sua posterior entrada no estabelecimento do Rio de Janeiro, registradas para efeito de documentar e controlar a transferência de mercadorias entre esses dois estabelecimentos da Consulente, em razão de vendas realizadas pelo último, a clientes situados em outro Estado, quando as mercadorias são entregues diretamente pelo estabelecimento de Santa Catarina?

2º) No caso de resposta negativa ao quesito anterior, estão corretos os procedimentos antes expostos, adotados pelos estabelecimentos da Consulente?

3º) O direito ao aproveitamento dos créditos do ICMS fica prejudicado, pelo fato de o estabelecimento do Rio de Janeiro realizar, além dessas interestaduais, normalmente tributadas, outras operações internas de vendas, com redução da base de cálculo ou abrangidas pelo diferimento?

Sobre estas questões é o seguinte:

Parecer

I — Hipótese de incidência do ICMS

É noção assente que a Constituição brasileira, ao discriminar as competências tributárias para instituição de impostos, traça um arquétipo das respectivas hipóteses de incidência. Assim, já na própria Constituição é possível reconhecer a precisa circunscrição do âmbito da escolha do legislador ordinário quanto aos aspectos material, espacial, temporal e pessoal da hipótese de incidência de cada um dos impostos constitucionalmente predefinidos.

No que se refere ao ICMS, especialmente, o constituinte — ao prever a competência estadual para criação desse tributo — foi tão minucioso que acabou relegando limitadíssimo espaço à discrição das Assembléias Legislativas, quanto à escolha dos aspectos essenciais da sua hipótese de incidência.

Daí porque, já nos primeiros estudos sobre esse imposto estadual, Geraldo Ataliba e Cleber Giardino advertiam ser impossível chegar a conclusões juridicamente consistentes sem adotar método especial na tarefa hermenêutica. A riqueza de detalhes, a quase exaustividade do trato constitucional desse tributo impõem ao intérprete, antes de tudo, a análise percuciente e cuidadosa de cada palavra, ou expressão utilizada pelo Texto Constitucional, ao descrever o arquétipo da sua hipótese de incidência, para, só então, elaborar a interpretação sistemática dos seus respectivos conteúdos. Essa tarefa foi suficientemente empreendida pela nossa melhor doutrina, a partir do pioneiro e insuperável estudo de Geraldo Ataliba e Cleber Giardino ("Núcleo da Definição Constitucional do ICM", *RDT* 25/26, pp. 101-119).

Calcados, fielmente, nas lições desses mestres, são as considerações adiante expostas, acerca do aspecto nuclear do arquétipo constitucional da hipótese de incidência do ICMS, pré-requisito indispensável para solução das questões postas ao nosso parecer.

I.a — "Operações". Núcleo do aspecto material da hipótese de incidência do ICMS

O conceito nuclear da materialidade da hipótese de incidência do ICMS vem referido pelo termo "operações". Esta é, efetivamente, uma expressão substantiva da descrição constitucional do tributo; é o núcleo em torno do qual se constrói a própria descrição do campo material de competência dos Estados. Os demais termos, constantes da locução constitucional, são adjetivos ao substantivo "operacões". O cerne, portanto, da materialidade da hipótese de incidência, está na expressão *operações*. As *operações* é que se constituem no fulcro de toda a preocupação constituinte e, portanto, necessariamente, no centro das preocupações, seja do legislador, seja dos aplicadores administrativos ou judiciais das normas instituidoras desse tributo.

Para os efeitos do art. 155, II, do Texto Supremo, operações são atos jurídicos; atos regulados pelo Direito como produtores de determinada eficácia jurídica; são atos *juridicamente relevantes*.

A Constituição Federal ao cogitar de operações, no art. 155, II, está fazendo referência a *negócios jurídicos* ou, como diz Amilcar Falcão — reproduzindo literatura alemã — reporta-se ao núcleo da incidência de um imposto sobre *atos jurídicos*. E isto fica bem evidente, quando se leva em conta que só mediante este instrumento — o negócio jurídico — é que se pode ter, como efeito de direito, uma *circulação* de mercadorias. Portanto, o adjetivo *circulação* — que qualifica, no enunciado constitucional, o substantivo *operações* — somente se pode configurar se essas operações revestirem *natureza negocial*. De resto a circulação que resultará desses negócios (como não poderia deixar de ser), terá também conteúdo e significação jurídicas.

Como a Constituição determina que o imposto mencionado no inc. II, do art. 155, *não* atinge *quaisquer* operações, só se definirá o campo de abrangência da cláusula constitucional após examinado o conjunto *operações relativas à circulação de mercadorias*.

A compreensão do significado do substantivo "operações" é melhor alcançada quando se consideram os adjetivos que o qualificam. Da dicção constitucional resulta claro que o ICMS não consiste num imposto sobre mercadorias, tampouco num imposto sobre circulação, como bem esclarece Paulo de Barros Carvalho: "No esquema de compreensão da regra-matriz do ICMS, o critério material vem expresso pelo comportamento de alguém, ou pela ação de uma pessoa, física ou jurídica, formalizada por "promover operações relativas à circulação de mercadorias".

"Importa sinalar que o tributo não onera a circulação de mercadorias, mas as operações a ela relativas. A ponderação desse aspecto é de cabal relevo para explicar a verdadeira latitude do critério material da hipótese colhida no preceito constitucional que outorga competência aos Estados para instituir o gravame, *ad litteram*" (Paulo de Barros Carvalho, "Hipótese de Incidência do ICM", *RDT* 11/12, p. 253).

No mesmo sentido leciona Carlos da Rocha Guimarães, ao lado de Souto Maior Borges, Eduardo D. Bottallo, Roque A. Carrazza, Sacha Calmon, Paulo Celso Boninha, Pedro Luciano Marrey Jr., Pérsio Oliveira Lima, José Eduardo Soares de Melo e tantos outros juristas de destaque. Essa conclusão é evidente, resultando mesmo da linguagem constitucional que — como visto — é ponto de partida do trabalho hermenêutico.

Ver no ICMS um imposto sobre circulação, ou sobre mercadorias, é ignorar a Constituição; é deslocar o cerne da hipótese de incidência do tributo, da "operação" — aí posta pelo próprio Texto Magno — para fazê-lo recair nos seus aspectos adjetivos, com graves conseqüências deletérias para a operacionalidade do sistema. Com razão Paulo de Barros Carvalho ao advertir que tal postura: "Começa por ignorar vocábulo do Texto Supremo, vestido com enorme significação: operações. Ao revés de conceber imposto que incida sobre operações relativas à circulação de mercadorias, a aludida teoria suprime, desautorizadamente, a palavra-chave, a pedra de toque do comando constitucional, para enfatizar a locução adjetiva, que nada mais faz do que qualificar aquele primeiro termo, rompendo, com isso, a estrutura oracional do dispositivo da Constituição, sem tom nem som, com dano para a clareza e sem lucro para a adequada compreensão do sentido e alcance da outorga de competência impositiva" (*A Regra-Matriz do ICM*, Ed. RT, 1983, p. 32).

Carlos da Rocha Guimarães, ao sublinhar a necessidade de diferenciar os fatos econômicos puros e simples dos que adquirem relevância juridica diz: "Desse modo, se a palavra *operações* é o núcleo do fato gerador do ICMS é porque o texto constitucional deve ter um sentido diverso do de simples operação física, a qual poderia talvez se caracterizar suficientemente pelo simples emprego da palavra *circulação*. Nem poderia ser de outro modo, se tivermos sempre em mente que qualquer norma, de qualquer nível, da chamada *pirâmide jurídica* (Merkl, Kelsen), não só faz parte de um sistema, como também é a resultante formalizada de uma conduta humana socialmente nela objetivada" ("Natureza e Essência do Fato Gerador do ICM", in *Caderno de Pesquisas Tributárias* 3, Ed. RT, 1978).

A convicção desse emérito pioneiro na meditação sobre o fenômeno jurídico-tributário é firme, levando-o a concluir, peremptoriamente, ser possível "afirmar que a expressão "operações relativas a circulação" não pode ser interpretada como se referindo a *operações* meramente econômicas, mas, quando muito, a *operações jurídicas com substrato econômico*. Em conseqüência, a expressão "operações relativas a circulação ", utilizada no art. 23, II, da CF de 1969, só pode significar *operações jurídicas"* (ob. e loc. cits.).

Idêntica é a posição de Balleiro, que, no seu festejado *Direito Tributário Brasileiro*, escreveu: "O *que* nos parece difícil — talvez impossível — é que a mercadoria seja objeto de operação econômica legítima sem que ocorra ato ou negócio jurídico".

Em suma, é sólida, firme e consistente a conclusão afirmada pelos mais conspícuos doutrinadores, no sentido de que o ICMS — por força de exigências constitucionais sistematicamente deduzidas, repise-se — tem por fulcro as operações, entendido este conceito como sinônimo de negócios jurídico-mercantis.

Só cabe o tributo, pois, mediante fato consistente na realização desses negócios. Nenhuma saída, movimentação, deslocamento, transporte ou manipulação de bens, por qualquer pessoa, a qualquer momento, propiciará a incidência do ICMS se nela (operação) não tiver fundamento. Esse é o pressuposto essencial, mínimo, da incidência do ICMS.

I.b — "Saída" (ou "entrada") da mercadoria —Aspecto temporal da hipótese de incidência do ICMS

Ninguém contesta que a Constituição Federal *não* cria um imposto sobre a *saída* de mercadorias. *Saída não é hipótese de incidência* de nenhum tributo, menos ainda do ICMS. Logo, falar-se em saída, ou em operação de "saída", só se justifica em linguagem leiga, totalmente desvinculada de qualquer consideração jurídica. Quando, eventualmente, os aplicadores ou exegetas empregam essa expressão, fazem-no por uma referência elíptica a uma realidade que, em rigor jurídico, exigiria uma terminologia mais precisa. Para agilizar a comunicação simplifica-se a linguagem; mas isso, todavia, não autoriza que se comprometa a adequada compreensão de uma categoria jurídica constitucional de rigorosíssimos contornos, como está-se a ver.

Assim ensinam Geraldo Ataliba e Cleber Giardino, registrando que as operações tendo por objeto mercadorias podem aperfeiçoar-se por mil e um modos, todos de difícil objetivação, documentação e comprovação. Daí que o reconhecimento e a prova da realização do negócio, por esse motivo, podem ser imensamente tormentosos. Daí a incompatibilidade entre o rigor, a certeza e a segurança do direito (não só o direito dos contribuintes, mas também o próprio direito dos Estados), com as dificuldades naturais da determinação e comprovação do surgimento e aperfeiçoamento desses negócios. Negócios são feitos por telefone, por nuto, epistolarmente etc. Varia, de ramo para ramo do Direito, de praça para praça, e quase que de objeto para objeto, o modo de realização ou aperfeiçoamento dos negócios jurídicos privados. Se a lei não dispuser objetivamente sobre o *momento* em que se reputa concluída a operação, o intérprete será obrigado a guiar-se pelos critérios do Direito Privado, com todas as dificuldades práticas eventualmente envolvidas nessa tarefa.

É importante o aspecto temporal para o fenômeno jurídico da incidência normativa. O dever de adotar o comportamento prescrito pela norma jurídica só nasce, para o obrigado, no momento em que se dá a sua incidência. Nesse instante — no dizer de Becker, inspirado em Pontes de Miranda — irradiam-se os efeitos jurídicos da regra de Direito, instala-se a relação jurídica, vinculando-se o comportamento de alguém, perante outrem, quanto ao cumprimento de uma determinada prestação. Decorre daí o extremo cuidado que se deve ter no precisar, exatamente, o *momento da incidência*: para efeitos normativos, antes desse instante, ninguém está juridicamente obrigado.

Essas premissas conduzem a conclusão incoercível: a operação relativa à circulação de mercadorias — fato jurídico de cujo acontecimento nasce a obrigação tributária do ICMS — acontece *no momento* referido pelo aspecto temporal da norma do ICMS. Antes do transcurso desse instante, juridicamente, operação não há, não importando, para esse efeito, as características ontológicas ou conaturais desse fato; é como se inexistisse o negócio jurídico, porque irrelevante no sentido de provocar obrigação de ICMS. Destarte, a circunstância de tempo legalmente referida não se reveste — como poderia parecer — de eficácia condicional da produção dos efeitos jurídicos do fato.

O aspecto temporal é critério para a fixação, no tempo, da materialidade da hipótese de incidência do tributo — *in casu, a operação*. A função técnica dessa categoria é definir o momento em que se reputa ocorrido o fato tributário, vale dizer, o momento em que se dá incidência da norma tributária, com o conseqüente surgimento da obrigação. Mera *entrada*, ou simples *saída*, não são circunstâncias expressivas de operação. O aspecto temporal juridicamente válido é o que recai em momento posterior ou concomitante ao fato correspondente à hipótese de incidência legalmente descrita. Deve, pois, no caso, ser conseqüência — logicamente compatível — de uma operação. Logo, se houver *saída*, ou se houver *entrada*, como simples fato físico, desvinculado de negócio qualificado como operação tributável, não há incidência.

Daí advertirmos que a interpretação do art. 6º, § 2º do Decreto-lei n. 406/68 — prescrevendo a autonomia dos estabelecimentos — deve ser feita sem perder de vista os limites constitucionais. Nem o sentido, nem o alcance da "autonomia" aí prevista, compreendem situações em que não se verificam operações de circulação de mercadorias, ou, visto de outro ângulo, somente apanham situações em que se tem a realização de operações de circulação de mercadorias, em seu perfeito e completo significado jurídico. Interpretação que desconsidere os limites constitucionais implicará conclusão de que o dispositivo é inconstitucional, por desnaturação — como assinala Roque Carrazza — da "regra-matriz constitucional do ICMS, ferindo o direito que a Carta Magna dá aos contribuintes de só pagarem este imposto quando realmente se configura uma operação mercantil. Remessas de mercadorias dentro da mesma empresa não são operações mercantis" (*ICMS*, Roque Antonio Carrazza, p. 39).

A outra conclusão não se pode chegar quanto aos incs. V e VI do art. 2º do Convênio ICM 66/88, como assinala José Eduardo Soares de Melo, no seu precioso *ICMS — Teoria e Prática*, afirmando serem:

"Inconstitucionais os incisos V e VI do art. 2º do Convênio ICM 66/88, que estabeleceram a ocorrência de fatos geradores do imposto nas saídas de mercadorias, a qualquer título, de um para outro estabelecimento do mesmo titular, inclusive quando localizado na mesma área ou em área contígua.

"A inexistência de mutação patrimonial não materializa o ICMS por não tipificar a realização de "operações jurídicas" mas simples circulações físicas que sequer denotam relevância para o Direito" (ob. cit., p. 26).

I.c — Aspecto espacial da hipótese de incidência do ICMS

A compra e venda, no campo do direito privado, para reputar-se executada pelo vendedor, pressupõe a tradição da coisa. Ensina Orlando Gomes que, "por definição, o contrato de compra e venda apenas obriga um dos contratantes a transferir o domínio de certa coisa. Para que a transferência se opere, é necessária, a tradição, isto é, a entrega da coisa com o ânimo de lhe transmitir a propriedade" (*Contratos*, Forense, Rio, 1ª ed., 1959, p. 264).

Embora, muitas vezes, não se exija a entrega efetiva, admitida a tradição simbólica, é induvidoso consistir a execução do contrato, por parte do vendedor, na entrega da coisa vendida. Ademais, adverte Orlando Gomes: "Embora as obrigações do vendedor e do comprador devam ser, em princípio, cumpridas simultaneamente, ocorre, na prática, que a daquele costuma preceder a deste, tendo-se em vista que o fim do contrato é a transferência do domínio da coisa vendida" (ob. cit., p. 265).

Essa sintética enunciação das obrigações do vendedor, nos contratos de compra e venda, é suficiente para evidenciar que se, perante o direito privado, o contrato de compra e venda reputa-se executado com a entrega, pelo vendedor, da coisa vendida; ou seja, apenas a partir do momento em que tal obrigação é cumprida é que se pode cogitar de negócio mercantil realizado, concretizado, concluído.

Logo, só a partir daí — engastado que está o surgimento da obrigação tributária na ultimação do negócio jurídico privado é que se pode reputar ocorrido o fato imponível do ICMS .

Atento e percuciente estudioso desse imposto estadual, José Eduardo Soares de Melo sustenta que, perfeita a operação de circulação jurídica da mercadoria, o local do estabelecimento promotor da operação (negócio jurídico) é que corresponderá ao aspecto espacial da hipótese de incidência do ICMS. Averba esse estudioso:

"Aplicando-se os conceitos doutrinários à regra-matriz constitucional, depreende-se a figura do "estabelecimento", que significa o próprio local ou edifício em que a profissão vai ser exercida ou o negócio vai ser instalado, de modo que passa a compreender todo um conjunto de instalações e aparelhamentos necessários ao desempenho da profissão ou negócio, inclusive o próprio edifício em que se instala (De Plácido e Silva)" (ob. cit., p. 23-24).

"Considerando que a CF-88 utilizou o termo "estabelecimento "para as operações de importação (art. 155, § 20 IX, *a*), não poderia norma inferior alargar seu conceito, equiparando-se a domicílio, que, por sua vez, mantém estrita atinência a regras civis, ou seja, "o lugar onde a pessoa natural estabelece a sua residência com ânimo definitivo" (Código Civil, art. 31).

"No estabelecimento é que são efetuadas operações mercantis, negócios com mercadorias; na residência tem-se o local destinado à moradia (ainda que excepcionalmente possa ser exercida atividade profissional).

"O TJSP decidiu que "o estabelecimento comercial, em sua ampla conceituação jurídica, compõe o fato gerador do ICMS, inocorrendo a incidência deste se ele não existir" (Ap. Cív. 220.517-2-19ª CC, Rel. Des. Célio Filócomo, j. 30.5.94)" (ob. cit., p. 24).

Expostas essas conclusões doutrinárias, cumpre gizar que, hoje, todas elas estão consagradas pela jurisprudência.

II — Posicionamento Jurisprudencial

O Supremo Tribunal Federal, rechaçando pretensões fiscalistas no sentido de exigir o imposto estadual nas meras transferências de mercadorias ou bens, vale dizer, nos casos de simples deslocamentos físicos, já assentou:

"O simples deslocamento de coisas de um estabelecimento para outro, sem transferência de propriedade, não gera direito à cobrança de ICM. O emprego da expressão "operações", bem como a designação do imposto, no que consagra o vocábulo mercadoria são conducentes à premissa de que deve haver o envolvimento de ato mercantil e este não ocorre quando o produtor simplesmente movimenta frangos" (AI 131.941-1, Rel. Min. Marco Aurélio, un., *DJ* 19.4.91, p. 4.583).

"A simples circulação física da mercadoria não implica na caracterização do fato gerador do ICM. Sem que exista um fato econômico de relevância jurídica não há que se falar em fato gerador da obrigação tributária" (RE 72.412-1, Rel. Min. Djaci Falcão, j. 6.4.72).

O Superior Tribunal de Justiça, igualmente, já consagrou orientação uniforme, nesse mesmo sentido, como se lê dos seguintes julgados, *verbis:*

"Tributário — ICMS — Transferência de mercadorias da filial para a matriz.

"1. O simples deslocamento da mercadoria de um estabelecimento para outro, do mesmo contribuinte, sem tipificar ato de mercancia, não legitima a incidência do ICMS. 2. Precedentes do Excelso Pretório e desta Corte. 3. Agravo de Regimento improvido" (STJ, 1ª T. (AR 10.998), Rel. Min. Milton Pereira, *DJ* 7.6.93, p. 11.237).

"ICM, Fato gerador — Saída física e jurídica. Para caracterizar-se o fato gerador do ICM é preciso, além da saída física, a saída jurídica, isto é a venda da mercadoria. Nenhuma delas, isoladamente, configura o fato gerador do tributo. Irrelevante, no caso, tenha sido declarado o débito pela própria recorrente e se tratar de auto lançamento. Recurso provido" (STJ, Recurso Especial n. 37.5800 SP (93.0021950-2), Rel. Min. Garcia Vieira, 1ª T., *DJU* I 11.10.93, p. 21.299, ementa oficial). (*Jurisprudência Fiscal*, Luiz Walter Coelho Filho, Ed. Nova Alvorada, 1995, p. 103).

"ICMS — Transferência de Mercadorias de matriz para filial da mesma empresa — Não-incidência.

"Tributário. ICMS. Transferência de produtos industrializados do estabelecimento matriz à filial. I — Já decidiu "sic" ambas as Turmas que compõem a egrégia Primeira Seção desta Corte, no sentido da não-incidência do ICMS no caso de simples transferência de mercadorias do estabelecimento matriz para a filial da mesma empresa. Precedentes. II — Recurso conhecido e provido, com remessa dos autos do pretório Excelso" (Ac. un. da 2ª T. do STJ, REsp 37.8427-SP, Rel. Min. José de Jesus Filho, j. 24.11.93, Recte: Mitutoyo do Brasil Indústria e Comércio Ltda.; Recda.: Fazenda do Estado de São Paulo, *DJU* I 13.12.93, p. 27.442, ementa oficial) (*RJIOB*, 2ª quinz. de jan./94, n. 2/94, p. 27, ementa 1/7.032).

"ICMS — Fato gerador — Venda efetuada por matriz a comprador domiciliado em outro Estado — Entrega através de filial — Não-caracterização de operação interestadual.

"ICMS — Operação interestadual — Venda direta da matriz a comprador domiciliado em outro Estado — Entrega através de filial — Fato gerador único. Não há como falar em operação interestadual, se o comprador residente em determinado Estado adquiriu o bem, diretamente, da matriz do vendedor, em outra unidade Federada. A circunstância de o bem adquirido haver sido entregue através de filial, localizada no domicílio do comprador, não configura novo ato "sic" gerador de ICMS" (Ac. un. da 1ª T. do STJ, REsp 40.098-8-MG, Rel. Min. Humberto Gomes de Barros, j. 11.4.94, Recte: Siemens S/A; Recda: Estado de Minas Gerais-Fazenda Estadual, *DJU* I 16.5.94, p. 11.719, ementa oficial) (*RJIOB*, 2ª quinz. de jun./94, n. 12/94, p. 228, ementa 1/7.551).

"ICMS — Fato gerador — Momento de ocorrência — Venda efetuada por filial através de "pedidos"— Entrega da mercadoria pela matriz sediada em outro Estado

— Contrato de compra e venda — Circulação ficta.

"ICMS — Mercadoria — Vendas efetuadas pela filial estabelecida no Estado de Minas Gerais — Entrega pela matriz sediada em outra Unidade da Federação — "Pedidos" — Contrato de compra e venda mercantil — Circulação ficta de mercadoria. Se as mercadorias são entregues pela matriz, estabelecida, em outra Unidade da Federação, mas o contrato de compra e venda mercantil é firmado através da filial de Belo Horizonte, mediante, "pedidos" dos compradores, ocorre no Estado de Minas Gerais o fato gerador do ICMS, sendo devido à Fazenda Pública mineira o recolhimento do mencionado imposto, no valor correspondente ao saldo entre os créditos pela transferência e os débitos pela venda, não podendo o mesmo incidir sobre o valor total dos "pedidos" estampados nas notas fiscais, levando-se em conta os recolhimentos feitos à Fazenda do Estado que remeteu as mercadorias. Se os "pedidos" contêm as qualidades, características e especificações próprias dos produtos solicitados pelos compradores, bem como o ajuste do preço e a modalidade de pagamento, acordados comprador e vendedor quanto a esses elementos, tais "pedidos," não são outra coisa senão um verdadeiro e típico contrato de compra e venda mercantil. O fato gerador do ICMS ocorre quando o comerciante ou industrial pratica operação mercantil que provoque circulação de mercadoria, devendo esta ser entendida em sua acepção econômica, compreendendo não apenas a circulação material da *res*, mas também o movimento fícto de uma circulação puramente econômica ou jurídicas" (Ac. un. da 4ª C. Civ. do TJMG, AC 4.84211, Rel. Des. Corrêa de Marins, j. 4.11.93, Aptes.: JD 6ª V. Faz. Comarca de Belo Horizonte e outra; Apda.: Persianas Colúmbia S/A, *Minas Gerais* II 23.4.94, pp. 1-2, ementa oficial).

Observação *IOB*, do voto do Relator colhemos:

"A circulação, pois, que se deve ter em vista, na espécie, é a circulação ficta, ou ideal, aquela já idealizada e aperfeiçoada no instante mesmo em que a venda "é perfeita", como nos arts. 191 e 197 do Código Comercial, ou, como explica Paldes Valério no seu *Programa de Direito Tributário*, ed. Livraria Sulina, p. 183: "Eis por que normalmente é fato gerador do ICM a saida destas (mercadorias) do estabelecimento produtor, industrial ou comercial, quer seja ela física ou material, quer seja jurídica ou ideal, sempre que esteja ligada à idéia de escoamento do bem objeto da tributação, como etapa do processo circulatório, em demanda do consumidor ou usuário final". A questão fundamental, aqui, é que a venda já estava perfeita e acabada já na operação realizada pela filial no território mineiro, e justamente esta venda é encarada como hipótese de incidência. É onde se disse que a tributação não visa à transferência do estado dominial, mas à própria negociação (circulação ficta ou ideal) dos produtos. Ouso dissentir, pois, do douto colega de primeiro grau quando Sua Excelência entende que na operação realizada pela filial da embargante não havia, ao menos, a circulação jurídica. Ao contrário, nessa operação estava se operando do exatamente a circulação jurídica ficta, ou ideal. Impõe-se, assim, o reconhecimento de serem tributáveis as operações realizadas pela filial da embargante no Estado de Minas Gerais, aqui consideradas" (*RJIOB*, 1ª quinz. de jun./94, n. 11/94, p. 204, ementa 1/7.497).

"ICM — Fato gerador — Transferência de mercadorias entre estabelecimentos da mesma empresa — Inocorrência.

"Apelação Cível. Embargos à execução. ICM. Transferência inter-estabelecimentos. Filiais. Fato gerador. Inocorrência. Recurso. Provimento negado. Reexame necessário. Conhecimento de ofício. Inacolhimento. O simples deslocamento de mercadoria de um estabelecimento para outro do mesmo contribuinte, sem tipificar ato de mercancia não legitima a incidência por induvidoso que não ocorre o fato gerador tributário do ICM por caracterizar operação de simples transferência entre estabelecimentos da mesma empresa, assim como são imunes ao mesmo, as operações que destinam mercadorias para o exterior em respeito ao preceito constitucional do artigo 23, § 7º da Carta Magna de 1969, como também do artigo 155, inciso X, letra "a", da vigente. Interpretação de normas pertinentes e precedentes jurisprudenciais. Recurso voluntário. Improvimento. Reexame necessário. Conhecimento *ex oficio* e inacolhimento" (Ac. un. da 2ª CCiv do TJPR, AC 28.897-1, Rel. Des. Altair Patitucci, j. 1.6.94, Apte., Fazenda Pública do Estado do Paraná; Apda.: Sarolli e Cia. Ltda., *DJPR* 20.6.94, p. 10, ementa oficial) *RJIOB*, 2ª quinz. de ago./94, n. 15/94, p. 293, n. 1/7.717).

Está demonstrado, portanto, que hoje, não é mais possível pretender que meras transferências, simples deslocamentos ou saídas, puramente físicas, sejam tomadas como fatos susceptíveis de dar lugar a exigência do ICMS: esses fatos são irrelevantes para o direito, porque não correspondem ao conceito daqueles hipoteticamente descritos como hipótese de incidência do imposto.

III — Aplicação das lições doutrinárias e jurisprudenciais ao caso concreto — Conclusões acerca do primeiro tema da consulta

Como mencionado na consulta, o estabelecimento, da empresa consulente, situado no Rio de Janeiro, realiza vendas cujos compradores são clientes localizados em outros Estados. Ocorre que, muitas vezes, a mercadoria objeto dessa operação é remetida ao comprador, diretamente pelo estabelecimento de Santa Catarina, a pedido do estabelecimento vendedor, sem por ele transitar.

Mas, segundo a legislação fiscal, os estoques de mercadorias, sua movimentação ou transporte devem ser controlados, para fins de fiscalização dos tributos devidos. Por essa razão, o estabelecimento de Santa Catarina precisa dar "baixa" daquelas mercadorias do seus estoques, documentando a origem ou causa desse evento, bem assim, o destino que lhes será dado.

Assim, conquanto não haja uma operação de circulação de mercadorias entre os estabelecimentos da Consulente, está correto seu procedimento:

a) seja quanto à emissão de nota fiscal, pelo estabelecimento vendedor situado no Rio de Janeiro, para registro da operação de circulação de mercadorias por ele promovida e posterior pagamento do ICMS, devido ao Estado do Rio de Janeiro;

b) seja quanto ao estabelecimento situado em Santa Catarina, em extrair documento fiscal para, registrar (a) de um lado, a "baixa" das mercadorias do seu estoque e (b) de outro lado, sua "entrada" no estabelecimento do Rio de Janeiro.

Deveras, segundo as premissas antes expostas, é de solar clareza a conclusão no sentido de que, diante do Direito — e para todos os seus efeitos — a movimentação, ou transferência de mercadorias entre estabelecimentos de uma mesma empresa não se subsume ao conceito de "operações de circulação de mercadorias", não dando ensejo, portanto, ao surgimento de obrigação tributária. Em suma, não se há de cogitar de ICMS nas transferências ou movimentações figuradas na consulta (entre os estabelecimentos situados em Santa Catarina e no Rio de Janeiro, respectivamente).

Diversamente, a venda efetuada pelo estabelecimento do Rio de Janeiro, a comprador sediado em outro Estado (atendendo a "pedidos" desses clientes), é nítida e perfeita operação de circulação de mercadorias, promovida por esse estabelecimento comercial e, assim, dá lugar a surgimento de obrigação tributária, relativamente ao ICMS. Daí porque é devido esse imposto ao Rio de Janeiro.

Além disso, como todo o transporte de mercadorias deve ser efetuado acompanhado de documentação fiscal apta a evidenciar sua origem e seu destino — tudo visando à transparência dos fatos, à pronta identificação das situações concretas, para efeitos de fiscalização dos tributos —, outro não poderia ser o comportamento do estabelecimento da Consulente situado em Santa Catarina, ao emitir documento fiscal para acompanhar a mercadoria, em seu trajeto, até a entrega no estabelecimento do comprador (à ordem do estabelecimento do Rio de Janeiro, perante quem foram feitos os pedidos e com quem foi pactuada a compra e venda das mercadorias).

Chegados a essa conclusão, já podemos passar ao exame da segunda questão posta ao nosso parecer: o direito ao aproveitamento de créditos de ICMS.

IV — Direito ao aproveitamento dos créditos

É preciso, desde logo, reproduzir-se aqui, a advertência posta, desde os primórdios desse imposto, por Geraldo Ataliba e Cleber Giardino, no sentido de que o estudo desse imposto somente pode ser feito a partir de uma primeira e básica premissa: a de que à margem da Constituição não se conhece o ICMS.

A situação para a qual a Consulente pede nosso parecer, envolvendo diferimento e direito de crédito de ICMS, é exemplo particular desse fato.

Diante dessas imperiosas razões é que, neste ponto, passamos a expor considerações, ainda que breves, sobre o regime constitucional do ICMS.

IV.1 — Regime constitucional do ICMS — "Débito" e "crédito" de ICMS são categorias constitucionais distintas

O ICMS, tal como predefinido pelo art. 155, I, "b", e pelo seu § 2º, I, da Constituição Federal, exibe uma estrutura complexa:

a) de um lado, é um imposto que incide sobre operações mercantis (e sobre alguns serviços), calculado pela aplicação de aliquota sobre o valor dessas operações (além da Constituição Federal, a lei complementar e a legislações ordinárias também dizem isso);

b) de outro lado, significa um "montante" que se compensa com o imposto apurado e devido conforme acima (também aqui, além da Constituição Federal, a lei complementar e a legislação ordinária, assim prescrevem).

Por conseguinte, duas são as figuras jurídicas postas pelo Texto Constitucional: de um lado, o débito tributário de ICMS (art. 155, I, "b") e, de outro, o crédito de ICMS (art. 155, § 2º, I).

O promotor da operação subseqüente (§ 2º, I, do art. 155) tem o direito constitucional de compensar o débito resultante dessa operação com o "montante cobrado" na operação anterior (crédito de ICMS), recolhendo aos cofres do Estado em dinheiro apenas a *diferença*.

Impõe-se, assim, desde logo, uma primeira conclusão: o "montante" do crédito referido acima, meramente escritural, não diz respeito à base de cálculo do ICMS, cujo *débito é apurado sem considerá-lo*, mas *é essencial para determinar o quantum do imposto a recolher em dinheiro*. Portanto, *é instrumento para liquidar, por compensação, parcial ou totalmente, o ICMS devido.*

É o que prescreve, textualmente, a Constituição Federal, no inc. I do § 2º do seu art. 155, que menciona, inclusive, a expressão "compensando-se" com o montante do ICMS referente às operações anteriores.

Débito e crédito de ICMS são, pois, categorias jurídicas distintas, correspondendo a direitos diversos, opostos e contrastantes, além de reciprocamente independentes e autônomos. Como, dentre nós, melhor o demonstrou Cleber Giardino, essas categorias desencadeiam relações jurídicas autônomas, nas quais credor e devedor se alternam: o Estado é credor na primeira e o contribuinte na outra e vice-versa.

Repare-se, assim, que, enquanto o *"débito" do ICMS (a cargo do contribuinte) é de natureza tributária* — e pois, submete-se ao regime próprio da espécie — *o crédito (direito do contribuinte) é mera figura financeira*, operando como pagamento, por compensação, estando, por sua vez, submetido às regras próprias desse quadrante do direito.

IV.2 — Compensação

Daí se vê que, para compreender essas figuras, na sua límpida simplicidade, tal como delineadas na Constituição, basta que se analisem, com a devida atenção, os termos das normas por ela veiculadas.

Então, conclui-se que, de acordo com o mecanismo constitucionalmente engendrado, o Estado pode exigir, a final, o recolhimento de uma importância que corresponde ao cálculo do ICMS sobre o valor da operação, compensado com o valor do ICMS "cobrado" nas operações anteriores.

É fora de dúvida, portanto, que o "crédito" de ICMS serve para o contribuinte pagar, parcialmente, por compensação, o seu débito tributário (pagando o saldo devedor em dinheiro).

O crédito, assim considerado, constitui dedução ou abatimento distintos daqueloutros previstos em lei, *para compor bases imponíveis tributárias*. É o caso, por exemplo, de certas deduções cabíveis na fixação da base de cálculo do imposto de renda das pessoas físicas. Nesses casos, as deduções são processadas antes da apuração do débito fiscal, e envolvem-se na composição da base. No caso do crédito de ICMS, não: as deduções são posteriores ao surgimento do débito e, pois, totalmente alheias à base imponível da qual este resulta.

IV.3 — Autonomia das operações

Interpreta erroneamente a sistemática do ICMS (tributo brasileiro, estruturado pela Constituição brasileira, como sempre relembra Ataliba) quem supõe que o acontecido com certa operação projeta-se para o futuro, afetando outra. O "débito tributário" (obrigação tributária de ICMS) não é atingido, em cada operação, pelas vicissitudes sofridas anteriormente, pela mesma mercadoria. Ele (débito) sempre surge da singela aplicação da alíquota sobre o valor da operação realizada.

Se houve ou não anteriores pagamentos de ICMS, referentemente à mesma mercadoria; se ocorreram ou não hipóteses de imunidade, isenção, etc., *tudo isso é irrelevante para o efeito do surgimento da obrigação tributária (débito) do ICMS*. Toda a legislação complementar e ordinária do ICMS está construída sobre esse pressuposto, que tem base constitucional sólida e clara.

Efetivamente, o *débito tributário de ICMS decorre da aplicação de alíquota sobre o valor total de cada operação realizada. A base imponível é o valor da operação. Esse é o montante registrado como direito do Estado (mediante o lançamento tributário). O "imposto devido" sobre a operação é o que resulta desse cálculo.*

Em vão buscar-se-á, na Constituição Federal ou nas leis, norma dispondo que *a base de cálculo do ICMS* é reduzida, por ocorrências anteriores envolvendo a mesma mercadoria.

Também não há nenhuma disposição constitucional ou legal, no sentido de estabelecer ampliação da base, em virtude de circunstâncias anteriores. O fato da mercadoria não ter sido anteriormente tributada não determina a ampliação da base imponível em operações futuras.

Incidindo o imposto sobre fatos autônomos e isolados (negócios jurídicos individualizados, cada operação), o regime jurídico de cada incidência (cada operação) é exclusivo e privativo. Não há nenhuma conexão entre operações sucessivas, no que tange à obrigação tributária que resulta de cada qual.

É importante considerar que, o que permite o aproveitamento dos créditos — é dizer a compensação, constitucionalmente prevista — é a *"circunstância de haver o contribuinte participado de operações anteriores envolvendo quaisquer produtos ou mercadorias"*, como magistralmente ensinam Cleber Giardino e Geraldo Ataliba. "A Constituição" — advertem os saudosos mestres — não determina que o "crédito" (relativo às operações anteriores) é assegurado apenas quando se cuida de negócios com os mesmos bens adquiridos que, agora, são objeto de nova operação (de revenda). Considera, isso sim, a pessoa do contribuinte, do partícipe das operações atual e anteriores porque a ele é que endereçou a sujeição e a titularidade, respectivamente, desses direitos recíprocos" ("ICM e IPI — Direito ao Crédito, Produção de Mercadorias Isentas ou Sujeitas à Alíquota Zero", *RDT* 46, p. 82). Ou seja, demonstram esses mestres que a Constituição garante ao contribuinte o direito de compensar do imposto devido na operação atual, todo o montante equivalente ao imposto correspondente ao conjunto das operações anteriores das quais foi partícipe. Na mesma linha doutrinária, confirma José Eduardo Soares de Melo:

"Com efeito, a expressão "operações anteriores" para a Constituição, significa, isto sim, o *conjunto de operações negociais*, todas relativas a produtos ou mercadorias das quais, precedentemente, participou como adquirente o contribuinte, que hoje promove novas operações" (ob. cit., p. 144).

IV.4 — Conceito de ICMS "cobrado"

Hoje já não mais se cogita da absurda e absolutamente equivocada "interpretação" que uns poucos sustentaram, no sentido de que só se pudesse compensar com o ICMS devido, importância igual a "montantes de ICMS efetivamente cobrados e pagos em operações anteriores pelos Estado, sobre a mesma mercadoria".

Deveras, desde há muito o Poder Judiciário já profligou tal entendimento, assentando que:

a) não se sustenta conclusão que resulta de "interpretação" meramente literal da Constituição; o só fato de a norma constitucional mencionar *imposto cobrado* (e as leis *imposto pago*) não pode conduzir à semelhante afirmação;

b) a expressão "montante cobrado" não pode ser interpretada nesse sentido literal, mas deve ser entendida como montante relativo à operação anterior, para abranger, inclusive, os valores de ICMS: devidos por contribuintes "falidos"; devidos por contribuintes individuais falecidos; de cobrança impossibilitada, porque ainda não vencido o prazo de pagamento; de cobrança truncada pela concessão de novo prazo para pagamento (parcelamento); de simples inviabilidade de cobrança, por causas materiais (desaparecimento do contribuinte, impossibilidade de execução, etc.).

É amplamente aceito que se reconheça o crédito do ICMS nesses inúmeros casos em que não há (ainda) cobrança, nem pagamento. E essa interpretação, que prevalece, é correta. *É a única que se compadece com a sistemática constitucional do imposto.*

Esse quadro, assim, só pode significar — no único raciocínio jurídico eficazmente conducente ao deslinde da questão — que o direito ao crédito previsto constitucionalmente, além de evitar uma suposta incidência em cascata, *presta-se a assegurar outro objetivo constitucional; dispõe-se a viabilizar mais que esse desígnio do constituinte.*

Se a dedução do imposto cobrado (ou pago) é garantia bastante para obviar os efeitos da profligada reincidência "em cascata", a dedução de imposto "não cobrado", dispensado ou excluído, é de ver-se, supera esse limitado propósito, para alcançar a plenitude das exigências do princípio maior que é o da isonomia, em matéria de tributo.

Deveras, a dedução serve de suporte a outra finalidade constitucional que, somado ao primeiro, consubstancia — na sua dimensão mais exata — o chamado "princípio da não-cumulação do ICMS".

IV.5 — Não-cumulatividade e não-cumulação do ICMS

Duas finalidades, em verdade, são apontadas, claramente, pela cláusula constitucional do art. 155, § 2º, I, *in fine*:

a) o de coibir a chamada *"incidência em cascata" (não-cumulatividade)*;

b) o da *atribuição de carga ideal* de ICMS a *cada contribuinte* promovente de operação alcançada pelo imposto (*não-cumulação*).

Para obtenção do primeiro propósito, como visto, é bastante a garantia do crédito de ICMS anteriormente pago. Não sendo o tributo duplamente devido sobre mesmo valor, essa primeira finalidade do sistema estará plenamente atendida.

Já o segundo objetivo, por outro lado, só é alcançado por forma mais rígida e conforme critérios mais rigorosos.

Pressupõe a Constituição Federal um sistema linear e horizontal de incidências, em todas as operações mercantis relativas à circulação de mercadorias, de modo a *garantir que cada operação seja onerada em igual proporção* e, pois, *cada contribuinte receba carga tributária de igual peso relativo*.

Onde todos pagam ICMS, a todos se reserva certa "medida ideal" de desembolso efetivo (produto do imposto devido, em cada operação, compensado com o crédito correspondente às operações anteriores), como demonstrado tão argutamente pelo saudoso Cleber Giardino.

Efetivamente, a objetiva análise do sistema constitucional, no que concerne ao ICMS, deixa patente que a "*não-cumulação*" serve ao *transparente desígnio de assegurar a eficácia do ICMS como instrumento de equânime repartição da carga tributária entre os contribuintes* que, sucessivamente, realizam operações mercantis.

IV.6 — Repartição de carga tributária

É claro o desígnio constitucional de reservar a cada contribuinte uma carga ideal, de modo a que *cada qual suporte*, dentro de certa medida isonômicamente estabelecida, *igualmente, o encargo do ICMS*.

Repare-se que se o Estado, valendo-se das faculdades tributárias que o sistema lhe confere, suprime incidências — renunciando total ou parcialmente ao exercício dessa competência tributária — reduz, dispensa, isenta ou, por qualquer forma, exclui ICMS, a conseqüente inibição do surgimento de "ICMS devido" distorce a "medida ideal" da repartição do ICMS entre os contribuintes, pois terá aumentado, para uns, o desembolso a realizar — com o esvaziamento do montante do abatimento constitucional — na exata medida do que a outros tiver liberado.

Isso importa, enfim, desonerar um contribuinte, para jogar a carga tributária sobre os ombros de outro!

É, de fato, evidente que, como o crédito de ICMS corresponde ao imposto incidente em operações anteriores, a supressão da exigência do imposto a elas relativo acabaria, automaticamente, por reduzir ou anular o próprio crédito. E o desembolso que de um se dispensa a outrem passa a ser imputado. *Isso implica transferência do peso do tributo* (portanto, da carga do imposto), *desequilibrando o sistema de partição ideal que, perante a Constituição, deve ocorrer.*

O mesmo raciocínio vale para as imunidades. Também estas podem importar desequilíbrio ou desnivelamento dessa partilha. Assim, também sua presença deve ser harmonizada e compatibilizada com as exigências básicas do sistema, no que pertine a esse imposto.

Em suma, não se pode perder de vista que o *princípio da não-cumulação do ICMS* (no caso, sobre um mesmo contribuinte) *só se aperfeiçoa na medida em que o montante de crédito atribuível a cada contribuinte não decorra apenas de ICMS "pago" ou "cobrado" anteriormente, mas, sendo apurado, isto sim, com base em todo o ICMS real ou potencialmente cabível* (porque presente operação tributável), *em todas as operações anteriores.*

O fundamento constitucional do crédito de ICMS está em que, ao promovente de dada operação — e só a ele, ainda que contingencialmente livre do tributo — reservou a Constituição o peso do *ICMS* incidente (ou passível de incidir) *sobre sua operação.*

E a única forma de evitar-se a transmissão da carga a terceiros é operada por via do crédito, a estes terceiros assegurado, em montante equivalente ao imposto em tese cabível sobre o valor das operações antecedentes.

É em coerência com esse segundo desígnio do constituinte — pressuposto no preceito não-cumulativo, com tal alcance e extensão — que deve ser compreendida a expressão "montante cobrado nas anteriores operações".

Em conclusão — ressalvadas as hipóteses excepcionais expressamente previstas pela própria Constituição — as desonerações tributárias não podem jamais importar vedação ao crédito do ICMS, em tese anteriormente devido, pela bastante razão de que essa vedação conduziria à transmissão da carga tributária para terceiros, ofendendo-se o princípio constitucional da não-cumulação do ICMS, que se radica no princípio maior da igualdade tributária.

Essa conclusão — repita-se — somente encontra ressalvas nas *exceções constitucionalmente postas* que, entretanto, *devem ser interpretadas restritivamente* (como toda norma veiculadora de situações excepcionais), *de modo a não agredir esse desígnio constitucional.*

É o que a seguir será examinado.

V — Normas constitucionais gerais e excepcionais

As normas constitucionais, como todas as outras, comportam uma grande divisão: normas genéricas e normas específicas ou normas gerais e especiais (ou excepcionais).

A interpretação jurídica não pode desconsiderar essa realidade dicotômica nem, muito menos, deixar de reconhecer como se processam as interrelações entre essas duas espécies da norma jurídica.

Adiante-se ser noção cediça, a de que a generalidade das situações abrangidas por certa disposição geral (princípio ou não) deve ser interpretada em consonância com tal comando. Todavia, presente exceção, expressa ou implícita, a norma geral não as alcança, cedendo às especificas prescrições versadas na norma — bem por isso — dita especial. *Aplica-se a norma geral, exceto no pertinente a matérias submetidas a regime particular, excepcional.*

A norma geral contempla amplitude e generalidade em sua aplicação, tendo por limite, no entanto, os confins na norma que prevê específicas hipóteses ou situações e, para elas, imputa conseqüências diversas daquelas estatuídas pela norma geral. Convivem ambas, harmonicamente, aplicando-se a norma geral de todos os casos, menos aos que foram excepcionados. É a aplicação do brocardo clássico: a disposição geral cede à especial.

É visivel, pois, que, nesses casos, ambas as disposições — ligadas por uma correlação natural, como partes de um todo orgânico, sistemático e harmônico — completam-se mutuamente. A generalidade de uma — como ensina Savigny — é restringida pela outra (*Traité de Droit Romain*, trad. de Guenoux, v. I, p. 264).

VI — Identificação de norma especial e de norma geral

Quando regras da Constituição aparentam dispor de modo conflitante, a solução deve ser buscada nas máximas da *lex superior* e da *lex specialis*, anota Karl Engisch (*Introdução ao Pensamento Jurídico*, Ed. Fund. Calouste Gulbenkian, 5ª ed., Lisboa, p. 256). Utiliza-se a primeira quando o "conflito" se dá entre norma e princípio, impondo a prevalência deste; a segunda utiliza-se para solver questões em que se identificam a norma geral em confronto com norma especial, e, nesse caso, prevalece esta última norma.

A fim de que não se dê por provado o que de prova carece, vejamos qual o método lógico-jurídico que permite concluir por ser uma e não a outra a norma especial.

Versando o tema do método jurídico da interpretação, Alf ross, após designar de "total-parcial" a *inconsistência entre a regra geral e a particular*, fornece o critério jurídico da identificação da regra particular em relação a outra, nos seguintes termos: "Una regia es particular en relación a otra si su hecho condicionante es un caso particular del hecho condicionante de la otra regia" (*On Law and Justice*, trad. de Genaro Carrió, Editorial Universitaria de Buenos Aires, 3ª ed., 1974, p. 125).

Adotando-se a lição de Alf Ross, sobre a inconsistência "total-parcial", é visível que a regra do inc. II, "a" e "b", do § 2º, do art. 155, representa o círculo (menor) que "se encuentra dentro del otro": o círculo (maior) do inciso I desse mesmo § 2º do art. 155.

São, assim, exemplos da dicotomia "geral-especial", as normas constitucionais que prescrevem:

a) como *regra geral* (inc. I, do § 2º, art. 155 da CF) o *direito de crédito do ICMS*, estatuído para garantir eficácia aos princípios da não-cumulatividade e da não-cumulação desse imposto; e

b) como *exceção a essa regra geral, a vedação ao crédito* de ICMS, nos *casos específicos* de isenção ou não-incidência de imposto (inciso II, do § 2º, do art. 155, da Constituição Federal).

No caso, o inciso I e suas alíneas, do § 2º do art. 155, da Constituição Federal *é disposição específica, restritiva do campo de aplicabilidade da norma veiculada no inciso I*, do § 2º do art. 155, introduzindo exceção à regra geral do direito ao crédito do ICMS, ao *alcance desse preceito amplo, genérico*, excluindo da sua abrangência, precisamente, a exceção que contempla.

VII — Interpretação das normas que veiculam exceções

É cediço que as normas que contenham exceções a princípios ou normas gerais devem ser interpretadas de modo tal a não conduzirem ao *contra-sentido* que importaria a *transmutação* de norma *que excepciona* em norma de *alcance genérico*.

Em outras palavras (e socorrendo-nos ainda de Alf Ross), a interpretação da norma especial não pode, por óbvio, importar o alargamento do círculo menor que constitui seu conteúdo e delimita o seu restrito (excepcional, específico e — ou especial) alcance, em círculo com tal diâmetro que já tangencie o círculo maior dentro do qual deve necessariamente se conter.

Por essa razão é que se diz que as normas excepcionais devem ter interpretação restritiva — sendo certo, entretanto, que, por restritiva não se deve, jamais, compreender literal. Interpretação restritiva, no caso, deve entender-se aquela que parte da premissa de que a norma específica, especial, bem por conter exceção (vale dizer, dado seu caráter excepcional), não pode ser, jamais, tomada como possuindo conteúdo, alcance ou sentido amplo, largo, geral.

VIII — O conteúdo, sentido e alcance restritos, excepcionais da norma do inciso II, § 2º, do art. 155, da CF

Postas essas considerações, já se pode cuidar de expor conclusão segura, no sentido de que a exceção ao direito de crédito prevista pelo inciso II do § 2º do art. 155 da Constituição não pode ser generalizada — antes, deve ter seu conteúdo, sentido e alcance delimitados pela sua própria natureza excepcional, além de balizados pelos princípios fundamentais do nosso sistema constitucional tributário.

Tércio Sampaio Ferraz, em magistral estudo — "ICMS — Não-Cumulatividade", *RDT* 48/14-24) —, expõe, de modo irretrucável, que outra não pode ser a conclusão sobre essa matéria. E tão completa é sua doutrina que, para demonstrar o seu acerto é temerário proceder de outra forma que não transcrevendo, *ipsis litteris,* os seus excertos mais demonstrativos.

É o que faremos a seguir, antes da resposta aos quesitos.

Expõe Tércio Sampaio Ferraz:

"A Constituição Federal, no § 2º, I, do art. 155, conquanto determine a não-cumulatividade do ICMS, dispõe nas alíneas "a" e "b" do inc. II do mesmo artigo que a isenção ou não-incidência, salvo determinação contrária da legislação, "não implicará crédito para compensação com o montante devido nas operações ou prestações seguintes" e "acarretará a anulação do crédito relativo às operações anteriores" (ob. cit., p. 14).

"O. Bachof (*Verfassingswidrige Verfassungsnormen*, 1951), ao discorrer sobre a existência, no articulado constitucional, de normas de diferentes cargas impositivas, o que permite a aplicação a elas das regras hermenêuticas de superioridade e especialidade, distingue entre contradições referentes a princípios de caráter puramente positivo e aqueles referentes a princípios suprapositivos. No primeiro caso, para evitar a contradição, cabe a regra da especialidade. No segundo, dever-se-ia aplicar a regra da superioridade. Ora, admitindo-se, como parece correto, que o princípio da não-cumulatividade, por atender a fins estritamente econômicos e constituir diretriz compulsória de política fiscal, tem a natureza de princípio puramente positivo, seu estabelecimento na Constituição Federal, ao ensejar uma contradição em face das normas contidas nas alíneas "a" e "b" do inc. II do § 2º do art. 155, exige uma consideração com vistas para a regra da *lex specialis*. (ob. cit., pp. 16-17).

"O estabelecimento constitucional da não-cumulatividade significa a obrigatoriedade (operador deôntico) de um ato (compensar o que for devido em cada operação com o montante cobrado nas anteriores) enquanto nas alíneas "a" e "b" referidas há obrigatoriedade de não compensar e anular (omissão). Trata-se, como se vê, de uma antinomia própria em razão de uma contrariedade (os conteúdos, de um lado, um ato, de outro, a sua omissão, são uma negação interna do outro). Isto nos conduz a primeira classificação. " (...) "O caso é, a nosso ver, de antonomia total-parcial, pois a aplicação da não-cumulatividade inibe totalmente as alíneas "a" e "b" mas a destas inibe parcialmente a da não-cumulatividade. É em razão disto justamente que vemos no conflito analisado um caso de antinomia aparente, posto que a *regra da não-cumulatividade* tem o sentido de um *princípio geral*, ao qual, as *alíneas "a" e "b"*, abrindo-lhe uma *exceção*, devem ser tratadas pelo critério da *lex specialis*. (ob. cit., pp. 17-18).

"Para que transpareça a harmonia e se evite a antinomia total-parcial, isto é, para que não sejamos obrigados a afirmar que o Constituinte estabeleceu um conflito antinômico cabe uma interpretação restritiva das regras contidas nas alíneas "a" e "b" do inc. II, § 2º, do art. 155. O critério da especialidade implica que estas regras só devam valer para aqueles casos excepcionais que não provoquem uma quebra no *telos* protegido pelo princípio da não-cumulatividade. (...) "o sentido correto das normas contidas nas referidas alíneas "a" e "b" só pode ser o de que elas não estão a derrogar o princípio da não-cumulatividade, mas sim a caracterizar situações em que, da aplicação desse princípio, resultaria uma situação tecnicamente indesejável e normativamente injusta. A *contrário sensu*, uma interpretação meramente *especificadora* ou *extensiva*, para *além distas situações, devem ser rejeitadas* (cf. Carlos Maximiliano, *Hermenêutica e Aplicação do Direito*, Rio, 1979, p. 205)" (ob. cit., p. 18-19).

"Se (...) os governos estaduais pudessem aplicar extensamente as regras das mencionadas alíneas "a" e "b", a isenção e a não-incidência tornar-se-iam, em termos de política fiscal, exatamente o oposto daquilo a que se destinam. No limite do absurdo, quanto mais isenções e não-incidências, mais se tornaria cumulativo o ICMS. Ou, dito de outro modo, a isenção e a não-incidência tornar-se-iam instrumentos de arrecadação, ademais iníquos e desequilibrados. (ob. cit., p. 21).

"(...) a ocorrência de isenções ou não-incidências sem direito a crédito, tomada extensiva e ilimitadamente, rompe todos aqueles benefícios do princípio da não-cumulatividade, se, ademais, este conflito antinômico total-parcial destrói a unidade de sentido que deve prevalecer na concepção da Constituição como articulado harmônico, então as alíneas "a" e "b" do inc. II § 2º do art. 155, entendidas nos termos do critério hermenêutico da *lex specialis, devem ser interpretadas estritamente* em função daquelas situações que, se não excepcionadas, criariam uma desigualdade não desejada em face da generalidade do princípio" (ob. cit., p. 22).

Ao cabo da irrespondível demonstração da natureza absolutamente excepcional e restrita da norma do inciso II § 2º do art. 155 da Constituição da República, o percuciente e estudioso professor conclui:

"Quando a autoridade pública no exercício de suas atribuições vier a exigir a anulação de crédito ou impedir a compensação de crédito *fora daquelas hipóteses supradescritas*, tem pleno cabimento a impetração de *mandada de segunça por inconstitucionalidade da exigência*, nos termos do art. 5º, LXIX, ou mandado de segurança coletivo, nos termos do inc. LXX da Constituição federal. Isto não exclui, obviamente, a argüição de *inconstitucionalidade de lei que vier a fazer semelhantes exigências*, nos termos do art. 103 da Constituição" (ob. cit., p. 24).

Ante o exposto, impõe-se afirmar que as únicas exceções constitucionalmente consentidas são as do § 2º, II, art. 155. Não há nenhuma outra. E a lei não pode alterar o quadro fechado e hirto constitucionalmente estabelecido. Só o que a lei pode fazer (seja a complementar, seja a ordinária) é ampliar a esfera de direitos do contribuinte (diminuindo a do Fisco). Não o contrário. Aliás, Baleeiro e Sapaio Doria demonstraram bem que esses preceitos constitucionais erigem direitos públicos subjetivos irredutíveis dos cidadãos-contribuintes (*Limitações Constitucionais ao Poder de Tributar*, 5ª ed., Forense, p. 12). Menos ainda poderá o aplicador administrativo pretender glosar ou vedar o aproveitamento de créditos do ICMS, fora das restritas situações previstas pela Constituição Federal.

O crédito é dado pelo próprio Texto Constitucional e que nenhuma lei pode reduzí-lo, condicioná-lo ou excluí-lo, em nenhuma hipótese (salvo a exceção do § 2º, II, art. 155, da própria Constituição, que mantém a proibição da lei reduzir a esfera jurídica do contribuinte, abrindo somente a possibilidade de ampliá-la).

Em suma, o crédito de ICMS é dado pela Constituição. É errado — e leva a trágicos equívocos — supor que ele decorra de outorga da lei.

Por isso, exclusão ou redução de crédito só pode emergir de rigorosa interpretação constitucional. Jamais de norma legislativa (mesmo complementar). Muito menos de decisão administrativa!

Dai a sintese feliz de Geraldo Ataliba: "A Constituição dá; só a Constituição pode tirar créditos". É inválida e nula toda disposição infraconstitucional que retire, reduza, condicione ou exclua crédito de ICMS.

IX — Aplicação das lições doutrinárias precedentes ao caso concreto — conclusões acerca do segundo tema da consulta

A Consulente questiona acerca do direito de o estabelecimento do Rio de Janeiro compensar os créditos, relativos a operações anteriores (tributadas), com o ICMS devido nas operações (igualmente tributadas) interestaduais que realiza, considerando o fato de também promover (como vendedor) operações internas, com redução de base de cálculo ou diferimento do imposto.

Ora, como vimos, a melhor doutrina é unânime em concluir que a expressão "operações anteriores" para a Constituição, significa "*o conjunto de operações negociais*, todas relativas a produtos ou mercadorias das quais, precedentemente, participou como adquirente o contribuinte". Assim, havendo operações atuais tributadas, tem ele o direito de compensar o valor do ICMS devido (ICMS a recolher, a pagar), com o valor dos créditos relativos a operações anteriores (mais precisamente aquisições tributadas — como informa a Consulente).

O que permite a assunção e posterior aproveitamento dos créditos, para compensar o valor do ICMS a ser pago, é só a circunstância do contribuinte haver participado de *operações anteriores, envolvendo quaisquer produtos ou mercadorias* (Geraldo Ataliba e Cleber Giardino).

O fato de o contribuinte também realizar operações internas de vendas, com redução de base de cálculo, ou com diferimento, em nada atinge, nem prejudica, reduz ou elimina o direito à compensação dos créditos relativos a operações anteriores. Tais ocorrências não correspondem àquelas constitucionalmente previstas como excepcionadoras do direito de crédito.

É que, como demonstrado precedentemente, somente cabe interpretação restritiva das normas constitucionais que prevêem casos excepcionais de vedação do aproveitamento de créditos. Daí que, para efeitos de restringir ou negar o direito à compensação — é dizer, ao aproveitamento dos créditos relativos a operações anteriores — *não cabe interpretação extensiva, nem analógica*, para concluir sejam, a redução da base de cálculo, ou o diferimento, equivalentes à isenção ou não-incidência do imposto.

Deveras, a chamada "substituição tributária", bem como o expediente que se resolveu designar de "diferimento", não se confundem quer com o instituto da isenção, quer com o da não-incidência, constitucionalmente referidos.

Pelas mesmas razões, não há como — para efeitos constritores do direito de crédito relativo a operações anteriores — concluir que redução da base de cálculo seja o mesmo que isenção ou não-incidência.

Em suma, pretender não possa o contribuinte, no caso, aproveitar os créditos — oriundos de anteriores operações tributadas — com o valor do ICMS a ser pago em operações subseqüentes (portanto, operações tributadas) é mais que extrapolar as hipóteses excepcionais previstas na Constituição. É, verdadeiramente, negar o princípio geral da não-cumulatividade do ICMS; impedir a atuação efetiva do princípio da não-cumulação desse imposto. *É*, em suma, *transmudar* as *exceções* estrital a esses princípios *em regra geral*. É, enfim, transformar o princípio geral (da não-cumulatividade e não-cumulação do ICMS) em norma excepcional e sua exceção e em princípio geral.

Daí ser imperioso concluir que, no caso objeto da consulta, é inconteste — em decorrência da interpretação sistemática dos princípios e normas constitucionais que regem a matéria — o direito do contribuinte ao aproveitamento do crédito de ICMS, relativo a operações anteriores, compensando seu valor com o do ICMS ser pago nas operações interestaduais mencionadas, realizadas por esse mesmo contribuinte.

Expostas essas conclusões sobre a segunda e última questão objeto da consulta, já podemos responder os quesitos na seguinte conformidade:

X — Respostas aos quesitos

1º) Não. Segundo a doutrina e jurisprudência, as meras transferências entre estabelecimentos do mesmo contribuinte *não* se subsumem no conceito constitucional de "operações relativas a circulação de mercadorias", que refere negócios jurídicos mercantis, nos quais há mudança da titularidade das mercadorias.

2º) Sim. Estão corretos os procedimentos adotados pela Consulente:

a) seja quanto à emissão de nota fiscal, pelo estabelecimento vendedor situado no Rio de Janeiro, para registro da operação de circulação de mercadorias por ele promovida e posterior pagamento do ICMS, devido ao Estado do Rio de Janeiro;

b) seja quanto ao estabelecimento situado em Santa Catarina, em extrair documento fiscal para, registrar (a) de um lado, a "baixa" das mercadorias do seu estoque e (b) de outro lado, sua "entrada" no estabelecimento do Rio de Janeiro.

3º) Não; o direito ao aproveitamento de créditos de ICMS não fica prejudicado, pelo fato de o estabelecimento do Rio de Janeiro realizar, além dessas interestaduais, normalmente tributadas, outras operações internas de vendas, com redução da base de cálculo ou abrangidas pelo diferimento.

Diante de operações atuais tributadas, tem o contribuinte o direito de compensar o valor do ICMS por elas devido (ICMS a recolher, a pagar), com o valor dos créditos relativos a operações anteriores (no caso, aquisições tributadas, como informa a Consulente).

É o parecer, s.m.j.

ICMS — ANÁLISE DA CONSTITUCIONALIDADE DA VINCULAÇÃO DA RECEITA TRIBUTÁRIA PREVISTA NA LEI ESTADUAL N. 6.556/89

EROS ROBERTO GRAU
Professor Titular da Faculdade de Direito da Universidade de São Paulo
Professor Visitante da Faculdade de Direito da Universidade de Montpellier I (França)

Consulta

Determinada empresa interpôs recurso extraordinário de decisão proferida em apelação interposta em embargos a execução fiscal. Pleiteia seja reconhecida a impossibilidade de se efetuar a atualização monetária pela variação da UFESP-Unidade Fiscal do Estado de São Paulo, *e a inconstitucionalidade da Lei Estadual 6.556/89, que majorou a alíquota do ICMS de 17% para 18%, até 31 de dezembro de 1990, bem como das Leis Estaduais 7.003/90 e 7.646/91*, sob o fundamento de que nas referidas leis houve vinculação da receita tributária acrescida aos programas habitacionais do Estado de São Paulo. Tal "vinculação" violaria o inciso IV do artigo 167 da Constituição Federal.

Relativamente à segunda alegação da recorrente, objeto da presente consulta, a Fazenda do Estado argumenta inexistir tal vinculação, mas tão-somente fixação de um parâmetro para a alocação de recursos àqueles programas habitacionais. Caso se admita, por hipótese, que há a vinculação vedada constitucionalmente, o vício de inconstitucionalidade não contaminaria o dispositivo, da mesma lei, que elevou a alíquita de ICMS.

Referido Recurso Extraordinário (n. 183.906) já teve seu julgamento iniciado pelo Plenário do Supremo Tribunal, tendo o Relato, Ministro Marco Aurélio, dado provimento ao recurso, aceitando a tese da inconstitucionalidade total das referidas leis, no que foi acompanhado pelo Ministro Maurício Correa. Os autos encontram-se com vistas ao Ministro Carlos Velloso.

A fim de subsidiar memoriais que serão apresentados pela Procuradoria-Geral do Estado, indaga-se:

• "admitindo-se única e exclusivamente para efeito de argumentação a inconstitucionalidade da "vinculação" alegada, essa inconstitucionalidade, se existisse, contaminaria os preceitos, das lei estaduais referidas, que aumentam a alíquota do ICMS de 17% para 18%?"

Parecer

1. A indagação formulada na consulta enseja a introdução de breves observações a respeito do tema da interpretação do direito.

Interpretar é, em sentido amplo, compreender. Diante de determinado signo lingüístico, a ele atribuímos um específico significado, de pronto colhido, definindo a conotação que expressa, em coerência com as regras de sentido da linguagem no bojo da qual o signo comparece. Praticamos, então, exercício de *compreensão* daquele signo (buscamos entendê-lo). *Interpretar*, pois, em sentido amplo, é *compreender* signos lingüísticos.

Em sentido estrito, contudo, o verbo *interpretar* assume distinta conotação, que a seguir explicito.

Qualquer ato de comunicação pode ensejar uma ou outra das seguintes situações: (i) as palavras e expressões da linguagem nela utilizadas são suficientemente claras, verificando-se, então, uma situação de *isomorfia*;[1] (ii) inexiste essa clareza e dúvidas se manifestam quanto ao sentido preciso de tais palavras e expressões.

Demanda-se assim, nesta segunda situação, como antecedente indispensável à plenitude da *compreensão*, a determinação do significado das palavras e expressões de que se cuida, no que se busca precisar os seus sentidos. Aqui, portanto, a *interpretação* (*em sentido estrito*) — exercício complexo, distinto da pronta coleta de um específico significado — antecede, na medida em que a viabiliza, a plenitude da *compreensão.* Interpretamos, *em sentido estrito,* para compreender; *compreender é interpretar em sentido amplo.*

2. Raras vezes nos colocamos, no uso da linguagem jurídica, diante de *situações de isomorfia*. Em regra nela afloram *situações de interpretação*. Ambigüidade e imprecisão das palavras e expressões da linguagem jurídica encaminham, inexoravelmente, a instalação de situações de *interpretação em sentido estrito.*

Ademais, sempre, ainda quando se trate de situações de *isomorfia*, o exercício de determinação do sentido das palavras e expressões se impõe. Note-se que mesmo palavras e expressões unívocas, na linguagem usual, assumem — ou deveriam assumir — na linguagem jurídica, sentidos mais precisos do que os naquele primeiro nível a elas atribuídos.[2]

Além disso, tanto a *situação de dúvida* (*situação de interpretação*) quanto a *situação de isomorfia* dependem de atos concretos de comunicação, não podendo ser consideradas *in abstracto:* o mesmo texto é claro ou dúbio segundo os contextos concretos do seu uso; a clareza (isomorfia), destarte, é noção pragmática, comprometida com alguns caracteres semânticos da linguagem jurídica.[3]

3. O fato é que a interpretação do direito se realiza não como mero exercício de leitura de textos normativos — para o que bastaria ao intérprete ser alfabetizado — porém como discernimento dos significados dos enunciados semânticos que consubstanciam esses textos.

Daí dizermos que a interpretação do direito é, em um primeiro momento, *interpretação semântica*, voltada à determinação do *significado* das palavras e expressões contidas nos textos normativos. Isto é: refere-se a "normas reveladas por enunciados lingüísticos",[4] não as intenções ou vontades do texto ou do legislador.

1. Cf. Jerzy Wróblewski, Constitución y Teoría General de la Interpretación Jurídica, trad. de Arantxa Azurza, Civitas, Madri, 1995, p. 23.

2. Vide Karl Larenz, *Methodenlehre der Rechtswissenschaft*, 5ª ed., Springer Verlag, Berlim, 1983, p. 83. Daí porque se há de tomar sob reserva a afirmação de que *in claris cessat interpretatio*, à qual se contrapõem as máximas de Ulpiano — *Quamvis sit manifestissimum edictum praectoris, attamen non est negligenda interpretatio (Digesto,* liv. 25, tít. 4, frag. 1, parágrafo 11) — e de Celso — *Scire legis non hoc est, verba earum tenere, sed vim ac potestatem (Digesto,* liv. 1, tít. 3, frag. 17).

3. Vide Wróblewski, ob. cit., p. 24.

4. Vide José Joaquim Gomes Canotilho, Direito Constitucional, 4ª ed., Almedina, Coimbra, 1987, p. 148.

Observei, em meu *La doppia destrutturazione del diritto*,[5] ser ela um processo intelectivo através do qual, partindo de *fórmulas lingüísticas* contidas nos *textos, enunciados, preceitos, disposições*, alcançamos a determinação de um *conteúdo normativo*; mais, observei ser ela atividade voltada ao discernimento de enunciados semânticos veiculados por *preceitos* (*enunciados, disposições, textos*). Interpretar — completei — é atribuir um significado a um ou mais símbolos lingüísticos escritos em um *enunciado normativo*.

4. Daí a necessidade de considerarmos a distinção entre *texto* e *norma*.

O texto, preceito, enunciado normativo é *alográfico*.[6] Não se completa no sentido nele impresso pelo legislador. A "completude" do texto somente é realizada quando o *sentido por* ele *expressado* é produzido, como *nova forma de expressão*, pelo intérprete. Mas o "sentido *expressado* pelo texto" já é algo novo, distinto do *texto*. É a *norma*.

Temos assim bem clara a distinção entre o *texto* (*enunciado, disposição*) e a *norma*.[7] Um e outra (*texto e norma*) não se identificam: o *texto* é o *sinal lingüístico*; a *norma* é o que se *revela, designa*.[8] Daí também dizermos ser, a *interpretação*, uma atividade *que* se *presta a transformar disposições* (*textos, enunciados*) *em normas*.

A compreensão disso permite ao intérprete observar que nem sempre um e outra — o texto normativo e a norma — correspondem,[9] seja porque determinada norma pode ser produto da interpretação conjunta de mais de um texto normativo, seja porque um mesmo texto normativo pode ser moldura para a produção de mais de uma norma.[10]

Essas breves observações iluminarão o exercício a seguir desenvolvido, de interpretação do texto do art. 167, IV, da Constituição de 1988, no quadro das circunstâncias aludidas na consulta.

5. A Lei n 6.556/89, tal qual as demais referidas no recurso extraordinário, encaminhava a produção, em distintos preceitos, de distintas normas.

O art. 3º dizia com a elevação da alíquota do ICMS em um ponto percentual — passando de 17% para 18% — até 31 de dezembro de 1990. Os destinatários da norma produzida a partir deste texto eram os particulares, sujeitos passivos do imposto. O texto normativo tratava de matéria *tributária*.

O art. 4º estabelecia, como diretriz a ser observada durante a execução orçamentária para o exercício de 1990, que seriam abertos créditos suplementares, destinados ao aumento de capital da Caixa Econômica do Estado de São Paulo S.A., em valor nunca inferior à receita resultante da elevação da alíquota referida no art. 3º.

5. Edizioni Unicopli, Milão, 1996, p. 59. Esta parte da exposição que produzi neste livro, editado apenas na Itália, não foi publicada em português; é o seguinte o texto italiano: "L'interpretazione dunque è un processo intellettivo tramite il quale, partendo da *formule* linguistiche contenute nei testi, enunciati, preccetti, disposizioni, si stabilisce un contenuto *normativo*. Questa attività interprerariva è volta al discernimento degli enunciati semantici veicolati dai precetti (enunciati, disposizioni, testi). (...) Interpretare è attribuire un significato a uno o più simboli linguistici scritti in un *enunciato normativo*".

6. Vide meu *La doppia destrutturazione del diritto — Una teoria brasiliana sull'interpretazione*, cit., pp. 57 e ss.

7. A respeito da distinção entre *texto* e *norma*, vide Ricardo Guastini, "Interprétation et description de normes", in *Interprétation et Droit*, publicado sob a direção de Paul Amselek, Bruylant, Bruxelas, 1995, p. 325 e *Le Fonti del Diritto e l'Interpretazione*, Giuffrè, Milão, 1993, p. 18; tb. Neil MacCormick, "La texture ouverte des Règles Juridiques", in *Controverses autour de l'ontologie du droit*, publicado sob a direção de Paul Amselek e de Christophe Grzegorczyk, Presses Universitaires de France, Paris, 1989, pp. 93-96.

8. Cf. José Joaquim Gomes Canotilho, *Direito Constitucional*, 5ª ed., Almedina, Coimbra, 1991, p. 225.

9. Veja-se Canotilho, ob. cit., pp. 211 e ss.

10. Vide meu *La doppia destrutturazione del diritto — Una teoria brasiliana sull'interpretazione*, cit., p. 61.

O art. 5º determinava que os recursos que viessem a ser atribuídos à Caixa Econômica do Estado de São Paulo S.A., para o fim indicado na lei, seriam destinados obrigatoriamente ao financiamento de programas habitacionais de interesse da população do Estado.

Os destinatários das normas produzidas a partir dos arts. 4º e 5º *não* eram os particulares, sujeitos passivos do imposto, mas sim o Poder Executivo e a Caixa Econômica do Estado de São Paulo S.A.; esses textos normativos tratavam de matéria *financeira,* não de matéria *tributária.*

6. Verificado que no caso se cuida de distintas normas jurídicas, uma atinente a matéria *tributária,* outras concernentes a matéria *financeira,* devemos indagar se há alguma relação de dependência entre elas. Isto é: cumpre apurarmos se, no caso, a invalidação de alguma delas reflete efeitos sobre as demais.

O ilustre consulente nada indaga a respeito da constitucionalidade, ou inconstitucionalidade, da aplicação dos recursos financeiros decorrentes da elevação da alíquota do ICMS. Pergunta apenas sobre a constitucionalidade da elevação de alíquota do imposto. A inconstitucionalidade daquela aplicação importaria, no caso da Lei n. 6.556/89, na invalidação do seu art. 5º.

Nesse quadro passo a apurar se a invalidação das normas produzidas a partir do art. 3º e do art. 5º reflete efeitos sobre as demais, no contexto da Lei n. 6.556/89.

7. Note-se bem que, tratando-se de distintas normas jurídicas, a invalidação de uma delas não conduz, necessariamente, à invalidação das demais, ainda que isso possa vir a ocorrer. E também é certo, por outro lado, que a circunstância de a invalidação de uma das normas afetar a validade da outra não importa necessariamente em que a invalidação da segunda afete a validade da primeira. No caso, embora a invalidade da elevação (art. 3º) repercutisse sobre as normas dos arts. 4º e 5º — porque estas dependem daquela elevação — a invalidação da norma veiculada pelo art. 5º não conduz, como veremos, à invalidade da norma do art. 3º.

Deveras, a invalidação exclusivamente do art. 3º repercutiria sobre as normas veiculadas pelos arts. 4º e 5º, conduzindo a sua imprestabilidade (imprestabilidade deles, arts. 4º e 5º) para inovar a ordem jurídica:[11] inexistiriam a *receita resultante da elevação da alíquota referida no art. 3º,* que o art. 4º refere, e os *recursos financeiros* a que faz alusão o art. 5º.

Mas a substância da elevação de alíquota do ICMS, matéria da norma veiculada pelo art. 3º, independe da circunstância de ser, ou não ser, a receita decorrente dessa elevação, destinada a órgão, fundo ou despesa. Em outros termos: a norma do art. 3º — elevação da alíquota do ICMS — independe da norma veiculada pelo art. 5º; já a norma do art. 5º, não: sua validade depende da validade da norma do art. 3º.[12]

8. A interpretação do texto do art. 167, IV, da Constituição de 1988 o confirma.

Pois é certo que esse preceito cogita não da criação ou da elevação de alíquota de imposto, porém de algo subseqüente a isso, a vinculação da receita do imposto já anteriormente criado ou aumentado. A vedação que impõe atua no plano da elaboração orçamentária, não no plano, que a este precede, da instituição do imposto ou da fixação do seu montante.

11. *Norma jurídica é preceito, abstrato, genérico e inovador — tendente a* regular *comportamento social de sujeitos associados — que se integra no ordenamento jurídico* (vide meu *O direito posto e o direito pressuposto,* Malheiros Editores, São Paulo, 1996, pp. 177-179).

12. Dizendo-o de modo diverso: se os textos normativos do art. 3º e do art. 5º decorressem de distintos procedimentos legislativos, a existência válida deste último teria como antecedente necessário a prévia existência válida do art. 3º; a existência válida do art. 3º, contudo, prescinde mesmo da existência do art. 5º.

O art. 167 regula matérias *financeiras.* Por isso não se pode discernir, no seu inc. IV, qualquer reflexo sobre o princípio da legalidade da tributação (art. 150, I, da Constituição de 1988). Nada autoriza o entendimento de que a indevida aplicação da receita de imposto cuja criação ou aumento atendeu aos requisitos cons titucionais *(imposição dotada de constitucionalidade,* pois) importaria na conversão de sua constitucionalidade em inconstitucionalidade.

Assim, o enunciado normativo desse inc. IV, do art. 167, não autoriza a produção de norma que afete a legalidade da elevação de alíquota definida pelo art. 3º da Lei n. 6.556/89. E nem será possível atrelar-se o seu texto (desse inc. IV) a qualquer outro texto normativo, de modo a ensejar a produção de norma que alcançasse tal resultado.

O questionamento da constitucionalidade da elevação de alíquota definida pelo art. 3º da lei estadual resulta tão descabido quanto o questionamento, que se ousasse, da constitucionalidade de tributo — ou de parcela dele — de cuja receita, parcialmente, lançasse mão o Poder Executivo para suprir crédito suplementar, ou especial, aberto com violação do disposto no inc. V do art. 167 da Constituição de 1988.

9. Daí a solução que dou ao quesito proposto na consulta, referindo-me especificamente à Lei Estadual n. 6.556/89: considerado o disposto nos seus arts. 3º 4º e 5º, a elevação de alíquota de ICMS definida no primeiro deles *não* importa violação da Constituição; essa elevação de alíquota é plenamente constitucional.

Quanto às Leis Estaduais ns. 7.003/90 e 7.646/91, reproduzem, para os exercícios de 1991 e de 1992, os mesmos sentidos normativos veiculados pelos arts. 3º, 4º e 5º da Lei n. 6.556/89.

Assim, tudo quanto afirmei em relação a esta última amolda-se, qual uma luva, àquelas.

A invalidação exclusivamente dos textos que definem a elevação da alíquota do imposto repercutiria sobre as normas veiculadas pelos artigos que regulam *matéria financeira*, conduzindo a sua imprestabilidade para inovar a ordem jurídica: inexistiriam a *receita resultante da elevação de alíquota do imposto* e os *recursos financeiros* que seriam aplicados ao financiamento de programas habitacionais de interesse da população do Estado. Mas, aqui também, a substância da elevação de alíquota do ICMS independe da circunstância de ser, ou não ser, a receita decorrente dessa elevação, destinada a órgão, fundo ou despesa. Em outros termos: a norma atinente à elevação da alíquota do ICMS independe da norma que respeita à aplicação dos recursos decorrentes da elevação da alíquota; já esta última, não: sua validade depende da validade da norma atinente à elevação da alíquota do imposto.

Repito, portanto: o questionamento da constitucionalidade da elevação de alíquota definida nas leis estaduais de que cogitamos resulta tão descabido quanto o questionamento, que se ousasse, da constitucionalidade de tributo — ou de parcela dele — de cuja receita, parcialmente, lançasse mão o Poder Executivo para suprir crédito suplementar, ou especial, aberto com violação do disposto no inc. V do art. 167 da Constituição de 1988.

10. Em face de todo o exposto dou a seguinte resposta ao quesito proposto na consulta:

— *não*; admitindo-se única e exclusivamente para efeito de argumentação a inconstitucionalidade da "vinculação" alegada, essa inconstitucionalidade, se existisse, *não* contaminaria os preceitos, das leis estaduais referidas, que aumentam a alíquota do ICMS de 17% para 18%; em outros termos: as elevações de alíquota de ICMS por elas definidas *não* importam violação da Constituição; essas elevações de alíquota são plenamente constitucionais.

É o que me parece.

São Paulo, 17 de março de 1997

CADERNOS DE DIREITO TRIBUTÁRIO

O REGIME ESPECIAL NO ICMS

HERON ARZUA
Advogado em Curitiba

Empresa comercial situada no Estado do Paraná, ora Consulente, cujo desiderato societário é a venda de mercadorias (cal e calcáreo), relata que, por atravessar um período de dificuldades financeiras, deixou de pagar por vários meses o imposto sobre operações relativas à circulação de mercadorias e serviços nominados (ICMS).

Embora não tendo recolhido o tributo, sempre apresentou as guias relativas aos negócios realizados, com a indicação correta do saldo devedor.

Em razão desse procedimento, a autoridade fazendária (no caso, o Delegado Regional da Fazenda) baixou ato administrativo enquadrando-a no denominado "sistema temporário de controle e pagamento do ICMS", previsto na Lei estadual, o qual requer o pagamento do imposto imediatamente antes de cada operação de venda da mercadoria.

Antes de carregar o caminhão para entrega dos produtos, a Consulente deve se dirigir à repartição fiscal de sua Comarca para que o funcionário emita e preencha a nota fiscal e a respectiva guia com o imposto, o qual deve ser pago na agência do Banco do Estado.

Isto posto, a Consulente quer saber se o mencionado regime especial a que foi submetida está consoante as leis do País, em especial diante da Constituição Federal.

O regime especial individual

1. A Jurisprudência

Não é novidade que esta matéria já de há muito deixou de ser polêmica na doutrina e nos Tribunais, inclusive no Tribunal de Justiça do Paraná.

O Supremo Tribunal Federal já teve oportunidade de decidir pela ilegalidade de "penalidades" que impedem o exercício da atividade de qualquer pessoa, natural ou jurídica, por atentar contra os direitos e garantias enumerados na Constituição.

É que aquela Corte não admite sanções destinadas a coagir devedores a saldarem suas contas ao erário. Assim:

"Não é lícito à autoridade proibir o contribuinte em débito de adquirir estampilhas, despachar mercadorias nas Alfândegas e exercer as suas atividades profissionais" (RE 63.026-SP, Tribunal Pleno, Rel. Min. Aliomar Baleeiro, in *RTJ* 51, p. 817).

"A Fazenda Pública deve cobrar os seus créditos pelo executivo fiscal, sem bloquear nem impedir, direta ou indiretamente, a atividade lícita do contribuintes (RE 64.054-SP, 2ª T., Rel. Min. Aliomar Baleeiro, in *RDA* 94, p. 61. No mesmo sentido, RE 63.037, 2ª T., Rel. Min. Evandro Lins e Silva, *RDA* 94, p. 60).

"Não é lícito à autoridade administrativa proibir que o contribuinte em débito adquira estampilhas, despache suas mercadorias nas alfândegas e exerça suas atividades profissionais". (Súmula 547. V. ainda Súmulas 70 e 323).

Estes arestos, embora antigos, continuam como precedentes judiciais válidos e, vez por outra, o Supremo se manifesta na mesma direção. Com relação ao ICM, o acórdão foi incisivo:

"Constitucional. Tributário. ICM. Regime especial. Restrições de caráter punitivo. Liberdade de trabalho. CF 67, art. 153, § 23; CF 88, art. 5º, XIII.

"I — O regime especial do ICM, autorizado em lei estadual, porque impõe restrições e limitações à atividade comercial do contribuinte, viola a garantia constitucional da liberdade de trabalho (CF 67, art. 153, § 23; CF 88, art. 5º, XIII), constituindo forma oblíqua de cobrança de tributo, assim execução política, que a jurisprudência do Supremo Tribunal sempre repeliu (Súmulas ns. 70, 323 e 547).

"II — No caso, os acórdãos indicados como divergentes cuidaram do tema sob o ponto de vista legal, enquanto que o acórdão embargado decidiu a questão tendo em vista a Constituição. Inocorrência, por isso, de divergência capaz de autorizar os embargos" (*RTJ* 138, p. 847).

É de se transcrever na íntegra o voto do Ministro Carlos Velloso (Relator) para se mostrar não só as razões do decidir como o aresto se aplica *in totum* à questão de que se cogita.

Com efeito.

O eminente Ministro Octávio Gallotti, Relator do acórdão embargado, esclareceu a matéria em discussão e a jurisprudência da Casa ao dizer, no seu voto:

"Cuida-se de mandado de segurança, interposto pela ora Recorrente, contra ato da autoridade fiscal que, com base nos arts. 53 e 61 da Lei n. 440/74 e no art. 490 do Decreto n. 17.727/81, a submetera ao chamado 'regime especial' de recolhimento do ICM, em virtude da inadimplência da Impetrante, quanto ao pagamento dos seus débitos fiscais.

"Em decorrência do regime especial, foram estabelecidas, entre outras, as seguintes restrições ao contribuinte: a) recolhimento compulsório do ICM, antes da saída da mercadoria do estabelecimento comercial, ou após a saída e antes da entrega ao destinatário; b) vedação, aos negociantes compradores, de utilizarem o crédito a que têm direito, quando desacompanhados de 'guia especial' de pagamento do tributo por parte do vendedor; c) retenção dos talonários de nota fiscal, para aposição de um carimbo, mostrando que o contribuinte se encontra sob 'regime especial'; e d) publicação do ato impositivo da administração na imprensa oficial.

"A questão de saber da constitucionalidade das medidas aplicadas no 'regime especial' de pagamento do ICM é matéria já conhecida desta Corte, que, pelo menos em três assentadas, pelas suas duas Turmas, teve ocasião de pronunciar-se em sentido contrário à sua imposição, sob o fundamento de que as sanções, cominadas ao contribuinte, carecem de respaldo constitucional, particularmente à vista da inaceitável margem de arbítrio reservada aos agentes do Fisco.

"Assim, no Recurso Extraordinário n. 106.759 (*RTJ* 115-439), decidiu esta Turma, em hipótese idêntica àquela dos presentes autos, conhecer do recurso do contribuinte e dar-lhe provimento em acórdão, cuja ementa bem sintetiza a orientação consagrada por este Supremo Tribunal:

"'ICM. Regime especial. Sanções não impostas por lei e entregues ao exclusivo arbítrio da autoridade fiscal. Inaceitabilidade. Precedentes da Corte. Recurso extraordinário conhecido e provido.'

"Daquela assentada, realço, pela inteira pertinência ao deslinde da espécie em exame, a seguinte passagem do voto do eminente Ministro Oscar Corrêa, Relator: 'O regime especial imposto pelo Regulamento Paulista (Decreto n. 5.410/74, substituído pelo Decreto n. 17.727/81 deixa ao critério da autoridade as normas do regime especial a que se submeterá o contribuinte (arts. 490/491), *pelo período que for fixado*. Ora, é inaceitável esse arbítrio da autoridade, ilimitado, que não se compadece com o regime de legalidade tributária vigente entre nós, garantia essencial da ordem jurídica' (*RTJ* 115/1.442).

"A mesma orientação fora adotada, por este Tribunal, no julgamento dos Recursos Extraordinários n. 76.455 (*RTJ* 73/821), Relator o em. Ministro Leitão de Abreu e n. 100/918 (*RTJ* 111-1.307), Relator o em. Ministro Moreira Alves, sublinhados, em ambas as oportunidades o caráter de penalidade ou sanção política das cominações originárias do regime especial, consideradas ofensivas à garantia constitucional do art. 153, § 23 (fls. 308-310).

"Posteriormente, no voto que proferiu, por ocasião do julgamento dos embargos de declaração opostos pelo Estado de São Paulo, o Sr. Ministro Gallotti ressaltou a desvalia da distinção preconizada pelo embargante no sentido de que o regime especial somente não prevaleceria no caso de inexistir lei. É que, sendo o fundamento dos acórdãos que afastam o regime especial, de ordem constitucional (CF/67, art. 153, § 23), é irrelevante indagar se o ato violador da garantia do livre exercício do trabalho, ofício ou profissão se baseia em lei ou decreto (fls. 321-322).

"Perfeito o entendimento, que se escora em decisão da Casa (RE n. 76.455-MG, Relator o Sr. Ministro Leitão de Abreu, *RTJ* 73/821).

"O certo é que o "regime especial do ICM", mesmo autorizado por lei, à atividade comercial do contribuinte, viola a garantia da liberdade de trabalho, que estava inscrita no art. 153, § 23, da Constituição de 1967 e que a Constituição de 1988 reafirma no art. 5º, XIII. Essas restrições e limitações à garantia da liberdade de trabalho não passam, na verdade, bem lembra o eminente Subprocurador-Geral Miguel Frauzino Pereira, no parecer de fls. 354/355, de formas oblíquas para a cobrança do tributo, assim execução política, procedimento que esta Casa tem repelido, conforme se vê das Súmulas ns. 70, 323 e 547 (*RTJ* 138, p. 849-850)."

Recentemente, o Tribunal de Justiça de São Paulo lembrou os antigos óbices jurídicos ao denominado "regime especial do ICMS" e adicionou novos argumentos à sua inconstitucionalidade. Assim:

"ICMS. Regime especial. Enquadramento da empresa pelo Fisco. Inadmissibilidade. Violação dos princípios constitucionais e do art. 198 do CTN. Fazenda Pública, ademais, que dispõe da via executiva e da medida cautelar fiscal, e da via penal."

Não importa a conotação que se dê às medidas que integram o chamado "regime especial" (penalidades tributárias ou cautelas de garantia). Revela caráter excessivamente rigoroso dessas medidas, que verdadeiramente implica sérias dificuldades à empresa, na continuação da atividade comercial. Destacam-se a publicidade negativa e a restrição ao aproveitamento de crédito por parte de terceiros, reveladores de um estado de insolvência ou pré-insolvência.

Essas medidas, portanto, contrariam os princípios constitucionais tocantes ao livre exercício do trabalho e à isonomia, quanto a este cabendo salientar que as demais empresas atuantes no mercado, não sujeitas a esse regime, não sofrem publicidade negativa por parte do erário, recolhem os tributos após a efetivação das operações, observada a periodicidade mensal. Cumpre, ademais, destacar a desnecessidade desse regime, uma vez que a Fazenda dispõe atualmente, além da via executiva, da medida cautelar fiscal instituída pela Lei 8.397, de 6.1.92, para o decreto de indisponibilidade de bens da empresa e dos sócios, extensível aos bens eventualmente alienados a terceiros (art. 4º, §§ 1º e 2º) e também da via penal (Ap. 240.956-2/0, in *RT* 179/95, p. 132).

2. A doutrina

Confirmando a realidade pretoriana, a doutrina sobre a matéria também é comovedoramente unânime. Ensina o inigualável e saudoso mestre Geraldo Ataliba sobre o "regime especial":

"Tem o Estado, para assegurar a arrecadação de tributos, instrumentos excepcionalmente eficientes (a execução e penhora, por exemplo), que lhe garantem, ágil e imediatamente, a percepção dos tributos não regularmente pagos, nos prazos estabelecidos pela legislação tributária.

"Outras formas — compulsão direta, a execução privada, a ameaça, a coação e quaisquer outros meios que visem intimidar, constranger e atemorizar o contribuinte (com isso pretendendo obter dele, por outro caminho, aquilo que a execução fiscal daria) — são inaceitáveis juridicamente.

"Importam arbítrio intolerável pelo nosso sistema.

"O interesse meramente arrecadatório do Estado — já garantido, até pela execução fiscal — não pode ser 'reforçado' com sacrifício de direitos individuais, e no desenvolvimento de um verdadeiro processo de coação contra a 'pessoa' do contribuinte" (in *Revista de Direito Tributário*, vol. 9/10, p. 70).

Esclarece o Professor Fábio Fanuchi em seu *Curso de Direito Tributário*, vol. 1, Ed. Resenha Tributária, 1971, p. 211, número 14:

"Medidas restritivas ao exercício profissional ou de atividade econômica. Entre as garantias reservadas ao crédito tributário e afora a mencionada por último, registrada no art. 193 do Código, não há qualquer outra na lei nacional, que importe em restrições ao exercício de profissão ou de atividade econômica. Todavia, não são desconhecidas em nosso ordenamento positivo algumas dessas medidas coercitivas, já consideradas inconstitucionais por torrencial jurisprudência de todos os nossos tribunais. Tal tipo de coerção acarretará prejuízos também para a Fazenda Pública, como é fácil imaginar. Se o sujeito passivo é tolhido ao exercício normal de suas atividades porque deve parcelas tributárias, é certo que dele se estará retirando a capacidade de produzir numerário que acabe por habilitá-lo ao pagamento do seu crédito.

"A prática, como se vê, acaba representando a versão tributária da velha estória infantil da galinha dos ovos de ouro. Não parece que a morte seja o melhor remédio para o doente (...)."

O Professor Ruy Barbosa Nogueira também tece críticas ao regime especial, declarando que as sanções por ele trazidas não passam de resquícios ditatoriais, que deveriam desaparecer de nossa legislação, pois implica a Administração fazer uma verdadeira execução de dívida por suas próprias mãos (*Curso de Direito Tributário*).

A despeito de já não mais viger o adágio *in dubio pro fiscum* o fato é que a Fazenda Pública até hoje não tem o menor pejo em atropelar direitos dos contribuintes, tudo em nome da certeza da arrecadação e do combate à evasão.

Mas a Constituição de 1988, regulando as limitações ao exercício das competências tributárias e elencando os direitos e garantias individuais, ampliou consideravelmente a proteção dos contribuintes das investidas do fisco. Todavia, a era dos arbítrios não terminou com o ressurgimento no Brasil do Estado de Direito. Não. O regime especial, que consiste praticamente numa execução administrativa, é um exemplo dessa assertiva.

A Lei das Leis, máxime no § 2º de seu art. 5º, confere aos contribuintes o direito de não pagar tributos criados ou lançados em descompasso com os preceitos constitucionais. Este direito que hoje compõe o Estatuto do Contribuinte já tem um nome na doutrina: "direito de resistência à tributação indevida". Deste modo, os contribuintes têm o dever de pagar tributos, colaborando para a "mantença pública", têm igualmente uma série de garantias e direitos, oponíveis *ex ante* ao próprio Estado, que os protegem da arbitrariedade tributária, em suas mais diversas manifestações, inclusive por ocasião do lançamento e cobrança do tributo.

O Tribunal de Justiça do Paraná não ficou ao lado, de fora, ou ao redor desse tema. Sempre que chamado fez valer o direito constitucional do contribuinte, lembrando que a Fazenda dispõe de um excelente instrumento de cobrança das dívidas fiscais, que é o executivo fiscal, que inicia com a penhora dos bens do devedor.

No caso da própria Consulente, que opera numa área de concorrência desleal, em que diversas empresas nada pagam de imposto ao Estado, já fez prevalente o seu direito:

"Ap. Civ. e Rex. Nec. 20.176-5, de Curitiba, 3ª Vara da Fazenda Pública, no MS 9.322-91, Rel. Des. Troiano Neto.

"É ilegal o sistema individual de controle e pagamento do ICMS ao impor restrição indevida à atividade comercial." (Tribunal de Justiça do Paraná, 4ª. C.C.).

O sistema constitucional de pagamento do ICMS

O Decreto-lei n. 406, de 31.12.68, que tem estatura de lei complementar por decisão do Supremo, é o diploma que regula em nível nacional o imposto estadual de circulação de mercadorias. Como bem anota a melhor doutrina, o mesmo foi recepcionado pela Constituição de 1988. E o Convênio 66, de 1968, assinado pelos funcionários dos Executivos das Federadas, cumprindo mandamento do art. 34, § 8º, do Ato das Disposições Constitucionais Transitórias, teve a missão de completar a Constituição nas novas matérias tributáveis incluídas no imposto (combustíveis, energia elétrica, minerais, comunicações e serviços de transporte).

(Este estudo está vinculado ao Decreto-lei 406/68 em razão de os fatos se passarem à época de sua vigência; portanto, antes da edição da Lei Complementar n. 87, de 13 de setembro de 1996, com vistas ao art. 144 do CTN, o qual rege que o lançamento reporta-se à data da ocorrência do fato gerador da obrigação e rege-se pela lei então vigente, ainda que posteriormente modificada ou revogada.)

Aliás, o Superior Tribunal de Justiça já considerou que a competência atribuída aos Estados para, na ausência de lei complementar necessária à instituição do ICMS, celebrarem convênio com o objetivo de regular provisoriamente o mencionado imposto, restringe-se às lacunas existentes e às matérias não recepcionadas pela Constituição vigente (RE 50.884-1-SP, *DJU* de 29.5.95, *v.g.*). Significa esse entendimento, que é sufragado unanimemente pela doutrina, que se tem por válidos todos os dispositivos do Decreto-lei 406/68, diploma que disciplinava o ICM até o advento da Constituição de 1988.

E qual o sistema de pagamento engendrado pelo Decreto-lei 406/68 e que as leis ordinárias dos Estados implantaram? Vem ele no § 1º do art. 3º:

"Art. 3º. (...)

"§ 1º. A lei estadual disporá de forma que o montante devido resulte da diferença a maior, em determinado período, entre o imposto referente às mercadorias saídas do estabelecimento e o pago relativamente às mercadorias nele entradas. O saldo verificado em determinado período a favor do contribuinte transfere-se para o período ou períodos seguintes."

As únicas exceções ao sistema periódico de pagamento do imposto vêm no § 7º do aludido art. 3º (pagamento por estimativa, com garantia da incumulatividade) e no art. 4º (incidência sobre a mesma mercadoria em duas hipóteses: cooperativas e vendedores ambulantes).

Quer dizer: a forma com que a lei complementar veio regular o regime de pagamento do imposto estadual sobre circulação de mercadorias e serviços é a *periódica* com duas únicas ressalvas. Fora daí qualquer norma estadual que desborde desta forma incide na mácula da ilegalidade.

E a lei paranaense — tanto a anterior como a atual — respeitou esse mandamento do Decreto-lei 406/68, pois consta o período como critério de recolhimento do ICMS, averbando ainda que o "mês será o período considerado" (v. art. 35 e § 1º da Lei n. 8.933, de 1989).

Em efeito, qualquer outro critério de cobrança do imposto que não tenha o acordo do contribuinte (nos regimes especiais denominados por isso mesmo de consensuais) desborda das normas constitucionais e complementares (Paulo Barros Carvalho, in "Regimes Especiais", *Rev. Dial. Dir. Trib.*, vol. 8, p. 97). A exceção da cobrança num sistema individuado, em que o contribuinte é obrigado a pagar o imposto em cada operação de venda, não só não é permitida por lei como implica numa sanção administrativa indireta.

O sistema individual de pagamento

Por se constituir o sistema autorizado pelo art. 63 da Lei 8.933/89 numa exceção não autorizada pelo DL 406/68, por ele encobrir uma verdadeira penalidade administrativa indireta (tanto que aplicada ao contribuinte que não paga regularmente o imposto), por ele entravar o livre exercício das atividades comerciais do contribuinte, por ele não respeitar o princípio da incumulatividade, por se tratar de execução de dívida pelas próprias mãos, é que o Supremo e o Tribunal de Justiça do Paraná já proclamaram a sua inscontitucionalidade.

No regime malsinado, o imposto tem de ser pago previamente à ocorrência do fato jurídico tributário. É que o contribuinte, ao ajustar uma venda qualquer, tem que ir na Agência de Rendas a que está subordinada e lá o fiscal emite a nota fiscal (cujo bloco fica retido na Agência), calcula o imposto sobre o valor da operação e preenche a guia de pagamento com esse mesmo valor. Ao depois, o contribuinte vai a uma agência do Banco do Estado do Paraná e paga o tributo, retornando à Agência de Rendas para comprovar o pagamento e pegar daí a sua nota fiscal. Só daí é que pode carregar o caminhão e enviar a mercadoria.

Assim, o imposto é pago antes da ocorrência do fato jurídico tributário (ou fato gerador, no linguajar do CTN) — que é a venda do produto completada pela sua saída do estabelecimento — e tal operação só pode ser realizada até as 15 horas, pois o Banco fecha as 16:00. Após esse horário e aos sábados e domingos, com a repartição fazendária cumprindo horário restrito e com pequeno número de funcionários, a Consulente fica impedida de realizar qualquer operação mercantil. A Empresa se vê, destarte, tolhida no seu movimento mercantil em função de abusivas restrições burocráticas que cercam o Sistema. Se isso não é interferir na atividade profissional do contribuinte, então o conceito de interferência sofreu radical mutação.

Aumento da carga fiscal

De outra face, somente os ingênuos economicamente podem afirmar que esse sistema não aumenta a carga fiscal. Ora, se o imposto é adiantado, se ele é pago antes de o contribuinte receber o preço de seu comprador, como comparar essa situação com quem tem o prazo médio de até 22 dias para pagar o imposto? (O prazo de pagamento de um mês depende do número de inscrição do contribuinte, mas, no Estado do Paraná, tem início a partir do dia 10, inclusive, do mês subseqüente à ocorrência do fato tributável.)

Apesar das razões da Fazenda Pública, o certo é que ele fere mortalmente o principio da legalidade (fixa prazo de pagamento em desacordo com o sistema da lei nacional), o do aumento do imposto sem lei (o ônus tributário cresce quando ele é objeto de antecipação), o da igualdade (na medida em que institui tratamento desigual entre contribuintes que se encontram em situação equivalente), o do princípio que veda a delegação de poderes (a autoridade administrativa fica com um instrumento de execução fiscal própria), o do princípio da não-cumulatividade do ICMS (apesar do regulamento) e o princípio do livre exercício de qualquer trabalho.

O sistema de controle individual de pagamento é, assim, uma afronta ao regime constitucional do ICMS, como instituído pela Constituição. É um regime restritivo não só quanto aos créditos como igualmente ao sistema diferenciado de pagamento do imposto. A isonomia, vetor constitucional dos cidadãos, é relegada à mera figura retórica.

De qualquer modo, o Poder Público não precisa usar de arbítrio para cobrar o ICMS. Dispõe de meio processual poderoso para cobrança de seus créditos, que é o executivo fiscal. Nenhum credor privado tem esse privilégio, que já começa com a penhora dos bens da empresa e do sócio, se for o caso. Esse o instrumento jurídico e hábil de cobrança, não o arbítrio administrativo e o constrangimento das atividades comerciais da Apelante.

É de se averbar que, ao revés do que pensa o Fisco, a autoridade administrativa não tem discricionariedade para diferenciar os contribuintes no lançamento tributário, como acontece com o regime individuado de pagamento. É do texto expresso do parágrafo único do art. 142 do CTN que "a atividade administrativa do lançamento é vinculada e obrigatória, sob pena de responsabilidade funcional".

Imposto pago pelo consumidor (?)

As autoridades fazendárias têm afirmado que, de qualquer modo, justifica-se o regime especial, pois o imposto é pago sempre pelo consumidor final. Todavia, as coisas, juridicamente, não são assim e é preciso pensar um pouco antes de se fazer observações que correm à conta da "teoria dos fundamentos óbvios", mas que não resistem ao rigor jurídico.

No mundo do direito tributário, existe um só contribuinte, que é aquela pessoa posta no pólo passivo da obrigação tributária e que tem liame com o sujeito ativo, normalmente uma pessoa estatal. Às vezes, há até um responsável pelo pagamento do tributo. Mas dizer-se que o imposto corre sempre a cargo do consumidor, que seria o "contribuinte de fato", é trazer uma noção econômica não encampada pelo direito. Isso já em 1960 Alfredo Augusto Becker desmistificava, mostrando a inexistência do conceito no âmbito do direito.

"Há juristas — adverte F. Carnelutti — que quase sempre cometem o erro de aceitar e utilizar empiricamente os conceitos das ciências pré-jurídicas, sem cuidarem de pesquisar o novo e diferente conteúdo (significado) que elas passam a vestir no momento em que entram no mundo jurídico. Este mau costume — lamenta F. Carnelutti — tem gerado dentro do direito dificuldades numerosas e graves.

"Ora, em nenhum outro ramo do direito, estas dificuldades são tão numerosas e tão graves quanto as que este mau hábito tem gerado dentro do Direito Tributário. O maior equívoco do Direito Tributário é a contaminação entre princípios e conceitos jurídicos e princípios e conceitos pré-jurídicos (econômicos, financeiros, políticos, sociais, etc.)"(*Teoria Geral do Direito Tributário*, Saraiva, 1963, SP).

E averba mais o ilustre jurisconsulto gaúcho: "Toda vez que o fenômeno da repercussão do tributo entra na linha de raciocínio de tribunais, legisladores e ministros, a argumentação desenvolvida caracteriza-se por aquela simplicidade de ignorância apontada por Seligman. Esta simplicidade de ignorância manifesta-se pela aceitação das "teorias" a seguir indicadas:

"A) Simplicidade da ignorância: Tributo indireto repercute. É inacreditável que ainda hoje proferem-se acórdãos e promulgam-se leis baseadas na "obviedade científica" desta teoria que, já no século passado, a ciência condenou e que a doutrina, há cinqüenta anos, vem demonstrando sua total erronia. (...)

"C) Simplicidade da ignorância: O acréscimo do tributo ao preço significa repercussão do mesmo. ... A prova pode parecer contundente. Contudo, se cuidadosamente estuda-se este "fato óbvio", ele deixa de ser óbvio. O que o vendedor paga ao Estado, em última análise, de cada imposto, só por causalidade guarda relação com o montante calculado das parcelas que em tal conceito figuram nas faturas. Além disso, necessitaria saber-se qual seria o "preço" cotizado separadamente do imposto na ausência deste, e isto não é um fato observável" (ob. cit., pp. 492-3).

Rubens Gomes de Sousa, igualmente, lembra no seu antigo *Compêndio de Legislação Tributária* (2ª ed., 1954, Rio de Janeiro, Eds. Financeiras) que a distinção entre o contribuinte de direito (a pessoa obrigada por lei ao pagamento) e o de fato (a pessoa que arcará definitivamente com o ônus do imposto), que os autores faziam a propósito da classificação dos impostos em diretos e indiretos, não obedece a rigor científico. E advertia o mestre: "Entretanto, a repercussão, fazendo-se através do acréscimo do imposto ao preço das mercadorias ou serviços tributados, está sujeita à lei da oferta e da procura, isto é, só será possível quando as condições de mercado a permitirem; é portanto um conceito econômico e não jurídico" (p. 127).

Modernamente, um punhado de juristas e financistas concluiu que a repercussão ou translação do imposto é fenômeno econômico comum a todos os tributos, mas que pode ou não ocorrer dependendo das condições do mercado, se comprador ou vendedor, ou seja, se pode ser repercutido para terceiros ou é debitado à conta do lucro (*Caderno de Pesquisas Tributárias* 8, RT/SP, 1983).

Significa isso que o fato dado como notório pelas autoridades fica na dependência de comprovação. Não é ontologicamente verdadeiro.

Conclusão

De todo o exposto, conclui-se que o "regime especial do ICMS" é injurídico e inconstitucional.

Agride vários direitos individuais e outras exigências do sistema constitucional, a saber: a) o princípio da legalidade (fixa prazo de pagamento em desacordo com o sistema da lei nacional); b) o do aumento do imposto sem lei (o ônus tributário cresce quando ele é objeto de antecipação); c) o da igualdade (institui tratamento desigual entre contribuintes que se encontram em situação equivalente); d) o que veda a delegação de poderes (a autoridade administrativa fica com instrumento de execução fiscal própria); e) o do livre exercício do trabalho (impõe restrições e limites à atividade comercial); e f) o princípio da não cumulatividade (com óbices administrativos ao aproveitamento dos créditos derivados das operações de compra de mercadorias).

De outra parte, no plano infraconstitucional, infringe-se o enunciado do art. 198 do CTN, na medida em que divulga dados sobre a situação econômica e financeira da empresa, expondo a mesma à execração pública.

CADERNOS DE DIREITO TRIBUTÁRIO

INTELIGÊNCIA DO ART. 155, § 2º, INC. IV DA CONSTITUIÇÃO FEDERAL — COMPETÊNCIA EXCLUSIVA DO SENADO FEDERAL DE FIXAÇÃO DAS ALÍQUOTAS INTERESTADUAIS DO ICMS — CONSTITUCIONALIDADE DO PROJETO DE RESOLUÇÃO N. 113/96 DO SENADO FEDERAL QUE AS FIXA PARA A NAVEGAÇÃO AÉREA NO PRESSUPOSTO DE CONSTITUCIONALIDADE DA LEI COMPLEMENTAR N. 87/96 PARA REGULAMENTAÇÃO DESSA INCIDÊNCIA — PARECER

IVES GANDRA DA SILVA MARTINS

Professor Emérito das Universidades Mackenzie, em cuja Faculdade de Direito foi Titular de Direito Constitucional e Direito Econômico

Consulta

Consulta-me, o SNEA-Sindicato Nacional das Empresas Aéreas, sobre o projeto de Resolução n. 113 de 1996, do Senado Federal, que estabelece alíquotas de ICMS de 1% na prestação de serviços de transporte aéreo interestadual de passageiros, carga e mala fiscal, e de 4% nas operações relativas ao fornecimento de querosene para aeronaves.

A justificação do projeto vincula-se à edição da Lei Complementar n. 87/96, à decisão do STF na ADIn n. 1.089/94 e à crise da indústria aeronáutica, que está levando à desnacionalização da frota, hoje superior a 60%.

Há parecer da assessoria daquela Casa Legislativa entendendo que ao Senado cabe o estabelecimento de alíquotas mínimas nas operações internas e alíquotas máximas para dirimir conflitos, por força do disposto no inc. IV do § 2º do art. 155, não lhe cabendo implementar o princípio da seletividade de alíquotas.

Não há transcrição, no referido parecer, do inc. IV do § 2º do art. 155, mas apenas a do inc. V.

Pergunta, a consulente, se o projeto de Resolução do Senado Federal é constitucional.

Resposta

O projeto de Resolução n. 113 de 1996 é constitucional, se se admitir a constitucionalidade da Lei Complementar n. 87/

96, ao pretender incluir a navegação aérea, como operação incidida pelo ICMS.[1]

Responderei, pois, a consulta, partindo da premissa, apenas para efeitos de argumentação, da constitucionalidade da Lei Complementar n. 87/96, não representando esta posição aceitação da tese de que a Lei Complementar n. 87/96 harmoniza-se com o Estatuto Supremo.

De rigor, o STF não se definiu, ainda, sobre a constitucionalidade da lei complementar como veículo hábil para introduzir a incidência do ICMS sobre o transporte aéreo.[2]

Por nove votos a zero, entendeu, a Suprema Corte, na ADIn 1.089/94, que a navegação aérea não está sujeita ao ICMS, com inúmeros aspectos sendo levantados sobre a falta de sustentação jurídica da pretensão dos Estados.

Dentre eles, podem ser destacados três. O primeiro, é de que carecia o Convênio de forças necessárias a respaldar a instituição do imposto sobre essa atividade, pois impôs, o constituinte, para o exercício do poder de tributar, o veículo da lei complementar prévia.[3]

1. Escrevi: "Em outras palavras, se não fosse por ter, o constituinte, considerado o serviço de navegação aérea diverso daquele de transporte rodoviário, ferroviário ou aquaviário, excluindo-o da competência tributária dos Estados, pelo argumento atrás apresentado, a imunidade poderia ser argüida, na medida em que tais serviços são prestados pela União através de concessionários.

Pelo art. 150, inc. VI, letra "a", os Estados estão proibidos de instituir impostos sobre os serviços da União e é serviço da União a navegação aérea, mesmo que prestado por concessionário, se a União não tiver condições de prestá-lo ou se entender melhor não explorá-lo diretamente, mas através de terceiros.

Como se percebe, por qualquer ângulo que se examine a questão, resta evidente a nenhuma possibilidade de imposição que os Estados, através de seus Secretários da Fazenda transformados em legisladores complementares, se auto-outorgaram. Os serviços prestados são intrinsecamente imunes pois prestação de competência da União transferida às empresas consulentes, sob sua rígida supervisão e controle em regime de concessão e permissão (táxis aéreos). E para a navegação aérea não houve a exceção constitucional outorgada aos transportes rodoviários, ferroviários ou aquaviários, se instituída a incidência por lei complementar" (*Revista Dialética de Direito Tributário* 7, Ed. Oliveira Rocha, abril de 1996, p. 89).

2. Relembro as conclusões precisas de Aires Fernandino Barreto sobre a matéria, em parecer que também me foi permitido ter acesso: "Do que se expôs, já é possível, em síntese, concluir que: a) a hipótese de incidência do ICMS se esgota na "prestação, em caráter habitual, de utilidade (material e imaterial) identificável como serviço de transporte intermunicipal ou interestadual ou como de comunicação, a outrem, com conteúdo econômico, sob regime de direito privado"; b) de conseguinte, não se pode alcançar, por via de ICMS, a prestação de serviço público, subordinada que está ao regime de direito administrativo; c) transporte aéreo é nítido serviço público, quer quando diretamente pelo Estado, quer quando o seu exercício é conferido a outra pessoa, física ou jurídica, pública ou privada; d) no nosso sistema, impostos são tributos não vinculados a qualquer atividade estatal, sendo, destarte, constitucional (arts. 153, 155 e 156, da CF) e legalmente (art. 16 do CTN) inexigíveis em relação à prestação de serviços públicos, pelo Estado ou por quem lhe faça as vezes; e) as taxas (tributos vinculados) têm por arquétipo constitucional, precisamente, a "remuneração" de serviços públicos (além do exercício do poder de polícia), específicos e divisíveis, prestados ao contribuinte ou postos à sua disposição (art. 145, II, da CF, e seu desdobramento efetuado pelos arts. 77 a 79, do CTN). Só por meio de taxa podem ser tributados os serviços públicos".

3. O Procurador-Geral da República em seu memorial de 8 de abril de 1996 na referida ação, disse: "Há, finalmente, a discussão em torno do significado da expressão "serviços de transporte interestadual e intermunicipal", constante do art. 155, inc. II, da Constituição Federal, que dá competência aos Estados e ao Distrito Federal *para instituir* o ICMS. Tal discussão serviria para verificar-se se deve incluir ou não no fato gerador do imposto o transporte aéreo. Vê-se, de logo, que a discussão é estéril, pois tal norma constitucional *apenas confere* competência aos Estados e ao Distrito Federal. Não define contribuintes ou fato gerador. Os contribuintes, o fato gerador e a base de cálculo do imposto somente são definidos em lei complementar (CF, art. 146, III, "a"). O que foi dito anteriormente revela, por si só, que tal expressão não pode e não deve ser interpretada no seu sentido meramente literal. A instituição de impostos, de acordo com a Constituição Federal, deve obedecer aos parâmetros estabelecidos em lei complementar editada pelo Congresso Nacional.

Mesmo assim, alguns ministros demonstraram dúvidas se tal instrumento legislativo teria esse vigor, outros silenciando a respeito.

O segundo aspecto referido foi o fato de o constituinte não ter tratado a navegação aérea como transporte, por questões de segurança e por vinculação ao Ministério da Aeronáutica, ao ponto de referir-se aos transportes aquaviários, rodoviários e ferroviários e não se referir a transporte aéreo, sobre destacar essa atividade do inciso referente aos transportes, colocando-a como inciso distinto.[4]

Além disso, como esclarecido minuciosamente por Vossa Excelência no voto proferido no julgamento, em Plenário, da liminar requerida nestes autos, 'a Constituinte de 1988, quando construiu o chamado 'novo ICMS', fê-lo por composição de ingredientes vários, entre os quais não se encontrava nada que dissesse respeito ao transporte aéreo — como, de resto, tampouco ao transporte ferroviário. O elemento tributário que veio a compor, ao lado de outros, o novo ICMS, era um imposto relacionado única e exclusivamente com o transporte de superfície, com transporte rodoviário... Na Assembléia Constituinte... não houve em momento algum referência à perspectiva de se ampliar o escopo do imposto sobre transportes... E há ainda que se considerar que a Constituição Federal, quando desejou se referir a transporte aéreo, utilizou expressamente o termo *navegação aérea* (arts. 21, inc. XII, alínea "c" e 22, inc. X), enquanto, ao fazer menção a transporte rodoviário, usou da expressão serviços de transporte (arts. 21, inc. XII, alínea "e", e 22, incs. IX e XI)" (ADIn 10.891-600-DF).

4. Escrevi: "Ora, reza o art. 21, inc. XII, "c", da Constituição Federal que: "Art. 21. Compete à União: (...) XII — explorar, diretamente ou mediante autorização, concessão ou permissão: (...) c) a navegação aérea, aeroespacial e a infra-estrutura aeroportuária".

Como se visualiza, tais atividade apenas podem ser exploradas pela União ou sob sua tutela, lendo-se, no art. 22 (competência privativa legislativa), inc. X, que: "Art. 22. Compete privativamente à União legislar sobre: (...) X — regime dos portos navegação lacustre, fluvial, marítima, aérea e aeroespacial".

Assim sendo, tanto na competência de atribuições, quanto naquela, legislativa, a competência da União é privativa não só para explorar a navegação aérea, como também para legislar sobre seu regime jurídico amplo, *não abrindo espaço algum para que Estados e Municípios entrem em tal área*, como abre

Está o art. 21, inc. XII, alíneas "c", "d" e "e" da Constituição Federal, assim redigido:

"Art. 21. Compete à União: (...) XII — explorar, diretamente ou mediante concessão a empresas sob controle acionário estatal, os serviços telefônicos, telegráficos, de transmissão de dados e demais serviços públicos de telecomunicações, assegurada

em outros segmentos, o que ocorre, por exemplo, quanto aos transportes rodoviário, ferroviário e aquaviário.

Muito embora na competência legislativa concorrente, caiba aos Estados legislar sobre Finanças Públicas, à evidência, não é possível que, a título do exercício de tal competência, possam interferir nas atribuições privativas da União.

Haveria uma razão para assim agir o constituinte? À nitidez, realça aos olhos de todos os intérpretes a relevância dos campos deixados à exploração exclusiva da União. São áreas em que o serviço público que o Poder Central deve prestar é de tal importância que apenas a unidade de exploração permitiria fossem bem prestados. E, nestas, alguns serviços ganham particular relevância, como a navegação aérea. Nem aos Estados, para tais matérias, entendeu, o constituinte, devesse ser outorgada competência supletiva com faculdade de explorar ou legislar, risco de se perder a unidade considerada de essencialidade nuclear.

É interessante notar que os mais relevantes aspectos de tais serviços já se encontravam na competência legislativa passada (EC 1/69), em clara demonstração de que não é novidade a regra do atual Texto Constitucional.

De todas as espécies de serviços públicos, apenas aqueles elencados no art. 21, inc. XII, da Constituição Federal, entendeu, o constituinte, serem de tal importância que não poderia deixar ao arbítrio das demais entidades federativas, a não ser com as expressas exceções plasmadas no Texto Magno.

No que diz respeito à navegação aérea, nenhuma exceção foi aberta. A razão fundamental residiu, de um lado, na importância objetiva do serviço e, de outro lado, na necessidade de unidade dessa prestação para todo o território nacional, não se admitindo critérios, regras, fórmulas diversas capazes de dificultar ou inviabilizar, por sua variedade, a eficiência da prestação.

Em outras palavras, por serem tais serviços *essenciais* e *universais*, não podem receber qualquer espécie de interferência de outras entidades federativas, daí resultando a razão de ser privativa a competência legislativa, não se abrindo qualquer exceção de natureza constitucional" (*Revista Dialética de Direito Tributário* 7, ob. cit., pp. 77-79).

a prestação de serviços de informações por entidades de direito privado através da rede pública de telecomunicações explorada pela União: (...) c) *a navegação aérea, aeroespacial e a infra-estrutura aeroportuária*; d) os serviços de transporte ferroviário e aquaviário entre portos brasileiros e fronteiras nacionais, ou que transponham os limites de Estado ou Território; e) os serviços de transporte rodoviário interestadual e internacional de passageiros" (grifos meus).

E a terceira tese bem acentuada pelo Ministro Relator e seguida por outros, foi a de que se o imposto sobre transportes, no passado, não incidia sobre a navegação aérea, e se tal imposto foi transferido para a competência dos Estados, sem que, em nenhum momento da Constituinte, se tenha falado em tributar a navegação aérea, como poderiam os Estados criar um "imposto inexistente" na Constituição? Como poderiam a lei complementar ou o convênio introduzir, no sistema tributário, um tributo não existente na Carta pretérita e nem criado durante os debates constituintes?[5]

Em outras palavras, por esta tese, nem mesmo a lei complementar poderia introduzir imposto que não existia na Constituição anterior e que não foi discutido na Constituinte, de tal forma que não teria o legislador complementar forças para instituir tributo sem perfil no sistema.

À evidência, à luz deste entendimento, a Lei Complementar n. 87/96 continua de manifesta inconstitucionalidade.[6]

5. O Ministro Relator Francisco Rezek realça este aspecto, ou seja, de que a Constituição não criou o ICMS sobre a navegação aérea: "A esse respeito, dados originários do Congresso Nacional fazem ver que na Carta de 67 ficara estatuído (art. 22) que compete à União decretar imposto sobre serviços de transportes e comunicações. Um decreto-lei do mesmo ano instituiu então o imposto sobre o transporte interestadual e intermunicipal de passageiros, efetuado pelas empresas rodoviárias. A Emenda de 69 não muda coisa alguma. Um decreto-lei do ano de 75 estende a incidência do imposto para o transporte rodoviário de cargas e o qualifica como "imposto sobre serviços de transporte rodoviário intermunicipal e interestadual de passageiros e cargas". A Emenda n. 27, em 1985, separa em dois incisos da Carta os impostos sobre comunicações e transportes; e ainda em 85 a Lei n. 7.450 (art. 94) altera a denominação do imposto, daí por diante chamado de "imposto sobre transportes".

Na Assembléia Nacional Constituinte, no âmbito da comissão sobre o sistema tributário, pretendeu-se ampliar a base do ICM da competência dos Estados para favorecê-los, incluindo o imposto sobre serviços de qualquer natureza, mais o imposto sobre transportes e o imposto sobre comunicações. Houve, entretanto, reação dos municípios, sem nenhum gosto pela idéia de se verem privados do imposto sobre serviços de qualquer natureza. Diante disso, o novo ICMS se compôs, finalmente, do antigo ICM, do antigo imposto sobre transportes, do antigo imposto sobre comunicações, e ainda dos impostos únicos sobre energia elétrica, combustíveis e lubrificantes, e mineração. Não houve em momento algum referência à perspectiva de se ampliar o escopo do imposto sobre transportes, ou de qualquer dos outros.

Foi esse o argumento que me fez ver espectro de bom direito na tese do Procurador-Geral da República; e vale acrescentar que nenhuma extravagância se poderia detectar na tese de que esse tipo de transporte escapa à tributação do transporte nas suas categorias comuns. Ocorre-me a circunstância enfatizada por alguns dos memoriais, e um tanto notória, de que esse comércio se exercita, na maioria dos países do mundo, pelo próprio Estado.

Anos atrás causava espécie o fato de que o Brasil perfilasse, com os Estados Unidos da América, entre aqueles raros países onde a aviação civil internacional era exercitada por empresa particular, quando a regra não era essa. A regra era e continua sendo — apesar de alguns empreendimentos privatizantes, destacadamente no Reino Unido — a empresa aérea pertencer ao Estado. Se não lhe pertence é de algum modo por ele subsidiada. se a ele não pertence nem por ele é subsidiada, é objeto de um tratamento fiscal condizente com a percepção do alto risco que esse tipo de empreendimento comporta" (notas taquigráficas, ADIn 1.089-1-DF, pp. 5-6).

6. O Ministro Ilmar Galvão, na referida ADIn, ao defender a tese de que a lei complementar deveria regular a matéria, declarou o que deveria dizer a lei, exigências estas não constante da LC 87/96: "*Na hipótese específica de transporte de passageiro, não há norma apta a definir cada um dos lugares em que se deve recrutar e executar os serviços e conseqüentemente verificar o fato gerador do tributo, que vem a ser os sujeitos ativo o passivo da obrigação tributária, e o modo pelo qual ela deve ser cumprida, na hipótese se de graça, caso alguém admitir uma passagem aérea de ida e volta, de Manaus para Porto Alegre, eventualmente cumprida com as interrupções temporárias em escalas intermediárias, com baldeações, com utilização de rotas alternativas e com*

Se constitucional fosse a LC n. 87/96, que não é, à nitidez, o Projeto de Resolução n. 113 de 1996 do Senado, seria rigorosamente constitucional.

Com efeito, estabelece o inc. IV do § 2º do art. 155, que: "Resolução do Senado Federal, de iniciativa do Presidente da República ou de um terço dos Senadores, aprovada pela maioria absoluta dos seus membros, *estabelecerá as alíquotas aplicáveis às operações e prestações, interestaduais e de exportação*" (grifos meus) sendo tal dispositivo não uma faculdade, mas um dever.[7]

Em outras palavras, ao Senado Federal, Casa Legislativa da Federação, incumbe, nos tributos de "evocação nacional" — o princípio da cumulatividade só é de fácil aplicação em tributos nacionais —, como é o ICMS, definir alíquotas para as operações interestaduais e de exportação — hoje as saídas para o exterior foram desoneradas pela LC n. 87/96.

O sentido do inc. IV do § 2º é inequívoco. Objetiva sistematizar as operações relativas à circulação de mercadorias e prestações de serviços quando transcendem às forças impositivas de cada unidade federativa, para que os reflexos em tais

trechos cobertos por diversas empresas, incidentes rotineiros em viagens da espécie" (grifos meus) (notas taquigráficas).

7. Assim comentei o dispositivo, no v. VI, I, dos *Comentários à Constituição do Brasil*, que estou escrevendo com Celso Bastos: "Em matéria de alíquota há a considerar algumas alterações no Texto anterior. Tinha o § 5º do art. 23 a seguinte dicção: "A alíquota do imposto a que se refere o item II será uniforme para todas as mercadorias nas operações internas e interestaduais, bem como nas interestaduais realizadas com consumidor final; o Senado Federal, mediante resolução tomada por iniciativa do Presidente da República, fixará as alíquotas máximas para cada uma dessas operações e para as de exportação."

O Texto atual cuida da matéria com três incisos. O primeiro deles é dedicado às alíquotas interestaduais. Apesar de, no processo legislativo, não se falar a quem cabe a veiculação de comandos legislativos, por Resolução, o inc. IV esclarece que tal matéria é regulada dessa forma.

Mantém-se a iniciativa do Presidente da República para provocar a Resolução, apenas exigindo-se que seja a mesma aprovada por maioria absoluta de seus membros. O Senado, todavia, independentemente da iniciativa presidencial, poderá também ser provocado por um terço dos seus membros, o que, de rigor, não é difícil na medida em que a aprovação será sempre pela maioria absoluta. Ora, quem pode obter a maioria absoluta, com maior facilidade obterá uma proposta assinada por um terço da Casa Legislativa Superior.

Um outro aspecto de relevo reside na obrigatoriedade de estabelecer o Senado Federal as alíquotas para as operações interestaduais e de exportação.

O tempo do verbo utilizado é o futuro do indicativo, o que vale dizer, ao Senado Federal caberá o estabelecimento das alíquotas aplicáveis a tais operações.

Colocou-se, tão logo entrou o sistema em vigor, o problema sobre se as resoluções anteriores do Senado teriam sido recepcionadas pelo atual sistema.

A doutrina houve por bem entender que apenas no concernente à parte recepcionada do ICM. A parte nova, acrescida por força da Constituição de 1988, dependeria de uma resolução senatorial, não podendo os Estados estabelecer alíquotas para tais operações.

Acresce-se o fato de que a Constituição Federal tornou competência exclusiva do Senado o estabelecimento de tais alíquotas, de tal forma que, na parte nova, sem alíquotas originárias do Senado não teriam os Estados competência legislativa, mormente porque o § 8º do art. 34 das Disposições Transitórias fala apenas em lei complementar e Resolução Senatorial não se confunde com lei complementar. Adicione-se ainda que o princípio da tipicidade fechada não permitiria interpretação extensiva, objetivando amalgamar lei complementar não outorgada pela Constituição.

O problema foi em maio de 1989 solucionado com a Resolução n. 22/89, que estabeleceu as alíquotas para as operações interestaduais e de exportação.

Um último aspecto merece ser examinado, a saber: se poderá o Senado Federal estabelecer limites de alíquotas para atuação dos Estados, determinando o máximo e mínimo para tais operações e prestação de serviços.

Entendo que não, em face do inc. IV apenas ser aplicável às operações em prestação de serviços interestaduais e internacionais.

Por tais operações e prestação de serviços as alíquotas são por inteiro estabelecidas pelo Senado, sem possibilidade de os Estados atuarem entre seus limites. Desta forma, a competência é plena e excludente, inadmissível delegação de competência impositiva para estabelecer alíquotas diversas daquelas determinadas pelo Senado" (Ed. Saraiva, 1990, pp. 417-420).

operações sejam idênticos para todo o país. Sendo o Senado a Casa da Federação, nada mais lógico, claro, meridiano, que a definição de alíquotas aplicáveis a tais operações lhe fosse atribuída não ficando ao livre arbítrio dos Estados.[8]

Para tal formulação, *apenas* e *exclusivamente* o Senado é competente, não havendo, no comando supremo do inc. IV, outorga de uma "faculdade", mas de um "dever" à Casa de Leis Federativa, para definir quais as alíquotas aplicáveis em tais operações ou prestações de serviços.

É distinta a atuação (obrigatória) do Senado Federal no que diz respeito ao inc. IV, daquela que está estatuída no inc. V, cuja letra "a" cuida de operações internas e a letra "b" de relações de conflito, cabendo-lhe, nos dois casos, estabelecer alíquotas mínimas ou máximas, como faculdade, lembrando-se que o inc. VI, que cuida das deliberações dos Estados, está parametrando as alíquotas internas pelas alíquotas interestaduais estabelecidas pelo Senado.[9]

Em outras palavras, o Sistema Tributário desenhado na Constituição, com clareza, impõe ao Senado a definição das alíquotas nas operações de prestação de serviços interestaduais, e torna facultativa sua atuação no que diz respeito às alíquotas internas ou de conflito de interesses entre Estados, não se podendo confundir ambas as atuações, em face da própria natureza do ICMS, que, sendo um tributo estadual, tem reflexos tributários nacionais. No que é nacional, o Senado tem a obrigação de definir alíquotas (operações interestaduais). No que é estadual, é facultado ao Senado estabelecer alíquotas mínimas ou máximas, em caso de conflito de interesse.[10]

Ora, se há uma obrigação nitidamente imposta pelo constituinte para a definição das alíquotas de operações interestaduais, à evidência, nesta definição deve, a Casa Maior do Congresso, levar em consideração todos os elementos que compõem sua conformação, em que a seletividade é fator necessário.

Tributaristas desavisados têm se manifestado no sentido de que os tributos

8. Manoel Gonçalves Ferreira Filho, ao hospedar a competência exclusiva do Senado escreveu: "Resolução do Senado. Como é sabido, a Constituição atribui ao Senado Federal a função de representar os Estados e o Distrito Federal (v., acima, art. 46, *caput*). Em razão disso, segundo já estava no direito anterior (Emenda n. 1/69, art. 23, § 5º, com a redação dada pela Emenda n. 23/83), cabe ao Senado, no interesse de todos esses entes, fixar por meio de resolução as alíquotas relativas as operações e prestações interestaduais e de exportação.

Note-se que, no direito anterior, o Senado Federal fixava a alíquota máxima; hoje estabelece a alíquota aplicável.

A resolução, no direito anterior, deveria ser de iniciativa do Presidente da República, exclusivamente. Hoje, essa iniciativa pode ser um ato coletivo de senadores, que perfaçam um terço da casa.

Por outro lado, a texto em exame, ao contrário do anterior, reclama a maioria absoluta de votos para a aprovação da resolução em causa" (*Comentários à Constituição Brasileira de 1988*, v. 3, Ed. Saraiva, 1994, p. 120).

9. Os incs. V e VI do § 2º do art. 155 tem a seguinte dicção: "V — é facultado ao Senado Federal: a) estabelecer alíquotas mínimas nas operações internas, mediante resolução de iniciativa de um terço e aprovada pela maioria absoluta de seus membros; b) fixar alíquotas máximas nas mesmas operações para resolver conflito específico que envolva interesse de Estados, mediante resolução de iniciativa da maioria absoluta e aprovada por dois terços de seus membros. VI — salvo deliberação em contrário dos Estados e do Distrito Federal, nos termos do disposto no inc. XII, "g", as alíquotas internas, nas operações relativas à circulação de mercadorias e nas prestações de serviços, não poderão ser inferiores às previstas para as operações interestaduais".

10. José Cretella Jr. ensina: "Antes podiam aos Estados, de comum acordo, estabelecer ou fixar alíquotas inferiores. Agora, mediante resolução do Senado Federal, por iniciativa de um terço e aprovação da maioria absoluta de seus membros, todos os Estados da Federação deverão acatar a alíquota devida, fixada nas operações de âmbito interno, inferiores à alíquota estadual, como também, agora, é possível, por iniciativa da maioria dos Senadores e com a aprovação de dois terços de seus membros, o estabelecimento de alíquotas máximas, nas mesmas operações, para resolver conflito específico, que envolva interesse de Estados (art. 155, § 2º, V, "b" (*Comentários à Constituição Brasileira de 1988*, v. VII, Ed. Forense Universitária., 1992, p. 3.661).

indiretos ou reais não geram a justiça social, própria da política tributária aplicável aos tributos pessoais ou diretos.

Assim é que, para tais ideólogos da tributação, a progressividade das alíquotas, que permite maior incidência sobre os mais ricos, daria a tal categoria de impostos, como ocorre no imposto sobre a renda, a possibilidade de se fazer justiça social, o que não ocorreria com os tributos indiretos, que são necessariamente regressivos.[11]

Atualmente, tal linha de raciocínio, no mundo contemporâneo, já não tem mais adeptos de expressão, visto que os tributos indiretos, pelo princípio da seletividade, também podem ser utilizados como instrumento para atingir a pretendida justiça social, com tributação maior das operações menos úteis e menor naquelas em que o interesse social é inequívoco.[12]

Daí porque, o princípio da "seletividade" das alíquotas gera, nos impostos indiretos, a mesma "justiça social" que a "progressividade" nos tributos diretos.

Ora, a justiça social é algo definitivamente vinculado ao desenvolvimento de regiões mais pobres e mais carentes. A indústria do turismo, por exemplo, é hoje uma realidade muito mais necessária para os Estados do Norte, do Nordeste e do Brasil Central, do que para os Estados do Sul.[13]

Em outras palavras, facilitar o acesso ao Norte, Nordeste e Brasil Central, é, indiscutivelmente, facilitar o desenvolvimento dessas regiões, verdadeiros oásis turísticos do mundo, ainda não devidamente explorados.

11. Gilberto de Ulhôa Canto ataca tais "sociólogos do direito" dizendo: "Desejo aproveitar a oportunidade para dizer que o dispositivo é infeliz, porque consagra o princípio de progressividade do imposto sobre a renda e proventos de qualquer natureza, numa época em que a validade do mesmo tem sido objeto de questionamento em vários países do mundo.

Na Comunidade Econômica Européia e noutras partes do mundo sustenta-se que a progressividade satisfaz objetivos ideológicos anti-capitalistas mas não atende o setor público recursos mais elevados colhidos no setor privado com desfalque das potencialidades deste, muito melhores do que as do Estado, como empresário. Não quero considerar o mérito das opiniões em ambos os sentidos, mas o simples fato da existência da controvérsia parece contra-indicar uma tomada de posição em termos de norma constitucional. Nota-se uma tendência clara no sentido da redução das alíquotas do imposto de renda, nos Estados Unidos, no Canadá e na Europa, justamente para possibilitar maior intercâmbio financeiro internacional, de sorte que a Constituição estratificou no seu bojo um princípio cuja adoção deve ser deixada aos artífices da política fiscal, e optou pela posição que se divorcia daquela que os países desenvolvidos estão assumindo,. e na qual têm sido seguidos pelos países em desenvolvimento" (*Cadernos de Pesquisas Tributárias* 14, co-edição CEEU/Resenha Tributária, 1989, p. 24).

12. Henry Tilbery ensina: "12.6 O conceito da "essencialidade" não deve ser interpretado estritamente para cobrir apenas as necessidades biológicas (alimentação, vestuário, moradia e tratamento médico), mas deve abranger também aquelas necessidades que sejam pressupostos de um padrão de vida mínimo decente, de acordo com o conceito vigente da maioria. 12.7 Conseqüentemente, os fatores que entram na composição das necessidades essenciais, variam de acordo com o espaço (conforme países e regiões) e o tempo (grau de civilização e tecnologia). 12.8 Pela perspectiva da Ciência das Finanças não prevalecem as concepções da filosofia pura sobre o "essencial", mas a orientação político-econômica do governo; a sua orientação sobre o equilíbrio entre necessidades coletivas e bem-estar individual. O princípio: "a cada um conforme suas necessidades" não é um monopólio dos governos socialistas, mas é objetivo de todos os governos de qualquer filosofia econômica e política, no mundo atual, que se caracteriza pela transformação das estruturas sócio-econômicas existentes. 12.9 Em um país, que se encontra em fase avançadíssima de desenvolvimento, como é o caso do Brasil, a imposição seletiva sobre o consumo em função da essencialidade é um instrumento para freiar o consumo de produtos indesejáveis ou menos necessários e liberar forças para investimentos merecedores de apoio. Ao mesmo tempo, constitui instrumentalidade para nivelar diferenças excessivas no consumo de diversas classes em diversificadas zonas e alcançar a meta da redistribuição de rendas e maior aproximação da Justiça Fiscal" (*Estudos Tributários*, Ed. Resenha Tributária, 1974, pp. 345-346).

13. Em livro coordenado pelo saudoso Professor Antônio Roberto Sampaio Dória e escrito por Antônio Franco de Campos, Beatriz Stevenson Braga, Claid de Lima Santos, Henry Tilbery, Ives Gandra da Silva Martins, Maria Aparecida de Moura, Ricardo Assumpção e Roselene Lopes (*Incentivos Fiscais para o Desenvolvimento*, José Bushatsky Editor) tal aspecto é realçado.

Desta forma, atende o princípio da seletividade qualquer alíquota de ICMS que venha a ser estabelecida de forma moderada ou quase nula, objetivando o desenvolvimento econômico e social do país, em um dos segmentos de maior potencialidade.

É de se lembrar que, no mundo inteiro, salvo raríssimas exceções, a navegação aérea não é tributada por impostos indiretos, objetivando a agilização do turismo. É de se lembrar, também, que, por ser atividade pertinente à segurança nacional, defronta-se com dificuldades permanentes em face da intensa competição internacional, demandar altos custos e expressivos investimentos, em quase todos os países é estatal.[14]

Ora, se no estabelecimento de alíquotas progressivas para os tributos diretos, e seletivas para os tributos indiretos, a política tributária busca promover "justiça social", desenvolvimento econômico e nível adequado da carga fiscal, à nitidez, só é possível a definição das alíquotas quantificando-as, à luz dos dois princípios.[15]

Em outras palavras, quem define as alíquotas nos tributos informados pelo princípio da seletividade, deve defini-las de acordo com nível dos fatores relevantes que as compõem, ou seja, para os tributos sujeitos ao princípio da seletividade, as alíquotas terão que ser necessariamente seletivas.

Com o devido respeito à assessoria do Senado Federal, que declara: "O ICMS é imposto da competência estadual e, em decorrência dos princípios da exclusividade dos impostos *e da indelegabilidade de competência tributária, previstos nos arts. 7º e 17 do Código Tributário Nacional*, somente os Estados e o Distrito Federal poderiam sobre ele legislar" (grifos meus), a tese é inaceitável, na medida em que não se pode interpretar a Constituição Federal à luz da legislação infraconstitucional (CTN), de resto diploma apenas em parte recepcionado pela nova ordem jurídica instaurada a partir de 1988.[16]

A competência determinada pela Lei Suprema para a definição das alíquotas é do Senado e a outorga dessa competência é constitucional, nunca de diploma inferior (CTN).

Pela linha de raciocínio que adotou, incorreu, a assessoria do Senado, em outro equívoco, ao declarar: "Em nosso entendimento, entretanto, essa atribuição cometida ao Senado esgota-se no balizamento da tributação do ICMS, não abarcando a instituição da seletividade do imposto. A leitura do já citado dispositivo constitucional e destes que transcrevemos a seguir levamos a crer que ao Senado incumbe,

14. Hely Lopes Meirelles inclusive sobre a navegação aérea no Brasil demonstra seu encarceramento aos rígidos ditames militares: "No que tange aos transportes aéreos, as atividades do Ministério da Aeronáutica estão sujeitas à coordenação com o Ministério da Infra-Estrutura, através da Secretaria Nacional de Transportes *que será obrigatoriamente ouvida sobre concessão de linhas, tarifas, subvenções e salários*. Por outro lado, o Presidente da República, caso entenda conveniente, poderá integrar a aviação comercial, compreendendo linhas aéreas regulares, subvenções e tarifas, no Ministério da Infra-Estrutura, *permanecendo com o da Aeronáutica as atividades relacionadas com a infra-estrutura aeronáutica e com as pesquisas, bem como as relativas ao controle de pessoal de aeronaves (DL 200/67, art. 164), o que de modo algum discrepa das áreas de competência legalmente fixadas para esse ministério, constantes do Código Brasileiro de Aeronáutica* (Lei n. 7.565, de 19.12.1986)" (grifos meus) (*Direito Administrativo Brasileiro*, 13ª ed., Ed. RT, 1987, p. 648).

15. Gustavo Miguez de Mello demonstra que a verdadeira política tributária objetiva menos a arrecadação e mais outros objetivos de relevância, conforme o quadro que elaborou: (ver Anexo I, no final do artigo, na p. 94).

16. Carlos Maximiliano preleciona: "Por outro lado, as leis fundamentais devem ser mais rigorosamente obrigatórias do que as ordinárias, visto pertencerem, em geral, à classe *das imperativas e de ordem pública*; ao passo que as comerciais e as civis se alinham, em regra, entre as *permissivas e de ordem privada*; aquela circunstância obriga o hermeneuta a precauções especiais e à observância de reservas peculiares à espécie jurídica. A própria Freie *Rechtsfindung* moderada, a escola da Livre Indagação *proeter legem*, escrupuliza em transpor as raias do Direito Privado" (*Hermenêutica e Aplicação do Direito*, 9ª ed., Ed. Forense, 1979, p. 305).

tão-somente, fixar as alíquotas (uniformes para todas as mercadorias e serviços) nas operações e prestações interestaduais e de exportação e, facultativamente, as alíquotas máximas e mínimas para as operações internas.

"Art. 155 (...)

"§ 2º (...)

"V — É facultado ao Senado Federal:

"a) estabelecer alíquotas mínimas nas operações internas, mediante resolução de iniciativa de um terço e aprovada pela maioria absoluta de seus membros; b) fixar alíquotas máximas nas mesmas operações para resolver conflito específico que envolva interesse de Estados, mediante resolução de iniciativa da maioria absoluta e aprovada por dois terços de seus membros."

Como se percebe, o "poder-dever" de definição de alíquotas do Senado para as operações interestaduais, não está no inc. V do art. 155 § 2º, que cuida de equacionamento de "conflitos de interesses" e de "alíquotas internas", por isto de natureza facultativa, mas no começo do inc. IV, *que não abre qualquer "faculdade" ao Senado Federal* para seu estabelecimento.[17]

Em outras palavras, a assessoria do Senado Federal, ao defender — no que agiu corretamente — o poder dos Estados em definir as "alíquotas internas", sendo meramente facultativo o estabelecimento de alíquotas mínimas pelo Senado Federal, não transcreveu o inc. IV, de resto, o único aplicável à espécie, isto é, ao Projeto de Resolução, que impõe ao Senado o estabelecimento das alíquotas aplicáveis.

E ao falar, o constituinte, em alíquotas aplicáveis a um imposto seletivo, à nitidez, apenas poderia falar de alíquotas aplicáveis de acordo com os princípios que o informam.[18]

Se cabe ao Senado Federal: "estabelecer as alíquotas aplicáveis", como pretender que tais alíquotas sejam "aplicáveis" sem o princípio da seletividade?

É de se lembrar que apenas o Senado Federal, por ser a Casa da Federação, tem uma visão completa do país — nenhum Estado a teria — razão pela qual é, nas operações interestaduais, a única Casa com

17. Pinto Ferreira comenta o inc. V: "Enquanto o inc. IV do art. 155 preceitua um comando obrigatório, que permite a utilização do mandado de injunção, quando a Câmara Alta nada providencie, o inc. V do mesmo artigo, com suas alíneas "a" e "b", refere-se a faculdade do Senado Federal de fixar as alíquotas máximas e mínimas nas operações internas.

O ICMS é um imposto de importância nacional, mas de competência impositiva do Estado, e que pode ser disciplinado pelo Senado Federal" (*Comentários à Constituição Brasileira*, v. 5, Ed. Saraiva, 1992, p. 452).

18. Hugo de Brito Machado claramente faz menção à limitação imposta ao legislador estadual: "O Constituinte de 1988, ao mesmo tempo em que admitiu tenha o ICMS caráter seletivo, em função da essencialidade das mercadorias e dos serviços (art. 153, § 2º, item III), preocupou-se com o estabelecimento de limitações ao legislador estadual, no que pertine à fixação de alíquotas, estabelecendo o seguinte: "1. Resolução do Senado Federal, de iniciativa do Presidente da República ou de um terço dos senadores, aprovada por maioria absoluta, estabelecerá as alíquotas aplicáveis às operações e prestações, interestaduais e de exportação. 2. É facultado ao Senado Federal: a) estabelecer alíquotas mínimas nas operações internas, mediante resolução de iniciativa de um terço e aprovada pela maioria absoluta de seus membros; b) fixar alíquotas máximas nas mesmas operações, para resolver conflito específico que envolva interesse de Estados, mediante resolução de iniciativa da maioria absoluta e aprovada por dois terços de seus membros. 3. As alíquotas internas não poderão ser inferiores às previstas para as operações interestaduais, salvo a título de incentivo, instituído com as cautelas exigidas pela Constituição para a outorga de isenções. 4. Nas operações e prestações que destinem mercadorias e serviços a consumidor final localizada em outro Estado, adotar-se-á a alíquota interestadual, quando o destinatário for contribuinte do imposto, e a alíquota interna, quando o destinatário não for contribuinte dele. 5. Nas operações interestaduais em que o destinatário for contribuinte do imposto, caberá ao Estado no qual estiver localizado este a cobrança da diferença entre a alíquota interestadual e a interna" (*Curso de Direito Tributário*, 5ª ed., Ed. Forense, 1992, p. 265).

a possibilidade de instituir o princípio da seletividade de forma adequada e correta. E, por esta razão, o constituinte apenas ao Senado Federal outorgou tal competência.[19]

É de se lembrar, por fim, que a navegação aérea ocorre em todo o país, sendo, pois, uma prestação de serviços que sempre transcende as fronteiras das unidades federativas.

Apenas ao Senado, portanto, cabe a definição das alíquotas que necessariamente terão que ser baixas para não prejudicar um dos fatores de desenvolvimento das regiões menos desenvolvidas, que é o turismo.[20]

Já que o país não pretende seguir a política mais inteligente das demais nações, que é não tributar a navegação aérea, para fortalecê-la, que pelo menos o Senado Federal, torne a tributação tão leve que impeça a criação de um "protecionismo às avessas" — visto que as viagens internacionais não são tributadas pelo ICMS— favorecendo o turismo externo e não nacional.

Por esta razão, é que, sabiamente, o constituinte tirou dos Estados a competência para definição de tais alíquotas, para transferir tal "poder-dever" ao Senado Federal, Casa Legislativa que representa a Federação[21]

Entendo, pois — se constitucional for a Lei Complementar n. 87/96 na criação de ICMS não previsto na Constituição para a navegação aérea — ser o Senado Federal,

19. Sacha Calmon Navarro Coelho ensina: "Aqui temos um sistema muito complexo: a) o Senado Federal, por resolução de iniciativa do Presidente da República ou de um terço dos senadores, aprovada por maioria absoluta, estabelecerá as alíquotas aplicáveis às operações e prestações interestaduais e de exportação (art. 155, IV); b) em princípio, as Assembléias Legislativas de cada Estado fixarão as alíquotas internas que nunca poderão ser inferiores às fixadas pelo Senado para as operações interestaduais; c) salvo se os Estados, em conjunto, mediante deliberação em convênio, aprovada dita deliberação pelas respectivas Assembléias Legislativas, resolverem fixá-las abaixo do limite referido em "b" supra (os Legislativos referendam o convênio ou não. Prevalecerá, na negativa, a regra já mencionada na letra "b" retro); d) em funcionamento o sistema, faculta-se ao Senado, como poder mediador e moderador: *primus* — mediante resolução de um terço de seus membros e aprovada por maioria absoluta, estabelecer alíquotas mínimas nas operações internas, retirando eficácia às leis estaduais em contrário (piso) e *secundus* — mediante resolução de iniciativa de metade mais um dos seus membros e aprovada por dois terços dos mesmos, fixar alíquotas máximas para as operações internas (teto) com o fito de "resolver", arbitrando, "conflitos específicos" que envolvam interesses de Estados.

Na presença do Senado explica-se por ser a Casa Legislativa dos Estados da Federação. O sistema é complexo e flexível" (grifos meus) (*Comentários à Constituição de 1988 — Sistema Tributário*, Ed. Forense, 1990, p. 237).

20. O art. 151, inc. I, da Constituição Federal, está assim redigido: "Art. 151. É vedado à União: I — instituir tributo que não seja uniforme em todo o território nacional ou que implique distinção ou preferência em relação a Estado, ao Distrito Federal ou a Município, em detrimento de outro, admitida a concessão de incentivos fiscais *destinados a promover o equilíbrio do desenvolvimento sócio-econômico entre as diferentes regiões do País"*, conseguindo o princípio do favorecimento fiscal para as regiões menos favorecidas e tendo recebido de Wolgran Junqueira o seguinte comentário: "Observa-se este princípio uma das máximas estabelecidas por Adam Smith no tocante ao imposto: é a uniformidade. É como lembra Salvador Oria (818): "Cuando se habla de justicia se asocia de immediato la idea de igualdad, y este segundo concepto sugiere a vez, espontáneamente, los de generalidad y uniformidad en las cargas impositivas".

Todos devem contribuir de forma igual desde que estejam dentro do mesmo quadro de circunstâncias e condições. Tratamento igual aos iguais e desigual, aos desiguais.

Entretanto, abre, a Constituição, uma exceção. E a relativa concessão de incentivos fiscais destinados a promover o equilíbrio sócio-econômico entre diferentes regiões do país" (grifos meus) (*Comentários à Constituição de 1988*, v. 2, Ed. Julex Livros, 1989, p. 873).

21. Ricardo Lobo Torres claramente expõe: "As alíquotas aplicáveis às operações e prestações interestaduais serão estabelecidas em resolução do Senado Federal, de iniciativa do Presidente da República ou de um terço dos Senadores, aprovada pela maioria absoluta de seus membros (art. 155, § 2º, IV). Dilargou-se a competência do Senado, que no regime constitucional anterior só fixava a alíquota interestadual máxima (art. 23, § 5º, na redação da Emenda 23/83)" (*Curso de Direito Financeiro e Tributário*, Ed. Renovar, 1993, p. 321).

por força do inc. IV do art. 155 § 2º da Carta Máxima, a Casa Legislativa competente para definir as "alíquotas aplicáveis" a operações interestaduais, necessariamente informadas pelo princípio da seletividade.

E, por decorrência, entendo ser constitucional o Projeto de Resolução n. 113/96.

S.m.j.

São Paulo, 3 de dezembro de 1996

ANEXO I

Quadro I

As Finalidade da Cobrança Tributaria

Especificações das Finalidades	AUTORES E COMISSÕES
Justiça Fiscal	Ruy Barbosa, Constituição Federal do Brasil de 1946(x), Royal Commission on Taxation (Canadá), Joseph Pechman, Fuentes Quintana, J. M. Sidou
Alocação de Recursos	Joseph Pechman, John Due, Richard e Peggy Musgrave, Manuel Lagares Calvo, Carl Shoup, Fuentes Quintana, Walter Heller, Victor Urquidi
Desenvolvimento Econômico	Royal Commission on Taxation, Joseph Pechman, John Due, Richard e Peggy Musgrave, Manuel Lagares Calvo, Carl Shoup, Walter Heller
(estabilização interna I) Pleno Emprego	Royal Commission on Taxation, Joseph Pechman, John Due, Richard Musgrave, Manuel Lagares Calvo, Carl Shoup, Fuentes Quintana, Walter Heller, Victor Urquidi
(estabilização interna II) Combate/Inflação	Royal Commission on Taxation, Joseph Pechman, Richard e Peggy Musgrave, Manuel Lagares Calvo, Carl Shoup, Fuentes Walter Heller, Victor Urquidi
(estabilização externa) Equilíbrio Balanço de Pagamentos Internacionais	Royal Commission on Taxation, Joseph Pechman, Richard e Peggy Musgrave, Manuel Lagares Calvo, Carl Shoup, Fuentes Quintana, Walter Heller, Victor Urquidi
Finalidade Social	John Due, Richard e Peggy Musgrave, Manuel Lagares Calvo, Carl Shoup, J. M., Sidou, Richard Musgrave e Malcom Gillis, Walter Heller
Coordenação Fiscal Inter-Governamental	Carl Shoup
Finalidade Política	Royal Commission on Taxation, J. M. Sidou, Walter Heller
Finalidade Jurídica	Royal Commission on Taxation
Finalidade Administrativa	Richard Musgrave e Malcom Gillis, Royal Comission on Taxtion

OBSERVAÇÕES (x) referência feita à adoção expressa. Aplicação da Constituição de 1946 de maneira alguma atendia a finahdade referente a justiça fiscal.

(*Temas para uma nova estrutura tributária no Brasil*, Ed. Mapa Fiscal Ltda., 1979, p. 20).

CADERNOS DE DIREITO TRIBUTÁRIO

DIREITO CONSTITUCIONAL TRIBUTÁRIO COMPARADO: BRASIL E ESPANHA

DIEGO MARÍN-BARNUEVO FABO
Professor de Direito Financeiro e Tributário da Universidade Carlos III de Madri
e
JOSÉ ROBERTO VIEIRA
Professor de Direito Tributário da Universidade Federal do Paraná

1. Seminários

No âmbito da disciplina de Instituições Fundamentais de Direito Tributário, do Curso de Mestrado em Direito do Estado, da Pós-Graduação em Direito da Universidade Federal do Paraná, nos meses de agosto e setembro de 1995, tiveram lugar os *Seminários de Direito Constitucional Tributário Comparado — Brasil e Espanha.*

O objetivo de tais seminários foi o de realizar *reflexões de Direito Comparado*, com exposições e debates de estudiosos brasileiros e espanhóis acerca dos respectivos *Sistemas Constitucionais Tributários*, e com a formulação das *conclusões* ora publicadas.[1]

Coordenados pelos professores signatários do presente texto e com o apoio do *Programa de Cooperação Internacional Intercampus/E.AL.-1995*,[2] os seminários contaram com a participação de mestrandos da UFPR,[3] de estudantes de graduação[4] e de professores universitários.[5]

1. A matéria já foi objeto de publicação no meio universitário: José Roberto Vieira e Diego Marín-Barnuevo Fabo, "Seminários de Direito Constitucional Tributário Comparado — Brasil e Espanha", in *Revista da Faculdade de Direito 18*, Curitiba, Universidade Federal do Paraná, pp. 263-270, 1994-1995.

2. A participação do Prof. Diego Marín-Barnuevo Fabo, da Universidad Carlos III de Madrid (Espanha), foi possibilitada pelo *Programa de Cooperação Intercampus/E.AL.-1995* para professores universitários (vaga n. 0526 — Direito Tributário). O mesmo programa de cooperação internacional, na versão destinada a estudantes universitários (vaga n. 0896 — Direito Tributário Comparado), possibilitou, ainda, a participação do estudante de Direito Fernando García Cachafeiro, da Universidad de La Coruña (Espanha).

3. Tendo sido realizados na esfera de uma disciplina do curso de Mestrado em Direito da UFPR, desempenharam papel ativo nos seminários, é claro, os respectivos mestrandos: Fernando Muniz Santos, Graciela Iurk Marins, Guilherme Cordeiro Neto, Maria Augusta Corrêa Lobo, Octávio Campos Fischer e Rejane Batista de Souza Barbosa.

4. Além do estudante espanhol já mencionado, participaram alguns alunos convidados da graduação em Direito da UFPR e da Faculdade de Direito de Curitiba: Sandra Regina Soares e Marcelo Crivano Lopes (FDC), Maitê Cecília Fabbri Moro e Erasmo Felipe Arruda Júnior (UFPR).

5. Participaram também alguns professores universitários: Profa. Betina Treiger Grupenmacher

2. Conclusões

Uma vez expostos, esclarecidos e debatidos os diversos temas objeto dos *Seminários de Direito Constitucional Tributário Comparado — Brasil e Espanha*, eis as conclusões a que chegaram os seus participantes, aqui sinteticamente formuladas:

2.1 Direito Comparado

2.1.1 Para alguns autores, a comparação entre sistemas jurídicos pode ser classificada em três *modalidades*: *microcomparação* (estudo comparado de institutos jurídicos), *mesocomparação* (estudo comparado de ramos do Direito) e *macrocomparação* (estudo comparado de ordenamentos jurídicos). Todavia, a utilidade dessa classificação sofre algumas contestações, na medida em que se torna difícil, por exemplo, elaborar uma microcomparação apartada de uma mesocomparação e também de uma macrocomparação.

2.1.2 Dentre as suas *funções* mais relevantes, temos que o Direito Comparado: permite uma melhor *interpretação e aplicação do próprio Direito*; possibilita, no campo da política legislativa, um *aprimoramento dos institutos jurídicos*; facilita os processos de *uniformização e harmonização das legislações* de países envolvidos em tratados e acordos internacionais; e, por fim, desempenha um papel importante na *formação da cultura jurídica*.

2.2 Direito Constitucional Tributário Comparado: Brasil e Espanha

O *Sistema Constitucional Tributário Brasileiro* mostra-se peculiar em relação aos demais, porque trata a matéria tributária de modo singular, analítica e exaustivamente; não contendo somente princípios, mas *também regras de caráter não principiológico*. Em contrapartida, o *Sistema Constitucional Espanhol* trata a matéria tributária de modo sintético, *restringindo-se a princípios gerais*, cujo alcance cabe ao Tribunal Constitucional determinar.

2.3 Competência tributária

2.3.1 Sistema brasileiro

2.3.1.1 A competência tributária é *rígida e integralmente estabelecida* na Constituição Brasileira, distribuindo-se pelas três esferas de governo, em virtude dos Princípios Constitucionais da Federação e da Autonomia dos Municípios.

2.3.1.2 A *União* tem a competência para instituir os impostos dos artigos 153 e 154, II, e as figuras tributárias dos artigos 148 e 149; os *Estados* e o *Distrito Federal*, os impostos do artigo 155; e os *Municípios*, os impostos do artigo 156. E todas as esferas do governo podem criar taxas e contribuições de melhoria, dependendo de quem detenha a competência administrativa para prestar o serviço público, exercer a atividade de polícia ou construir a obra pública que valorize o imóvel do cidadão.

2.3.1.3 Em face da rigidez constitucional da matéria, *não se admite a bitributação* no Brasil, ressalvadas hipóteses constitucionalmente previstas.

2.3.2 Sistema espanhol

2.3.2.1 *Não existe*, na Constituição Espanhola, *uma delimitação clara* das competências tributárias. Contudo, a idéia básica do Sistema Constitucional Espanhol é a de outorgar a competência tributária fundamentalmente ao *Estado* (*governo central*), embora reservando uma faixa limitada de competência às *Comunidades Autônomas*.

2.3.2.2 As *Corporações Locais* não têm a possibilidade de editar normas com

(UFPR e PUC/PR), Profa. Heloísa Guarita de Souza (FDC) e Prof. Reinaldo Chaves Rivera (FDC).

valor de lei; logo, o seu leve poder tributário realiza-se pela execução de leis estatais.

2.3.2.3 Conquanto se verifiquem algumas características e a tendência política no sentido de um regime federativo, a Espanha permanece constitucionalmente como um *Estado Unitário*.

2.3.2.4 *Não há disposição constitucional que proíba a bitributação* na Espanha.

2.4 Legalidade

2.4.1 O princípio da legalidade é consagrado em *caráter genérico* tanto na Constituição Brasileira (art. 5º, II) quanto na Constituição Espanhola (artigo 9.3). De igual modo, *ambos os diplomas constitucionais acolhem o Princípio da Legalidade Tributária* — Constituição Brasileira (art. 150, I) e Constituição Espanhola (artigos 31.3 e 133.1).

2.4.2 No *Brasil*, a *Medida Provisória* não pode ser utilizada para instituir ou majorar tributos, perante a disposição constitucional que exige lei para tais providências — Legalidade Tributária (art. 150, I).

2.4.3 Na *Espanha*, o *Decreto-Lei* não pode afetar o dever de contribuir (artigos 86.1 e 31), razão pela qual não pode regular os elementos essenciais do tributo. Sua utilização em matéria tributária costuma ser acompanhada da sua tramitação como projeto de lei (artigo 86.3).

2.5 Anterioridade

2.5.1 No *Brasil*, para que se possa exigir um tributo novo ou um tributo antigo majorado é necessário que a lei que determinou tal medida tenha sido publicada no exercício anterior (artigo 150, III, *b*), ressalvadas algumas exceções constitucionalmente estabelecidas. Daí falar-se em anterioridade, cujo sentido é o de *evitar surpreender os contribuintes*.

2.5.2 Na *Espanha*, o texto constitucional *não alberga tal princípio*.

2.6 Irretroatividade

2.6.1 No *Brasil*, quando a Lei Maior afasta a possibilidade de prejuízos ao direito adquirido, ao ato jurídico perfeito e à coisa julgada (art. 5º, XXXVI), está, na verdade, consagrando *genericamente* a noção de irretroatividade; e o faz *especificamente em matéria tributária*, quando veda a exigência de tributos em relação a fatos ocorridos antes da vigência da lei que os houver instituído ou aumentado (art. 150, III, *a*).

2.6.2 Na *Espanha*, *não há uma previsão específica* quanto à irretroatividade das normas tributárias; mas *uma proibição constitucional genérica* quanto às normas sancionadoras não favoráveis ou restritivas de direitos individuais (artigo 9.3). Todavia, outros princípios constitucionais, como os da Segurança Jurídica e da Capacidade Contributiva, podem limitar a retroatividade das normas tributárias.

2.7 Igualdade

Tratar igualmente os iguais e desigualmente os desiguais é princípio reconhecido em *ambas as Constituições*, tanto para o Direito como um todo (Constituição Brasileira, art. 5º, *caput*; e Espanhola, artigo 14) como particularmente para o Direito Tributário (Constituição Brasileira, art. 150, II; e Espanhola, art. 31.1).

2.8 Capacidade contributiva

Corolário da Igualdade, a tributação segundo a capacidade econômica dos cidadãos é princípio também acolhido *nos dois estatutos constitucionais*; embora aparentemente de forma mais ampla no texto espanhol, que, ao estabelecê-lo, alude ao sistema de tributos (art. 31.1), enquanto o texto brasileiro, em termos explícitos, limita-se à menção de uma das espécies tributárias, os impostos (art. 145, § 1º).

2.9 Generalidade

A submissão de todos os contribuintes à incidência tributária, também decorrente do Princípio da Igualdade, encontra guarida *na Lei Suprema dos dois Estados*, de modo expresso na Constituição da Espanha (art. 31.1) e de forma implícita na do Brasil.

2.10 Progressividade

Outra decorrência mais da Igualdade e da Capacidade Contributiva, o aumento do tributo na proporção do crescimento de sua base de cálculo tem *previsão em ambos os diplomas constitucionais*; de novo, expressamente no espanhol (art. 31.1) e implicitamente no brasileiro.

2.11 Não confisco

A proibição dos efeitos confiscatórios do tributo, *estabelecido nas duas Leis Magnas* (Constituição Brasileira, art. 150, IV; e Espanhola, art. 31.1), constitui princípio de *elevada indeterminação*, refletindo a tendência de impedir a destruição das riquezas gravadas pelas incidências tributárias. Identifica-se, entretanto, um significado mínimo do princípio: funciona como *teto para a progressividade*.

2.12 Universalidade da jurisdição

2.12.1 A jurisdição, aptidão para dizer o Direito, cabe, *em ambos os Estados*, ao Poder Judiciário, que aprecia toda e qualquer lesão ou ameaça a direito (Constituição Brasileira, art. 5º, XXXV) e tutela o exercício dos direitos e interesses legítimos (Constituição Espanhola, art. 24.1).

2.12.2 O remédio jurídico constitucional do *Recurso de Amparo espanhol* não se aplica à proteção dos diversos princípios constitucionais tributários do art. 31 (Constituição Espanhola, art. 53.2); enquanto o *Mandado de Segurança brasileiro* não sofre tais restrições (Constituição Brasileira, art. 5º, LXIX e LXX).

2.13 Direito à intimidade

Tal direito, reconhecido pelas *Leis Supremas do Brasil* (art. 5º, X e XII) *e da Espanha* (arts. 18.1, 18.4 e 20.4), não exclui a possibilidade do conhecimento de *operações bancárias* por parte da administração tributária espanhola, para garantia do dever de contribuir dos cidadãos; possibilidade que envolve polêmica jurisprudencial no Brasil, quanto à necessidade de autorização judicial.

2.14 Segurança jurídica

2.14.1 Trata-se de princípio fundamental, consagrado *na Lei Mãe dos brasileiros* (art. 5º, *caput*) *e dos espanhóis* (art. 9.3), com reflexos tributários de grande relevância.

2.14.2 Na *Espanha*, este princípio identifica-se com a *certeza do Direito*, no sentido de que o cidadão esteja convicto do alcance legal dos seus direitos e deveres.

2.14.3 No *Brasil*, tal princípio abrange, além da *certeza do Direito*, a noção de *previsibilidade da ação estatal*, no sentido da possibilidade de antevisão das eventuais exigências futuras do Estado.

2.15 Outros temas

Como uma conseqüência da *minúcia e detalhamento do Sistema Constitucional Tributário Brasileiro*, em oposição à *generalidade e síntese do Sistema Espanhol*, a Constituição Brasileira disciplina ainda *diversos outros temas tributários*, como:

as imunidades, tanto genéricas quanto específicas de alguns impostos; outros princípios genéricos; princípios e regras específicos de certos impostos etc.

2.16 Conclusões gerais

2.16.1 Quanto às Constituições brasileira e espanhola

Constituições analíticas e minuciosas, como a brasileira, motivam com maior freqüência as propostas de reforma constitucional, resultando em *menor permanência e estabilidade* da Lei Maior. *Constituições sintéticas e objetivas*, como a espanhola, motivam com menor freqüência as propostas de reforma constitucional, resultando em *maior permanência e estabilidade* da Lei Maior.

2.16.2 Quanto aos Sistemas Constitucionais Tributários brasileiro e espanhol

O *Sistema Constitucional Tributário Brasileiro*, ao consagrar numerosas regras, busca outorgar-lhes *estabilidade*, em homenagem à segurança jurídica; e a maior lentidão nas suas alterações permite *uma tradução amadurecida da vontade popular*. O *Sistema Espanhol*, ao consagrar poucas regras gerais, busca a maior *flexibilidade*, possibilitando a rápida adaptação do ordenamento à realidade; e a maior celeridade nas suas alterações permite *uma tradução imediata da vontade popular*.

FACULDADE DA ADMINISTRAÇÃO NA DETERMINAÇÃO DE TRIBUTOS (LANÇAMENTO E LIQUIDAÇÃO)

AURÉLIO PITANGA SEIXAS FILHO
Professor Titular de Direito Financeiro e Tributário da Universidade Federal Fluminense e de Direito Administrativo da Economia da Universidade Gama Filho — Doutor em Direito Tributário pela Universidade Mackenzie e Livre-Docente em Direito Financeiro pela Universidade do Estado do Rio de Janeiro

Exige o Estado, para financiar suas atividades, que as pessoas sujeitas ao seu poder legal paguem tributos na proporção de suas respectivas capacidades econômicas.

O legislador, ao instituir ou criar um tributo, seleciona uma conduta indicativa da capacidade econômica da pessoa como causa suficiente para o pagamento de uma quantia em dinheiro.

Desta forma, nasce para a pessoa um dever legal de pagar um tributo para o Estado quando praticar uma conduta que se identifique com a conduta descrita na lei tributária.

Ao nascer esse dever jurídico tributário, no momento da ocorrência do fato gerador, necessita, ainda, para ser cumprido por quem de direito, ser determinado em uma quantia certa e líquida.

É bem verdade que para o contribuinte cumprir, espontaneamente, o seu dever jurídico tributário é bastante uma série de operações mentais, como lembrou Alfredo Augusto Becker em seu *Teoria Geral do Direito Tributário*.

Entretanto, para a exigibilidade desse dever jurídico traduzível em moeda, é imprescindível a sua formalização em uma escritura que documente a certeza jurídica da dívida bem como determine o seu valor líquido em moeda.

O ordenamento jurídico assim como fixa para o contribuinte o dever de pagar espontaneamente o tributo, fixa, também, o dever de documentar esse dever jurídico tributário, em uma escritura particular com a confissão de haver praticado o fato gerador do qual resultou um valor líquido a pagar, após a devida valoração jurídica da conduta tributável.

Ao criar um título jurídico dotado de certeza e liquidez o contribuinte estará constituindo um documento que pode ser denominado de auto-acertamento tributário.

Arrecadar, fiscalizar e exigir o pagamento de tributos é a atribuição legal de um órgão da administração fazendária denominada Fisco.

A autoridade fiscal no exercício de sua competência legal poderá exigir o pagamento do tributo conforme liquidado no documento do auto-acertamento tributário.

Tem o poder discricionário, no entanto, de escolher, a seu juízo de conveniência e oportunidade, aqueles contribuintes que devem ser investigados para conferir se estão pagando corretamente os seus tributos.

Se, no exercício de sua função legal, a autoridade administrativa descobrir que a conduta tributável do contribuinte não foi corretamente representada nos seus registros documentais, ou que não foi enquadrada apropriadamente na lei tributária, ou que sua liquidação foi insuficiente, é do seu dever descrever pormenorizadamente a conduta descoberta em um documento (auto de infração), fazer a sua valoração jurídica e liquidar o valor do tributo a ser exigido.

Este documento de *acertamento tributário* que habilita a autoridade fiscal a exigir o pagamento do tributo, e das multas pecuniárias devidas por eventuais infrações cometidas, é denominado pelo Código Tributário Nacional de Lançamento Tributário.

Tornar certo e líquido o valor do tributo a ser exigido do contribuinte pode ser decidido, também, em função jurisdicional, por iniciativa quer do próprio devedor, quer da autoridade fiscal.

Assim como cabe às autoridades administrativas, em sede não litigiosa, determinar o valor do tributo e exigir o seu pagamento, em sede contenciosa, regida pelo Código de Processo Civil e leis extravagantes processuais, é da competência da autoridade judicial decidir quanto é o valor do tributo devido e quem é o seu devedor, seja em ação de execução fiscal, seja em uma ação declaratória ou em uma ação desconstitutiva (anulatória) do lançamento tributário.

Tendo em vista a diversidade de qualidade jurídica das pessoas que constituem um acertamento tributário, é natural que o auto-acertamento, o lançamento e a sentença judicial obedeçam a regimes jurídicos diferentes, apesar de possuírem o mesmo objeto.

Ordinariamente, é função da autoridade fiscal a arrecadação dos tributos, competindo-lhe, conseqüentemente, o dever legal de constituir o crédito tributário através do lançamento tributário, conforme nomenclatura adotada no artigo 142 do Código Tributário Nacional.

Nestas condições, assim como é a lei processual que rege a função do Juiz no sentido de dirimir, terminativamente, os conflitos de interesses, é o direito administrativo que rege o funcionamento da administração fazendária e fiscal.

Compelir o contribuinte a pagar o tributo conforme especificado na lei tributária é a função ou competência distribuída por lei à autoridade fiscal.

A função da autoridade fiscal de compelir o contribuinte a pagar o tributo cria uma relação entre essas duas pessoas, que, por ser rigorosamente prevista na lei, com a especificação de deveres para ambos os sujeitos, deve ser caracterizada como uma relação jurídica.

Nessa relação jurídica, funcionando como o órgão da administração pública encarregado de cobrar tributos tem, o Fisco, faculdades concedidas por lei, que caracterizam de tal maneira a sua atuação como sujeito ativo, singularizando de tal forma a relação jurídica tributária, que não se torna apropriado equipará-la às demais relações jurídicas regidas pelo direito privado, em especial com a relação jurídica obrigacional.

Não possuindo faculdades convencionais, porém somente aquelas delegadas por lei para o funcionamento de um órgão administrativo, não possui a autoridade fiscal qualquer direito subjetivo a invocar, nem interesse próprio a defender, restringindo-se ao estrito cumprimento do seu dever legal.

O dever legal da autoridade fiscal de exigir do sujeito passivo da relação jurídica tributária o pagamento do tributo conforme previsão legal, necessita, como já mencionado, de um ato jurídico de acertamento tributário.

Ao compelir o contribuinte a pagar um tributo, exercendo um poder derivado da lei (potestade ou dever-poder) o valor líquido em exigência terá sido objeto de um auto-acertamento ou de um lançamento tributário.

O lançamento tributário, que é o acertamento formalizado pela autoridade fiscal, com o uso de seus poderes ou faculdades legais, produz os efeitos jurídicos próprios de um ato jurídico.

Como todo ato jurídico, o lançamento tributário se torna completo, perfeito e acabado e/ou definitivo, quando a manifestação de vontade da autoridade fiscal atinge o seu objetivo que é, repita-se, exigir do contribuinte o valor do imposto, conforme acertamento jurídico e liquidação feitos pelo próprio órgão fiscal.

No lançamento, a autoridade fiscal descreve a conduta tributável, confessada pelo contribuinte ou descoberta através de inspeção, faz a sua valoração jurídica e liquida o valor da dívida, intimando o devedor para cumprir o seu dever tributário.

O lançamento tributário como tem a função legal de exigir o pagamento do tributo devido pelo contribuinte, é dotado de força imperativa por derivação da lei, imperatividade esta, entretanto, que pode ficar paralisada, ou em suspenso, em decorrência de um recurso oferecido pelo devedor, e que uma outra lei tenha concedido o efeito jurídico de suspender a sua exigibilidade (imperatividade).

O fato dos recursos administrativos possuírem o efeito jurídico de suspender a exigibilidade (imperatividade) do lançamento tributário, independentemente de qualquer garantia de instância, como está previsto atualmente no ordenamento tributário brasileiro, não pode ser entendido como uma característica de provisoriedade do ato administrativo.

Tanto os atos jurídicos administrativos como os atos jurídicos negociais possuem a presunção de haverem sido concluídos em obediência aos ditames legais, isto é, um pressuposto de sua existência é a sua compatibilidade com as leis, permanecendo válidos até prova em contrário.

A presunção de legalidade (validade) dos atos jurídicos negociais exige que sejam cumpridos, somente tendo os seus efeitos jurídicos interrompidos por decisão judicial, ou, como é óbvio, por vontade dos contratantes.

Também, a presunção de legalidade do lançamento tributário exigirá o seu cumprimento imediato, salvo uma ordem judicial em sentido contrário ou o depósito administrativo do valor do tributo que está sendo exigido.

Aliás, a definitividade do lançamento tributário fica bem caracterizada com a regra do *solve et repete* em que a imperatividade do ato administrativo conjugada com a sua definitividade, exige o pagamento imediato do valor do tributo, restando ao contribuinte provar a invalidade da cobrança e pedir a restituição do que foi pago indevidamente.

Como o princípio do *solve et repete* tem o efeito de cercear o direito de defesa do contribuinte, o pagamento prévio foi substituído pelo depósito prévio ou outra garantia de instância, ou, até mesmo a possibilidade de recurso sem qualquer garantia de instância, dando, então, uma falsa impressão de provisoriedade ao lançamento tributário.

Seja como for, os atos jurídicos praticados pelo administrador público estão sempre sujeitos a serem questionados pelas pessoas compelidas a cumprirem a lei, direito de petição este, que de alguma forma, adia o cumprimento compulsório da ordem da autoridade administrativa, confundindo a eficácia do ato jurídico perfeito e acabado com a eficácia do ato jurídico do qual não caiba mais qualquer recurso administrativo.

Pode-se concluir, então, que o procedimento administrativo de *revisão da legalidade* do lançamento tributário, por provocação do contribuinte, tem a função de confirmar a legalidade de um ato administrativo perfeito ou acabado, ou de retificar ou invalidar este ato jurídico praticado pela administração fazendária, na medida dos erros ou vícios existentes na sua formação.

Nada impede, entretanto, que uma determinada legislação tributária (como no caso do Estado de Minas Gerais) preveja a hipótese de um lançamento tributário provisório, permitindo ao contribuinte, desta forma, mais uma oportunidade de se defender e demonstrar os eventuais erros existentes no ato administrativo em formação.

Neste caso, a constituição do lançamento tributário definitivo está sujeita a um rito procedimental, já que a notificação do lançamento provisório é um ato-condição para a validade da exigência do tributo pelo lançamento definitivo, gerando, conseqüentemente, para o contribuinte um direito subjetivo de formular uma defesa após a notificação, válida, do lançamento provisório e anteriormente à intimação para pagamento do tributo.

Esta é uma hipótese em que o lançamento tributário, definitivo, é constituído através de um procedimento administrativo, em que existe a previsão legal de atos jurídico-administrativos preparatórios, necessários para a validade do lançamento tributário.

Os atos jurídicos em geral, e os atos administrativos em particular, completam a sua formação, quando é emitida a vontade da pessoa capaz ou competente para a sua criação.

Os procedimentos praticados pela autoridade fiscal anteriores à lavratura do lançamento tributário definitivo, terão ou não relevância jurídica para a sua validade conforme existir previsão normativa para isso.

Por definição, o ato administrativo resulta de manifestação unilateral da vontade da autoridade administrativa.

No lançamento tributário, a função da autoridade fiscal é a de exigir o pagamento do tributo após fazer a sua liquidação, com base em sua própria valoração jurídica dos atos praticados pelo contribuinte, queira este colaborar ou não.

Independentemente da colaboração prestada pelo contribuinte, é dever legal da autoridade fiscal agir unilateralmente para descobrir a existência da dívida tributária, quantificá-la e exigi-la, o que confirma o caráter inquisitorial de sua atuação, da qual resulta, em regra geral, um ato administrativo simples.

Procedimentalizar a atuação da autoridade fiscal é uma decisão discricionária da autoridade administrativa, ou do legislador, que não afeta a natureza do lançamento tributário.

Entretanto, a cobrança executiva do crédito tributário, constituído pelo lançamento tributário, só será válida após a devida notificação do contribuinte para apresentar ampla defesa, fase esta, sim, que obedece a ritos procedimentais para a revisão do ato jurídico-administrativo.

A presunção de legalidade que gozam todos os títulos jurídicos pode ser elidida perante o judiciário, cabendo ampla discussão sobre a *causa* de sua formação, quando não forem abstratos.

O lançamento tributário é um título jurídico líquido e certo que tem como *causa* (conseqüentemente não é um título abstrato) a prática do fato gerador do tributo pelo contribuinte, e como é de justiça, o acertamento jurídico e liquidação do valor do tributo devem levar em consideração a legislação que estiver em vigor no dia em que a conduta se realiza.

Nestas condições, não há razão para se duvidar que o dever jurídico tributário nasce no dia em que é realizado o fato gerador, podendo a legislação prever que o pagamento (vencimento do dever) se efetive nessa mesma data (como na hipótese do imposto de importação) ou seja antecipado ou postergado em relação ao nascimento da dívida.

Em regra geral, o acertamento e liquidação do tributo quando da responsabilidade jurídica da autoridade fiscal (lançamento tributário), é efetivado em momento posterior ao do nascimento da dívida, o que não deve prejudicar a sua vinculação ao fato gerador, já que sua função é declarar os efeitos jurídicos decorrentes da conduta tributável.

O lançamento tributário ao determinar o valor do tributo cumpre a função jurídica de formalizar em um documento a existência de um dever jurídico e o seu valor líquido.

Como um ato jurídico, o lançamento tributário é constituído ou criado pela vontade da autoridade fiscal. Só que esta vontade da autoridade fiscal não tem o poder de criar a dívida tributária, porém, tem o dever-poder de reconhecer ou declarar a existência da dívida tributária. Caracteriza-se como um *ato jurídico declaratório de uma verdade*.

Os atos jurídicos negociais, regidos pelo direito das obrigações, é que se caracterizam como *atos jurídicos declaratórios de uma vontade*, em que as obrigações surgem em decorrência direta da manifestação da vontade da pessoa.

Ao formalizar em um documento o valor líquido e certo da dívida tributária, a autoridade fiscal está reconhecendo ou declarando a existência do dever jurídico tributário, concedendo certeza jurídica a uma dívida anteriormente incerta e informal, o que não é o mesmo fenômeno que criar ou constituir uma dívida jurídica nova, *independente* de uma causa anterior.

No sentido exposto, não há como caracterizar o lançamento tributário como um ato jurídico constitutivo de deveres jurídicos, já que é o mero exercício de uma função administrativa, expressamente vinculada à lei.

Apesar de ser uma atividade administrativa estreitamente ligada aos ditames legais, as dificuldades operacionais para identificar, quer a conduta tributável, quer o seu valor em moeda, permitem à autoridade fiscal o uso de poder discricionário para a adoção de bases presuntivas para a fixação do valor tributável.

As condutas tributáveis praticadas pelos contribuintes devem ser *representadas* em documentos e registradas em livros de contabilidade pelos próprios.

Esses documentos e registros contábeis *representativos* do fato gerador tributário têm o valor jurídico de *indícios* dos fatos representados.

Como indícios que são, os documentos escriturados pelo contribuinte ou por sua ordem, fazem prova, sempre, em seu desfavor, com base na presunção de que ninguém vai produzir uma prova contra si.

Não é correto, então, afirmar-se que os documentos que dão suporte aos registros contábeis são a *prova direta* para efeito da veracidade da conduta tributável praticada pelo contribuinte.

Por outro lado, o valor de muitas operações comerciais é objeto de registro em Bolsas de Mercadorias, Revistas Especializadas etc., servindo a freqüência estatística dessas operações como base para a fixação de um valor estimado ou presuntivo pela autoridade fiscal, para efeito de exigência do tributo.

Essas "pautas de valores mínimos", "planta de valores", "preços de referência" etc., por decisão discricionária das autoridades fiscais devem ser adotadas, compulsoriamente, pelos contribuintes, ressalvado o direito destes de provar o verdadeiro valor da operação que praticou e sua adequação com a lei tributária pertinente.

Esses valores estimados ou presumidos não são (ou não podem ser) fixados arbitrariamente pela autoridade fiscal que, na sua elaboração, deve levar em consideração os fatos indicativos mais próximos possíveis da realidade, e somente são apropriados para os impostos que incidem sobre operações individualizadas.

No caso do imposto de renda das empresas, cuja base de cálculo é um somatório de operações registradas nos livros comerciais e fiscais, determina a legislação brasileira que a escrituração contábil deve ser levada em consideração pela autoridade fiscal, salvo prova de erros ou vícios insanáveis ou de falsidade(s) que desmereça(m) a veracidade dos registros efetuados.

Provada pela fiscalização a infidelidade da escrituração contábil é a mesma desconsiderada para efeito de apuração do lucro tributável (lucro real), havendo previsão legal fixando outras alternativas para apuração de um lucro (receita) tributável, que nada tem de semelhante com um valor estimado ou presumido.

A desconsideração do lucro contábil por vício insanável ou falsidade (desclassificação da escrituração) permite que a autoridade fiscal adote um "mal denominado" *lucro arbitrado*, que nada mais é do que a substituição do lucro contábil pela receita bruta, ou pelos ativos pertencentes à empresa, ou por outros valores expressamente autorizados em lei, não me parecendo que isto caracterize uma tributação por presunção.

A tributação com base em valores estimados ou presumidos caracteriza uma presunção relativa, já que *sempre* tem direito o contribuinte a fazer prova em contrário, demonstrando a verdadeira base de cálculo do tributo.

Em obediência ao princípio da legalidade, o lançamento deve descrever a conduta tributável o mais fielmente possível à conduta real praticada pelo contribuinte, já que é a causa impulsiva ou motivadora da emissão desse ato administrativo-tributário.

O princípio da legalidade exige que o lançamento tributário obedeça à verdade material, não sendo válido, portanto, a utilização de presunções absolutas ou ficções legais, em que a verdade descrita no lançamento tributário é meramente estimada ou presumida, sem que o contribuinte tenha o direito de questioná-la para provar a sua verdade.

O direito de defesa, direito constitucionalmente concedido ao cidadão, exige que o ato administrativo descreva o mais fielmente possível a causa motivadora de sua emissão, razão pela qual pode ser invalidado um ato administrativo desprovido de motivação ou de sua causa impulsiva.

Nem sempre a autoridade fiscal consegue descobrir toda a conduta praticada pelo contribuinte, sendo válido, neste caso, que o lançamento tributário exija o pagamento do tributo na proporção dos indícios averiguados, que não podem ser desprezados, sob pena de responsabilidade funcional.

Em direito comparado, algumas legislações tributárias permitem um lançamento tributário resultante de uma transação entre a autoridade fiscal e o contribuinte, quando são descobertos alguns indícios de sonegação fiscal, em quantidade não suficiente para revelar toda a verdade material.

Esse tipo de transação não é compatível com o direito brasileiro, em que o princípio da verdade material, conjugado com o direito de petição, permitem ao contribuinte, *sempre*, questionar a validade do ato administrativo.

Rio de Janeiro, 24 de setembro de 1996

A CONTRIBUIÇÃO AO PASEP E SUAS IMPLICAÇÕES COM O ART. 173 DA CONSTITUIÇÃO FEDERAL

REINALDO PIZOLIO
Advogado e Consultor em São Paulo, Especialista em Direito Tributário

I — Considerações iniciais

As contribuições para o Programa de Integração Social (PIS) e para o Programa de Formação do Patrimônio do Servidor Público (PASEP), criadas há 26 anos, ainda hoje permanecem constituindo sério objeto de controvérsias doutrinária e jurisprudencial.

Desde o surgimento de tais Programas no mundo jurídico, no já longínquo ano de 1970, tiveram lugar no Poder Judiciário, bem como nos mais diversos meios acadêmicos, infindáveis discussões técnicas, que focalizaram desde a sua natureza jurídica (se tributária ou não) até a propalada questão de sua modificação por meio dos indigitados Decretos-leis n. 2.445, de 29.6.88, e n. 2.449, de 21.7.88.

Sobretudo com relação ao PIS, as discussões que se fazem presentes nos dias atuais, ao que tudo indica, encontram-se muito longe de sua solução definitiva, tendo em vista a Resolução n. 49, de 9.10.95, baixada pelo Senado Federal, que retirou do mundo jurídico os referidos Decretos-leis, e também a edição da Medida Provisória n. 1.212, de 29 de outubro de 1995, por meio da qual mais uma vez pretendeu o Governo Federal alterar a sistemática de recolhimento da mencionada contribuição.

Desta forma, as poucas reflexões que pretendemos desenvolver em seguida não terão por objeto todas as conhecidas discussões travadas até aqui, até mesmo porque já foram tratadas pela maioria dos grandes juristas pátrios com a invejável precisão de raciocínio que lhes é peculiar.

Deste modo, intencionamos pensar um pouco acerca de questão que, muito embora não seja inédita, certamente não alcançou até aqui um interesse tão grande quanto aquele dispensado aos temas mencionados anteriormente. E tal questão não é outra senão as características específicas do PIS e do PASEP, no que concerne à sujeição passiva das empresas privadas, no primeiro caso, e das empresas públicas e sociedades de economia mista, na segunda hipótese.

E tal discussão decorre do fato de que, desde a criação de ambas as contribuições, o tratamento dispensado ao PASEP sempre foi mais oneroso do que aquele destinado ao PIS, vale dizer, embora sejam formas idênticas de imposição tributária, a primeira direcionada ao setor público, tendo como equivalente para o setor privado a segunda, é certo que os contribuintes alcançados pela contribuição ao PASEP são mais onerados, se comparados aos do PIS, em face das alíquotas diferenciadas para um e outro caso.[1]

Portanto, pode-se facilmente concluir que não é indiferente ser contribuinte de uma ou outra exação, em razão dos reflexos econômicos distintos em cada caso, constatação esta que nos remete de imediato ao art. 173 da Constituição Federal, que vem a ser o limitado e específico objeto deste estudo, que será desenvolvido em seguida.

II — Da instituição do PIS e do PASEP

Para que possamos desenvolver nossas considerações com maior clareza, faz-se necessário deixar perfeitamente limitado e apartado de dúvidas o objeto de nossas reflexões, até mesmo para que possamos caminhar com nitidez à conclusão que pretendemos alcançar.

Para tanto, cumpre-nos primeiramente fazer uma análise da instituição legal da contribuição ao PIS e ao PASEP, identificando alguns aspectos merecedores de maior relevo, em ordem a podermos traçar um perfil comparativo entre as duas exações.

A Lei Complementar n. 7, de 7 de setembro de 1970, instituiu o Programa de Integração Social - PIS, tendo por objeto promover a integração do empregado na vida e no desenvolvimento das empresas, deixando determinado em seu art. 3º o seguinte:

"Art. 3º. O Fundo de Participação será constituído por duas parcelas:

a) a primeira, mediante dedução do Imposto de Renda devido, na forma estabelecida no § 1º, deste artigo, processando-se o seu recolhimento ao Fundo juntamente com o pagamento do Imposto de Renda;

b) a segunda, com recursos próprios da empresa, calculados com base no faturamento, como segue:

1) no exercício de 1971, 0,15%;

2) no exercício de 1972, 0,25%;

3) no exercício de 1973, 0,40%;

4) no exercício de 1974 e subseqüentes, 0,50%.

§ 1º. A dedução a que se refere a alínea "a" deste artigo será feita sem prejuízo do direito de utilização dos incentivos fiscais previstos na legislação em vigor e calculada com base no valor do Imposto de Renda devido, nas seguintes proporções:

a) no exercício de 1971: 2%

b) no exercício de 1972: 3%

c) no exercício de 1973 e subseqüentes: 5%

§ 2º. As instituições financeiras, sociedades seguradoras e outras empresas que não realizam operações de vendas e mercadorias participarão do Programa de Integração Social com uma contribuição ao Fundo de Participação de recursos próprios de valor idêntico do que for apurado na forma do parágrafo anterior.

§ 3º. As empresas que a título de incentivos fiscais estejam isentas, ou venham a ser isentadas, do pagamento do Imposto de Renda, contribuirão para o

1. O ilustre jurista Ives Gandra da Silva Martins, em parecer ofertado a determinada empresa pública, salienta: "À evidência, os dois dispositivos das Leis Complementares 7 e 8 dão tratamento distinto à mesma forma de imposição tributária, que é contribuição endereçada à formação de um fundo remuneratório dos empregados das empresas destinadas a provocar a iniciativa econômica.

No caso ocorre que o tratamento exposto pela Lei Complementar 7/70 é mais benéfico, menos oneroso que aquele contraído pela Lei Complementar 8/70" ("PASEP — Caráter Tributário. Contribuição para o Programa de Formação do Patrimônio do Servidor Público. Natureza Jurídica. Conflito entre Lei Complementar e Emenda Constitucional", in *Revista de Direito Tributário*, ano 9, n. 33, Ed. RT, p. 107).

Fundo de Participação, na base de cálculo como se aquele tributo fosse devido, obedecidas as percentagens previstas neste artigo.

§ 4º. As entidades de fins não lucrativos, que tenham empregados assim definidos pela Legislação Trabalhista, contribuirão para o Fundo na forma da lei.

§ 5º. A Caixa Econômica Federal resolverá os casos omissos, de acordo com os critérios fixados pelo Conselho Monetário Nacional."

Por sua vez, a Lei Complementar n. 8, de 3 de dezembro de 1970, criou o Programa de Formação do Patrimônio do Servidor Público - PASEP, tendo por objetivo, como o próprio nome antecipa, arrecadar recursos para a formação de patrimônio de servidores públicos, deixando estatuído em seu art. 3º o quanto segue abaixo transcrito:

"Art. 3º. As autarquias, empresas públicas, sociedades de economia mista e fundações, da União, dos Estados, dos Municípios, do Distrito Federal e dos Territórios contribuirão para o Programa com 0,4% (quatro décimos por cento) da receita orçamentária, inclusive transferências e receita operacional, a partir de 1º de julho de 1971; 0,6% (seis décimos por cento) em 1972 e 0,8% (oito décimos por cento) no ano de 1973 e subseqüentes."

Como se pode notar pela singela leitura das Leis Complementares n. 7 e n. 8, e em especial pela análise dos dispositivos transcritos, tratam-se de exações idênticas, vale dizer, uma mesma imposição tributária apresentada em duas faces, ambas possuindo como objetivo o implemento de um fundo patrimonial dos empregados das empresas vocacionadas à provocação da atividade econômica.[2]

Neste sentido, foram criados dois programas, sendo o primeiro destinado aos empregados das sociedades privadas e tendo por contribuintes, evidentemente, as pessoas jurídicas de direito privado; e o segundo destinado aos servidores públicos, sujeitando passivamente as autarquias, as empresas públicas, as sociedades de economia mista e as fundações.

Sem prejuízo de se tratarem de imposições tributárias equivalentes, da leitura dos arts. 3º de ambas as Leis mencionadas pode-se notar claramente que optou o legislador complementar por impor tratamento mais oneroso aos contribuintes do PASEP do que aquele imposto aos do PIS, considerando-se a diferença de valores existente entre as respectivas bases de cálculo e alíquotas.

Apenas para realçar a importância da diferenciação de tratamento dispensado às empresas privadas e às públicas, cumpre aqui analisar rapidamente um exemplo prático. Imaginemos para tanto determinada sociedade de economia mista que, por força do comando emanado do art. 3º da Lei Complementar n. 8/70, encontra-se sujeita ao recolhimento da contribuição ao PASEP, tendo como base de cálculo sua receita orçamentária, inclusive transferências e receita operacional.

Por outro lado, determinada empresa de direito privado, atuante no mesmo setor econômico de atividade, sujeita-se ao recolhimento da contribuição ao PIS, por exemplo na modalidade do denominado "PIS-Dedução" ou mesmo do chamado "PIS-Repique".

Diante deste quadro, é fácil perceber as conseqüências decorrentes da distinção adotada pelo legislador pois, enquanto a sociedade de economia mista contribuinte do PASEP tem como base de cálculo sua receita operacional e transferências, que dificilmente serão iguais a zero em determinado período considerado, e, portanto, sempre haverá contribuição a recolher ao PASEP, sua concorrente de direito privado, contribuinte do PIS, poderá perfeitamente nada ter de recolher a título de imposto de

2. Ver nota 1.

renda, hipótese na qual faltaria a base de cálculo sobre a qual deveria incidir a referida contribuição ao PIS.

Apenas com este singelo exemplo já podemos notar o quanto é fundamental o correto enquadramento das diversas empresas — do setor público e do privado — nas hipóteses de contribuição ao PIS e ao PASEP.

III — O art. 173, § 1º, da Constituição Federal de 1988

O art. 173 da vigente Constituição Federal, constante do Título "Da Ordem Econômica e Financeira", no Capítulo "Dos Princípios Gerais da Atividade Econômica", encontra-se assim redigido:

"Art. 173. Ressalvados os casos previstos nesta Constituição, a exploração direta de atividade econômica pelo Estado só será permitida quando necessária aos imperativos da segurança nacional ou a relevante interesse coletivo, conforme definido em lei.

§ 1º. A empresa pública, a sociedade de economia mista e outras entidades que explorem atividade econômica sujeitam-se ao regime jurídico próprio das empresas privadas, inclusive quanto às obrigações trabalhistas e tributárias.

§ 2º. As empresas públicas e as sociedades de economia mista não poderão gozar de privilégios fiscais não extensivos às do setor privado.

§ 3º. A lei regulamentará as relações da empresa pública com o Estado e a sociedade.

§ 4º. A lei reprimirá o abuso do poder econômico que vise à dominação dos mercados, à eliminação da concorrência e ao aumento arbitrário dos lucros.

§ 5º. A lei, sem prejuízo da responsabilidade individual dos dirigentes da pessoa jurídica, estabelecerá a responsabilidade desta, sujeitando-a às punições compatíveis com sua natureza, nos atos praticados contra a ordem econômica e financeira e contra a economia popular."

Consoante se pode observar pela análise do *caput* do art. 173 e seus parágrafos, acima transcritos, dos quais nos interessa por ora e mais de perto a norma insculpida no parágrafo primeiro, a Constituição Federal consagra o modelo de organização econômica subordinado ao mercado, vale dizer, um modelo econômico que prestigia o direito de propriedade e a livre iniciativa.

Em outras palavras, muito embora se possa constatar, tanto no passado como no presente, a atuação do Estado em setores da economia que são reservados, via de regra e por princípio, à iniciativa privada, é certo que não se reserva ao Estado um papel de protagonista pleno na atividade econômica, conforme acentua o ilustre Professor Celso Ribeiro Bastos.[3]

Deste modo, muito embora não seja este o seu papel principal, nos termos em que estabelecido pela Carta Política, poder-se-á observar a atuação estatal na exploração da atividade econômica, atuação que se pode dar por meio das denominadas empresas públicas e sociedades de economia mista, entidades estas que, nesta condição, concorrem diretamente com outras empresas privadas atuantes no mesmo segmento econômico do mercado.

3. O insigne Professor de Direito Constitucional afirma: "A nossa Constituição não deixa dúvidas, ao nível dos princípios, pelo menos, quanto a filiar-se ao modelo de organização econômica de mercado. É dizer, consagra-se a propriedade e a liberdade de iniciativa. Examine-se a respeito os arts. 5º, XXII, 170, II (propriedade privada); 170, IV (livre concorrência) e 170, *caput* (livre iniciativa).

As nossas Constituições precedentes também nunca reservaram ao Estado um papel de protagonista pleno da atividade econômica. Sua atuação dependeu sempre de preenchimento de requisitos constitucionais. Em outras palavras, só quando devidamente justificada ela se tornava legítima" (*Comentários à Constituição do Brasil*, Celso Ribeiro Bastos e Ives Gandra Martins, v. 7, Editora Saraiva, pp. 70-71).

Entretanto, nestas hipóteses em que as empresas públicas e as sociedades de economia mista concorrem diretamente com as empresas do setor privado, na exploração direta da atividade econômica, aquelas pessoas jurídicas, muito embora não percam suas características ontológicas, passam a se submeter às mesmas regras de Direito a que se encontram submetidas estas últimas.[4]

Melhor esclarecendo, as empresas públicas e as sociedades de economia mista que explorarem a atividade econômica, embora não deixem de ser consideradas como tais, passam a obedecer ao mesmo regime jurídico reservado às empresas privadas, inclusive no que concerne às obrigações trabalhistas e tributárias, em obediência ao parágrafo primeiro, do art. 173, da Constituição Federal.

Portanto, quando se fizer presente a hipótese que ora consideramos (empresas públicas e sociedades de economia mista explorando atividade econômica), tais empresas obedecerão ao mesmo regime jurídico-tributário reservado às empresas privadas, vale dizer, recolherão aquelas os mesmos tributos que estas recolherem (art. 173, § 1º), bem como não gozarão de privilégios fiscais não extensivos às empresas do setor privado (art. 173, § 2º), tudo em salutar homenagem ao princípio constitucional da igualdade, levando-se em conta que, neste momento considerado, as empresas do setor público e as do setor privado encontram-se no mesmo patamar fático, merecendo, por via de conseqüência, idêntico tratamento jurídico.

Retomando ao tema específico ora em tela, diante dos princípios constitucionais invocados, é forçoso reconhecer que a conseqüência imediata decorrente do quanto afirmado é que as empresas públicas e as sociedades de economia mista que se encontram sujeitas ao recolhimento da contribuição ao PASEP, por força da interpretação literal do art. 3º da Lei Complementar n. 8, passam a sujeitar-se passivamente ao recolhimento da contribuição ao PIS, em necessário atendimento à norma insculpida no referido § 1º, do art. 173, da Constituição Federal, desde que, evidentemente, restem preenchidos os requisitos exigidos por este dispositivo constitucional.[5]

Em outras palavras, o que estamos por antecipadamente concluir é que, após a promulgação da Constituição Federal de 1988, aquelas empresas públicas e sociedades de economia mista que vinham recolhendo a contribuição ao PASEP, desde que atendessem aos pressupostos da mencionada regra constitucional, deveriam

4. "O dispositivo que ora se comenta, do mesmo modo que o art. 170, §§ 2º e 3º da Constituição de 1967, estabelece, no que tange ao regime jurídico próprio das empresas privadas, igualdade de condições relativamente à empresa pública, sociedade de economia mista e outras que explorem atividade econômica. De fato, através dessas empresas, o Estado atua como se fosse uma empresa privada, razão pela qual deve arcar com as mesmas obrigações que dessas se exigem. Assim, tais empresas estão sujeitas às mesmas normas aplicáveis às empresas privadas, especialmente quanto ao direito do trabalho e ao direito tributário" (*Constituição Federal Anotada e Comentada*, Departamento de Assessoria Tributária e Empresarial, 2ª tir, 1989, edição própria, pp. 731-732).

5. Sobre este ponto, ao analisar questão semelhante, sob a égide da Constituição de 1967, o Professor Ives Gandra da Silva Martins, com a clareza costumeira esclarece: "Ora, na linha de raciocínio enunciada, como todas as empresas privadas estão sujeitas ao Fundo-PIS instituído pela Lei Complementar 7/70, as empresas públicas e sociedades de economia mista, que exploram atividades econômicas supletivamente, isto é, não monopolizadas, estarão também subordinadas aos mesmos princípios, isto é, deverão contribuir para o referido Fundo.

Em outras palavras, o art. 3º da Lei Complementar 8/70 não se aplica às sociedades de economia mista e empresas públicas que exploram atividades não monopolizadas. Aplicam-se apenas àquelas entidades da administração indireta enquadradas nos limites impostos pelo art. 163 do CTN" (obra citada na nota 1, p. 109).

abandonar tal recolhimento para iniciarem o recolhimento ao PIS, derivando desta mudança de regime jurídico todas as conseqüências que lhe são próprias, tanto para o período futuro quanto para o pretérito.

Com efeito, para que a referida alteração de regime jurídico possa ocorrer em conformidade com os ditames constitucionais basta que os contribuintes envolvidos atendam às exigências constantes do mencionado art. 173, § 1º, do Texto Maior, cujo teor analisaremos em seguida com maior vagar.

IV — Os pressupostos exigidos pela Constituição Federal para a mudança de regime jurídico

No tópico anterior concluímos que as empresas públicas e as sociedades de economia mista, não obstante estarem sujeitas a regime jurídico próprio decorrente de sua peculiar ligação com o Estado, devem passar a obedecer o regime jurídico reservado às empresas privadas, inclusive quanto às obrigações tributárias, por força da dicção do referido art. 173.

Neste sentido, no que se refere à mudança de recolhimento do PASEP para o PIS, para que possamos observar se há ou não, em determinado caso concreto, a subsunção da empresa à norma constitucional enfocada, parece-nos que duas são as indagações a responder, consistindo a primeira em se saber se a empresa pública ou a sociedade de economia mista exploram efetivamente a atividade econômica e, a segunda, se as contribuições ao PIS e ao PASEP possuem natureza tributária, consistindo, portanto, obrigações tributárias das referidas empresas.

Portanto, com relação ao mandamento constitucional considerado, o primeiro ponto que devemos deixar livre de interpretações equívocas diz respeito à expressão *atividade econômica*.

E para principiar podemos, desde logo, nos socorrer da sempre precisa lição do Professor Eros Roberto Grau, que acentua que inexiste, num primeiro momento, oposição entre atividade econômica e serviço público mas, pelo contrário, a segunda expressão está contida na primeira.[6]

Em outros termos, a expressão atividade econômica constitui gênero que compreende duas espécies, a saber, o serviço público e a atividade econômica em sentido estrito.

Neste sentido, salienta o ilustre jurista que *"Serviço público* — dir-se-á mais — é o tipo de *atividade econômica* cujo desenvolvimento compete *preferencialmente* ao setor público. Não *exclusivamente,* note-se, visto que o setor privado presta serviço público em regime de concessão ou permissão".[7]

Não obstante a correção da assertiva de que não existe, em princípio, nenhum antagonismo rígido entre serviço público e atividade econômica, importa sublinhar, na busca do conceito de que ora necessitamos, que os mencionados institutos encontram-se submetidos a regimes jurídicos distintos, o primeiro disciplinado pelo art. 175 e o segundo pelo art. 173, ambos da Constituição Federal.

O Professor Eros Roberto Grau ainda afirma que: "Desde aí poderemos também afirmar que o *serviço público* está para o setor público assim como a *atividade econômica* está para o setor privado".[8]

Estas poucas considerações já nos permitem afirmar que a expressão atividade econômica, contida no art. 173 da Lei Maior, não é outra senão esta acima mencionada, ou seja, aquela atividade destinada precipuamente à iniciativa privada e não ao poder público.

6. "Sociedades de Economia Mista, Empresas Públicas, Fundações e Autarquias Prestadoras de Serviços Públicos: o Tema do Lucro", in *Revista Trimestral de Direito Público* 6, p. 269.

7. Eros Roberto Grau, obra citada, p. 269.

8. Obra citada, p. 269.

Trata-se de atividade cuja exploração é normalmente destinada às empresas do setor privado, onde o Estado somente se faz presente de forma supletiva e desde que atendidos os requisitos constitucionais.

Para finalizar, a atividade econômica prevista pelo art. 173 é aquela em sentido estrito. No dizer do insigne Eros Roberto Grau, é aquela que não se caracteriza como serviço público, é aquela que não se apresenta como monopólio do Estado. Numa só expressão, é aquela que pode ser, desde logo ou potencialmente, objeto de especulação lucrativa.[9]

Portanto, como decorrência de tudo quanto afirmamos até aqui, as empresas públicas e as sociedades de economia mista que explorarem a atividade econômica, nos termos em que definida nos parágrafos anteriores, embora à evidência não deixem de ser o que efetivamente são, no que pertine à sua personalidade jurídica, devem passar a obedecer ao regime jurídico-tributário próprio das empresas privadas.

Finalmente, para que possamos deixar claro e isento de dúvidas o quanto afirmamos sobre a mudança de recolhimento do PASEP para o PIS, basta que provemos que tais contribuições têm *natureza tributária*, especialmente após a promulgação da vigente Lei Maior, tendo em vista que nossa análise restringe-se ao período iniciado com a vigência da Constituição Federal de 1988.

Em verdade, a questão da natureza das contribuições ao PIS e ao PASEP é tema que já não causa maior perplexidade aos estudiosos do Direito Tributário, estando atualmente, ao que tudo indica, superado tanto na doutrina quanto na jurisprudência. Cabem aqui, entretanto, até mesmo por amor ao debate, algumas considerações outras.[10]

Conforme uma das mais comezinhas lições de Direito, para que se possa descobrir qual a natureza jurídica de determinado instituto, mister se faz apurar qual o regime jurídico que o governa, vale dizer, quais são as normas jurídicas que a ele são aplicadas e que lhe deixam transparecer a forma de ser.

Assim sendo, para que possamos averiguar se as mencionadas contribuições ao PIS e ao PASEP têm ou não natureza tributária, ou seja, se são ou não tributos, parece-nos que nada mais razoável do que principiar nossa busca pelo conceito de tributo.

Tal conceito, como é cediço, é fornecido pelo Código Tributário Nacional (Lei n. 5.172, de 25 de outubro de 1966), lei esta de caráter complementar à Constituição Federal, que estabelece em seu art. 3º:

"Art. 3º. Tributo é toda prestação pecuniária compulsória, em moeda ou cujo valor nela se possa exprimir, que não constitua sanção de ato ilícito, instituída em lei e cobrada mediante atividade administrativa plenamente vinculada."

Da leitura do dispositivo legal acima transcrito, pode-se facilmente constatar a plena e perfeita subsunção das contribuições em tela às características constantes da definição legal de tributo fornecida pela norma.

9. Obra citada, p. 274.

10. Conforme observa Ricardo Lacaz Martins: "Neste sentido, já decidiu o Ministro Carlos Velloso, do Supremo Tribunal Federal, nos autos do Recurso Extraordinário n. 148.754-2, quando afirmou que as contribuições parafiscais têm caráter tributário. Sustento que constituem essas contribuições uma espécie própria de tributo ao lado dos impostos e das taxas, na linha, aliás, da lição de Rubens Gomes de Souza ("Natureza Tributária da contribuição ao FGTS", *RDA* 112/27, *RDP* 17/305). Quer dizer, as contribuições não são somente as de melhoria. Estas são uma espécie do gênero contribuição; ou uma subespécie da espécie contribuição", in *PIS — Problemas Jurídicos Relevantes*, diversos autores, coordenador Valdir de Oliveira Rocha, Dialética, São Paulo, 1996, p. 222.

Com efeito, tanto a contribuição criada pela Lei Complementar n. 7 quanto aquela instituída pela Lei Complementar n. 8 — a) são prestações pecuniárias compulsórias, b) são expressas em moeda corrente, c) não constituem sanção de ato ilícito, d) são contempladas por lei e, finalmente, e) são cobradas mediante atividade administrativa vinculada às mencionadas leis instituidoras.[11]

Como se pode notar, todas as características do arcabouço tipológico do tributo são obedecidas pelas exações de que ora cuidamos, razão pela qual acreditamos que já poderíamos concluir que de tributo estamos tratando.

Não obstante, como afirmamos acima, é fundamental que se perceba qual o regime jurídico aplicável e aplicado às referidas exações. Este regime jurídico é fornecido pela Constituição Federal que, em seu art. 149, determina que cabe à União instituir contribuições sociais, devendo-se para tanto observar o disposto nos arts. 146, inciso III, e 150, incisos I e III.

Deste modo, é a própria Constituição Federal que subordina as contribuições sociais à regência das normas gerais em matéria de legislação tributária (art. 146, III), ao princípio da legalidade (art. 150, I) e ao princípio da irretroatividade (art. 150, III, "a"), bem como ao princípio da anterioridade (art. 150, III, "b"), muito embora tal anterioridade seja excepcionalmente de apenas 90 dias, tendo em vista a remissão, feita pelo próprio art. 149, ao § 6º, do art. 195, da Carta Magna.

Portanto, se as contribuições ao PIS e ao PASEP se subsumem perfeitamente à definição de tributo fornecida pela referida Lei Complementar, como vimos que sim, e se são regidas pelos princípios constitucionais tributários, como de fato o são, à evidência não se podem revelar outra coisa senão espécies tributárias, integrantes, pois, do gênero tributo.

Mais precisamente, possuem tais exações a natureza de contribuição social, tendo-se em vista a destinação previdenciária a elas conferida pelo art. 239 da Lei Maior.[12]

11. O emérito Professor Ives Gandra da Silva Martins aponta: "De lembrar-se que as contribuições previdenciárias também foram afastadas do capítulo específico, não havendo, mesmo após a retirada, nenhuma decisão dos Tribunais Superiores diferente, tendo continuado, por decorrência, a entender de natureza tributária as referidas contribuições.

Parece-nos que esta postura exegética é a única admissível. Tendo, com efeito, o art. 3º do CTN, que explicita o que seja tributo, na linha da intenção constitucional, afirmado que: 'Tributo é toda prestação pecuniária compulsória, em moeda ou cujo valor nela se possa exprimir, que não constitua sanção de ato ilícito, instituída em lei e cobrada mediante atividade administrativa plenamente vinculada', não há como não verificar nas contribuições ao Fundo PIS-PASEP todos os elementos que constituem o perfil do tributo no Direito brasileiro.

Em verdade, é: 1) contribuição pecuniária compulsória; 2) expressa em moeda nacional; 3) não constituindo sanção sobre ato ilícito; e 4) arrecadada mediante atividade administrativa plenamente vinculada.

De notar-se ainda que faz menção a lei a *toda* prestação pecuniária, sem excluir qualquer uma, o que vale dizer, se houver o preenchimento dos referidos requisitos, todas as imposições, sem exceção de qualquer uma, têm natureza tributária" (obra citada, p. 105).

12. O ilustre Professor da Fundação Getúlio Vargas, Roberto Quiroga Mosquera, ensina: "Pergunta-se, então, se houve manifestação da Corte Maior acerca da natureza jurídica da contribuição ao PIS *após o Texto Constitucional de 1988*. O acórdão acima referido teria tratado do tema? Teria havido manifestação dos Srs. Ministros, ainda que nas entrelinhas, da natureza jurídica da mencionada exação nos dias de hoje?

As respostas às indagações acima suscitadas são afirmativas.

Com efeito, tanto o Ministro Carlos Mário Velloso, quanto o Ministro Ilmar Galvão se manifestaram expressamente no trilho de que a contribuição ao PIS, com o advento da Constituição Federal promulgada em 1988, passou a consubstanciar-se como contribuição social para a seguridade social. Os demais Ministros se calaram a respeito.

Carlos Mário Velloso, no julgamento anteriormente citado, às fls. 15 do seu voto, diz expressamente: 'São as contribuições previdenciárias, as contribuições do Finsocial, as da Lei 7.689, o PIS e o PASEP (CF, art. 239)'. Aludida citação reproduz

Com estas considerações anteriores, acreditamos ter deixado claro o segundo ponto fundamental constante do § 1º, do art. 173, da Constituição, tendo em vista que, como tivemos a oportunidade de constatar, tanto o PIS como o PASEP constituem *obrigações tributárias*, tal como prevista esta expressão no aludido dispositivo constitucional.

V — Da contraposição da Lei Complementar n. 8 com o § 1º, do art. 173 da Constituição Federal, relativamente às empresas exploradoras de atividade econômica

Uma vez tendo traçado as características básicas das contribuições ao PIS e ao PASEP, tendo sido apurado o seu regime jurídico bem como afastado os termos constantes do texto constitucional (de que ora cuidamos) que pudessem ensejar controvérsia, podemos passar às nossas considerações finais.

Mediante o quadro jurídico traçado até aqui, sabemos, então, que as autarquias, as empresas públicas, as sociedades de economia mista e as fundações encontram-se sujeitas ao recolhimento da contribuição ao PASEP, por força do art. 3º da Lei Complementar n. 8.

Por sua vez, as empresas privadas encontram-se submetidas a exação tributária equivalente, devendo as mesmas recolher a contribuição ao PIS, nos termos do art. 3º da Lei Complementar n. 7.

Contudo, a partir de outubro de 1988, com a promulgação da Constituição Federal, surge neste panorama jurídico a norma instituída pelo mencionado § 1º, do art. 173, determinando, como já afirmado, que as empresas públicas e as sociedades de economia mista, dentre outras, que se dedicarem à exploração da atividade econômica, estão sujeitas ao mesmo regime jurídico-tributário aplicável às empresas privadas.

Em face desta norma poder-se-ia vislumbrar, a princípio, aquilo que seria uma contradição pois a Lei Complementar n. 8, editada em 1970, determina que as

parte de outro voto do Ministro Relator no RE n. 138284-8-CE (ementa publicada no *DJU I* de 28.8.92, p. 13.456), julgado este onde se declarou, à unanimidade, pelo Plenário do Tribunal, a inconstitucionalidade do artigo 8º, da Lei n. 7.689/88, que tratava da contribuição social sobre o lucro das empresas.

O Ministro Ilmar Galvão, acompanhando o entendimento de Carlos Mário no Recurso Extraordinário de São Paulo, ratificou que: 'Por outro lado, também estou de acordo com o eminente Relator, quando assevera que a Constituição de 1988, no art. 239, recepcionou o caráter previdenciário, ao considerá-lo contribuição de seguridade social'.

Portanto, não se pode afirmar num primeiro momento que o Supremo Tribunal Federal tenha, no referido caso, declarado de forma expressa a natureza jurídica da contribuição ao PIS, após a publicação da Carta Magna de 1988. Apenas dois Ministros, como vimos, manifestaram-se de forma clara.

Entretanto, pode-se afirmar já num segundo momento e de forma peremptória que a Corte Suprema, ao julgar o Recurso Extraordinário do Ceará, anteriormente citado, entendeu ser o PIS, nos dias atuais, verdadeira contribuição social para a seguridade social inserta no artigo 195 do Texto Maior, uma vez que os demais Ministros acompanharam o voto do Ministro Relator, em decisão unânime. Entendemos ser esta a interpretação mais adequada após a leitura detalhada dos julgados supra-referidos.

Diante de tudo quanto foi exposto neste tópico do nosso trabalho, podemos concluir que a contribuição para o PIS, segundo entendimento do Supremo Tribunal Federal, apresentou a seguinte evolução quanto à sua natureza jurídica:

a) da publicação da Lei Complementar n. 7/70 até o advento da Emenda Constitucional n. 8/77: *natureza tributária;*

b) da Emenda Constitucional n. 8/77 até a promulgação da Constituição de 1988: *natureza não tributária;*

c) após a promulgação da Carta de 1988: *natureza tributária,* mais propriamente *contribuição social para a seguridade social (artigo 195, inciso I).*

Passemos, pois, a expor o nosso entendimento quanto à atual natureza jurídica da contribuição ao PIS, posição esta que vai ao encontro da linha jurisprudencial de nossa Corte Suprema", in *PIS — Problemas Jurídicos Relevantes*, diversos autores, coordenador Valdir de Oliveira Rocha, Dialética, São Paulo, 1996, pp. 236-8.

empresas públicas recolham o PASEP. Por sua vez, a partir de outubro de 1988, a Constituição determina que as mencionadas empresas recolham, caso explorem a atividade econômica, os mesmos tributos recolhidos pelas empresas privadas.

Isto significa dizer que, no tocante ao tributo destinado à constituição do fundo patrimonial dos empregados, estas últimas empresas devem, a partir de 1988, passar a recolher a contribuição ao PIS e não mais ao PASEP.

Em outros termos, muito embora viessem recolhendo a contribuição ao PASEP desde 1970, por força de lei complementar, a partir de outubro de 1988 passam a recolher a contribuição ao PIS, desta feita por força de mandamento constitucional.

Nota-se neste ponto que, no que concerne às empresas públicas e às sociedades de economia mista exploradoras de atividade econômica, a Lei Complementar n. 8 encontra-se em contradição com a Constituição Federal.

Muito embora dentro de sua tríplice função em matéria tributária, a função de estabelecer normas gerais nesta matéria englobe a definição dos fatos geradores e dos contribuintes, é certo que a lei complementar, a pretexto de bem desempenhar seu papel, não pode contrariar a Lei Maior, tentando suprimir-lhe princípios, sejam explícitos ou mesmo implícitos.[13]

Não desejamos dizer, com isto, que a Lei Complementar n. 8 seja inconstitucional ou que, a partir de outubro de 1988, tenha perdido sua validade, vigência ou eficácia, por contrariar o referido § 1º do art. 173.

Exatamente ao revés, a referida Lei Complementar encontra-se em plena vigência e, deste modo, continua gerando todos os efeitos jurídicos que lhe são próprios. O ocorrente é que, na hipótese contemplada pelo mencionado dispositivo constitucional (empresas públicas e sociedades de economia mista explorando atividade econômica), a Lei Complementar n. 8 deixa de ser aplicável justamente porque se encontra em dissonância com o quanto determinado pelo artigo constitucional focalizado.

Em outros termos, para o caso vislumbrado pelo § 1º do art. 173, ele mesmo (§ 1º) determina que a regra jurídica aplicável deixa de ser, a partir de outubro de 1988, aquela trazida pela Lei Complementar n. 8.

Portanto, podemos afirmar, de maneira conclusiva, que as empresas públicas e as sociedades de economia mista que exploram a atividade econômica, nos termos em que definida páginas atrás, não mais se encontram, desde outubro de 1988, sob a égide da Lei Complementar n. 8/70, mas sim encontram-se subordinadas à Lei Complementar n. 7/70, por expressa disposição constitucional.

Como se revela óbvio, a conseqüência imediata decorrente da conclusão alcançada é que tudo o que foi recolhido pelas referidas empresas a título de contribuição ao PASEP, após outubro de 1988, constitui recolhimento indébito, sendo passível, portanto, de regular repetição.

13. O art. 146 da Constituição Federal encontra-se assim redigido:

"Art. 146. Cabe à lei complementar:

I — dispor sobre conflitos de competência, em matéria tributária, entre a União, os Estados, o Distrito Federal e os Municípios;

II — regular as limitações constitucionais ao poder de tributar;

III — estabelecer normas gerais em matéria de legislação tributária, especialmente sobre:

a) definição de tributos e de suas espécies, bem como, em relação aos impostos discriminados nesta Constituição, a dos respectivos fatos geradores, bases de cálculo e contribuintes;

b) obrigação, lançamento, crédito, prescrição e decadência tributários;

c) adequado tratamento tributário ao ato cooperativo praticado pelas sociedades cooperativas."

parcelas vencidas e vincendas do PIS, nos termos do art. 66 e parágrafos da Lei Federal n. 8.383, de 30 de dezembro de 1991, posto que se tratam ambas (PIS e PASEP) de contribuições federais da mesma espécie, conforme já vimos, e de mesma destinação constitucional, tendo em vista o disposto no art. 239 da Constituição Federal.[14]

14. O art. 66, da Lei Federal n. 8.383, de 30 de dezembro de 1991, tem a seguinte redação:

"Art. 66. Nos casos de pagamento indevido ou a maior de tributos, contribuições federais, inclusive previdenciárias, e receitas patrimoniais, mesmo quando resultante de reforma, anulação, revogação, ou rescisão de decisão condenatória, o contribuinte poderá efetuar a compensação desse valor no recolhimento de importância correspondente a período subseqüente.

§ 1º. A compensação só poderá ser efetuada entre tributos, contribuições e receitas da mesma espécie.

§ 2º. É facultado ao contribuinte optar pelo pedido de restituição.

§ 3º. A compensação ou restituição será efetuada pelo valor do tributo ou contribuição ou receita corrigido monetariamente com base na variação da UFIR.

§ 4º. As Secretarias da Receita Federal e do Patrimônio da União e o Instituto Nacional de Seguro Social-INSS expedirão as instruções necessárias ao cumprimento do disposto neste artigo."

Por sua vez, o art. 39, da Lei Federal n. 9.250, de 27 de dezembro de 1995, dispõe o seguinte:

"Art. 39. A compensação de que trata o art. 66 da Lei n. 8.383, de 30 de dezembro de 1991, com a redação dada pelo art. 58 da Lei n. 9.069, de 29 de junho de 1995, somente poderá ser efetuada com o recolhimento de importância correspondente a imposto, taxa, contribuição federal ou receitas patrimoniais de mesma espécie e destinação constitucional, apurado em períodos subseqüentes.

§ 1º. (Vetado)

§ 2º. (Vetado)

§ 3º. (Vetado)

§ 4º. A partir de 1º de janeiro de 1996, a compensação ou restituição será acrescida de juros equivalentes à taxa referencial do Sistema Especial de Liquidação e de Custódia-SELIC para títulos federais, acumulada mensalmente, calculados a partir da data do pagamento indevido ou a maior até o mês anterior ao da compensação ou restituição e de 1% relativamente ao mês em que estiver sendo efetuada."

CADERNOS DE DIREITO TRIBUTÁRIO

CRÉDITO PRESUMIDO DE IPI, INSTITUÍDO EM BENEFÍCIO DO PRODUTOR EXPORTADOR DE MERCADORIA NACIONAL, OU, NA IMPOSSIBILIDADE DE SEU APROVEITAMENTO, O RESSARCIMENTO EM MOEDA CORRENTE, AMBOS COMO MODALIDADE DE "INDENIZAÇÃO FISCAL" PELO PAGAMENTO DE EXCESSIVAS CONTRIBUIÇÕES SOCIAIS (DESTINADAS AO PIS/PASEP E COFINS), INCIDENTES SOBRE OS INSUMOS UTILIZADOS NO PROCESSO PRODUTIVO — INTERPRETAÇÃO E ALCANCE DA NORMA JURÍDICA — LEI FEDERAL N. 9.363/96

EDISON ARAÚJO PEIXOTO
Advogado

De forma absolutamente atípica, porém, autorizado constitucionalmente (art. 62, CF) e justificado pela margem de discricionaridade em seus atos (principalmente pela *urgência e relevância*[1]), o Presidente da República, *em 25 de outubro de 1994*, editou a *Medida Provisória n. 674 (DOU de 26.10.94)*, com o claro, nítido e indiscutível objetivo político-jurídico de conceder "crédito fiscal" aos produtores exportadores de mercadorias nacionais, como novel *modalidade de indenização fiscal* pelo pagamento, outrora, de contribuições sociais em excesso (PIS/PASEP/COFINS) incidentes sobre os insumos[2] empregados na fabricação de produtos exportados.

A forma escolhida (através da via de *indenização fiscal*) e eleita pelo próprio legislador atípico (Presidente da República), para efetivar a sua pretendida *compensação, ou melhor, a reparação do dano pelo excesso de imposição fiscal*,[3] foi a de *ressarcimento em moeda corrente* (art. 1º, MP 674), mediante a aplicação do percentual de 2,65% sobre a base de cálculo definida pelo art. 2º, da mesma Medida.[4] *Sintomática, pois,*

1. Marcelo Figueiredo, in *A Medida Provisória na Constituição*, Atlas Editora, p. 27.

2. Assim considerados, a *matéria-prima, os produtos intermediários e o material de embalagem*, adquiridos no mercado interno, pelo exportador, para utilização no processo produtivo (art. 1º, MP 674).

3. Daí, o chamado "Custo Brasil" (encarte *Lucros e Perdas Especial — Custo Brasil*, editado pela Federação das Indústrias do Estado de São Paulo - FIESP.

4. "A base de cálculo do crédito fiscal será determinada mediante a aplicação, sobre o valor total

a modalidade de indenizar o produtor exportador, no âmbito fiscal-tributário, pela excessiva quantidade de tributos federais incidentes sobre os insumos utilizados no processo produtivo, do qual resulta mercadoria nacional destinada à exportação.

Subsidiariamente, impôs a MP 674 que a legislação de regência do IPI fosse utilizada, *tão-somente para a definição ou conceituação de produção, matéria-prima, produtos intermediários e material de embalagem.*

A única condição imposta pela Medida Provisória n. 674 ao produtor exportador, à integral e irrestrita fruição do mencionado benefício creditício (*novel modalidade de indenização fiscal*), foi a de comprovar que o seu fornecedor imediato sofreu a incidência das supracitadas contribuições sociais (PIS/PASEP/COFINS) e efetivamente as recolheu ao erário federal, em montante integral (mediante a apresentação das guias de recolhimento[5]).

Eis o nítido, claro e indiscutível objetivo político-jurídico da *Medida Provisória n. 674*, de 25 de outubro de 1994, reafirmado expressamente, *a posteriori*, sem qualquer modificação, por ocasião de suas reedições (*Medidas Provisórias ns. 725, 779, 845 e 905*[6]). Vale dizer, para propiciar um *crédito fiscal, como modalidade de indenização fiscal* ao produtor exportador de mercadorias nacionais, mediante o ressarcimento em moeda corrente (eis o sentido e alcance da norma).

Contudo, aquelas Medidas Provisórias outrora editadas (*674, 725, 779, 845 e 905*) *não foram convertidas em lei pelo Congresso Nacional*, fazendo com que o legislador atípico, ou melhor, o Presidente da República, viesse a reeditar outra, dentro da margem de discricionaridade que a Constituição Federal lhe outorgou (art. 62).

Daí, outra novidade.

Desta feita, veio a lume a *Medida Provisória n. 948*, de 23 de março de 1995 (*DOU* de 24.3.95), trazendo em seu bojo algumas *inovações na área de incentivo fiscal*, porém, *para ampliar o universo de produtores exportadores de mercadorias nacionais, passíveis de serem alcançados pela novel modalidade de indenização fiscal*,[7] tantas vezes falada (eis o pleonasmo do reforço, no sentido de reparar efetivamente o produtor exportador nacional pelo excesso de tributos federais incidentes em etapas anteriores).

Aliás, no tocante ao *montante de indenização fiscal*, a Medida Provisória no 948/95, confirmando o espírito do legislador atípico, elevou não só o universo de beneficiários, mas sensivelmente o seu percentual, de *2,65 para 5,37%* sobre a base de cálculo, o que reforça, ainda mais, o alcance da norma legal (ideal político-jurídico).

A edição da *Medida Provisória n. 948*, com força de lei (a exemplo das anteriores), que veio ao mundo jurídico claramente no intuito de homenagear e conjugar o disposto nos arts. 1º, inciso IV[8] e 3º, inciso II[9], ambos da Constituição Federal, instituiu, como se afirmou, a novel modalidade de *indenização fiscal*. Dado o seu amplo e irrestrito

das aquisições de matérias-primas, produtos intermediários e material de embalagem referidos no art. 1º, do percentual correspondente à relação entre a receita de exportação e a receita operacional bruta do exportador".

5. Confira-se o art. 5º, MP 674.

6. MPs ns. *725*, de 24.11.94 (*DOU* de 25.11.94), *779*, de 23.12.94 (*DOU* de 24.12.94), *845*, de 20.01.95 (*DOU* de 23.01.95) e *905*, de 21.2.95 (*DOU* de 22.2.95).

7. Desnecessária, nos parece, a declaração de insubsistência dos atos praticados com base na Medida Provisória n. 905, visto que a MP n. 948, posterior, *regula inteiramente a matéria de que tratava a anterior*, a teor do art. 2º, § 1º, da Lei de Introdução ao Código Civil.

8. "A República Federativa do Brasil... tem como fundamentos... os valores sociais do trabalho e da livre iniciativa".

9. "Constituem objetivos fundamentais da República Federativa do Brasil... garantir o desenvolvimento nacional".

alcance jurídico-tributário, *doravante*, a indenização far-se-ia mediante a concessão de crédito tributário presumido e específico (IPI), para efeito de compensação com débitos da mesma natureza (IPI) provenientes das operações de venda no mercado interno *ou*, quando comprovada a impossibilidade de sua utilização, *o ressarcimento em moeda corrente.*[10] *É de rigor legal.*

Ambas, portanto, têm a natureza jurídica de *indenização fiscal*, pelo reconhecimento expresso de quantidade excessiva de imposição tributária federal incidente sobre o processo produtivo, do qual resulta mercadoria nacional destinada à exportação.

Tecnicamente, agindo nesse diapasão, o Presidente da República, ao atuar como legislador atípico, adotou solução e postura ainda mais serena e coerente com os próprios objetivos traçados pelas citadas Medidas Provisórias, ao *ampliar as possibilidades de indenização fiscal*, seja pela apropriação do crédito tributário específico (para efeito de compensação tributária com débitos do próprio IPI), seja pelo ressarcimento em moeda corrente, quando aquela mesma compensação[11] se tornar *impossível.*

Em outras palavras, ao conceder o *crédito tributário específico e presumido (IPI) ou o ressarcimento equivalente em moeda corrente* (como diz a própria MP, com força de lei), se efetivou, de fato e de direito, a forma e o meio de se *retribuir, de se compensar, ou melhor, de se indenizar* o produtor exportador, pelo pagamento excessivo (e anterior) de *outras modalidades tributárias* (PIS/PASEP/COFINS), a que submeteu-se até a conclusão do processo produtivo (do qual resulta o produto nacional a ser exportado). Essa providência estatal veio permitir, assim, que o mesmo benefício indenizatório seja, então, utilizado pelo exportador para compensação (modalidade de extinção de obrigação) com débitos tributários da mesma espécie, ou ainda, *quando impossível tal prática*, o ressarcimento em dinheiro (porque *de nada adiantaria conceder crédito presumido, se o mesmo não tivesse utilidade*).

Não se pode, portanto, levantar dúvidas quanto à inequívoca finalidade da medida preconizada pelo Governo Federal, inclusive pelas *reiteradas reedições do ato legislativo atípico*[12] *(28 vezes), até resultar na Lei federal n. 9.363, de 13 de dezembro último* (*DOU* de 17.12.96), cujo espírito (reconhecido) da norma, repitam-se quantas vezes se fizerem necessárias, visa indenizar o produtor exportador, seja pelo crédito presumido, seja pelo ressarcimento em dinheiro, dada a excessiva carga tributária anteriormente suportada.

Aliás, o *caput* da própria MP 948 revela o seu espírito, vale dizer: "Dispõe sobre a instituição de crédito presumido do Imposto sobre Produtos Industrializados, *para ressarcimento do valor do PIS/PASEP* e COFINS nos casos que especifica, *e dá outras providências*".

Nesse sentido, os vocábulos *ressarcimento* e *compensação*, expressamente utilizados, tanto pelo *legislador atípico*, no *caput* e nos artigos das 28 (vinte e oito) reedições da Medida Provisória, quanto pelo *típico legislador*, por ocasião do advento da Lei federal nº 9.363/96, dão *significado e revelação de o desígnio estatal estar direcionado exclusivamente em indenizar*

10. Segundo o Dicionarista Aurélio Buarque de Holanda Ferreira, in *Dicionário Aurélio*, *compensar* significa: 1) estabelecer equilíbrio entre; contrabalançar. 2) *reparar o dano, incomodo*, etc. resultante; contrapesar. 3) *reparar (um mal) com um bem correspondente.* Ainda, para Aurélio, *ressarcir* significa: *indenizar*(-se), *compensar*(-se).

11. O Instituto jurídico da compensação tributária está previsto no Código Tributário Nacional (art. 156, inciso II), caracterizando-se como *modalidade de extinção de obrigação tributária.*

12. Até a conversão em lei (9.363, de 13.12.96), foram editadas as *MPs ns. 674, 725, 779, 845, 905, 948, 973, 999, 1.025, 1.048, 1.074, 1.101, 1.133, 1.166, 1.201, 1.236, 1.273, 1.312, 1.352, 1.394, 1.436, 1.484, 1.484-22, 1.484-23, 1.484-24, 1.484-25, 1.484-26 e 1.484-27.*

o produtor exportador, seja pela via de crédito presumido, seja pelo pagamento em espécie.

O Dicionarista Aurélio Buarque de Holanda Ferreira (in *Dicionário Aurélio*), sempre festejado, escreve que *compensar* significa:

1) estabelecer equilíbrio entre; contrabalançar;

2) *reparar o dano, incômodo*, etc. resultante; contrapesar.

3) *reparar (um mal) com um bem correspondente*.

Ainda, para Aurélio, *ressarcir* significa:

1) *indenizar*(-se), *compensar*(-se).

Portanto, o espírito da norma, esboçado em toda a evolução legislativa (da MP 674 até a edição da Lei 9.363/96), revela o *inequívoco desígnio estatal em prestar* ao produtor exportador de mercadoria nacional *a novel modalidade de indenização*, de caráter fiscal, *de sorte a reparar o mal causado à balança comercial pela excessiva e absurda tributação interna* (PIS/PASEP e COFINS):

Superado, portanto, o entendimento sobre o alcance da norma legal em testilha, algumas outras considerações reclamam, de igual maneira, a atenção do leitor.

Pois bem.

O art. 1º da MP 948 exige, pois, como requisito fundamental à tutela do produtor exportador que este seja *contribuinte de fato*[13] *do PIS/PASEP e do COFINS* por ocasião da aquisição de insumos no mercado interno (tanto que, esses insumos é que fornecem a base de cálculo), destinados ao processo produtivo, para fazer jus à indenização fiscal (seja pela modalidade de compensação com crédito presumido, seja ainda, pela via do ressarcimento em espécie), eis que esta (*indenização*) tem por escopo, única e essencialmente, reparar o dano tributário (*malefício*) causado pelo Estado ao exportador, com a arrecadação daquelas exageradas contribuições sociais.

Por sua vez, *o art. 2º da MP 948* limitou-se a definir a *base de cálculo da indenização fiscal*, esclarecendo em seu parágrafo único, o percentual a ser aplicado. *É o reverso da alíquota cobrada, a título de contribuições sociais*.

Já, o *art. 3º da MP 948* forneceu o *modus procendi* para a apuração dos itens relacionados à base de cálculo da indenização fiscal (receita operacional bruta, receita de exportação, valor das matérias-primas, produtos intermediários e material de embalagem), tendo em vista o valor constante das notas fiscais de aquisição de insumos (eis que o benefício tem caráter reparador, pela excessiva imposição tributária). Seu *parágrafo único* declara que a legislação do imposto sobre a renda (IRPJ), bem como a do imposto sobre produtos industrializados (IPI), serão utilizadas *subsidiariamente*, apenas e tão-somente, para a *definição* (o que a MP 948 chama de estabelecimento), respectivamente, *dos conceitos de receita operacional bruta, produção, matéria-prima, produtos intermediários e material de embalagem*,[14] o que não exige nenhum esforço.

Por seu turno, o *art. 4º da MP 948* encerra norma alternativa, esclarecendo sobre a hipótese de *ressarcimento em espécie*, dizendo, para tanto, que, "em caso de comprovada *impossibilidade de utilização* do crédito presumido em compensação do IPI devido, pelo produtor exportador, nas operações de venda no mercado interno, far-se-á o ressarcimento em moeda

13. O fenômeno da repercussão tributária impõe ao adquirente de insumos a condição de contribuinte de fato.

14. Segundo o Código Tributário Nacional (art. 110), "a lei tributária não pode alterar a definição, o conteúdo e o alcance de institutos, conceitos e formas de direito privado, utilizados, expressa ou implicitamente".

corrente". A *primeira intenção estatal* é que o produtor exportador faça uso da indenização fiscal, em sua modalidade de crédito presumido, para fazer frente aos seus débitos de IPI, decorrentes das operações de venda no mercado interno. Contudo, não sendo possível utilizar aquele crédito presumido, o produtor exportador fará jus à indenização em espécie.

Note que a norma do *art. 4º da MP 948* fala em "comprovada *impossibilidade* de utilização do crédito presumido em compensação do IPI devido, pelo produtor exportador, nas *operações de venda no mercado interno*".

Significa dizer que, pela sua natureza e seu objetivo político-jurídico, a *indenização fiscal traduzido a no ressarcimento em espécie* (*moeda corrente*), *será sempre devida ao produtor exportador*, bastando que este comprove que o crédito presumido de IPI (tradução da indenização em sua primeira forma) *é impossível de ser utilizado*, seja porque:

1) não dispõe de débitos de IPI provenientes das operações de venda no mercado interno;

2) embora dispondo de débitos de IPI, não sejam provenientes das operações de venda no mercado interno;

3) não dispõe de operações de venda no mercado interno, simplesmente;

4) embora tendo operações de venda no mercado interno, as mesmas não gerem débitos de IPI, a exemplo da simples não-incidência (operações não tributadas por estarem fora do alcance da norma impositiva), ou ainda, não-incidência qualificada (imunidades), isenções, diferimentos, alíquota zero, reduções, n/t etc.

As hipóteses acima aventadas não são taxativas. Ao revés, são meramente exemplificativas, porque a norma fala em *impossibilidade de utilização*, o que não esgota nenhuma outra situação jurídica. Isto porque, o desígnio da norma revela que a preocupação estatal está voltada à prestação de indenização, seja pela concessão de crédito, seja pelo ressarcimento em espécie. Por isso mesmo, é que se permitiu a realização da indenização fiscal a favor do produtor exportador, ainda que ele não disponha de débitos de IPI, passíveis de serem compensáveis com aquele crédito presumido[15] (eis a razão da indenização em espécie).

Na hipótese de inexistência de débitos de IPI provenientes das operações de venda no mercado interno (única restrição à utilização do crédito presumido), a norma remete o produtor exportador ao benefício indenizatório, em sua segunda modalidade, vale dizer, não sendo possível compensar o crédito presumido com eventual débito de IPI, por inexistente, o produtor exportador fará jus à indenização em dinheiro.

E não há que se fazer qualquer diferenciação entre aqueles produtores exportadores com débitos e aqueles sem débitos, dada a expressa vedação constante do art. 150, inciso II da Constituição Federal (a vedação na instituição de tratamento desigual encerra verdadeira garantia do contribuinte, ou melhor, nítida *cláusula pétrea — art. 60, § 4º, inciso IV, CF*).

Irrelevante, pois, que o produtor exportador não gere débitos de IPI, provenientes das operações de venda no mercado interno (seja pela não tributação, seja pela imunidade, seja pela isenção, diferimento, redução n/t etc.), porque *a norma concessiva preocupa-se*, em verdade, unicamente em *reparar o dano fiscal causado ao exportador, e não ao contribuinte de IPI*, tanto que, "comprovada a impossibilidade de utilização do crédito presumido em compensação do IPI devido", a indenização fiscal far-

15. O IPI, de competência federal, não está subordinado ao princípio constitucional de anterioridade tributária (art. 153, IV, § 1º, CF), em função de sua natureza seletiva (ou seja, *quanto mais essencial, menor a tributação,* quanto menos essencial, maior a tributação).

se-á em moeda corrente (segunda modalidade de ressarcimento).

Esta interpretação é reforçada, ainda mais, pelo simples fato de a própria norma do parágrafo único do art. 3º declarar que a legislação do imposto sobre a renda (IRPJ), bem como a do imposto sobre produtos industrializados (IPI), serão utilizadas *subsidiariamente*, apenas e tão-somente, para a *definição* (o que a MP 948 chama de estabelecimento), respectivamente, *dos conceitos de receita operacional bruta, produção, matéria-prima, produtos intermediários e material de embalagem*, o que não exige nenhum esforço de raciocínio.

Em nenhuma linha ou entrelinha a norma jurídica do art. 4º da MP 948 condiciona a entrega da indenização fiscal à prova de que o produtor exportador deva gerar débitos de IPI no mercado interno. Ao contrário, destaca que, *não sendo possível utilizar aquele crédito presumido*, a indenização fiscal far-se-á em espécie, a revelar que a preocupação não deve estar voltada para o fato de o produtor exportador gerar, ou não, débitos de IPI provenientes de operações no mercado interno. Se essa fosse a intenção, não se permitiria a realização da indenização fiscal em sua segunda modalidade (ou melhor, pagamento em espécie). Somente pelo fato de se permitir a realização da indenização em moeda corrente, fica claro que a essência é a reparação do dano fiscal causado pelo excesso de contribuições sobre os insumos utilizados no processo produtivo, do qual resulta produto nacional exportável.

Aliás, a norma do art. 4º da MP 948 deixa claro que a possibilidade de utilização do crédito presumido se dará exclusivamente nas hipóteses de compensação com débito de IPI proveniente da venda no mercado interno (criou restrição à utilização do crédito presumido). Em nenhuma outra situação poderá ser utilizado aquele crédito presumido, o que, em outras palavras, *não fosse a segunda modalidade* (*pagamento em espécie*), *estaria inviabilizado o próprio objetivo da norma, que, em última análise, visa indenizar o produtor exportador.*

Não podendo utilizar o crédito presumido de IPI (cuja natureza revela seu caráter meramente indenizatório) *em nenhuma outra situação*, senão naquela hipótese descrita pelo art. 4º da MP 948 (compensar com débitos de IPI/mercado interno), o que faria o produtor exportador com tal montante? Simplesmente acumularia créditos presumidos, quando o objetivo da norma é outro?

Vale destacar que os produtores exportadores de mercadorias nacionais *já dispõem do direito de manter o crédito de IPI relativo às matérias-primas, produtos intermediários e material de embalagem, adquiridos para emprego na industrialização, destinados à exportação ou operação equiparada, a exemplo da Zona Franca de Manaus* (art. 92, incisos, RIPI — Decreto federal n. 87.981/82), *inclusive quanto a produtos exportados que figurem na tabela de incidência do IPI (TIPI), na categoria de não-tributados* (parágrafo único do art. 92, Decreto n. 87.981).

O próprio Regulamento do IPI (Decreto n. 87.981, art. 104) — *norma geral* — admite a utilização, por outras formas, de créditos não absorvidos por débitos, *até mesmo o ressarcimento em dinheiro*.

Com maior razão, *a norma especial do art. 4º da MP 948, cujo objetivo político-jurídico é, em última análise, a reparação do dano fiscal causado ao produtor exportador*, seja, então, pela via estreita da utilização do crédito presumido *(quando possível, diz a norma), seja pelo ressarcimento em moeda corrente* (basta, para essa última hipótese, que o produtor exportador não tenha débitos de IPI provenientes de operações praticadas no mercado interno, seja pela ausência de operações ou, ainda, pelas operações não tributadas).[16] Os demais artigos dispensam comentários.

16. A Portaria n. 129, de 5.4.95, do Ministro de Estado da Fazenda (*DOU* de 6.4.95) *não faz qualquer restrição*.

O *Ministro de Estado da Fazenda*, Sr. Pedro Sampaio Malan, em seu Ofício-Aviso n. 1.116/MF, de 5 de dezembro de 1995, remeteu, a título de resposta ao questionário levado a efeito pela Associação de Comércio Exterior do Brasil (AEB), Nota produzida pela Secretaria da Receita Federal,[17] firmada por Maria Isabel D. C. Teixeira (AFTN) e Silvio Sérgio Nogueres Lima (Assessor), *com a aprovação e concordância expressa de Maria Betânia Motta*, DD. *Secretária-Adjunta da Receita Federal*, informando que:

"B.3 — Art. 4º, § 1º:

a) (omissis);

b) (omissis);

c) *Ainda, os estabelecimentos que não tiverem débito de IPI só poderão utilizar-se do crédito presumido via ressarcimento em espécie*."

E ainda, na visão do Regulamento do IPI (Decreto federal n. 87.981/92, art. 104), *a Medida Provisória n. 948 (já convertida em lei federal) é chamada de norma especial*. Daí, também o são as suas sucessivas reedições, até o advento da Lei federal n. 9.363, de 13.12.96, por sinal, inteiramente compatível com o disposto no art. 7º, inciso I, § 1º, da Lei n. 4.502, de 30 de novembro de 1964, que dispõe sobre o (extinto) imposto de consumo (substituído pelo IPI):

"§ 1º. No caso do inciso I (produtos exportados para o exterior), quando a exportação for efetuada diretamente pelo produtor, *fica assegurado o ressarcimento*, por compensação, do imposto relativo às matérias-primas e produtos intermediários efetivamente utilizados na respectiva industrialização, *ou por via de restituição, quando não for possível a recuperação pelo sistema de crédito*". (grifos e destaques não são originais).

Portanto, *há mais de 30 (trinta) anos essa prática vem sendo adotada, exatamente para propiciar ao produtor exportador o mais amplo e completo ressarcimento, ou melhor, a mais ampla reparação pelo malefício sofrido pelo excesso de tributação federal*, incidente sobre as matérias-primas, produtos intermediários e materiais de embalagem empregados no processo produtivo, *tanto que, a partir da 28ª reedição (MP n. 1.484-27, art. 1º, parágrafo único, até o advento da Lei n. 9.363/96), a norma especial concessiva da indenização fiscal passou a contemplar, também*, a *venda efetuada à empresa comercial exportadora* (*com o fim específico de exportação para o exterior*).

No tocante ao setor agroindustrial, via de regra, os produtos resultantes do processo produtivo (expressamente descritos na tabela de incidência), embora alimentos altamente industrializados, não são tributados (N/T) em razão do princípio da *essencialidade* que informa a tributação do IPI.[18] Contudo, a ausência de tributação sobre tais produtos industrializados não

17. Art. 100, inciso I, CTN: "São normas complementares das leis ... e dos decretos: I — os atos normativos expedidos pelas autoridades administrativas; II — as decisões dos órgãos singulares ..., a que a lei atribua eficácia normativa; III — as práticas reiteradamente observadas pelas autoridades administrativas".

18. "Tributário. *Creditamento de IPI*. Repetição de indébito. *Abate de frango*. I — Incensurável a douta sentença monocrática que julgou procedente a presente ação ordinária de repetição de indébito, por entender que *o abate de frango*, mediante processos de depenação, lavagem, evisceração, reinsertação, acondicionamento e resfriamento, *configura industrialização, fazendo jus, portanto, a créditos incentivados. É* que o Pretório Excelso, em caso semelhante, entendeu ser produto industrializado a carne bovina frigorificada (RE n. 75.429-6-SP, 1ª Turma, Rel. Ministro Antônio Neder, *DJ* de 28.8.81, p. 8.264). II — Remessa *ex officio* e apelação desprovidas. Sentença confirmada" (in *Revista do Tribunal Federal de Recursos* 151, p. 107). No mesmo sentido: "IPI — Restituição — O art. 41 do ADCT não se aplica aos créditos de imposto decorrentes de exportação. Decreto-lei n. 491/69. O *frango abatido, dessangrado, depenado, eviscerado, ensacado em sacos plásticos. Acondicionado em caixa de papelão e congelado constitui produto industrializado. Recurso provido*" (Acórdão unânime da 1ª Câmara do 2º Conselho de Contribuintes do

altera a essência da norma especial, que visa fornecer ao setor agroindustrial, como de resto, aos demais, o mesmo caráter indenizatório do crédito presumido (princípio da isonomia), vale dizer, permitir a compensação tributária *ou* o ressarcimento em moeda corrente (Lei federal n. 9.363/96), (*i*) *primeiro*, porque a norma especial não faz qualquer restrição; (*ii*) *segundo* que, em diversas oportunidades, a jurisprudência forneceu amostras desse direito (v.g., o crédito-prêmio IPI); (*iii*) *terceiro e finalmente*, que a *Nota produzida pela Secretaria da Receita Federal*, firmada por Maria Isabel D. C. Teixeira (AFTN) e Silvio Sérgio Nogueres Lima (Assessor), *com a aprovação e concordância expressa de Maria Betânia Motta, DD. Secretária-Adjunta da Receita Federal*, é cristalina nesse entender:

"B.3 — Art. 4º, § 1º:

a) (omissis);

b) (omissis);

c) *Ainda, os estabelecimentos que não tiverem débito de IPI só poderão utilizarse do crédito presumido via ressarcimento em espécie.*"

Portanto, *os produtores exportadores de mercadorias nacionais (inclusive aquelas mercadorias provenientes do setor agroindustrial) que não tiverem débitos de IPI, somente poderão se valer da indenização fiscal pela modalidade do ressarcimento em dinheiro*, dada a manifesta "impossibilidade de utilização do crédito presumido", a teor do art. 4º da Lei federal n. 9.363, de 13 de dezembro de 1996.

Recentemente, foi facultado ao contribuinte, entre eles o produtor exportador que faz jus à *indenização fiscal* em sua segunda modalidade (*ressarcimento em dinheiro*), que se utilize desse crédito para o pagamento de "*quaisquer tributos e contribuições (...), ainda que não sejam da mesma espécie nem tenham a mesma destinação constitucional*", todos sob administração da Secretaria da Receita Federal, mediante simples requerimento, o que, aliás, parece óbvio (arts.73 e 74 da Lei federal n. 9.430, de 27.12.96, regulamentados pelo Decreto n. 2.138, de 29.1.97).

É o nosso entendimento.

3 de fevereiro de 1997

Ministério da Fazenda, Recurso n. 201-69.411, Relatora Conselheira Luíza Helena Galante de Moraes, julg. em 8.11.94, *DOU*, Seção I, de 17.5.96, p. 8.546).

ICMS — SUBSTITUIÇÃO TRIBUTÁRIA — BASE DE CÁLCULO — LEI COMPLEMENTAR N. 87/96 — PREÇO DE VENDA SUGERIDO — ADMISSIBILIDADE PERANTE AS LEIS TRIBUTÁRIAS E DE DEFESA DO CONSUMIDOR

J. A. LIMA GONÇALVES
Professor-Doutor em Direito Tributário da Pontifícia Universidade Católica de São Paulo

Consulta

"X" consulta-nos sobre aspectos do mecanismo de recolhimento do ICMS por substituição tributária relativamente às operações com cervejas. Relata que pretende adotar sistema de preço de revenda sugerido, a ser entabulado com os supermercados que comercializam seu produto, recolhendo o ICMS na qualidade de substituto, com base neste preço de revenda sugerido.

Duas são as questões básicas colocadas pela Consulente:

1. Pretendendo adotar sistema de fixação de preços sugeridos a serem praticados pelos supermercados revendedores junto ao público (preço sugerido de venda a varejo), pergunta como deve ser quantificada a base de cálculo do ICMS a ser, por ela (fabricante), recolhido por substituição.

2. A adoção desse sistema de preço da revenda sugerido ofende as leis tributárias ou de abuso de poder econômico?

Sobre a consulta oferecida é o seguinte o nosso parecer.

Parecer

Ressalva preliminar

A resposta à consulta envolve a análise do regime de pagamento do ICMS denominado "sujeição passiva por substituição com retenção de imposto", previsto na Lei estadual paulista n. 6.374/89 e alterações. Este regime é, a nosso ver, inconstitucional, pois pressupõe existente obrigação tributária com causa em fato futuro; a matéria, no entanto, será aqui tratada com abstração dessa nossa convicção posto não ser esse o objeto desta consulta.

É que o particular (a Consulente) pode livremente aceitar instrumento simplificador previsto na lei (regime de substituição), criando-se, assim, pela sua pacífica aceitação, um regime consensual, estranho ao direito tributário e que não pode ser manipulado unilateralmente, de forma a impor à Consulente ônus que a Constituição não autoriza.

Diante da deliberação da Consulente de aceitar esse regime, estudêmo-lo.

Substituição tributária

Dispõe a legislação do Estado de São Paulo que o ICMS devido pela prática de determinadas operações, que tenham por objeto certas mercadorias, seja recolhido pelo mecanismo denominado de substituição tributária. Dentre outras, sujeitam-se ao recolhimento do ICMS por substituição as operações com cervejas.

É o que dispõe o art. 8º da Lei estadual n. 6.374/89, com a redação dada pela Lei n. 9.176/95, nos seguintes termos:

"Art. 8º. São sujeitos passivos por substituição, no que se refere ao imposto devido pelas operações ou prestações com mercadorias e serviços adiante nominados:

(...)

IX — quanto a (...) cerveja, (...) relativamente ao imposto devido nas operações subseqüentes até o consumo final:

(a) o fabricante (...);"

Atribuída ao fabricante de cerveja a responsabilidade pelo recolhimento do ICMS por substituição, relativamente às operações subseqüentes com esta mercadoria, impõe-se pesquisar qual é a base de cálculo a ser considerada, para efeito de quantificação da obrigação tributária correspondente.

Nesse sentido, a Lei estadual n. 6.374/89, com a redação dada pela Lei n. 9.176/95, determina em seu artigo 28 o seguinte:

"Art. 28. No caso de sujeição passiva por substituição, com responsabilidade atribuída em relação às subseqüentes operações, a base de cálculo é o preço máximo ou único de venda utilizado pelo contribuinte substituído, fixado pela autoridade competente, ou, na falta deste preço, o valor da operação praticado pelo substituto, incluídos os valores correspondentes a frete, carreto, seguro, impostos e outros encargos transferíveis ao varejista, acrescido do valor resultante da aplicação de percentual de margem de lucro estabelecido segundo o produto ou o serviço referido no artigo 8º conforme segue: (...)

§ 5º. na sujeição passiva por substituição referida no inciso IX do artigo 8º:

1 — a base de cálculo prevista no *caput* poderá ser formada a partir do preço praticado pelo distribuidor, depósito ou estabelecimento atacadista, nele incluídos os valores correspondentes a frete, carreto, seguro, impostos e outros encargos transferíveis ao varejista, hipótese em que será acrescida, sobre o referido montante, a importância resultante da aplicação de um dos seguintes percentuais de margem de lucro: (...)

h — 70% (setenta por cento) nos demais casos (...) ."

Essas são as disposições legais aplicáveis à hipótese da consulta, no Estado de São Paulo.

Incumbe, portanto, à própria Consulente, efetuar o recolhimento do ICMS devido não só pela operação de circulação de mercadoria, traduzida na venda de cervejas que faz a seus clientes, mas também pelas subseqüentes operações de venda que seus clientes entabulam, até a venda ao consumidor final, tendo em vista sua condição de substituto tributário.

E este recolhimento por substituição deve — nos termos das disposições legais aplicáveis — ser efetuado sobre base de cálculo dimensionada com suporte (i) ou no "preço máximo ou único de venda pelo contribuinte substituído, fixado pela autoridade competente" (ii) ou, "na falta deste preço, o valor da operação praticado pelo substituto, incluídos os valores correspondentes a frete, carreto, seguro, impostos e outros encargos transferíveis ao varejista, acrescido do valor resultante da aplicação de percentual de margem de lucro estabelecido pela legislação", no caso, 70%.

Vejamos, então, se essa fixação da base de cálculo resiste ao exame de sua adequação ao sistema normativo vigente, enfim, ao exame de sua constitucionalidade.

Substituição e base de cálculo

O regime de recolhimento por substituição existe para simplificar a arrecadação do tributo. Como tal, pode, ou não, ser aceito pelo particular, sempre como instrumento facilitador da arrecadação.

O instrumento simplificador não serve para outra finalidade que não seja a de facilitar. A afirmação parece óbvia, mas é ampla e ilimitadamente desconsiderada. Facilitar não é alterar. Facilitar a atividade de arrecadação significa implementar o princípio da praticabilidade.[1]

Todavia, facilitar a arrecadação não significa atropelar as exigências constitucionais aplicáveis à tributação. Quando isto ocorre, de duas uma: ou o particular aceita, como liberalidade, o instrumento simplificador que o Estado pretende adotar, ou, inconformado, exige a sua adequação às disposições constitucionais que regem a tributação.

A fixação da base de cálculo dos tributos encontra-se rígida e severamente amarrada pela sistemática constitucional. Instrumento que vise a facilitar a arrecadação não pode subverter a base de cálculo, a não ser que com isto o contribuinte consinta. O instrumento facilitador pode ser útil e aceitável; já o critério de fixação da base de cálculo — que informará o instrumento facilitador — pode não ser razoável, comprometendo a própria regularidade da implementação desse método simplificador.

Relação entre base de cálculo e materialidade

O aspecto material da hipótese de incidência tributária é, dentre todos, o mais importante e decisivo dado fornecido pela descrição normativa do fato sujeito à tributação. É ele, em verdade, a própria consistência da hipótese de incidência tributária. Geraldo Ataliba ensinava que ele indica sua substância essencial, o núcleo e o cerne da categoria impositiva criada.

O preciso reconhecimento do aspecto material da hipótese de incidência tributária é tarefa básica e preliminar do intérprete e aplicador da lei fiscal.

Em primeiro lugar, porque a adequada identificação da materialidade em que consiste a hipótese normativa, permite localizar e precisar objetivamente o fato — o conjunto de fatos, a situação ou o complexo de circunstâncias — que, *se* e *quando* ocorrido, determina o nascimento da relação jurídica tributária (obrigação tributária).

Em segundo lugar, porque a base de cálculo eleita para mensuração desse fato deve ser idônea e apta para quantificá-lo (dimensioná-lo, medi-lo) — num processo de correlação lógica cuja importância não pode ser negligenciada.

Vale dizer, se de um lado a identificação do fato — consistente na materialidade da hipótese de incidência — qualifica e permite ao aplicador da norma isolar, no mundo sensível e concreto, os acontecimentos aptos para produzirem o especial efeito de criar relação jurídica tributária, por outro lado, apenas esta sua precisa identificação permitirá reconhecer o necessário e imprescindível nexo lógico que deve existir entre o fato — assim identificado — e os critérios de fixação do con-

1. Analisando a questão, Misabel de Abreu Machado Derzi escreveu: "... o princípio da praticabilidade ... se manifesta pela necessidade de utilização de técnicas simplificadoras da execução das normas jurídicas. Todas essas técnicas, se vistas sob o ângulo da praticabilidade, têm como objetivo: evitar a investigação exaustiva do caso isolado, com o que se reduzem os custos na aplicação da lei; dispensar a colheita de provas difíceis ou mesmo impossíveis em cada caso concreto ou aquelas que representem ingerência indevida na esfera privada do cidadão e, com isso, assegurar a satisfação do mandamento normativo. As presunções, ficções legais e quantificações estabelecidas em lei, através de tetos e somatórios numericamente definidos, são meios a que recorre o legislador com vistas à praticabilidade..." (*Direito Tributário, Direito Penal e Tipo*, Ed. RT, São Paulo, 1988, p.105).

teúdo do dever jurídico imputado ao contribuinte (a prestação tributária).

Geraldo Ataliba demonstrou que o fato normativamente identificado não será, assim, um simples pressuposto de incidência normativa: um mero "fato gerador" ou "pressuposto de fato", na linguagem tradicional. Não será um simples acontecimento do mundo real que, quando ocorrido, determina um dado dever jurídico. Mais que isso, da sua feição e do seu perfil material deverão ser extraídos pelo intérprete (porque na verdade desse fato se irradiam) os critérios e os parâmetros que idoneamente devem ser utilizados para a fixação, o dimensionamento ou a determinação do encargo fiscal do sujeito alcançado pela norma jurídica de tributação. É como se o próprio fato fosse tributado (obviamente, enquanto significação econômica); e a ele deve estar adequado o conteúdo da prestação tributária.

Por isso também se explica que do fato "auferir rendas" não possa resultar dever tributário cujo critério de determinação seja, por exemplo, o "patrimônio" do contribuinte. E que do fato "vender bens" não possa decorrer obrigação dimensionada, ou valorada, pelo preço de "serviços prestados" pelo contribuinte. Nesses casos inexiste *nexo lógico*, *correlação lógica* entre o antecedente (o fato tributado) e o conseqüente (a prestação imputada ao contribuinte) da norma de tributação. E a ausência dessa correlação desqualifica a norma, tornando-a inapta para a produção de efeitos jurídicos tributários.

Deveras, no sistema brasileiro, fundado em competências materialmente outorgadas pela Constituição, de modo tão peculiar, rígido e exaustivo, a inadequação entre a base de cálculo e a materialidade do tributo não é admitida. É que exaustivo quer dizer completo, esgotado, exaurido, acabado; depois da Constituição nada pode ser feito em matéria de repartição de competência tributária impositiva. E se isso é verdade, a manipulação da base de cálculo também é severamente vedada, posto que sua deformação compromete a própria materialidade do tributo, tal como constitucionalmente estabelecida.

De fato, sob a Constituição brasileira, um tributo só será legítimo quando sua base de cálculo corresponder, rigorosamente, a um critério de medida do próprio fato posto como materialidade da hipótese de incidência pela norma fiscal (editada no exercício regular de competência tributária impositiva conferida pela Constituição, por meio de referência à própria materialidade).

Repita-se: a inadequação, ou seja, a desconformidade (lógico-material) entre o fato tributado e o correspectivo dever fiscal do contribuinte (quantificado por meio da base de cálculo) compromete a norma jurídica e a desqualifica à produção de seus efeitos próprios.

Alfredo Augusto Becker ensinou que a base de cálculo é elemento essencial e decisivo para a plena e correta definição do tributo. Na verdade, é por meio da base que se pode verificar — dado o necessário liame ou nexo lógico que deve ela manter com o chamado "aspecto material da hipótese de incidência tributária" (o fato tributado) — a verdadeira consistência da situação submetida à tributação.[2]

Paulo de Barros Carvalho,[3] desdobrando essas lições, afirma que:

"Demasiadas razões existem, portanto, para o pesquisador, cintado de cautelas diante dos freqüentes defeitos da redação legal, procure comparar a medida estipulada como base de cálculo com a indicação do critério material, explícito na regra de incidência. A grandeza haverá de ser mensuradora adequada da materialidade do evento, constituindo-se, obrigatoriamente,

2. *Teoria Geral do Direito Tributário*, Saraiva, 1963, pp. 104 e ss.

3. *Curso de Direito Tributário*, Saraiva, 1985, p. 204.

de uma característica peculiar ao fato jurídico tributário. Eis a base de cálculo, na sua função comparativa, confirmando, infirmando ou afirmando o verdadeiro critério material da hipótese tributária. Confirmando, toda vez que houver perfeita sintonia entre o padrão de medida e o núcleo do fato dimensionado. Infirmando, quando for manifesta a incompatibilidade entre a grandeza eleita e o acontecimento que o legislador declara como medula da previsão fática. Por fim, afirmando, na eventualidade de ser obscura a formulação legal, prevalecendo, então, como critério material a hipótese, a ação-tipo que está sendo avaliada.

Introduzimos uma noção de induvidosa operatividade, para a qual convocamos todas as atenções: havendo desencontro entre os termos do binômio (hipótese de incidência e base de cálculo), a base é que deve prevalecer. Por isso, tem o condão de infirmar o critério material oferecido no texto, que será substituído por aqueloutro que percebemos medido."

Na verdade, a base de cálculo tem essa relevante função. Diante de norma legal instituindo hipótese de incidência tributária, a circunstância de estar-se na presença de efetiva "tributação" do fato textualmente referido na sua materialidade só é verdadeiramente confirmada quando o critério legalmente eleito para conversão desse fato em cifra econômica (a base de cálculo) se revela compatível e harmônico com aquela materialidade indicada pela lei.

Exemplifique-se, novamente: só se terá um "imposto sobre a importação", se, de algum modo, a prestação atribuída ao contribuinte, a esse título, estiver quantificada em razão da grandeza econômica da importação realizada (o valor da importação, o preço da mercadoria importada etc.). Como só se terá, verdadeiramente, um "imposto sobre a propriedade", se o *quantum debeatur* for apurado em função do valor da propriedade gravada pelo tributo. Do contrário, a indicação do fato (aparentemente) sujeito à tributação (no caso, a importação ou a propriedade) converter-se-á em mero "pretexto" para exigência de tributo diferente, rompendo-se as rígidas balizas que a Constituição impõe, em matéria tributária.

Essas colocações decorrem diretamente do exaustivo sistema constitucional de repartição das competências tributárias impositivas, autorizando a afirmação de que esse nexo (ou liame lógico), entre base de cálculo e materialidade da hipótese de incidência, é indispensável. Não há dúvida que a opção da Constituição no prescrever fatos tributáveis precisos e rigorosos (as materialidades) — exclusivamente diante dos quais faculta-se o desencadeamento da ação tributária do Estado — implica obrigatoriamente essa conclusão.

Não seria compreensível, nem admissível, que a Constituição houvesse tão exaustiva e minuciosamente descrito as materialidades que União, Estados, Distrito Federal e Municípios podem tomar como eventos deflagradores de obrigações tributárias, para, paralelamente, autorizar que a quantificação da prestação tributária correspondente pudesse ser estabelecida tomando-se por parâmetro aspectos financeiros estranhos à grandeza econômica daqueles eventos, constitucionalmente indicados (a sua materialidade).

Repita-se, essa conclusão é imediatamente inferida da compreensão global e sistemática da disciplina constitucional da tributação, não podendo ser refutada com base em argumentos de conveniência fazendária. Fazê-lo seria reduzir à inocuidade exatamente o que mais se encarece no texto constitucional; seria pretender que a Constituição tenha-se desdobrado em preceitos e formulações inúteis, que o legislador, por via oblíqua, poderia tranqüilamente desprezar.

Por isso tudo é que, já na Constituição, deduzem-se critérios idôneos para eleição, pela lei ordinária, da base de cálculo dos tributos. E tal lei, de resto, só será constitucional quando se comporte nos lindes dessa esfera de atuação autorizada constitucionalmente, abstendo-se de indicar — como base — critérios que nada têm a ver com o objetivo fato submetido à tributação.

Respeitando e obedecendo essas exigências, as leis tributárias devem indicar como base de cálculo grandezas ínsitas à natureza essencial do fato tributado (*v.g.* o valor da operação, no caso do ICMS; o preço do serviço, no caso do imposto sobre serviços; e assim por diante). Precisamente por esta razão é possível verificar que, sempre que a lei se afasta dessa exigência implícita do sistema, a atuação do legislador (e, em certas hipóteses, da própria administração) vem sendo condenada pelo Poder Judiciário.

Foi o que no passado ocorreu, de forma sistemática, quanto às chamadas "pautas fiscais" instituídas pelos Estados para apuração e recolhimento do ICMS (então ICM). A censura do Supremo Tribunal Federal foi peremptória, recusando a quantificação da base imponível por meio da pretendida ficção (as pautas fiscais).[4] Deveras, no RE 88.307, de 23.2.79 (2ª T.), a Suprema Corte foi precisa e categórica, dispondo o seguinte:

"Base de cálculo. É o valor da operação de que decorrer a saída da mercadoria.

Não é ilícito ao legislador estadual inovar quanto a este aspecto."

Voltaremos, adiante, a este esclarecedor exemplo das "pautas fiscais". Antes, revisemos noções básicas sobre o regime constitucional de quantificação do ICMS.

A base imponível do ICMS

O ICMS é um imposto incidente sobre "operações". A essência, o núcleo e o cerne da hipótese de incidência desse tributo está na *operação realizada*, fato essencial colhido pela regra de tributação, por força das disposições pertinentes da Constituição. É por essa razão que a base imponível do tributo reside — e assim o reconhecem o legislador complementar e os estaduais — no valor da operação mercantil tributada. É neste contexto que surge um determinado valor, juridicamente imputável à operação *in concretu* realizada. Esta é a base do ICMS.

Ninguém definiu a base de cálculo de forma mais feliz do que Geraldo Ataliba:[5] "perspectiva dimensível da materialidade da hipótese de incidência". A virtude da base é precisamente a de explicitar/dimensionar a grandeza financeira da materialidade. Daí que, em matéria de ICMS, a base de cálculo só possa ser — por imperativo constitucional intransponível — a grandeza financeira da operação tributada; no caso, o valor da operação de venda da cerveja pelo supermercado (substituto).

Todavia, na específica hipótese da consulta, a base de cálculo prevista na lei que institui o mecanismo facilitador da arrecadação, denominado de substituição, implica pura ficção. Deveras, conforme já referimos, a Lei n. 6.374/89, com a redação da Lei n. 9.176/95, determina que a base de cálculo do ICMS será (i) ou o "preço máximo ou único de venda pelo contribuinte substituído, fixado pela autoridade competente" (ii) ou, "na falta deste preço, o valor da operação praticado pelo substituto, incluídos os valores correspondentes a frete, carreto, seguro, impostos e outros encargos transferíveis ao varejista, acrescido do valor resultante da aplicação de percentual de margem de lucro estabelecido pela legislação", no caso, 70%.

Ora, isso é absurdo, em face das exigências constitucionais que regem a questão tributária. O Estado de São Paulo está a

4. Veja-se, a esse respeito, entre outros, os acórdãos proferidos pelo STF no julgamento dos RE 94.905-4 (*DJU* de 24.8.85); RE 79.954 (*RTJ* 74/840); RE 77.544; RE 78.912; RE 88.307 (*RTJ* 88/1.053) e RE 92.636 (*RTJ* 95/923).

5. In *Hipótese de Incidência Tributária*, Malheiros Editores.

pretender que, por ficção, possa o legislador pré-definir o "valor da operação". A base do ICMS é sempre o valor efetivo da operação; não é o "valor" que o Estado desejaria ver adotado na operação, mas sim o valor efetivamente praticado na operação. Desejando criar-se um processo de facilitação do recolhimento — desde que com ele o contribuinte anua — não pode o Estado pretender subverter a sistemática constitucional do imposto, impondo base que não tem sustentação na Constituição.

Perceba-se que a Consulente concorda em assumir os encargos do regime de substituição, o que implica *supor* que as operações subseqüentes existem (ou existirão). Não satisfeita, a legislação estadual pretende impedir que se quantifique razoavelmente essas "operações" futuras, impondo base de cálculo por ficção, aleatoriamente.

O ICMS em questão é o devido pelo supermercado (contribuinte substituído), competindo à Consulente (substituto) recolhê-lo, tal como ele é. O regime tributário do substituído não se altera; sua obrigação tributária continua a mesma, ressalvada a mera efetivação concreta do "recolhimento", que fica a cargo do substituto.

O mecanismo de substituição visa a simplificação do recolhimento do tributo devido pelo substituído, e não de "outro tributo". Por nada se justifica a pretendida imposição de base de cálculo aleatória para recolhimento do ICMS em regime de substituição. Especialmente em hipóteses como a da consulta, na qual há segurança e certeza — decorrentes de negócio jurídico válido — quanto à grandeza da base de cálculo — o preço máximo consensualmente acordado — do tributo a ser recolhido.

Aliás, conforme já adiantado acima, essa tentativa de subversão da base de cálculo não é pioneira. Já, por diversas vezes, o Estado pretendeu valer-se de ficção para fixação da base de cálculo do ICMS. E sempre encontrou resistência dos contribuintes, secundada por firme e sereno respaldo judicial, conforme assinalado acima.

Lembre-se, acerca dessa questão das "pautas" de valor do ICMS, que em tudo e por tudo equivalem à hipótese da consulta, o que Rubens Gomes de Sousa escreveu:[6]

"A presunção e a ficção legais têm de comum o fato de serem normas jurídicas incompletas, isto é, que não encerram um comando ou uma proibição, cogentes de per si e completos em si mesmos. São regras não diretamente dispositivas, cuja única função é aquela, ancilar ou subsidiária, de conferir a determinado fato uma determinada natureza jurídica, ou atribuir-lhe determinado efeito jurídico. A finalidade única de tais regras é a de possibilitar a aplicação ao fato a que se refiram, de *outras* normas *legais*. Estas sim, dispositivas ou proibitivas, previstas para reger *outros* fatos, cuja natureza e cujos efeitos jurídicos sejam diferentes dos declarados pela presunção ou ficção. As presunções resultam do raciocínio ou são estabelecidas por lei que substitui a sua própria razão à razão humana. Daí o classificarem-se em presunções *hominis* ou humanas, e presunções *legis* ou legais. Estas, por sua vez, podem ser absolutas, relativas ou mistas. As absolutas (ditas *juris et jure*) não admitem prova em contrário; as relativas a admitem; as mistas admitem apenas 'determinados meios de prova, fixados pela lei que as estabelece'. Destas regras processuais decorrem duas conseqüências, para as quais Becker chamou atenção, e em razão das quais se pode concluir que *a presunção absoluta e a ficção legal não se aplicam ao direito tributário ou, pelo menos, à determinação dos elementos definidores das obrigações* por ele reguladas, entre os quais, como vimos, está *a base de cálculo*." (g.n.) "A advertência de Becker é que a presunção absoluta não é meio de prova: É norma dispositiva (ainda que apenas com o alcance atrás definido),

6. "Um Caso de Ficção Legal no Direito Tributário: A pauta de valores como base de cálculo do ICM", in *Revista de Direito Público*, v. 11, p. 19.

de vez que determina que tal fato tem tal natureza ou tais efeitos e os tem por força de lei. E que o mesmo se pode dizer da ficção legal. Com efeito, a diferença entre a presunção e a ficção é que a presunção confere certeza jurídica a algo que é provável, ou, pelo menos, não contrário à ordem natural das coisas: em resumo, tira do possível uma lição para o certo. Já *a ficção dá como certo*, para (todos ou alguns) efeitos jurídicos, *algo que* se sabe não ser certo, ou que *é contrário à natureza das coisas*. Em resumo, cria uma 'verdade jurídica' existente apenas *ex vi legis* mas diferente da verdade natural. A diferença, como nota Pugliatti não sem alguma ironia, é bastante tênue, pois o que importa ao direito é que a lei cria uma assim chamada 'verdade jurídica', e não a motivação pré ou meta-jurídica do legislador para escolher o fato que resolve presumir verdadeiro. Em conseqüência, a ficção legal equivale à presunção absoluta: Isso é óbvio, pois, estando baseada em algo que, por definição, não é verdadeiro, a ficção legal não pode admitir prova em contrário. Neste sentido, tanto a presunção como a ficção podem aplicar-se não apenas a fato ..., mas também a institutos jurídicos. Tanto é ficção legal a norma que conceitua o navio como imóvel para permitir-lhe a hipoteca, como o são todas as normas que, para determinados fins, assemelham a natureza ou os efeitos de uma figura jurídica aos de outra, ou ainda, mais diretamente, manda desde logo aplicar àquela o regime legal previsto para esta. Alguns entendem que, em tais casos, a norma apenas reconhece a identidade entre dois institutos jurídicos; mas isso é claramente errado, pois, se idênticos fossem os institutos, iguais seriam as suas naturezas, os seus efeitos e, por conseguinte, os seus regimes legais. ..."(g.n.)

Percebe-se que o mestre Gomes de Sousa, depois de fazer a análise de praxe sobre as presunções absolutas e ficções, afirma categoricamente serem elas inaplicáveis ao chamado direito tributário, "ou, pelo menos, à *determinação dos elementos definidores das obrigações por ele reguladas*, entre os quais, como vimos, está a base de cálculo" (sic) (g.n.).

E prossegue, aplicando suas premissas a caso idêntico ao ora analisado:

"Em outras palavras, não haveria necessidade de lei para os assemelhar, e a que o fizesse seria ociosa. Logo, se a lei é necessária e não ociosa, é porque os institutos assemelhados são diferentes; mas daí decorre que a sua assemelhação é uma ficção legal que não admite, nem, por sua própria natureza jurídica de presunção absoluta, poderia admitir, prova em contrário. Em outras palavras (como se acabou de dizer), a pauta fiscal não *faz prova* do valor da mercadoria, o que de resto seria um contra-senso, pois fazer prova é matéria de fato, e a pauta fiscal é matéria de lei. Ao invés disso, a pauta fiscal *substitui-se à prova*, e dá como provado o que trataria de provar. Neste ponto é que surge, ou pode surgir, a diferença (a 'tênue diferença' de que fala Pugliatti) entre a pauta fiscal como presunção e a pauta fiscal como ficção. Assim, se a pauta fiscal diz que tal mercadoria vale 1.000 e isso é sabidamente certo, ou pode ser provado certo, trata-se de presunção; ao contrário, *se o que a pauta diz é sabidamente falsou ou, pode ser provado falso, é de ficção que se trata*" (g.n.) (idem ibidem).

Ora, a hipótese aqui analisada, de uma só penada pretende fazer valer ficção (i) para "inventar" fato imponível onde ele inexiste (eventual venda futura) e (ii) para "inventar" base de cálculo sem guardar conexão com o valor efetivo da operação futura que pretende tributar. Daí que, mesmo na hipótese da Consulente deliberar sujeitar-se ao regime de substituição, a base de cálculo do ICMS pretendida pela lei estadual paulista é inconstitucional.

Em outras palavras, mesmo que a Consulente concorde em sujeitar-se ao abusivo sistema de substituição tributária, ainda assim deveremos resolver as dificuldades que a quantificação da obrigação tributária apresenta.

É que, quando o elemento quantificador adotado pela lei ordinária for notoriamente incompatível com a materialidade que visa a medir, deve o particular insurgir-se contra a pretensão fiscal, recusando a quantificação pretendida. É o que ocorre na hipótese da consulta, na qual temos a certeza da existência de um acordo de vontades entre os particulares — a Consulente e os supermercados — no sentido de que o preço máximo de venda da cerveja pelo supermercado — contribuinte substituído — será extraordinariamente inferior ao que resultaria da aplicação da "margem de lucro" (de absurdos 70%) que a lei, por ficção jurídica, pretende fazer prevalecer; para fins de recolhimento antecipado do ICMS pela Consulente — contribuinte substituto.

Vê-se que, no caso, não há sequer necessidade de se enfatizar a demonstração teórica, feita por Rubens Gomes de Sousa, de que a "ficção" não é meio hábil para quantificação da obrigação tributária. E essa desnecessidade decorre do perfeito conhecimento da grandeza econômica máxima possível da operação cujo ICMS deve, por substituição, ser recolhido pela Consulente, por conta do supermercado/substituído.

Adotando o preço de revenda sugerido, permite-se que se atenda o comando normativo implementador do mecanismo de substituição tributária — viabilizando as desejadas simplificação e aumento de eficácia da arrecadação tributária — ao mesmo tempo em que se afasta o comando legal que veicula *ficção* de margem de lucro, que é incompatível com os comandos constitucionais — pois desvirtua a insuperável determinação constitucional de que a base de cálculo corresponda à materialidade do fato posto no cerne da hipótese de incidência tributária.

Estando esse valor de venda pelo supermercado (contribuinte substituído) limitado a teto máximo resultante de acordo de vontades válida e livremente celebrado entre Consulente e supermercados, não há nenhum fundamento jurídico constitucional que possa lastrear a validade de norma infraconstitucional que pretenda — por ficção jurídica — estabelecer a base de cálculo do ICMS respectivo em valor superior a esse teto máximo estabelecido pelos comerciantes.

E perceba-se que este procedimento empresarial não é estranho ao direito positivo, tendo já sido objeto de previsão expressa por norma geral de direito tributário, como referiremos a seguir.

A Lei Complementar n. 87/96

A Lei Complementar n. 87/96 determina expressamente que o preço sugerido pelo fabricante é bom parâmetro para fixação da base de cálculo do ICMS devido pelo contribuinte substituto, explicitando que o legislador estadual pode adotá-lo como critério para dimensionamento da obrigação tributária.

Diz a referida Lei Complementar:

"Art. 8º. A base de cálculo, para fins de substituição tributária, será: (...)

§ 3º. Existindo *preço final a consumidor sugerido pelo fabricante* (...) poderá a lei estabelecer como base de cálculo este preço."

Vê-se que, no uso da competência prevista pelo artigo 146 da Constituição Federal, o Congresso Nacional editou norma geral de direito tributário admitindo a conveniência da lei estadual contemplar como grandeza apropriada à quantificação da operação do contribuinte substituído — o supermercado — o valor do "preço final a consumidor sugerido pelo fabricante", contribuinte substituto — a Consulente.

Temos aqui, portanto, a própria lei complementar sugerindo a razoabilidade de nossa conclusão, e induzindo o legislador estadual a fazê-lo, com o que se evitariam disputas atentatórias à desejada segurança jurídica na aplicação da norma tributária.

Sistema de preço sugerido

Conforme relato da Consulente, ela pretende praticar, nas vendas de cerveja a supermercados, o sistema de preço sugerido a ser observado por esses seus clientes, nas subseqüentes operações de venda.

O negócio jurídico de compra e venda entre Consulente e seus clientes supermercados terá início com a emissão e aceitação de Pedido de Venda Direta — com o estabelecimento do preço, definição do objeto e condições de pagamento da operação. Complementar-se-á com a tradição da mercadoria, quando será emitida a respectiva nota fiscal de venda. E nessa nota fiscal — que acompanhará a remessa da mercadoria ao comprador — será mencionada expressamente a condição de que a Consulente, fabricante da mercadoria vendida, estipula o "Preço Sugerido de Venda a Varejo", a ser praticado pelo seu cliente/adquirente, conforme compromisso assumido — pelo cliente — no ato da aceitação do Pedido de Venda Direta inicialmente emitido.

Configurar-se-á, portanto, a hipótese de fixação de preço sugerido de venda a varejo, a ser praticado pelos supermercados clientes da Consulente, fixação esta que é materializada por meio da inclusão — no corpo do pedido e dos documentos fiscais respectivos — do preço sugerido de venda a ser praticado pelo contribuinte substituído.

E será com base no preço sugerido de venda a varejo — assim fixado pela Consulente, contribuinte substituto — que deverá ser recolhido o ICMS por substituição. Em outras palavras: o preço máximo sugerido, fixado pela Consulente, contribuinte substituto, deve ser o único a ser considerado na formação da base de cálculo do ICMS a ser por ela recolhido por substituição relativamente às operações de venda de cerveja pelos supermercados.

Panorama sintético

À luz das exigências constitucionais que regem a matéria, o regime jurídico de recolhimento do tributo em questão pode ser desdobrado nas seguintes proposições descritivas:

(i) as operações relativas à venda de cervejas, pelo comerciante/supermercado, sujeitam-se ao recolhimento antecipado do ICMS por meio do mecanismo de substituição, pelo fabricante;

(ii) a base de cálculo a ser adotada na hipótese de recolhimento do ICMS por meio do mecanismo de substituição, pelo fabricante, será o preço sugerido de venda a ser praticado pelo contribuinte substituído, quando este preço sugerido for fixado pelo fabricante (contribuinte substituto) e aceito pelo substituído, que se comprometa a observá-lo;

(iii) se e quando não for possível conhecer com razoável segurança a base de cálculo do tributo — o que não ocorre quando há fixação, pelo fabricante (contribuinte substituto), de preço sugerido de venda a ser praticado pelo substituído — então a base de cálculo será quantificada por meio da aplicação de outros critérios (inclusive, e dependendo das circunstâncias do caso, pela aplicação de percentuais adrede fixados sobre o valor da operação praticada pelo fabricante).

Considerando que, conforme relato da Consulente, nas operações de venda de cerveja aos seus clientes supermercados, ocorrerá a fixação, por ela Consulente (fabricante/substituto), de preço sugerido de venda a varejo a ser praticado por seus clientes supermercados (comerciantes/substituídos), que se comprometerão contratualmente a observar esse preço máximo, não cabe cogitar-se da consideração — na base de cálculo do ICMS a ser recolhido segundo o método de substituição com retenção — de nenhum outro valor senão o do próprio preço sugerido assim fixado.

Limites da responsabilidade da Consulente

Outro aspecto, que merece breve comentário, envolve a possível ocorrência de inadimplemento contratual, por parte dos supermercados, no que diz respeito ao eventual descumprimento, por alguns deles, da obrigação de respeitar o Preço Sugerido de Venda a Varejo fixado pela Consulente.

É que, em face da grande quantidade de clientes, por vezes, é difícil à Consulente implementar eficiente controle do escorreito cumprimento (por seus clientes), de todas as obrigações decorrentes dos contratos de compra e venda com eles entabulados. Assim, preocupa-se a Consulente com possível reflexo adverso, para si, da eventual não observância, por algum cliente seu, do Preço Sugerido de Venda a Varejo por ela fixado.

Aqui, duas ordens de consideração fazem-se necessárias.

Em primeiro lugar, informa a Consulente que a fixação de Preço Sugerido de Venda a Varejo foi objeto de amplas pesquisas junto ao universo de clientes, tendo sido concluído que o mesmo reflete a realidade mercadológica que envolve a comercialização de seu produto.

Em segundo lugar, é pacífico o entendimento de que somente pode ser objeto de substituição a própria obrigação de recolhimento do tributo, não sendo legítimo pretender que ocorra, também, a transferência, por substituição, de outras responsabilidades e/ou penalidades.

Assim, se do eventual descumprimento de condição contratual por parte dos clientes da Consulente decorrer algum efeito adverso à arrecadação, não poderá a fiscalização pretender imputar à Consulente — com base em ficção legal — responsabilidade e respectivas penalidades decorrentes do comportamento de terceiro (dos contribuintes substituídos).

O sistema de recolhimento do ICMS por substituição (com retenção) — quando o particular a ele se dispõe a aderir (visto que, conforme já ressalvado, trata-se de pretensão inconstitucional do Estado) — funciona como mecanismo de simplificação do processo de arrecadação tributária, não podendo, jamais e sob nenhum pretexto, servir de fundamento para pretender-se a responsabilização do contribuinte substituto por ato praticado pelo contribuinte substituído. A responsabilidade por eventuais atos contrários às disposições contratuais — ensejando a aplicação das correlativas penalidades — somente pode ser imputada ao próprio agente faltoso. Trata-se de responsabilidade por infração e, como tal, de natureza punitiva que é, intransferível a terceiros que não o próprio agente. Responsabilidade pessoal é incomunicável a terceiros (salvo conluio, demonstrado e provado).

Assim, convém que a Consulente, simplesmente, mantenha acompanhamento e monitoramento do comportamento de seus clientes, no que pertine à prática dos preços sugeridos de venda ao consumidor, para certificar-se de que a aplicação do preço fixado é razoavelmente consistente com a realidade. É cautela recomendável, por parte da Consulente, esta espécie de monitoramento, evitando-se, desta forma, a alegação de seu concurso à eventual inadimplência de seus clientes, neste particular.

De toda forma, não é — e não poderá ser — imputável à Consulente, responsabilidade decorrente de comportamento alheio, de terceiros, estranhos a seu corpo empresarial, e sobre os quais não tem ela efetivo poder de controle, sendo-lhe assegurados apenas os direitos que normalmente emergem de relações contratuais.

Normas que regulam o abuso do poder econômico

Analisemos, finalmente, a adequação da prática de fixação de preços sugeridos de venda às disposições normativas que regem a ordem econômica.

A Constituição Federal, em seu Título VII "Da Ordem Econômica e Financeira" dispõe:

"Art. 170. A ordem econômica, fundada na valorização do trabalho humano e na *livre iniciativa*, tem por fim assegurar a todos existência digna, conforme os ditames da justiça social, observados os seguintes princípios: (...)

IV — *livre concorrência*; (...)

Art. 173. (...)

§ 4º. a lei reprimirá o abuso do poder econômico que vise à dominação dos mercados, à eliminação da concorrência e o aumento arbitrário dos lucros."

Buscando fundamento de validade nestes dispositivos constitucionais, foi editada a Lei n. 8.884, de 11 de junho de 1994 que, com relação à questão analisada assim dispôs:

"Art. 20. Constituem infração da ordem econômica, independentemente de culpa, os atos sob qualquer forma manifestados, que tenham por objeto ou possam produzir os seguintes efeitos, ainda que não sejam alcançados:

I — limitar, falsear, ou de qualquer forma prejudicar a livre concorrência ou a livre iniciativa;

II — dominar mercado relevante de bens ou serviços;

III — aumentar arbitrariamente os lucros;

IV — exercer de forma abusiva posição dominante (...);

§ 2º. Ocorre posição dominante quando uma empresa ou grupo de empresas controla parcela substancial de mercado relevante, como fornecedor, intermediário, adquirente ou financiador de um produto, serviço ou tecnologia a ele relativa;

§ 3º. A posição dominante a que se refere o parágrafo anterior é presumida quando a empresa ou grupo de empresas controla 20% (vinte por cento) de mercado relevante, podendo este percentual ser alterado pelo CADE para setores específicos da economia.

Art. 21. As seguintes condutas, além de outras, *na medida em que configurem hipótese prevista no artigo 20* e seus incisos, caracterizam infração da ordem econômica:

XI — *impor*, no comércio de bens ou serviços, *a distribuidores, varejistas e representantes, preços de revenda*, descontos, condições de pagamento, quantidades mínimas ou máximas, margem de lucro ou quaisquer outras condições de comercialização *relativos a negócios destes com terceiros*."

Da leitura do artigo 21, já se percebe que só ficará caracterizada infração à ordem econômica se houver *conjunção* dos dois dispositivos legais acima transcritos. Ou seja, impõe-se verificar se as condutas descritas no artigo 21, materializam, ou não, as infrações tipificadas no artigo 20.

Assim, a conduta do fabricante ou industrial consistente em *impor*, no comércio de bens ou serviços, preços de revenda a distribuidores, varejistas e representantes, relativos a negócios destes com terceiros, somente será passível de punição (segundo as disposições da lei antitruste) se o seu efeito, potencial ou efetivo, no mercado, estiver enquadrado no artigo 20 e seus incisos, isto é, resultar em (i) prejuízo, de qualquer forma, à livre concorrência ou livre iniciativa, (ii) domínio de mercado relevante de bens ou serviços ou (iii) aumento arbitrário dos lucros. Do contrário não há que se cogitar sobre infração à ordem econômica.

Ademais, perceba-se que a conduta infracional tipificada cinge-se ao verbo "impor", que se pode compreender razoavelmente como *tornar obrigatório ou indispensável; forçar a observar ou a tomar.* Daí não caracterizar infração à ordem econômica a *mera sugestão*, por parte do industrial ou fabricante, no comércio de bens ou serviços, de preços de revenda a distribuidores, varejistas e representantes, relativos a negócios destes com terceiros. Ainda mais evidente é a nossa afirmação, se percebermos que os clientes da Consulente (supermercados) estarão anuindo aos termos apostos nos Pedidos de Venda a Vista, concordando espontaneamente com o preço de venda máximo sugerido, que se obrigam a respeitar.

Do acima exposto, percebe-se que a prática, pela Consulente, de preços máximos sugeridos não estará infringindo nenhuma disposição legal que visa a proteção da ordem econômica.

Resposta aos quesitos

Em face das premissas acima estabelecidas, respondemos aos quesitos específicos da Consulente da seguinte maneira:

1. Pretendendo adotar sistema de fixação de preços sugeridos a serem praticados pelos supermercados revendedores junto ao público (preços de venda a varejo), pergunta como deve ser calculada a base de cálculo do ICMS a ser, por ela (fabricante), recolhido por substituição?

A base de cálculo do ICMS a ser recolhido pela Consulente — na qualidade de fabricante e contribuinte por substituição — é o valor equivalente ao *preço máximo ou único* por ela (Consulente/fabricante/contribuinte substituto) fixado para ser praticado pelo contribuinte substituído (supermercado), que, contratualmente, comprometer-se-á a observá-lo.

2. A sistemática de preço sugerido ofende as leis tributárias ou de abuso de poder econômico?

A sistemática de preço máximo sugerido de venda, fixado pelo fabricante e aceito por seu cliente, não ofende a legislação tributária e de proteção à ordem econômica.

Esse é o nosso parecer, s.m.j.

São Paulo, 30 de dezembro de 1996

CONFERÊNCIAS & DEBATES

LA IMPOSICIÓN A LAS RENTAS DE LAS EMPRESAS EN LOS PROCESOS DE INTEGRACIÓN*

RAMON FALCON Y TELLA
Relator Geral do Tema

1. *Alcance y finalidad de la presente relación general*

En la presente relación general se toman en consideración las valiosas aportaciones realizadas por los relatores nacionales Drs. Juan Carlos Vicchi (Argentina), Stella Maris Nelson de Mello Manier (Brasil), Luis Miguel Gómez Sjöberg (Colombia), Pedro Massone Parodi (Chile), Juan Vicente Troya Jaramillo (Ecuador), Manuela Fernández Junquera (España), Domenicantonio Fausto y Pasquale Pistone (Italia), Pedro Cuevas Figueroa (México), José Tomás Arriola (Paraguay), Guiliermo Ruiz Secada (Perú), Manuel Henrique de Freitas Pereira (Portugal), Carlos A. Borba y Juan A. Benítez (Uruguay) y Andrés Eloy León Rojas (Venezuela), así como las comunicaciones técnicas presentadas por Enrique Jorge Reig (Argentina), Mario Leccisotti (Italia), María Teresa Mories, Carlos Lete, Fernando Casana, Javier Martín y Amparo Grau (España), Leonardo Costa Franco, Soledad Echenagusía y Patricia Marques (Uruguay).

También se tienen en cuenta, aparte de consideraciones y conclusiones propias del relator, otros trabajos científicos, entre los que me permito subrayar el dedicado a las empresas multinacionales por el Prof. Valdés Costa (*Revista Tributaria*, Uruguay, n. 131, 1996, en el que se adapta y amplia el artículo publicado en el n. I de la *Revista de la Universidad Católica de Tachira*, Venezuela), así como las resoluciones de anteriores Jornadas del Instituto y pronunciamientos jurisprudenciales de Tribunales internos e internacionales (en particular el Tribunal de Luxemburgo), muchos de ellos mencionados en las ponencias nacionales y comunicaciones presentadas.

En las directrices oportunamente distribuidas a través de los Institutos afiliados se solicitaba de los ponentes nacionales tanto una exposición general como el

*Relatório apresentado na XVIII Jornada Latinoamericana de Derecho Tributario (Montevidéu, Uruguai, de 1 a 6 de dezembro de 1996).

tratamiento específico de determinados aspectos particulares con relación a:

1. Los rasgos principales de la legislación interna en relación con esta modalidad tributaria, ya forme parte del un ordenamiento general de imposición sobre la renta o exista un impuesto separado sobre la renta de las empresas.

2. El tratamiento de la renta derivada de la actividad empresarial en los tratados de doble imposición que el país haya suscrito.

3. El contenido de los instrumentos jurídicos básicos reguladores del esquema de integración regional del cual participe cada país, en cuanto a objetivos de armonización, y normas o proyectos existentes.

De estos tres grandes apartados, la presente relación general se va a centrar fundamentalmente en el último de ellos, mientras que el Prof. Adolfo Atchabahián se ocupará fundamentalmente de los apartados primero y segundo; no sin procurar al mismo tiempo ambos relatores intentar ofrecer desde su propia perspectiva fórmulas de acercamiento entre los distintos criterios seguidos en los países de la OCDE y del ILADT.

De esta manera se justifica, a nuestro entender, la opción del Comité Organizador por un doble Relato General en este tema, lo que ciertamente no cuenta con muchos precedentes en las Jornadas Latinoamericanas. Pero probablemente la propia naturaleza del tema justifica que el objetivo de llegar — en lo posible — a conclusiones uniformes y claras se aborde desde perspectivas distintas, con objeto de buscar posibles fórmulas de acercamiento. Y en todo caso, las organizaciones supranacionales y las distintas fórmulas de integración en que nuestros países se encuentran inmersos presentan una especificidad y singularidad que las diferencian tanto de los modelos estrictamente nacionales como de los convenios y soluciones de Derecho internacional clásico. La posibilidad, características y contenido de normas fiscales emanadas de organizaciones supranacionales constituyen precisamente — según se ha dicho — el objeto fundamental del presente relato general, sin perjuicio de la necesarias referencias y remisiones a los aspectos puramente internos e internacionales y de la búsqueda de posibles fórmulas de aproximación paralelas o complementarias a la armonización fiscal en sentido estricto.

2. Armonización y convergencia

2.1 Concepto amplio y estricto de armonización

En un sentido amplio puede definirse la armonización como el conjunto de normas o medidas *que inciden en el sistema tributario de dos o más Estados con la finalidad de evitar distorsiones de origen fiscal* en la formación de precios o en la libre circulación de bienes, servicios, capitales o personas.

Por su *naturaleza* puede tratarse de verdaderas normas jurídicas internacionales o supranacionales, ya sean bilaterales o multilaterales (tratados o convenios) o emanadas de una instancia supranacional con competencia para ello. Aunque en sentido estricto el concepto de armonización fiscal suele reservarse a éstas últimas normas.

Puede tratarse en segundo lugar de decisiones jurisprudenciales o interpretativas internacionales o supranacionales, en caso de que exista un órgano con facultades de este tipo, como ocurre en algunas organizaciones supranacionales. Un caso paradigmático es el Tribunal de Justicia de las Comunidades Europeas, con sede en Luxemburgo, que da lugar a lo que muy gráficamente Burgio denomina "armonización de segundo grado", pues normalmente este tipo de decisiones complementa la armonización en sentido estricto o "de primer grado" producida a través de normas jurídicas supranacionales preexistentes.

Y en tercer lugar, puede tratarse de medidas unilaterales, es decir medidas puramente internas que adoptan los Estados afectados. Esta armonización (aunque en un sentido amplio o impropio) o convergencia "espontánea" es mucho más frecuente de lo que en principio pudiera pensarse, y viene originada en gran medida por el propio funcionamiento del mercado en las zonas de integración. Así, por ejemplo, en un marco de libre circulación de capitales la reducción del impuesto por un Estado normalmente forzará a los demás en el mismo sentido para evitar la pérdida de inversión extranjera. Y a menudo la voluntad de favorecer la competitividad de las propias empresas lleva en la práctica a suprimir unilateralmente obstáculos fiscales (por ejemplo para las operaciones de reorganización empresarial) llegándose a un resultado similar al que podría generar una medida normativa. Para diferenciar la convergencia espontánea de la armonización decidida políticamente de forma bilateral, multilateral o por instancias supranacionales, podemos hablar de "armonización por el mercado", frente a la armonización política o jurídica a que se hace referencia en los dos párrafos anteriores. En el bien entendido de que el concepto de armonización en sentido estricto usualmente se reserva para la armonización jurídica operada a través de instrumentos supranacionales.

En cuanto a su *contenido*, la armonización no debe inscribirse exclusivamente en el marco de la uniformidad de legislaciones (*equalisation approach*), ya que — como destacan las ponencias argentina e italiana — puede tener como objetivo la remoción de obstáculos fiscales por vías distintas a la aproximación de la normativa tributaria (*differential approach*). Son también reconducibles a la armonización, por ejemplo, las normas que impiden gravar determinadas operaciones, que determinam el Estado con derecho exclusivo a su gravamen, o que limitan de cualquier otra forma la potestad tributaria de los Estados afectados.

En cuanto a las normas (internas o internacionales) tendentes a evitar la doble imposición, serían reconducibles también al concepto de armonización fiscal en sentido amplio, pero no al concepto estricto de armonización. En efecto, las medidas para evitar la doble imposición suelen dejarse convencionalmente al margen de la armonización, o más precisamente, quedarían excluidas del concepto de armonización fiscal aquellas normas que tienden fundamentalmente a evitar la doble imposición internacional — como es el caso de los convenios de doble imposición — y no, al menos de modo directo, a lograr la integración económica o evitar obstáculos a la libre circulación; especialmente cuando no emanan de instancias supranacionales.

Quedan igualmente al margen del concepto de armonización las normas sobre colaboración administrativa o "asistencia mutua" entre las respectivas Administraciones Tributarias. Es decir las normas que aseguran el intercambio de información para evitar la elusión fiscal o las normas en virtud de las cuales un Estado se compromete a ejecutar en su territorio (normalmente a través de sus procedimientos internos) los créditos fiscales de otro Estado (y eventualmente de organizaciones supranacionales), poniendo a su disposición los fondos obtenidos.

En este último caso no se trata tanto, al menos de un modo directo e inmediato, de evitar distorsiones de origen fiscal — que es la finalidad propia y característica de la armonización fiscal — sino de evitar situaciones de opacidad fiscal o la imposibilidad práctica de determinar o hacer efectivo un crédito tributario por falta de información o por la ausencia de bienes del contribuyente en el territorio del sujeto activo de la imposición. Ni que decir tiene que este tipo de medidas, aunque desde un punto técnico deban diferenciarse de la armonización fiscal, resultan imprescindibles para que ésta pueda alcanzar sus objetivos.

Por último tampoco se incluyen usualmente en el concepto de armonización fiscal las normas relativas a recursos que no forman parte de los sistemas tributarios internos de los Estados-miembros, sino que han sido atribuidos a las organizaciones supranacionales. Así, por ejemplo, los derechos del arancel aduanero común que se establece en las zonas de librecambio quedan al margen de la armonización fiscal si los recursos se perciben directamente por instancias supranacionales o se ponen a disposición de éstas por las Administraciones nacionales que los gestionan. En cambio si los derechos del arancel uniforme siguen correspondiendo a las Haciendas nacionales estaríamos ante un supuesto de armonización fiscal, especialmente si la cuantía del arancel se fija por una instancia supranacional (armonización en sentido estricto).

2.2 *Fundamento y fines de la armonización: carácter subsidiario de la armonización*

Según la opinión dominante la armonización fiscal tiene un carácter marcadamente subsidiario o instrumental. No se trata de armonizar por armonizar, y menos aún de conseguir la mayor uniformidad posible entre los correspondientes sistemas fiscales, sino únicamente de evitar distorsiones en la libre competencia. La armonización no constituye por tanto un fin en si misma, sino un instrumento para alcanzar otros fines, como la integración económica y la libre circulación; o como dice el Tratado de Asunción "para lograr el fortalecimiento del proceso de integración".

En este sentido podemos clasificar también las medidas de armonización en función del fin concreto perseguido en cada caso. Así, por ejemplo:

— La libre circulación de bienes y servicios exige, en principio, la armonización de los impuestos indirectos que gravan los intercambios o el consumo, especialmente en las operaciones entre Estados (IVA, Impuestos Especiales, etc.)

— La libre circulación de personas aconseja el establecimiento de franquicias fiscales sobre las pertenencias de los viajeros, al menos por debajo de determinados límites cuantitativos, para casos de cambio de residencia, combustible en los vehículos, etc.

— La libertad de establecimiento exige dar el mismo tratamiento en la imposición directa a las empresas extranjeras, ya actúen a través de una filial con personalidad jurídica independiente o a través de una sucursal o agencia no dotada de personalidad, e incluso cuando se actúa sin establecimiento alguno. En este sentido la libertad de establecimiento obligar a replantear totalmente los criterios de sujeción en los Estados que basan su imposición directa en el criterio de la residencia (gravamen de la renta mundial de los residentes y criterio de obtención de la renta para los no residentes), como veremos más detenidamente en un epígrafe posterior. Igualmente la libertad de establecimiento exige la adopción de medidas para evitar un doble gravamen en el lugar donde se obtiene la renta y en el Estado de residencia del contribuyente.

— La creación de un mercando común o interior obliga también a eliminar los obstáculos fiscales a las operaciones de reorganización empresarial, con el fin de que las empresas puedan adaptarse a las nuevas dimensiones del mercado: fusiones, escisiones, etc.

— La libre circulación de capitales aconseja a una cierta uniformidad en la carga tributaria que recae sobre las rentas del capital, con objeto de que las inversiones no se localicen exclusiva o principalmente buscando un clima fiscal más favorable, sino en función de criterios de rentabilidad y eficacia económica.

— etc.

En cuanto al fundamento jurídico de la armonización, ésta puede basarse en la propia competencia de cada Estado ya sea en el plano interno (medidas unilaterales impuestas por el propio mercado) o en la facultad de celebrar convenios internacionales. Pero el término de armonización en sentido estricto suele reservarse por la doctrina para las normas emanadas de instancias supranacionales, como es el caso de las Directivas en la Comunidad Europea.

Desde esta perspectiva plantea un grave problema teórico asegurar el pleno respecto al principio de legalidad, ya que en ocasiones la instancia supranacional con competencias armonizadoras carece de legitimidad democrática. Así, en la Comunidad Europea, es el Consejo, por unanimidad, el que aprueba las Directivas de armonización, y no el Parlamento (si bien es obligatoria la consulta al mismo, y la omisión de este trámite acarrea la nulidad de la Directiva, según la STJ 5.7.95, Asunto "euroviñeta", C-21/94, Parlamento/Consejo), y en este sentido la doctrina viene denunciando el "déficit democrático" que supone el hecho de que el desplazamiento de la competencia tributaria desde los Estados en favor de la Comisión, conlleva al mismo tiempo la marginación de los Parlamentos nacionales, en favor del Consejo, en aspectos esenciales del tributo tradicionalmente reservados a ley.

En este punto está pendiente un esfuerzo jurídico y político para hacer compatible la creación de organizaciones supranacionales y la atribución a las mismas de competencias tributarias, por un lado, con el mantenimiento del clásico principio de consentimiento de los impuestos, implícito en la reserva de ley, por otro. Este objetivo sólo puede conseguirse, en mi opinión, desplazando las competencias tributarias a órganos de la organización supranacional de que se trate elegidos democráticamente por los ciudadanos de los Estados que se integran, en lugar de a órganos integrados o elegidos por los respectivos Gobiernos o representantes de éstos.

2.3 *Principales obstáculos para la armonización*

Al margen de factores políticos, históricos y culturales, que explican divergencias a menudo importantes entre los distintos sistemas tributarias, así como del carácter especialmente contingente y mutable que a menudo reviste la normativa fiscal interna, factores todos ellos en los que resulta imposible profundizar en el marco de esta ponencia, un obstáculo importante a la armonización es el temor de los Estados a perder recaudación. En este sentido parece importante, como recuerda la ponencia brasileña citando a Francisco Neves Dornelles y a Martim de Almeida Sampaio, que toda eventual reducción de los ingresos fiscales redunde en beneficio del sector privado de los distintos Estados implicados, y no en una transferencia de recursos de unos a otros, es decir en una alteración en la distribución de la recaudación.

Ahora bien, es claro que no sólo existe la necesidad de asegurar el mantenimiento del equilibrio en la distribución de la recaudación, sino también el nivel mínimo de ingresos necesario para los distintos Estados para financiar sus políticas.

En este sentido es preciso no sólo la eliminación de obstáculos fiscales eliminando el tributo o retrasando el pago del mismo (por ejemplo, en el caso de las operaciones de reorganización de empresas o en las aportaciones de capital) sino también establecer un nivel mínimo de tributación en aquellos casos en que, de no existir un mínimo a nivel supranacional, las fuerzas del mercado obligarían a los Estados a alinearse con aquél que opte por una menor presión tributaria. La tributación de las rentas del capital en un contexto de libre circulación de capitales (como el establecido en la Comunidad Europea por la Directiva 88/361/CEE, de 24.6.88) constituyen unsupuesto paradigmático de lo anterior.

En todo caso, siempre estará latente el conflicto entre el objetivo de eliminar distorsiones de origen fiscal o discriminaciones en función de la nacionalidad y la residencia, por un lado, y el legítimo deseo de los Estados de no perder recaudación. Desde esta perspectiva, y sin perjuicio de que se adopten todas las medidas posibles para hacer compatibles ambos objetivos, en caso de conflicto estimo que debe prevalecer el primero de ellos. Desde la perspectiva jurídica esta solución queda asegurada si la prohibición de distorsiones se recoge en un texto con rango superior — el Tratado constitutivo, como se propone más adelante — que la equitativa distribución de la recaudación entre los Estados. De esta forma tanto las instituciones supranacionales como los Estados cuentan con un importante incentivo para elaborar y adoptar normas supranacionales e internas que hagan compatibles ambos objetivos, y al mismo tiempo, si esto no se logra, los órganos administrativos y judiciales que conozcan de cualquier controversia están obligados a salvaguardar la interdicción de discriminaciones fiscales aun a costa de la recaudación; si bien esto último depende también, claro está, de que exista una adecuada integración de las normas supranacionales en el ordenamiento interno.

2.4 La insuficiencia de la armonización fiscal: las distorsiones derivadas de factores extrafiscales y la necesidad de potenciar la asistencia mutua y el intercambio de información

Las distorsiones a la libre circulación no derivan sólo ni principalmente de motivos fiscales. Un factor decisivo a este respecto es el constituido por las subvenciones y, más ampliamente, todo tipo de ayudas que los Estados tienden a conceder a sus empresas para colocarlas en una situación favorable en relación con las competidoras de otros Estados.

El punto 9 de las Recomendaciones adaptadas en la XV Jornadas Latinoamericanas afirmaba al respecto que "los Estados involucrados en procesos de integración económica deben procurar la supresión de todo tipo de subvenciones o ayudas equivalentes, directas o indirectas, que distorsionen las condiciones de competencia", principio que evidentemente conserva toda su vigencia, como ha sido subrayado por la mayoría de las ponencias nacionales.

En este sentido, resulta conveniente que con el mayor nivel normativo (en el propio Tratado) se incluya la prohibición, como regla general, de subvenciones o ayudas a las empresas, públicas o privadas, salvo circunstancias excepcionales. Dicha prohibición de subvenciones o ayudas debe incluir las moratorias, aplazamientos, exenciones, amnistías o rebajas fiscales cuando, por las condiciones en que se aplican, produzcan un efecto similar al de una subvención o ayuda directa.

Igualmente debe prohibirse al máximo nivel normativo un tratamiento discriminatorio de las empresas en función de su nacionalidad o residencia, tema sobre el que volveremos más adelante analizando la experiencia y jurisprudencia europea al respecto.

Otro complemento indispensable de la armonización fiscal, al que ya se ha hecho referencia, es la asistencia mutua e intercambio de información, para evitar que las empresas y las actividades empresariales se localicen buscando lo que podríamos llamar un "clima fiscal" más favorable o bien la "opacidad fiscal" de sus rentas, así como una ilegítima reducción del impuesto, por ejemplo, a través de precios de transferencia. De nada sirve armonizar las legislaciones tributarias si en unos casos se aplica el tributo tal como aparece formalmente diseñado y, en otros, la Administración Tributaria no cuenta con los datos imprescindibles para su apiicación.

Del examen de las diferentes ponencias nacionales resulta que en la mayoría de los países está prevista la asistencia mutua y el intercambio de información, normalmente imponiendo al Estado que la solicita la obligación de guardar reserva sobre la misma, o de utilizarla sólo a efectos tributarios, y en muchos casos con el limite de las normas internas sobre obtención de información, en el sentido de que lógicamente no se suministra a terceros países información que la normativa interna, o incluso la práctica interna, no ofrece a la propia Administración.

Prácticamente todas las ponencias nacionales insisten en la necesidad de potenciar la asistencia mutua y el intercambio de información. Y en efecto — aunque se trate de una materia ajena a la armonización en sentido estricto, tal como se concibe en páginas anteriores — resulta un complemento indispensable para hacer efectiva la misma; e incluso en ausencia de armonización la asistencia mutua resulta imprescindible para evitar el fraude o la elusión fiscal.

La experiencia comparada demuestra, además, que normalmente los Estados se muestran más propicios a conceder ventajas fiscales (o excluir la aplicación de medidas penalizadoras o cláusulas antielusorias de su ordenamiento interno) en relación con aquellos territorios en que, por existir convenio o por cualquier otra causa, pueden obtener información. En este sentido la mera posibilidad de solicitar información puede servir para evitar las prevenciones y suspicacias que, tan a menudo, llevan a medidas excesivamente gravosas o a ignorar la doble imposición internacional.

Ahora bien, la colaboración entre Estados no parece que deba limitarse al intercambio de información. Sobre todo en modelos de integración parece que debe asegurarse también la posibilidad de que los créditos tributarios de un Estado-miembro puedan ser ejecutados en otro. Pues de no ser así, la libre circulación podría dar lugar a casos de insolvencia en el Estado donde nace el crédito tributario, especialmente cuando éste surge en función del lugar en que se obtiene la renta. Y debe tenerse en cuenta que el problema afecta no sólo a los países que siguen un criterio próximo al de la fuente, sino también a los sistemas fiscales basados en la residencia, en los que normalmente se grava, también, a los no residentes que obtienen rentas en el país.

2.5 *Perspectivas y plazos previsibles para el logro de los objetivos de armonización*

Lógicamente el oficio de adivino resulta siempre arriesgado, y en este sentido las ponencias nacionales rehuyen en gran medida establecer perspectivas y plazos concretos para el logro de los objetivos de armonización, aunque en general no puede decirse que se muestren optimistas al respecto.

Si cabe destacar la opinión general según la cual resulta prioritaria en principio la armonización de la imposición indirecta (como ya se afirmaba en las XV Jornadas), en cuanto susceptible de provocar mayores distorsiones en los intercambios entre Estados, si bien tampoco cabe renunciar a medio y largo plazo a la armonización de los impuestos directos.

En este mismo sentido es significativa la experiencia europea, en la que han alcanzado un grado avanzado de armonización el IVA y, en menor medida, las "accisas" o impuestos sobre consumos específicos, así como las franquicias fiscales. En cambio, las Directivas que centran su vocación armonizadora en los impuestos directos se refieren únicamente a materias muy concretas (véase el apartado 4 siguiente) y son relativamente recientes, pues han sido formalmente adoptadas en 1990:

— Directiva 90/434/CEE, de 23.7.90, sobre régimen fiscal común relativo a las fusiones, escisiones, aportaciones de activos y canjes de acciones entre sociedades de diferentes Estados-miembros;

— Directiva 90/435/CEE, de la misma fecha que la anterior, relativa al régimen fiscal de las relaciones matriz-filial, y

— Convenio sobre precios de transferencia, aprobado por el Consejo el mismo día que las Directivas anteriores, pero cuya entrada en vigor no ha sido posible hasta enero de 1995.

Todo esto, por cierto, no supone precisamente un enorme éxito político, si se tiene en cuenta que, en los dos primeros casos se trata de propuestas presentadas por la Comisión el 16.1.69; y que respecto a los precios de transferencia fracasó la propuesta de Directiva de 1976 y hubo de ser sustituida por el citado convenio multilateral; todo ello sin contar con otras propuestas, antiguas y recientes, en materia de renta de las empresas y de fiscalidad del ahorro, que no han visto la luz.

En el esquema de integración andino la situación no es más optimista pues, según resulta de las ponencias nacionales, no se avizora a corto o medio plazo la adopción de Directivas.

Tampoco en la Asociación Latinoamericana de Integración (LAIA) ni en el Mercado Común del Cono Sur (Mercosur) parece que por ahora se contemplen medidas destinadas a armonizar la imposición interna, aunque las normas generales de ambos convenios permiten su adopción.

De manera que en consonancia con la prudencia que al respecto manifiestan las ponencias nacionales, también en relación con otras zonas de integración, me atrevería a formular, si no un pronóstico, al menos sí la triste comprobación del plazo medio que en la Comunidad Europea ha llevado la tramitación y adopción de Directivas de armonización en materia de imposición sobre la renta de las empresas: en torno a dos décadas.

Es de esperar que en otros ámbitos pueda alcanzarse el consenso necesario en plazos mucho más breves y a este respecto conviene observar como, a menudo, la exigencia de unanimidad ha constituido el principal obstáculo para la adopción de medidas de armonización fiscal. La reciente experiencia europea de eliminación de fronteras con vistas a la consolidación del mercado interior en 1993 ha puesto de manifiesto como en aquellas materias en que no se requiere unanimidad (fronteras físicas y técnicas) las correspondientes Directivas eran aprobadas dentro de los plazos previstos y, paradójicamente, por unanimidad, ya que el temor a verse en minoría favorece la disponibilidad de los miembros del Consejo a negociar y ceder en sus respectivas pretensiones. En cambio la exigencia formal de unanimidad lleva en la práctica a un derecho de veto que permite paralizar cualquier decisión, o por lo menos retrasarla de manera importante, que es precisamente lo que ha ocurrido con el llamado sistema definitivo de IVA, inicialmente pospuesto para 1997, si bien esta fecha resultará también incumplida (véase el documento COM 328, de 10.7.96, en el que la Comilsión explícita un nuevo calendario que se extiende prácticamente hasta fin de siglo), y lo que ha venido ocurriendo en relación con la armonización de la fiscalidad del ahorro y de las empresas.

3. *Un atisbo de convergencia en los criterios de sujeción a la potestad impositiva*

Como es sabido, no existe acuerdo técnico y jurídico en relación con el tema de la distribución de la potestad tributaria, pese a los numerosos estudios sobre el mismo (véanse los trabajos de Valdés Costa, y la bibliografía allí citada, en *Estudios de Derecho Tributario Internacional*, Montevideo, 1978, *Estudios de Derecho Tributario Latinoamericano*, Montevideo, 1982, *Instituciones de Derecho Tributario*, Buenos Aires, Depalma, 1992, y *Curso de Derecho Tributario*, Bogotá, Buenos Aires y Madrid, 1996).

La posición latinoamericana expuesta en la 2ª Conferencia Regional del Comité

Fiscal de la Sociedad de Naciones, celebrada en 1943 en México, encuentra apoyo doctrinal en las I, IV, VI y VII Jornadas del ILADT, celebradas respectivamente en Montevideo (1956), Buenos Aires (1964), Punta del Este (1970) y Caracas (1975). En esta última se aprueba por unanimidad la ponencia del Prof. Valdés Costa en la que se sostiene que el principio de la fuente debe constituir la "base prioritaria" de la imposición, debiendo localizarse la fuente en el lugar en que el contribuyente obtenga su renta.

La posición de los países desarrollados ha sido, en general, favorable al criterio de la nacionalidad o la residencia, y éste último se impone en los Modelos de la OCDE de 1963 y 1977, así como en la mayoría de los tratados bilaterales, incluidos los celebrados por países latinoamericanos.

Si afrontamos la cuestión con pragmatismo creo que podemos encontrar, sin embargo, ciertos síntomas de convergencia entre una y otra postura. Así el criterio de la residencia no sólo se ha impuesto en la mayoría de los convenios bilaterales, incluidos los celebrados por países latinoamericanos, sino que algunos de éstos han modificado significativamente su legislación interna en los últimos años acogiendo el criterio de gravamen de los residentes por su renta mundial.

Pero al mismo tiempo, el criterio de la residencia que prevalece en los convenios y en la legislación interna de la mayoría de los Estados no se basa exclusivamente en el gravamen de la renta mundial de las personas residentes, sino que este criterio se matiza doblemente:

— Por un lado se reconoce unánimemente el derecho a gravar la renta al país en cuyo territorio opera la empresa no residente a través de un establecimiento permanente. Desde esta perspectiva es claro que la extensión del concepto de establecimiento permanente permite en la práctica aproximarse a un resultado similar al que se alcanza con el criterio de la fuente.

— Por otro lado, al margen del gravamen de los residentes, la mayoría de los Estados gravan también la renta obtenida en su territorio, con o sin establecimiento permanente, por no residentes. Es decir, no se utiliza como criterio único de gravamen la residencia, sino también el criterio de la fuente, lo que supone reconocer la virtualidad intrínseca de este principio.

— En coherencia con lo anterior, los Estados que aplican el criterio de la renta mundial suelen reconocer el derecho de los residentes a reducir su impuesto en función del gravamen soportado en el exterior, lo que en la práctica supone renunciar a gravar la renta mundial.

Sucesivamente nos iremos ocupando de estas cuestiones, sobre la base del análisis contenido en las distintas ponencias y comunicaciones nacionales, aunque procurando situarnos en un plano abstracto y por encima de las peculiaridades de cada ordenamiento, al menos a efectos de extraer conclusiones.

3.1 La evolución de los criterios de la nacionalidad y la fuente: concesiones en favor de la residencia

Como se ha dicho, no sólo el criterio de la residencia (aunque matizado a través del concepto de establecimiento) prevalece en la mayoría de los convenios de doble imposición, siguiendo el modelo OCDE, sino que la tendencia de los ordenamientos internos que defendian criterios distintos, como la nacionalidad o la fuente, parece haber evolucionado en los últimos años en función de la residencia. Ello queda inmediatamente de manifiesto en las ponencias nacionales, que se ocupan detenidamente de estos cambios normativos en los respectivos ordenamientos nacionales.

Así, Ecuador mantiene el criterio de la fuente (aunque reconduciendo al gravamen la renta de algunas actividades desarrolladas en el exterior). E igualmente Paraguay (cuya ley fija determinados porcentajes de ingresos que se presumen obtenidos en el país), Uruguay (con alguna excepción, como la asistencia técnica prestada desde el exterior) y Venezuela adoptan el criterio de la fuente; criterio en el que también insiste la ponencia peruana (recogiendo la propuesta efectuada en tal sentido por Humberto Medrano), si bien la normativa vigente en este último país grava a las personas domiciliadas por su renta mundial.

Pero en cambio, el impuesto argentino sobre la renta, basado tradicionalmente en la localización territorial de la fuente productora, con escasas excepciones en cuanto a la utilización subsidiaria de otros criterios, cambia sustancialmente en 1992 para adoptar el criterio de la renta mundial (*world income*) respecto de las personas físicas o jurídicas residentes en el país, mientras que los no residentes continúan sujetos al gravamen únicamente respecto de las rentas cuya fuente generadora se halle situada o se considere por ley ubicada en el territorio nacional.

En Brasil, a partir de la vigencia de la Ley 9.249/95, esto es del 1.1.96, los criterios para el ejercicio de la potestad tributaria serán el domicilio (sede) del contribuyente persona jurídica, que ya era aplicado anteriormente, y el de la universalidad de los rendimientos, que constituye una novedad de la ley. Esto significa que las empresas con sede en Brasil quedan sometidas al impuesto por todas sus rentas y ganancias de capital obtenidas en Brasil o en el exterior, directamente o a través de filiales, sucursales o empresas en que detenten una participación.

En Chile la residencia o domicilio se utiliza como punto de conexión en el Impuesto Global Complementario, contra el que se acredita el Impuesto de Primera Categoría, que es un gravamen proporcional sobre la renta de las empresas. Y salvo disposición en contrario (por ejemplo, extranjeros durante los tres primeros años desde su ingreso) los residentes tributan por su renta mundial.

España distingue entre la llamada "obligación personal", en función de la cual los residentes quedan sujetos por su renta mundial, y "obligación real", en virtud de la cual se gravan tanto los establecimientos de empresas no residentes como la renta obtenida en España sin establecimiento permanente por los no residentes.

México, que tradicionalmente basaba su imposición a la renta en la nacionalidad, adoptó hace quince años el criterio de la residencia, tanto para nacionales como para extranjeros.

Portugal grava igualmente a los residentes por su renta mundial (*obrigação pessoal*) y a los no residentes por los rendimientos obtenidos en su territorio.

Podemos pues concluir que, de hecho, las legislaciones nacionales caminan en favor del criterio de la residencia, como principio o regla general, aunque como más adelante veremos ello no supone en la práctica pretensión alguna de gravar la renta mundial de los propios residentes.

Al margen de la corrección que supone una definición amplia del concepto de establecimiento permanente, el criterio de la residencia puede hacerse compatible con el criterio de la fuente siempre que el país de residencia reconozca la exención de las rentas obtenidas en otros Estados, es decir la no inclusión de las mismas en la base imponible (salvo, tratándose de un impuesto progresivo, a efectos de un mayor gravamen de las rentas de fuente nacional).

La deducción del impuesto efectivamente satisfecho (*tax credit*), e incluso de las exenciones y beneficios fiscales de que se haya disfrutado en el Estado de la fuente (*tax sparing*) constituye en este sentido una corrección mínima, pero no suficiente, de las consecuencias a que lleva el criterio de la residencia. Pues no se trata, en rigor, de lograr que en el país de la residencia se tribute sólo por la diferencia entre el gravamen satisfecho en origen y el más elevado que correspondería según la legislación interna, sino de evitar que las rentas obtenidas en un mismo territorio soporten un gravamen distinto en función de que el contribuyente sea o no residente. Es decir, de evitar que el residente en el lugar donde obtiene la renta (país "A") pague sólo el tributo correspondiente en dicho país, mientras el no residente (residente en "B") ha de abonar tanto la alícuota exigida en el país "A", como en su caso la diferencia entre dicha alícuota y la vigente en "B", si esta última es mayor.

De no conseguir evitar esto último se estaría produciendo una discriminación en función de la residencia y, por tanto, infringiendo uno de los principios básicos, al menos en las zonas de integración. Ello explica la evolución de los convenios y de los países-miembros de zonas de integración, a que haremos referencia en los epígrafes siguientes.

Pero si el criterio de la residencia, matizado con un sistema de exención para evitar la doble imposición, lleva en la práctica a un resultado similar al criterio de la fuente, surge inmediatamente la pregunta de qué ventaja tiene entonces la residencia con sistema de exención frente a la formal admisión del criterio de la fuente.

A mi juicio, lo que ocurre es que afirmando como principio o regla general la tributación de los residentes por su renta mundial (además del gravamen de los no residentes en función de las rentas obtenidas en el país), se está estableciendo un criterio o regla que, en el fondo (si se corrige adecuadamente a través del sistema de exención) constituye un criterio subsidiario o supletorio (una especie de presunción *iuris tantum* de que la renta se ha obtenido en el país de residencia) para cubrir los siguientes casos:

— rentas o ingresos procedentes de territorios en que no consta que se realiza efectivamente la actividad productora de los rendimientos, ya que en estos casos puede ocurrir que dicha actividad se realice precisamente en el país de residencia del perceptor (por ejemplo, interposición de una sociedad-base creada en un paraíso fiscal para operar en un tercer país);

— rentas procedentes de países sin convenio o que no forman parte de una misma zona de integración (en cuyo caso los Estados suelen aplicar el sistema de imputación, en lugar del método de exención).

Obsérvese que, en ambos casos, el principal problema radica a menudo en la imposibilidad de obtener información sobre la verdadera fuente u origen de la correspondiente renta. Por ello parece justificable que se mantenga el gravamen de los residentes por su renta mundial cuando no existe ni convenio ni norma multilateral alguna que permita conocer todas las circunstancias relevantes para una correcta aplicación del impuesto, limitando en estos casos la eliminación de la doble imposición a la deducción en cuota del impuesto efectivamente satisfecho, con el límite lógicamente de la parte del impuesto nacional correspondiente, si éste es menor.

En resumen, tanto el criterio de la fuente como el criterio de la residencia pueden, en la práctica, llevar a un resultado similar y evitar distorsiones de origen fiscal, siempre que de optar por el criterio de la residencia la legislación correspondiente permita excluir de la base imponible — o admita una deducción del 100 por 100 de la parte de cuota correspondiente a — las rentas obtenidas en otro Estado, al menos cuando exista convenio o ambos países formen parte de una misma zona de integración.

En este último caso la interdicción de discriminaciones conlleva igualmente:

— la equiparación fiscal de los establecimientos permanentes de empresas extranjeras a una persona residente, a efectos de reconocer a dichos establecimientos todas las deducciones y ventajas de que disfrutan los residentes;

— la máxima ampliación posible del concepto de establecimiento permanente.

Sobre este último punto, resulta de enorme interés, a mi juicio, la jurisprudencia europea a que se hará referencia más adelante.

3.2 La tendencia de los convenios de doble imposición y de las zonas de integración

Como indica Valdés el modelo de la ONU debió contemplar el principio de la fuente, de acuerdo con la Resolución del Consejo Económico y Social que creó el grupo de expertos, si bien siguió fundamentalmente el modelo de la OCDE, lo que motivó en general el rechazo de la doctrina latinoamericana.

Los convenios de Alemania con Argentina, Brasil, Ecuador y Uruguay, si bien parten igualmente del modelo de la OCDE, se apartan en cambio del mismo en aspectos importantes:

— el reconocimiento del derecho a gravar las rentas derivadas de dividendos, intereses y regalías en el país de la fuente, aunque con limitaciones en la cuantía de la alícuota;

— el hecho de que se grave el beneficio de las empresas únicamente cuando actúan por medio de "establecimiento permanente" se compensa con la admisión de deducciones en el impuesto a satisfacer en Alemania, incluyendo no sólo el gravamen satisfecho en el otro Estado, sino tarnbién los impuestos ahorrados en virtud de exenciones (*tax sparing*) e incluso, en algunos casos, una deducción mayor (*matching credit*); mientras que, a la inversa, el impuesto alemán sólo se deduce si ha sido efectivamente satisfecho (*tax credit*).

No cabe excluir que, en el futuro, los convenios vayan más lejos en este sentido, y aún partiendo del criterio de residencia se vaya generalizando el sistema de exención como medida que, en la práctica, permite llegar a un resultado similar alde la fuente.

Este criterio se detecta en la normativa interna, por ejemplo en materia de dividendos, al excluir los mismos de gravamen, como según veremos ocurre en varios países latinoamericanos; o al permitir la aplicación del sistema de exención respecto a los mismos (como hace España desde junio pasado). En este mismo sentido se orienta la Directiva sobre relaciones matriz-filial, que en principio excluye la posibilidad de gravar en el Estado donde está situada la matriz la renta obtenida por la filial, si bien con algunas concesiones al sistema de imputación como alternativa para el Estado, según también veremos.

Y respecto a la fiscalidad de la empresa en general, en el mismo sentido se orienta el informe Ruding, elaborado por encargo de la Comisión, el cual sostiene que el principio de imposición en la fuente resulta preferible para evitar la doble imposición, y al mismo tiempo manifesta la preferencia por el sistema de exención para evitar la doble imposición internacional.

De manera que si bien la legislación interna de los Estados parece orientada cada vez más hacia el criterio de combinar la fuente con el gravamen de los residentes por su renta mundial, este último criterio tiende a neutralizarse a través de mecanismos de exención, al menos entre los países pertenecientes a una misma zona de integración. Y en efecto, sólo la fuente (o la residencia combinada con el método de exención) permite la eliminación de la doble imposición y asegura la inexistencia de discriminación entre residentes y no residentes, eliminando así distorsiones de origen fiscal en la colocación de las inversiones.

Conviene precisar, sin embargo, que la eliminación de discriminaciones basadas en la residencia no se reduce a permitir la aplicación de un sistema de exención respecto a las rentas obtenidas en otros

Estados (como alternativa válida al criterio formal de la fuente), sino que exige también reconocer a los no residentes (gravados en función de las rentas obtenidas en el interior del país) las mismas deducciones y beneficios fiscales que a los residentes.

3.3 *La incompatibilidad entre una aplicación estricta del criterio de la residencia y la libertad de establecimiento: especial referencia a la jurisprudencia del Tribunal de Luxemburgo*

En las XV Jornadas se recomendaba la evitación de "toda discriminación tributaria en perjuicio de las personas físicas o jurídicas provenientes de otros países-miembros o participantes por razón de la nacionalidad o circunstancias similares".

Parece claro que este principio sigue siendo plenamente válido, si bien los ordenamientos nacionales no siempre han extraido todas las consecuencias necesarias del mismo. Así es frecuente una diferencia de trato entre residentes, que tributan por la renta mundial pero, a cambio de ello, disponen de ciertos incentivos, beneficios o deducciones que se niegan a los no residentes. Y ello puede llevar, aún en los sistemas tributarios que aplican un tipo más bajo a los no residentes, a un trato discriminatorio respecto a los mismos.

Por ello creo que conviene insistir en el criterio sentado en las XV Jornadas al que antes me refería. E incluso hacer un esfuerzo por precisar cuales son las circunstancias similares a la nacionalidad a las que se hacía referencia en la citada recomendación. Pues en efecto, hoy no existe prácticamente en ninguno de nuestros Estados un tratamiento discriminatorio basado en la nacionalidad, al haberse abandonado este criterio en los países que lo utilizaban.

En este sentido quizá sea útil la experiencia de la Comunidad Europea, donde a nivel de Derecho positivo no parecen existir diferencias sustanciales con la actual situación de gran parte de los países latinoamericanos que se han sumado en sus ordenamientos internos al criterio de la renta mundial. Pero en cambio se ha ido desarrollando en los últimos años una revolucionaria jurisprudencia del Tribunal de Luxemburgo, ciertamente polémica, que previsiblemente obligará a los Estados a revisar totalmente sus criterios de sujeción.

En el Tratado CE se contiene, en línea con la recomendación de las Jornadas a que hacíamos referencia al principio de estas líneas, una clara e incondicionada prohibición de discriminaciones en función de la nacionalidad (art. 7), además de reconocerse la libertad de circulación (art. 48) y de establecimiento (art. 52).

Tratándose de sociedades, el primer problema que planteó en su momento la aplicación del Tratado fue el de precisar qué debe entenderse por sociedades "nacionales" a efectos de los preceptos mencionados, lo que se ha resuelto por la jurisprudencia acudiendo al criterio de la sede social. Ello garantiza a las personas jurídicas con sede social en cualquier Estado-miembro el "tratamiento nacional", es decir el mismo tratamiento que a los nacionales del Estado donde actúen, sin discriminaciones injustificadas; lo que obliga, por ejemplo, a aplicar a los establecimientos permanentes, sucursales y agencias de sociedades con sede en otros Estados el régimen propio de la obligación personal (el régimen tributario de los residentes), sin limitación alguna en cuanto a los gastos deducibles o los beneficios fiscales aplicables (STJ de 28.1.86, Rec. p. 285, Asunto 270/83; comentada en *Rev. Inst. Eur.*, v. 13, n. 2, 1986).

Pero sentado lo anterior, el problema fundamental que se plantea desde la perspectiva comunitaria — común a las personas físicas y jurídicas —, es la admisibilidad de discriminaciones basadas en la residencia. El Tribunal de Justicia se plantea la cuestión, por primera vez, en la sentencia de 28.1.86, antes citada, aunque en ella se limita a afirmar que "no se podría excluir absolutamente que una distinción, según el domicilio de una sociedad o según la residencia de una persona física, en ciertas condiciones pudiera estar justificada en un ámbito como el Derecho fiscal". Se trataba de un supuesto en el que la legislación nacional daba un mismo tratamiento tributario a los residentes y a los no residentes, limitándose a excluir para estos últimos la aplicación de determinado beneficio fiscal — lo que se consideró incompatible con el Tratado — y ello explica que el Tribunal no considerase necesario profundizar en la admisibilidad de la distinción tributaria — por cierto, conocida en la mayoría de los Estados-miembros — entre obligación real (gravamen de los no residentes por las rentas obtenidas en el país, a un tipo proporcional y con limitación en las deducciones y beneficios fiscales) y personal (gravamen de los residentes por su renta mundial, con tipos progresivos para las personas físicas, pero con derecho a determinadas deducciones y beneficios negados a los no residentes).

La sentencia de 8.5.90 (Asunto Biehl, C-175/88, Rec. I-1779) se ocupa también de la residencia, pero no como punto de conexión o criterio de sujeción al tributo, sino como requisito — exigido entonces en Luxemburgo — para obtener la devolución del exceso ingresado a cuenta. El Tribunal considera dicho requisito contrario a la libertad de establecimiento, ya que discrimina a los nacionales de otros Estados-miembros que, lógicamente con más frecuencia que los luxemburgueses, carecen de una residencia permanente en el territorio del Estado.

El tema de la residencia como punto de conexión vuelve a plantearse en la sentencia de 26.1.93 (Asunto C-112/91, Hans Werner), que se enfrenta a la pretensión de un no residente (en este caso persona física), que obtiene la mayoría de sus rentas en territorio alemán, de que se le aplique la obligación personal (y por tanto, en Alemania, el sistema del *splitting*). Sin embargo, en dicha ocasión el Tribunal, basándose en la nacionalidad alemana del no residente, considera la cuestión como un problema puramente interno y no encuentra ningún obstáculo, desde la perspectiva comunitaria, para la aplicación del régimen previsto en la ley alemana para los no residentes.

En este contexto, reviste el máximo interés la STJ 14.2.95, Asunto Schumacker, C-279/93, del Pleno (ponente: F. A. Schockweiler). En ella el Tribunal se pronuncia por primera vez claramente sobre la admisibilidad o no de un tratamiento tributario diferenciado en función de la residencia, llegándose a la conclusión de que las discriminaciones basadas en la residencia pueden vulnerar el principio de igualdad de trato que consagra el art. 7 del Tratado, ya que muy a menudo los no residentes son precisamente no nacionales. Ahora bien, tal discriminación a efectos fiscales — es decir, el distinto régimen aplicable en la obligación real y en la obligación personal — se justifica cuando la mayor parte de los ingresos se obtienen en el Estado de residencia. En estos supuestos, es admisible que en la obligación real se excluyan determinadas deducciones, como las ligadas a la situación personal o familiar del contribuyente, aplicándose así un régimen "más riguroso", que se verá compensado en el país de residencia, donde será tenida en cuenta tal situación.

Esta conclusión se apoya por la sentencia en el hecho de que los acuerdos internacionales en materia tributaria se funden sobre la distinción entre residentes y no residentes, como es el caso de los modelos de Convenio de doble imposición aprobados en el ámbito de la OCDE y la ONU. A lo que cabría añadir — aunque la sentencia nada dice al respecto — que el propio Derecho comunitario utiliza la noción de residencia, que se refleja en los arts. 67 (libre circulación de capitales) y 75 (prestación de servicios de transporte por no residentes) del Tratado CEE, y en las Directivas 90/434/CEE, del Consejo, de 23.7.90, relativa al régimen fiscal común aplicable a las fusiones, escisiones, aportaciones de activo y canje de acciones entre sociedades de Estados-miembros distintos, 90/435/CEE del Consejo, de la misma fecha que la anterior, relativa al régimen común aplicable a las relaciones entre matriz y filial situadas en Estados-miembros distintos.

Pero como puede observarse este fundamento es muy endeble, pues constituye una petición de principio. O dicho de otra manera, el Tribunal parte de la situación predominante en el Derecho comparado para aceptar que, en el ámbito intracomunitario, se excluyan determinados beneficios respecto a los no residentes que obtienen una pequeña porción de su renta en el país. Pero en otro contexto internacional parece darse a entender que no se admitirían, en ningún caso, discriminaciones en función de la residencia. Y de ser así, ello inexorablemente conduce al criterio del lugar de obtención de la renta, o al criterio de la residencia matizado con la exención total de las rentas originadas en otros Estados-miembros.

Pero volviendo a la sentencia que comentamos, el Tribunal afirma que un no residente que no obtiene ingresos significativos en el país de residencia, no puede verse privado, en el Estado donde obtiene la renta, de las deducciones y ventajas reconocidas en dicho Estado a los sujetos pasivos por obligación personal. Frente a ello no cabe argumentar ni la necesidad de aplicar coherentemente el régimen de la obligación real ni las dificultades prácticas para obtener información de los eventuales ingresos obtenidos en el país de residencia, ya que tratándose de Estados-miembros de la Comunidad el sistema de asistencia mutua ofrece posibilidades de información suficientes.

De ellos resulta que los no residentes (de momento sólo aquellos que obtienen una parte significativa de su renta en el territorio del Estado) no pueden verse perjudicados respecto a los residentes. Ello plantea, por cierto, el problema de determinar qué porcentaje de sus ingresos ha de obtener el no residente para que le sea aplicable el criterio jurisprudencial expuesto. Y a estos efectos quizá pueda tenerse en cuenta la Recomendación 94/79/CE de la Comisión, de 21.12.93, según la cual los rendimientos del trabajo, profesionales o empresariales no pueden someterse por obligación real a un gravamen superior al que procedería en caso de residencia del contribuyente, su cónyuge e hijos, cuando tales rendimientos constituyan como mínimo el 75 por 100 de la renta total. Según dicha recomendación (como tal, no vinculante) el Estado donde se obtienen los rendimientos está facultado para exigir todos los justificantes que considere necesarios, así como para negar deducciones o ventajas relacionadas con rentas no gravadas en dicho Estado; y el Estado de residencia puede, a su vez, negar las deducciones o ventajas de que se hay disfrutado en el Estado de origen de las rentas.

Ahora bien, conviene observar que el criterio del 75 por 100 conta con un fundamento muy débil, como ya se dijo, y en modo alguno resulta directamente de la sentencia que comentamos. Al contrario, el Tribunal parece pensar en un porcentaje notoriamente inferior, al establecer que sólo resulta admisible discriminar a un no residente que sólo obtiene una parte poco significativa de su renta en el Estado.

El criterio expuesto en la sentencia que comentamos se reitera en la sentencia Wielockx, Asunto C-80/94, de 11.8.95, según la cual si un Estado permite a los residentes deducir las cantidades destinadas a "reserva para la vejez", debe extender dicha ventaja a los no residentes que obtengan la mayor parte de sus ingresos en dicho Estado, sin que el hecho de que las rentas que posteriormente se cobren con cargo a dicha "reserva" tributen en el país de residencia justifique discriminación alguna.

La jurisprudencia no se ha ocupado hasta ahora de la llamada discriminación al revés (es decir, un tratamiento más gravoso a los propios residentes que a los no residentes), o mejor dicho, cuando lo ha hecho indirectamente (tratamiento perjudicial respecto a un nacional propio) lo ha considerado un problema puramente interno, que no infringe las obligaciones del Tratado. Ahora bien, parece claro que la eliminación de distorsiones excluye también un trato desfavorable respecto a los propios residentes. Lógicamente al Tratado preocupa que los Estados caigan en la tentación de obstaculizar la libre circulación perjudicando fiscalmente a los no nacionales o no residentes. Pero el ideal de mercado interior tampoco resulta compatible con una discriminación al revés, y por ello, llevando a sus últimas consecuencias la jurisprudencia mencionada, la solución a medio y largo plazo no puede ser otra que el criterio de la fuente o la residencia con derecho a la exención plena de las rentas originadas en otros Estados. Y en esta línea, como vimos, se orienta precisamente el informe Ruding, así como la Directiva sobre relaciones matriz-filial, a que inmediatamente haremos referencia.

4. *Principales materias objeto de armonización en relación con la imposición sobre la renta*

Dentro de un enfoque pragmático y de "mínimos" existen ciertas materias que podemos considerar prioritarias en la armonización de los impuestos directos en las zonas de integración.

Así, por ejemplo, la propia eliminación de fronteras exige una profunda reorganización empresarial para adaptarse a las nuevas dimensiones del mercado, con las consiguientes operaciones de fusión o escisión, que no deben verse imposibilitadas u obstaculizadas por motivos fiscales.

La internacionalización de la economía también conllevará la proliferación de filiales y sucursales en otros Estados-miembros, y no parece lógico que la renta obtenida por la filial pueda verse gravada dos veces.

Y, sin ánimo exhaustivo, los ajustes fiscales de precios de transferencia en una zona de integración deberían siempre llevarse a cabo de forma bilateral, de modo que el incremento de la renta gravada en un Estado vaya acompañado de un mayor gasto deducible en otro. Pues no se trata sólo de evitar la elusión del impuesto a través de la deslocalización de los beneficios, sino también de evitar una doble imposición de una misma renta.

Haremos referencia sucesivamente a la experiencia europea en cada una de estas tres materias, así como a las soluciones adoptadas en los países latinoamericanos, tal como resulta de las ponencias nacionales.

4.1 *Fusiones, escisiones, aportaciones de activos y otras operaciones de reorganización empresarial*

Con objeto de lograr que las operaciones de reorganización empresarial que afectan a sociedades establecidas en varios países-miembros no resulten obstaculizadas por motivos fiscales, la Directiva 90/434/CEE, consecuencia de una vieja propuesta presentada por la Comisión al Consejo en 1969, establece el diferimiento del gravamen sobre las plusvalías puestas de manifiesto en estas operaciones. Es decir, la plusvalía queda formalmente exenta, pero la sociedad adquirente de los activos (sociedad resultante de la fusión, sociedad absorbente, sociedad resultante de la escisión o aportación de activos, etc.) queda obligada a valorar los activos recibidos, a efectos fiscales, por el valor neto contable que tenían en la transmitente. Es decir que, a efectos fiscales (amortizaciones, futuras plusvalías, etc.), se parte del valor "histórico" o valor de adquisición de la sociedad transmitente, sin tener tampoco en cuenta la plusvalía exenta, y ello aunque contablemente se haya revalorizado con motivo de la operación.

El mismo régimen de diferimiento se aplica a los socios, que no experimentan plusvalía alguna con motivo de los títulos que reciben a cambio de sus participaciones en la sociedad transmitente, pero han de valorar dichos títulos en función del valor de adquisición de estas últimas.

Los Estados-miembros pueden, no obstante, permitir a la sociedad beneficiaria calcular las amortizaciones y las futuras plusvalías de acuerdo con el valor de mercado, en cuyo caso no se aplica la exención, lo que supone convertir el diferimiento del impuesto en voluntario para las empresas. La misma facultad tienen los Estados respecto a la eventual plusvalía de los socios.

Si la sociedad transmitente tenía reservas libres de impuestos, la sociedad adquirente se subrogará en los derechos y obligaciones relativos a las mismas.

La exención se extiende a todo tipo de impuestos, es decir tanto al Impuesto sobre Sociedades como al IRPF, como a los tributos locales. Como fecha de adquisición de los bienes o de las participaciones, a efectos fiscales — y aunque la Directiva no lo dice expresamente — prevalece la fecha en que adquirió los bienes la sociedad transmitente y, respecto a los socios, la fecha de adquisición de las participaciones en esta última, cuando la antigüedad pueda ser determinante de una menor tributación, por ejemplo por correcciones de la inflación.

El régimen descrito se aplica igualmente a los establecimientos permanentes, de modo que en caso de aportación de un establecimiento con motivo de una fusión, escisión o aportación de activos, el Estado donde está situado el establecimiento debe renunciar a gravar las plusvalías correspondientes a la diferencia entre el valor contable y el valor de mercado de sus bienes, las cuales quedan diferidas en la sociedad adquirente. El Estado donde esté situada la sociedad transmitente podrá gravar las pérdidas del establecimiento que se hayan deducido con cargo a beneficios de la sociedad transmitente, y que no se hayan compensado con beneficios procedentes del establecimiento.

Únicamente si el Estado de la sociedad transmitente aplica un régimen de tributación sobre la renta mundial, puede gravar los beneficios o plusvalías resultantes de la operación, pero permitiendo en tal caso la deducción del impuesto que, de no existir la Directiva, se hubiera aplicado en el país donde está situado el establecimiento, lo que se justifica por el hecho de que en el futuro no podrá gravarse ya la plusvalía correspondiente, al quedar diferida en la sociedad adquirente situada en un Estado-miembro distinto.

Como puede verse básicamente se trata de evitar que las operaciones de reorganización empresarial supongan coste alguno para las empresas, difiriéndose el gravamen de las ganancias de capital de las empresas y los accionistas.

En los países latinoamericanos parece haberse llegado espontaneamente a una solución similar, sin necesidad de medidas normativas de armonización. Así, la legislación argentina establece un régimen de reorganización de empresas de acuerdo con el cual no tienen efectos fiscales las transformaciones experimentadas por los entes empresarios con el fin de lograr una mejor estructura organizativa o alcanzar una más eficiente asignación de los recursos productivos. Y en consecuencia no se gravan las fusiones, absorciones y escisiones de entes societarios, siempre que las entidades adquirentes de los activos prosigan con la actividad durante dos años y se mantengan determinados porcentajes del capital de las continuadoras por parte de los titulares del capital de las empresas reorganizadas.

En Brasil hasta 1985 no había siquiera que presentar declaración, pues prevalecía el principio de subrogación o sucesión del nuevo empresario en las obligaciones tributarias de la empresa transmitente. Actualmente hay que elaborar un balance y presentar declaración y, con excepción de la compensación de pérdidas y el diferimiento del lucro inflacionario, los demás ajustes se trasladan a la empresa resultante de la fusión, absorción o escisión.

En Colombia el Estatuto Tributario no considera que la fusión o escisión implique una verdadera enajenación a efectos fiscales, lo que implica la inexistencia de renta gravada, sin perjuicio de la responsabilidad de la empresa adquirente por las obligaciones pendientes.

Tampoco en Ecuador los traspasos de activos realizados en procesos de este tipo quedan sujetos a imposición sobre la renta ni resulta gravable ni deducible el mayor valor que se refleje en la inversión de los accionistas.

En México se percibe un impuesto local por los inmuebles aportados, pero en la fusión de sociedades extranjeras (no se admite la fusión entre empresas mexicanas y extranjeras) se difiere, al igual que en las operaciones puramente internas, el gravamen de las plusvalías.

Sólo en Chile las rentas puestas de manifiesto en la reorganización tributan con arreglo a las normas generales, y además se priva a la empresa adquirente de las deducciones eventualmente pendientes en la transmitente.

4.2 Relaciones matriz-filial

La Directiva 90/435/CEE, de 23 de julio, es también consecuencia de una propuesta de 1969, y pretende evitar que, por el hecho de que la matriz y la filial se encuentren domiciliadas en Estados-miembros distintos, se genere una mayor tributación que si ambas sociedades estuvieran establecidas en el mismo Estado. El régimen común establecido al efecto se aplica en los supuestos en que la matriz participa al menos en un 25 por 100 del capital de la filial, o bien — si existe un acuerdo bilateral de los Estados afectados — posee en la filial más del 25 por 100 de los derechos de voto; y siempre que el porcentaje de participación se mantenga, al menos, durante un período ininterrumpido de dos años, pues en caso contrario los Estados pueden no aplicar al régimen común.

El documento COM 93/293 final, de 20.8.93, propone extender el ámbito de aplicación de la Directiva a participaciones inferiores y a establecimientos permanentes. E incluso antes de que se apruebe esta propuesta cabe razonablemente pensar que la exclusión de los establecimientos permanentes (es decir, la exigencia de que se trate de una filial con personalidad jurídica independiente) vulnera la libertad de establecimiento, tal como se interpreta por la jurisprudencia comunitaria, ya comentada.

El régimen común, aplicable desde el 1.1.92, consiste en que el Estado de residencia de la matriz o bien se abstiene de gravar los beneficios distribuidos por la filial (sistema de exención) o bien, si opta por gravar tales beneficios, otorgará a la sociedad matriz una deducción en la cuota equivalente a la parte del impuesto pagado por la filial por tales benefícios, con el límite máximo de la parte del impuesto nacional correspondiente (sistema de imputación mixto).

Los beneficios distribuidos quedan exentos de "retención en origen" (no considerándose como tal el pago anticipado o "previo" del Impuesto sobre Sociedades), salvo determinadas exenciones transitorias para algunos países (justificadas en general porque en ellos se aplica una alícuota más elevada a los beneficios distribuidos respecto a los no distribuidos). El país de residencia de la matriz no puede percibir en ningún caso retención alguna.

El Estado de residencia de la matriz está facultado para considerar no deducibles los gastos relativos a la participación y las minusvalías derivadas de la distribución de beneficios. Pero en tal caso, si los gastos de gestión relativos a la participación se fijan a tanto alzado, han de ascender al menos al 5 por 100 de los beneficios distribuidos por la filial.

Importa observar que algún Estado-miembro aplica en la actualidad el sistema de exención propugnado por la Directiva también respecto a terceros países. Así, a partir de junio pasado España ha adoptado el método de exención (aunque instrumentado técnicamente como una deducción en la cuota) como opcional para el contribuyente respecto a los dividendos y plusvalías de fuente extranjera (con participación del 5 por 100 y otros requisitos), lo que en la práctica supone que estas rentas limitarán su tributación a la soportada en el extranjero, en función por tanto del criterio de la fuente.

A una solución similar se llega en varios países latinoamericanos sobre la base de la exclusión de todo gravamen sobre los dividendos. En Argentina los dividendos distribuidos en efectivo o en acciones liberadas, abonados a residentes o no residentes, no se encuentran sujetos a imposición. La normativa chilena, parca en medidas para evitar la doble imposición que beneficien a los contribuyentes nacionales, contempla para las empresas un crédito de impuesto que afecta, entre otras rentas de fuente extranjera, a los dividendos percibidos o utilidades retiradas de sociedades constituidas en el extranjero, con el límite del impuesto efectivamente pagado o retenido en el país de que se trate. México renuncia a gravar los dividendos. Tampoco se gravan en Perú desde 1994, lo que parece merecer un juicio favorable de la doctrina. Uruguay sóllo los grava (a través de una retención) cuando se encuentren gravados en el domicilio del receptor y éste disfrute en su país de un crédito fiscal por el impuesto abonado en Uruguay, si bien la ponencia nacional subraya que cuando el país del titular aplica una alícuota inferior al 30 por 100, que corresponde aplicar en Uruguay, la retención puede perjudicar a los inversores extranjeros, en contra de la aparente finalidad de la norma. Y Venezuela tampoco grava los dividendos, excepto los obtenidos por empresas que se dediquen a actividades de hidrocarburos y conexas.

4.3 Precios de transferencia

En materia de precios de transferencia la mayoría de las legislaciones prevén ajustes fiscales para el caso de que las operaciones entre entidades vinculadas o asociadas se aparten de los precios de mercado, presumiendo en algunos casos la vinculación para facilitar la aplicación de la norma.

Como indica Valdés Costa, parece que, por su valor técnico, la regulación establecida en el Modelo de convención fiscal concerniente a la renta y el capital de la OCDE en su art. 9 puede ser utilizada de forma general. En él se prevé que cuando una empresa o unas mismas personas participan directamente o indirectamente en la dirección, control o capital de otra empresa, y utilizan en sus relaciones comerciales o financieras condiciones convenidas o impuestas que difieren de las que serían convenidas por empresas independientes, los beneficios "de ambas empresas" deben ser ajustados.

En un sentido similar las VII Jornadas Latinoamericanas recomendaron:

"6º. Declarar que el tratamiento impositivo de las sociedades vinculadas debe seguir las reglas generales aplicables a las sociedades independientes sin perjuicio de recomendar:

"a) El establecimiento de regímenes especiales de control unilateral y conjunto por parte de los Estados interesados, quc eviten las distorsiones que la experiencia ha permitido comprobar; y

"b) La adopción de limitaciones y requisitos legales que impidan los abusos que no puedan comprobarse por los controles administrativos."

Personalmente opino que las anteriores recomendaciones siguen conservando toda su validez. Ahora bien, desde la perspectiva de los contribuyentes importa asegurar el carácter bilateral del ajuste, lo que exige que todos los Estados implicados acepten el mismo precio de mercado para la operación. Y para ello entiendo que no basta la fórmula tradicional de los convenios de doble imposición de prever un procedimiento amistoso. Resulta preferible ir aún más lejos y establecer por ejemplo (como hace el convenio multilateral adoptado en el ámbito de la Comunidad Europea — Convenio 90/436/CEE, de 23 de julio, "relativo a la supresión de la doble imposición en caso de corrección de los beneficios de empresas asociadas" —, que ha entrado en vigor en 1995, una vez ratificado por todos los Estados- miembros) que cuando por la vía del procedimiento amistoso no se logra corregir la doble imposición en un plazo de dos años, la cuestión someterá a una "comisión consultiva" (integrada por dos representantes de cada Administración y un número par de personalidades independientes), que emite un dictamen sobre la base del cual las Administraciones afectadas han de adoptar, de mutuo acuerdo, una decisión que garantice la supresión de la doble imposición en un prazo de seis meses; y si bien tal decisión puede apartarse del dictamen, éste resulta vinculante cuando no se logra un acuerdo alternativo.

Aunque se trata de un importante avance cualitativo respecto al modelo tradicional de relaciones internacionales, desde el punto de vista comunitario el sistema resulta deficiente ya que, por un lado, la opción por un convenio multilateral (en lugar de un instrumento propiamente comunitario, como la Directiva) excluye la posible intervención del Tribunal de Justicia en caso de infracción; y por otro lado, el particular queda excluido del procedimiento arbitral, que únicamente puede instar, pero sin intervenir en el nombramiento de los árbitros.

Pero parece que al menos es deseable una solución arbitral de este tipo. E incluso me atrevería a sugerir la posibilidad y conveniencia de suspender la efectividad de los ajustes entre Estados-miembros de una misma zona de integración en tanto no exista acuerdo entre ambos respecto al precio de mercado, de forma que no pueda exigirse ingreso adicional alguno en tanto el otro Estado implicado no reconozca un gasto equivalente.

Desde la perspectiva de las empresas, además, resultaría de interés prever algún mecanismo a través del cual pueda obtenerse un acuerdo previo con las Administraciones de los Estados afectados de manera que las empresas vinculadas puedan planificar adecuadamente sus actividades y conocer de antemano los critérios de valoración que les serán aplicados.

Un mecanismo de acuerdos previos de este tipo existe ya en algunos países (como EEUU y, desde el 1 de enero pasado, España), y sería deseable que en las zonas de integración este tipo de acuerdos pudieran alcanzarse entre las empresas afectadas y todos los Estados afectados, de manera que el precio de mercado o los criterios para su determinación vincularan a todos ellos.

4.4 Otras materias

Otras materias cuya armonización se estima necesaria, a medio y largo plazo, en las distintas ponencias nacionales son:

— Asegurar el gravamen de la renta neta correspondiente a la actividad empresarial, es decir una vez deducidos todos los gastos necesarios para su obtención y eliminados los efectos de la inflación. A estos efectos la armonización debería asegurar mecanismos uniformes para el cálculo de la renta neta, reglas homogéneas para calcular las amortizaciones, establecer el diferimiento del impuesto o la exención de la plusvalía correspondiente a la venta de activos en caso de reinversión, así como establecer un sistema común de compensación de pérdidas.

— Permitir la consecución progresiva de un nivel similar de imposición sobre las rentas societarias y sobre las remisiones de utilidades, regalías e intereses, de forma de interferir lo menos posible en la localización de los factores productivos.

— A estos efectos, reviste especial importancia la imposición sobre los intangibles, o sea las patentes, *know how* y en general la transferencia de tecnología y la asistencia técnica, ya que en algunos casos los correspondientes impuestos son mucho más gravosos que los aranceles aduaneros.

— Asegurar la corrección de la doble imposición interna, estableciendo mecanismos de integración entre los impuestos que recaen sobre la sociedad y sobre los socios.

— Coordinar los procedimientos para la determinación del gravamen.

— Y coordinar el otorgamiento de incentivos tributarios dentro de la zona de integración, evitando una competencia fiscal excesiva entre los distintos territorios.

5. *Integración en el ordenamiento interno de las normas internacionales y supranacionales*

Ya en las XV Jornadas se recomendaba que los principios y mecanismos fundamentales destinados a solucionar los problemas tributarios deben preverse en el Tratado marco o constitutivo y que las normas de Derecho derivado deberán ser atribuidas a órganos con facultades suficientes para asegurar el debido cumplimiento de esos procesos.

Tratar de ir más lejos en el sentido marcado por dicha recomendación exigiría concretar, en la medida de lo posible, cuales son esos principios y mecanismos fundamentales, que deben figurar al máximo rango en el propio Tratado, y que otras cuestiones pueden dejarse al Derecho derivado.

A mi juicio el Tratado debe al menos incluir la prohibición de ayudas directas o indirectas a las empresas — tema al que nos hemos referido anteriormente — y asegurar la no discriminación de los nacionales o residentes en otros Estados-miembros, lo que constituye un principio básico para la armonización de los impuestos directos, al que también hemos hecho referencia en un epígrafe anterior.

Naturalmente cabría un planteamiento mucho más ambicioso en relación con el contenido deseable del Tratado en materia de armonización de la imposición sobre la renta de las empresas. Pero la adopción clara y al máximo nivel normativo — esto es en el propio Tratado — de dichos principios básicos representa ya un avance sustancial de enorme fuerza expansiva, como prueba la interpretación y desarrollo de los mismos por el Tribunal de Justicia de las Comunidades Europeas, a que antes hemos hecho referencia.

5.1 Integración de los tratados internacionales

Al margen del contenido de los propios tratados, en el plano formal importa asegurar la plena vigencia y respecto a los mismos, sin que puedan ser desconocidos o modificados unilateralmente por los Estados-miembros.

A este respecto, la ponencia argentina pone de manifiesto como el 7.7.92 la Corte Suprema de Justicia de la Nación varió sustancialmente la jurisprudencia sobre las facultades del Congreso en cuanto a la invalidación de convenios internacionales, reconociendo la prevalencia de éstos. Lo mismo ocurre en Colombia y en Venezuela (arts. 123 de la Constitución y 2 del Código Orgánico Tributario). En Brasil, en cambio, aunque la Constitución y la doctrina afirman la supremacía de los tratados y los convenios internacionales sobre la legislación interna, en la práctica se admite la derogación de los mismos por una ley posterior, según afirmó en 1977 el Tribunal Supremo Federal.

En Chile no hay normas vigentes que permitan conceder virtualidad jurídica a las disposiciones resultantes de tratados internacionales ni a decisiones emanadas de órganos supranacionales.

Y la normativa constitucional uruguaya requiere aprobación legislativa para la plena vigencia de disposiciones resultantes de tratados internacionales que sean materia reservada a ley.

Ahora bien, se trata no sólo de evitar la modificación o desconocimiento unilateral del convenio por los respectivos Parlamentos internos, sino también de asegurar una interpretación uniforme del texto en los distintos Estados implicados. Pues evidentemente por la vía de la interpretación podrían también vaciarse de hecho las obligaciones asumidas.

Por ello importa subrayar que incluso ante graves problemas de elusión fiscal u otros similares que puedan plantearse como consecuencia de la aplicación del Tratado, y si las cláusulas antielusorias eventualmente contenidas en el propio convenio no son suficientes, la seguridad jurídica exige un acuerdo específico con el otro Estado contratante. No debe admitirse, en cambio, una solución de tipo unilateral, ni siquiera por la vía interpretativa, pues como indica el informe de la OCDE de 2.10.89, las soluciones de Derecho interno sólo son posibles cuando exista un "amplio consenso" de que las mismas no afectan a las relaciones o compromisos internacionales asumidos.

5.2 Integración de las normas emanadas de organizaciones supranacionales

Como antes se ha dicho las XV Jornadas hacían referencia a normas de Derecho derivado emanadas de órganos con facultades suficientes para asegurar el debido cumplimiento de los procesos de integración. Para ello, y sin perjuicio de la armonización que pueda alcanzarse de forma espontánea o a través de acuerdos entre los Estados- miembros, parece que al menos subsidiariamente debe preverse la existencia de una instancia supranacional, a ser posible con la máxima legitimidad democrática, con competencia para emanar normas supranacionales de armonización fiscal que se integre en el ordenamiento de todos los Estados-miembros, prevaleciendo en caso de conflicto sobre las demás normas internas, anteriores o posteriores.

La recepción de normas emanadas de organismos supranacionales exige la correspondiente habilitación jurídica, en principio en la propia Constitución. Frente al silencio en este punto del ordenamiento chileno y uruguayo, destaca el art. 75 de la Constitución argentina, el 93 de la española o el apartado 3º, añadido en 1992, al art. 8º de la Constitución portuguesa (y existen normas similares en los demás Estados-miembros de la Comunidad Europea).

En Colombia la doctrina y jurisprudencia (sentencia de 10.11.92, de la Sección primera del H. Consejo de Estado, Expte. 2.009) aceptan que las normas dictadas por la Comisión del Acuerdo de Cartagena son obligatorias una vez publicadas sin necesidad de "incorporación" al ordenamiento interno, no sin cierta discusión debido a que la Constitución reserva las competencias fiscales al Congreso, lo que enlaza directamente con el problema del "déficit democrático" que a menudo conlleva la trasferencia de competencias tributarias a una organización supranacional, al que más arriba hacíamos alusión.

En algunos de los países mencionados las correspondientes normas constitucionales se han aprobado con notable anterioridad a la adhesión a la organización internacional o aún antes de que ésta haya comenzado a emanar Directivas de armonización. Y también en muchos casos se prevé que las correspondientes normas supranacionales prevalecen o tienen prioridad sobre la legislación interna (con la excepción, a menudo, de los derechos fundamentales u otros aspectos del orden constitucional interno), lo que resulta fundamental para asegurar la plena eficacia de las normas de armonización. Al menos en el caso de que la norma supranacional resulte más favorable para el contribuyente, como ocurre en el ámbito de la Comunidad Europea en el que los principios de eficacia directa (en materia fiscal, véase la STJ 19.1.82, Ursula Becker) y primacía del ordenamiento comunitario permiten a los contribuyentes exigir la inaplicación de las normas internas incompatibles con el ordenamiento comunitario, pero sin que el Estado pueda en cambio pretender la aplicación de una Directiva no ejecutada o desarrollada correctamente en la legislación interna. Es decir, se asegura la eficacia directa vertical, en favor del contribuyente, pero no a la inversa, sobre la base del principio según el cual el Estado no puede beneficiarse de su propio incumplimiento de la Directiva para exigir un tributo superior al que corresponde según la ley interna.

5.3 El papel de los jueces y tribunales internos y de los órganos jurisdiccionales supranacionales

Diversos ponentes nacionales consideram aconsejable, o al menos un tema de necesaria meditación, la creación de Tribunales supranacionales. En este sentido la experiencia europea pone de relieve como la creación de un Tribunal supranacional resulta fundamental para asegurar una aplicación uniforme de las normas de armonización, así como para resolver o al menos declarar los posibles incumplimientos de los Estados.

Ello no quiere decir que el Tribunal supranacional de que se trate deba convertirse en el juez único o detentar el monopolio para la resolución de los conflictos fiscales y de todo tipo que pueda plantear la integración. Antes al contrario, la efectiva aplicación de los tratados y de las normas de armonización que se dicten sólo es posible si todos los órganos nacionales, de cualquier nivel y naturaleza (administrativa, jurisdiccional e, incluso, legislativa), se encuentran y se sienten vinculados por el ordenamiento supranacional, con preferencia incluso a las normas puramente internas. En el ámbito europeo el tema ha llegado a plantearse incluso respecto a los derechos fundamentales reconocidos en las Constituciones internas. Pero sin necesidad de llegar a tanto (en la práctica este problema puede superarse cuando todos los Estados-miembros aseguran un nivel de protección similar de los derechos fundamentales), al menos si parece que los órganos internos han de ser los encargados primarios de la aplicación de las normas de armonización.

El papel del Tribunal supranacional no sería, en este sentido, sustituir a los órganos internos en principio competentes (conforme a los procedimientos y sistemas de recurso previstos en cada ordenamiento interno) sino sobre todo colaborar con ellos — o al menos con aquellos órganos internos que deciden en última instancia — para asegurar una interpretación uniforme de las normas de armonización. En este sentido el mecanismo de la cuestión prejudicial — la posibilidad u obligación, según los casos, de que los órganos internos consulten al Tribunal de Justicia cualquier cuestión sobre la interpretación o validez de las normas comunitarias — ha desempeñado un importantísimo papel en la Comunidad Europea, hasta el punto de que ha podido decirse que la Comunidad es, fundamentalmente, una creación del Derecho y de los jueces, a través de los principios de la eficacia directa y la primacía del ordenamiento comunitario. Principios que, sorprendentemente, no se encuentran recogidos expresamente en los tratados sino que constituyen una creación de la jurisprudencia, en contra incluso, en los primeros momentos, de la opinión mantenida por la Comisión y por los Estados (Asuntos Gend Loos, Costa Enel, Simmenthal, etc).

6. Conclusiones

Todo lo expuesto a lo largo del presente informe general nos lleva a las siguientes conclusiones, que intentan buscar fórmulas de aproximación entre las distintas concepciones doctrinales y entre las distintas tradiciones jurídicas, a la vista de la experiencia y de las nuevas exigencias planteadas por los distintos esquemas de integración supranacional:

1. Para asegurar el cumplimiento de las normas de armonización fiscal emanadas de organizaciones supranacionales de integración debe: a) permitirse a los particulares alegarlas ante cualquier autoridad administrativa o judicial que pueda resultar competente en un litigio de carácter fiscal; y b) asegurar una interpretación uniforme de dichas normas por parte de las autoridades de todos los Estados afectados, a través de la creación de un órgano supranacional, preferiblemente de naturaleza jurisdiccional, que unifique critérios.

2. La armonización fiscal de los impuestos sobre la renta de las empresas debe centrarse en aquellos aspectos en que se produzcan distorsiones de origen fiscal, sin que ello suponga renunciar a medio y largo plazo a una mayor aproximación de los impuestos directos entre los distintos Estados-miembros de una organización supranacional.

Dicha armonización debería tender a asegurar el gravamen de la renta neta correspondiente a la actividad empresarial, es decir una vez deducidos todos los gastos necesarios para su obtención y eliminados los efectos de la inflación. A estos efectos la armonización debería asegurar mecanismos uniformes para el cálculo de la renta neta, reglas homogéneas para calcular las amortizaciones, establecer el diferimiento del impuesto o la exención de la plusvalía correspondiente a la venta de activos en caso de reinversión, establecer un sistema común de compensación de pérdidas, y fijar unos límites máximo y mínimo para el tipo de gravamen.

Igualmente la armonización debería asegurar la corrección de la doble imposición interna, estableciendo mecanismos de integración entre los impuestos que recaen sobre la sociedad y sobre los socios.

3. La armonización fiscal debe completarse con otras medidas tendentes a eliminar distorsiones, y en particular la prohibición, como regla general, de subvenciones o ayudas a las empresas, públicas o privadas, salvo circunstancias excepcionales. Dicha prohibición de subvenciones o ayudas debe incluir las moratorias, aplazamientos, exenciones, amnistías o rebajas fiscales cuando, por las condiciones en que se aplican, produzcan un efecto similar al de una subvención o ayuda directa.

4. Debe prohibirse igualmente un tratamiento discriminatorio de las empresas en función de su nacionalidad o residencia, lo que conlleva la adopción del criterio de la fuente o, cuando se aplica el criterio de la residencia, la exención de la renta obtenida en el territorio de otros Estados. En este último caso la interdicción de discriminaciones conlleva igualmente:

— La equiparación fiscal de los establecimientos permanentes de empresas extranjeras a una persona residente, a efectos de reconocer a dichos establecimientos todas las deducciones y ventajas de que disfrutan los residentes.

— La máxima ampliación posible del concepto de establecimiento permanente.

— La equiparación de los no residentes que obtienen una parte significativa de su renta en el país a los residentes.

La adopción de un sistema de imputación, en virtud del cual solamente se permite a los residentes la deducción de los impuestos efectivamente satisfechos en otros países constituye una injustificada discriminación en función de la residencia cuando el gravamen en el país de la fuente es menor al que corresponde aplicar en el país de residencia.

5. Si se pretende la creación de un mercado común donde puedan competir libremente las empresas de los distintos Estados integrantes del mismo han de evitarse los obstáculos fiscales a las operaciones de fusión, escisión y, en general, operaciones de reorganización empresarial necesarias para que las empresas puedan ajustarse a las dimensiones y características de mercados cada vez más amplios.

A estos efectos debe eliminarse o reducirse al mínimo la imposición sobre las citadas operaciones, y en los países que gravan las ganancias de capital, debe diferirse el gravamen de las plusvalías puestas de manifiesto con ocasión de cada operación hasta el momento en que la sociedad adquirente enajene los bienes.

6. Debe evitarse en todo caso la doble imposición de una misma renta empresarial, a cuyo efecto parece oportuna la aplicación del gravamen correspondiente al lugar en que se realiza la actividad, con independencia de que ésta se lleve a cabo a través de una filial dotada de personalidad jurídica o de una sucursal o establecimiento permanente carente de ella.

A estos efectos el Estado donde esté situada la matriz debe renunciar a gravar la renta obtenida por la filial, sucursal o establecimiento permanente, ya sea excluyendo dicha renta de la base o permitiendo una deducción en la cuota en proporción a la renta percibida de la filial.

El Estado en que se encuentre la filial, sucursal o establecimiento debe excluir de retención los beneficios repatriados a la matriz, a no ser que aplique un tipo inferior a los benefícios repartidos respecto a los no repartidos, en cuyo caso la retención podría estar justificada para compensar dicha diferencia.

7. Debe evitarse tanto la elusión del impuesto a través de precios de transferencia como la doble imposición en los supuestos de empresas asociadas o vinculadas. A estos efectos los convenios de doble imposición o, en su caso, las normas supranacionales deben prever mecanismos para que el importe del ajuste fiscal sea fijado de mutuo acuerdo por los Estados afectados en orden a la aplicación bilateral del correspondiente ajuste. En defecto de acuerdo entre los Estados en un determinado plazo, puede preverse un mecanismo arbitral que evite una valoración diferente de la misma operación y, por tanto, haga inviable en la práctica el ajuste bilateral.

Resulta igualmente de utilidad la posibilidad de que las empresas afectadas obtengan un acuerdo previo con las Administraciones de los Estados afectados de manera que las empresas vinculadas puedan planificar adecuadamente sus actividades y conocer de antemano los critérios de valoración que les serán aplicados.

8. Debe potenciarse el intercambio de información y la asistencia mutua a efectos de recaudación entre las respectivas Administraciones tributarias, asegurando al mismo tiempo la confidencialidad de los datos y su utilización exclusiva para fines tributarios.

CONFERÊNCIAS & DEBATES

FACULDADES DA ADMINISTRAÇÃO NO LANÇAMENTO TRIBUTÁRIO*

PAULO DE BARROS CARVALHO
Relator Geral do Tema

1. Introdução

Ao oferecer as diretrizes gerais deste tema aos senhores relatores nacionais, tive a oportunidade de acentuar a grande relevância da matéria, como assunto a ser discutido e trabalhado numa reunião de âmbito internacional, importância que se qualifica no plano teórico e se projeta com toda a evidência nos vários segmentos da experiência jurídica de cada um dos países. As XVIII Jornadas Latino-americanas de Direito Tributário não poderiam ter escolhido melhor o seu campo de trabalho, em função da indiscutível atualidade de que desfruta o assunto, neste preciso momento histórico por que passamos.

O objeto temático destas Jornadas nos conduz, imediatamente, ao instante em que os agentes do Poder Público e os administrados, no empenho de cumprir as determinações do direito positivo, ingressam num setor vital para a realização da ordem jurídica, porque as regras gerais e abstratas, devidamente interpretadas, estarão na iminência de ferir as condutas intersubjetivas, disciplinando-as segundo os operadores deônticos (obrigatório, proibido e permitido), para canalizá-las em direção aos valores que a sociedade se propõe implantar. Considerando-se a cadeia de normas jurídicas, no processo de positivação do direito, as regras atinentes ao lançamento tributário, bem como aos poderes da entidade tributante, no que concerne à atividade de fiscalização das várias figuras impositivas, estão muito próximas dos comportamentos interpessoais, tornando-se, por isso, sobremaneira importantes, e até decisivas, não só em termos da eficácia social que delas pretendemos obter, como, fundamentalmente, para se exercer o controle de legalidade que a garantia constitucional dos direitos individuais e coletivos tanto requer.

Tendo ocorrido o evento jurídico-tributário, preparam-se os interessados para objetivá-lo na linguagem competente que o sistema normativo prevê. Surgirão daí as figuras do lançamento e de outros atos, praticados pelos particulares, mas que terão o mesmo efeito, qual seja, formalizar em linguagem o fato imponível e a correspondente obrigação tributária. O exercício dessa atividade, entretanto, não é simples, como todos sabemos. Para atuar o

*Relatório apresentado na XVIII Jornada Latinoamericana de Derecho Tributario (Montevidéu, Uruguai, de 1 a 6 de dezembro de 1996).

lançamento, dando-lhe a consistência jurídica necessária, a autoridade administrativa deve tomar uma série de providências, quase todas elas envolvendo interesses do administrado. Quanto a este, o legislador atribui, em muitas situações, a responsabilidade pela produção de expedientes voltados à formalização do fato tributário, bem como a manifestação em linguagem da relação jurídica de cunho obrigacional. E é óbvio que qualquer desvio no cumprimento desses atos implicará detrimentos à expectativa arrecadatória do Estado-administração.

Aquilo que se vê na experiência dos nossos dias é a obrigação tributária assumindo condições concretas de exigibilidade, tanto por iniciativa da entidade que tributa, como pela participação sempre crescente dos sujeitos passivos, instados à prática de uma série de providências que, outrora, pertenceram ao Poder Público. Essa tendência à solicitação cada vez maior dos ofícios do destinatário das normas tributárias tem como contranota o aumento considerável de medidas controladoras por parte do Fisco, intensificando sobremaneira esse relacionamento que sempre foi tenso e delicado. Daí a preocupação que a escolha do tema sugere e os objetivos de discussão dos aspectos que possam interferir nesse processo, conduzindo aquele relacionamento num clima de legalidade e de respeito aos direitos e garantias constitucionais.

2. Metodologia do relatório

Pareceu-me correto operar com dois cortes metodológicos, firmados em momentos distintos: a) o primeiro, proposto na linha das diretrizes aos relatores nacionais, em que foram sublinhados alguns tópicos que pudessem estimular o interesse dos participantes, que os desenvolveriam nas várias ponências; b) o segundo, tomando como ponto de partida as diretrizes preliminares, mas evoluindo no sentido de circunscrever a apresentação da matéria tão-somente aos itens ventilados nas ponências que chegaram às minhas mãos em tempo hábil. Não é preciso salientar o descabimento de considerações sobre assuntos não tratados nas manifestações recebidas, que representariam meras opiniões pessoais do relator, extrapassando os limites do instrumento que se pretendeu elaborar. Nesta última incisão, porém, os argumentos expostos pelos participantes foram agrupados em torno dos pontos remanescentes, entreligando-os de tal forma que pudessem aparecer integrados num documento com sentido de unidade.

A premência de restringir o relatório ao tamanho e às proporções das manifestações nacionais, como é óbvio, redirecionou a linha inicial em que estavam estruturadas as diretrizes, provocando, não uma nova concepção, mas, inevitavelmente, uma retomada do tema, sob perspectivas mais reduzidas.

Cumpre dizer, entretanto, que a boa qualidade das contribuições enviadas foi razão suficiente para o levantamento de questões importantes, ofertando material precioso para ser lido e debatido nestas Jornadas.

A nova sistematização fez com que o assunto ficasse distribuído nesta ordem seqüencial:

I — Sobre o instituto do lançamento

1. Ajustes terminológicos

2. Aspectos atinentes à definição do conceito de lançamento.

3. Sobre as dualidades: a) ato/procedimento; e b) constitutivo/declaratório.

4. Lançamento e formalização do crédito tributário. O chamado "autolançamento".

II — Sobre as "faculdades da Administração" em matéria de lançamento tributário

1. As faculdades dizem respeito ao processo ou ao produto?

2. Formas de reconhecimento jurídico do fato imponível e da base de cálculo.

3. Propostas definitórias dos conceitos de presunção e de ficção.

4. Observações críticas sobre as formas de reconhecimento do fato jurídico tributário.

5. O princípio da legalidade e as "faculdades da Administração" em matéria de lançamento tributário.

6. Limites às "faculdades da Administração", na determinação tributária e garantias dos administrados.

7. Limites da atividade de inspeção fiscal.

8. Transação na determinação da base tributável.

9. Conclusões preliminares.

O relatório geral levou em conta os seguintes trabalhos:

Argentina: Dr. Rodolfo R. Spisso

Brasil: Dr. José Artur Lima Gonçalves, Dr. José Marques Domingues de Oliveira

Chile: Dr. Juan Edgardo Goldenberg Peñafiel

Colômbia: Dr. Álvaro Leyva Zambrano

Equador: Dr. Rodrigo Garcés Moreano

Espanha: Dr. Amparo Navarro Faure, Dra. Ana María Pita Grandal, Dr. Eusebio González, Dr. Francisco Escribano, Dras. Leonor Maria Pérez de Vega e Susana Aníbarro Pérez, Dr. José Juan Ferreiro Lapatza, Dras. Maria Teresa Soler Roch e Eva Aliaga Agullo

Guatemala: Drs. Carlos Enrique Sandoval Vasquez, Solange Maribel Gonzalez de Bermal e Israel Tobar Alvarado

Itália: Dr. Andrea Amatucci

México: Dr. Augusto Fernández Sagardi, Dr. Pedro Cuevas Figueroa

Panamá: Dr. Claudino Pita

Peru: Dr. Guillermo Grellaud Guzmán

Uruguai: Drs. Felix Abadi Pilosof e Jonás Bergstein, Dr. César Pérez Novaro, Dr. Gustavo Rodriguez Villalba

Venezuela: Dr. Jose Andres Octavio

I — Sobre o instituto do lançamento tributário

1. Ajustes terminológicos

Sabe-se que a atividade do jurista, tanto o prático, como o teórico, sob certo enfoque, poderia resumir-se num esforço de índole semântica. No fenômeno da comunicação, mesmo que emissor e receptor operem um único código, é muito comum estabelecerem-se desacordos sobre palavras e expressões, de tal sorte que se tornam muito úteis os ajustes sobre os termos básicos em que se expressa a mensagem. Quando a comunicação tem pretensões científicas, então, aquela mera utilidade se transforma em absoluta necessidade. A precisão da linguagem, como acentuou Norberto Bobbio. não é uma recomendação da Gramática para a beleza do estilo, mas uma imposição inarredável na construção de qualquer ciência.

Ora, se assim é, temos que dizer alguma coisa sobre as proporções semânticas da voz "lançamento". Como a palavra é da língua portuguesa, mostrarei, rapidamente, as acepções em que costuma ser empregada no direito brasileiro, passando, em seguida, a isolar os sentidos que melhor se adaptem aos símbolos *determinación* e *liquidación*, usados, respectivamente, nas legislações dos países latino-americanos e da Espanha.

No Brasil, consoante estudo que vem merecendo ampla difusão na comunidade científica, o Dr. Eurico Marcos Diniz de Santi (*Lançamento Tributário*, Max Limonad, São Paulo, 1996 pp. 124-125) desenvolve uma investigação semântica sobre o termo "lançamento", verificando que a palavra aparece com as seguintes dimensões de significado: 1) ação de escriturar uma verba em livros de escrituração comercial; 2) efeito dessa escrituração; 3) a própria verba que se escritura; 4) efetuar o cálculo, conferir liquidez a crédito ou débito. A essas quatro acepções, acrescentemos: 5) como procedimento administrativo da autoridade competente, com o objetivo de constituir o crédito tributário; 6) o ato-norma administrativo, norma individual e concreta, produto daquele procedimento; 7) como procedimento administrativo que se integra com o ato-norma administrativo de inscrição da dívida ativa; 8) lançamento tributário como o ato-fato administrativo derradeiro da série em que se desenvolve um procedimento com o escopo de formalizar o crédito tributário; 9) como atividade material do sujeito passivo, de calcular o montante do tributo devido, juridicizada pela legislação tributária; e 10) o resultado daquela atividade, vale dizer, a norma individual e concreta expedida pelo particular, que formaliza o crédito tributário, submetendo tudo isso à homologação das autoridades competentes.

A palavra *determinación* é a empregada nos países da América do Sul, com exceção do Brasil e, no direito tributário, pode ser tomada numa das seis últimas acepções mencionadas para "lançamento". Diga-se o mesmo do termo *liquidación,* consagrado pela legislação espanhola. Creio que ambas as palavras desfrutariam, com pequenas alterações, daquele mesmo campo de irradiação semântica.

Pondo entre parênteses as dissensões doutrinárias, quero registrar duas posições já tradicionais no direito tributário comparado. Uma é a do Mestre Ramon Valdes Costa (*Estudos de Direito Tributário Latino-Americano*, Montevidéu, 1982, p. 135), ao abrir o capítulo "O acto de determinación". Leciona: "La determinación es el acto administrativo que declara a existencia y cuantia de un crédito tributario o su inexistencia". Vê-se aqui outra propriedade significativa que, em língua portuguesa, o lançamento não tem, qual seja a possibilidade de declaração de inexistência do fato e da obrigação. Ato como este, proclamando a inexistência de uma relação jurídica tributária, não caberia, segundo a legislação brasileira, no quadro das possibilidades semânticas do vocábulo "lançamento", diferentemente do que acontece, por exemplo, no direito equatoriano.

Outra posição que me parece oportuno registrar é a do Prof. Ferreiro Lapatza (*Curso de Derecho Financiero Español*, Marcial Pons, Madri, 1990, pp. 633-634):

"La liquidación en sentido amplio, comprende non solo la determinación de la cantidad a pagar, sino también todas las actividades previas necesarias para ello.

"La liquidación en sentido amplio, en los tributos fijos se reduce a la determinación del hecho imponible realizado y a señalar cuál es la cuota establecida por la Ley.

"La liquidación, en sentido amplio, en los tributos variables comprende la determinación del hecho imponible, de la base, del tipo e la aplicación del tipo a la base para hallar la cuota."

Tais considerações, no meu entender imprescindíveis para firmarmos uma idéia comum acerca do lançamento, podem funcionar como balizas semânticas, apontando os limites dentro dos quais haverá de mover-se o pensamento, para podermos raciocinar mais livremente no curso desse trabalho. Vêm elas reforçadas pela contingência de que, nas numerosas manifestações nacionais, o termo estará assumindo praticamente todos os sentidos que foram assinalados.

2. *Aspectos atinentes à definição do conceito de lançamento tributário*

Das ponências nacionais se depreende a existência de um núcleo significativo comum para o conceito de lançamento, oscilando entre aqueles limites semânticos que já foram indicados. Mas, é interessante ressaltar, entre os aspectos que dizem respeito a este instituto, duas questões valiosas que poderão alterar sua fisionomia. Quero referir-me à circunstância de configurar lançamento, tanto a declaração da ocorrência factual e da relação jurídica por ela irradiada, como também a declaração de sua inexistência, consoante vimos no magistério do Prof. Valdes Costa. Em alguns países, como é o caso do Brasil, não tem caráter de lançamento tributário a manifestação administrativa que declara não ter acontecido o fato imponível e, portanto, não ter nascido a obrigação correspondente, seja esse o conteúdo de um ato proferido na seqüência do procedimento administrativo-tributário, seja manifestação isolada ou situada dentro de outros procedimentos, como, por exemplo, o de consulta. Tais declarações são tidas como meras decisões administrativas.

A segunda questão sobre o conceito que faz aqui os nossos cuidados é o de saber se o lançamento é uma providência imprescindível para que o tributo se concretize como tal. Em outras palavras, não haverá concretamente o tributo sem que tal expediente, cumprindo sua função precípua, seja editado. É a posição do Prof. Héctor Villegas, para quem "la ley solo puede enunciar cierta circunstancia fáctica en forma abstracta. Esta enumeración abstracta tiene necesariamente como secuencia una operación posterior mediante la cual la norma se amolda, se adapta, *cada vez*, a la situación de *cada persona* que se considere incluida en el presupuesto fáctico previsto" (grifos do autor. *Curso de Finanzas, Derecho Financiero y Tributario, Depalma*, 1972, p. 172). A dúvida se justifica, pois há aqueles que entendem perfeitamente possível a existência de tributos sem lançamento. É bem verdade que a superação do problema está ligada à amplitude do sentido com que venhamos a empregar a palavra. De qualquer modo, porém essa dificuldade teria raízes mais profundas, mergulhando na Filosofia do Direito, para discutir se uma ordem normativa apenas composta de regras gerais e abstratas poderia funcionar adequadamente, propiciando índices satisfatórios de eficácia social. As normas gerais e abstratas necessitariam sempre de normas individuais e concretas para regular, efetivamente, as condutas intersubjetivas?

3. *O lançamento como "ato" ou como "procedimento"*

Este dilema, "ato ou procedimento", que pode se transformar num trilema: "ato ou procedimento, ou ambos", reflete uma dúvida sem a solução da qual uma pesquisa mais séria ficaria sensivelmente prejudicada. Sabemos quão diferentes são essas duas entidades e quantas conseqüências eminentemente práticas não adviriam da singela opção por qualquer uma delas. O problema, mais uma vez, é de fundo semântico e pode ser estudado como caso de ambigüidade do tipo processo/produto, como sucede com outras palavras muito usadas no discurso jurídico, quer prescritivo, como descritivo.

Com efeito, não podemos esperar que o legislador das normas gerais e abstratas, com seu perfil eminentemente político, venha a resolver anomalias como essa. Trata-se de matéria que deve ser trabalhada em encontros de especialistas e oferecida, já pronta e acabada, ao legislador tributário. Lembremo-nos de que a eliminação de ambigüidades é dever do cientista, na construção de uma linguagem rigorosa que possa descrever corretamente seu objeto. E, no que tange ao direito positivo, beneficiará a mensagem tornando-a mais firme e objetiva, e aumentando, com isso, a possibilidade eficacial na regulação da conduta. Ora, como "ato" e "procedimento" são temas distintos, com construções teóricas próprias, dentro do Direito Administrativo, importa muito conhecer esse aspecto para decidir qual a doutrina que vai ser aplicada às situações empíricas. Um trato de tempo que tenha por marco inicial o lançamento, qualificado este como procedimento, começaria a fluir assim que a seqüência de atos e termos fosse reconhecida como tal, o que já mostra quantas distorções práticas o equacionamento desse problema teórico pode suscitar.

Dos trabalhos apresentados pelas representações nacionais, vários feriram esse tópico, fixando posições bem claras sobre o assunto.

Para o Dr. Álvaro Leyva Zambrano, da Colômbia, o lançamento é um ato declarativo, que visa a precisar e individualizar o montante da dívida tributária, instalando entre o Estado-credor e o sujeito-devedor uma relação jurídica patrimonial, que outorgará ao primeiro o direito de exigir o pagamento do crédito tributário.

Já Maria Teresa Soler Roch e Eva Aliaga Agullo, representantes da Espanha, entendem que o ato administrativo de que tratamos é sempre resultado de um procedimento. E, na mesma linha, a ponência da Guatemala, apresentada por Sandoval Vasquez, Gonzales de Bernal e Tobar Alvarado, frisando que a "determinación" deve entender-se como ato, dentro do processo administrativo.

O Dr. Andrea Amatucci, da Itália, afirma que o lançamento tributário constitui não um ato ou procedimento, mas sim um ato que representa um procedimento desenvolvido. Na forma, é um ato impugnável, mas em substância é um procedimento. O procedimento tem por fim a aplicação da lei ao caso concreto, provocando o surgimento de uma relação jurídica que materializa o vínculo de direitos e deveres entre o Estado e o contribuinte.

Também o Dr. Gustavo Rodriguez Villalba, do Uruguai, vê o ato de lançamento como a providência conclusiva de um procedimento que tem por objeto, precisamente, a verificação da ocorrência do fato imponível, a especificação da matéria sobre a qual recai a sua mensuração e, por último, a quantificação da prestação.

Em todos esses trabalhos, fica devidamente estabelecido o lançamento como ato jurídico-administrativo. Não é, entretanto, esse o pensamento do Mestre Andres Octavio, da Venezuela, para quem a determinação do tributo ou da obrigação ou da dívida tributária é um processo constituído pelo conjunto de atos, realizados pela Administração, pelo contribuinte, ou por ambos, uns de caráter preparatório, outros de caráter definitivo (sendo este impugnável na via administrativa e na judicial).

E, expressando a possibilidade de ambas as figuras para nominar a "liquidación", o Dr. Ferreiro Lapatza, da Espanha, aduz que o lançamento tributário se coloca no plano da aplicação da norma tributária ao caso concreto. Assim, pode falar-se em "liquidación" como um procedimento conformado por uma "série de atos juridicamente significativos, tendentes a fixar a quantia de uma determinada obrigação tributária, e no "acto de liquidación", como resultado final deste procedimento.

4. O caráter constitutivo ou declaratório do lançamento tributário

Indagação tradicional entre os juristas do direito tributário, que parecia ter sido superada, depois de muita controvérsia, é a de saber se o lançamento teria caráter constitutivo ou declaratório, independentemente de configurar-se como ato ou como procedimento. Reascende-se a dúvida, na medida em que consideremos o ato de lançamento como norma individual e concreta, expedida por ato administrativo ou por ato jurídico praticado pelo particular. Como a norma é composta de antecedente, em que o fato imponível vem descrito, e conseqüente, em que se estipulam os termos da relação jurídica tributária, sendo a produção dessa regra providência imprescindível para a concretização do tributo, como acentua Héctor Villegas, a linguagem dessa norma individual e concreta viria a constituir o fato e constituir a correspondente obrigação tributária.

Analisada também como norma individual e concreta, mas agora pelo ângulo de seus efeitos, ver-se-ia que o fato constituído no antecedente da norma faz menção a um evento já ocorrido, apresentando, então, efeitos declaratórios, ao passo que o vínculo tributário, voltado para a frente, para o futuro, constituiria uma relação de direito e dever.

Por esse ponto de vista, o lançamento, como regra individual e concreta, que aplica a norma geral e abstrata, teria efeitos declaratórios do fato e constitutivos da obrigação.

Houve quase unanimidade, entre os escritos que versaram expressamente este tema, pela índole declarativa do lançamento, como referem Andres Octavio, da Venezuela, e Andrea Amatucci, da Itália. Diz este último que o lançamento reveste natureza declarativa. Enquanto obrigação, nasce com a verificação do pressuposto, que coincide com a *fattiespecie* prevista pela lei instituidora do tributo, limitando-se a tornar líquido e exigível o crédito do imposto. Em posição diferente, contudo, o Dr. Lima Gonçalves, do Brasil, opta por uma linha que faz a resposta depender da óptica pela qual se analisa o ato administrativo de lançamento, de tal sorte que "ele pode ser considerado como tendo efeitos meramente declaratórios, no que diz respeito à explicitação de conseqüências normativas já determinadas, ou como tendo efeitos constitutivos, no sentido de caracterizar ato verdadeiramente produtor do aparato lingüístico veiculador da norma jurídica individual e concreta que dele resulta".

5. *Lançamento e formalização do crédito tributário — a autodeterminação*

Percebe-se, nos dias atuais, como já foi salientado, uma crescente transferência de atividades relativas ao lançamento, para a esfera dos deveres instrumentais ou formais a cargo do sujeito passivo. Providências até então privativas do Poder Público passam, gradativamente, para o acervo de condutas a serem implementadas pelo administrado, mediante severo controle da entidade tributante. A formalização da dívida, em muitas oportunidades, fica por conta dos sujeitos passivos e os atos de fiscalização da regularidade no cumprimento desses deveres vem sendo chamados, também, de lançamento.

No Brasil, por exemplo, o direito positivo não adota a figura do autolançamento, já que esse ato é da competência privativa e exclusiva da autoridade administrativa. Como, entretanto, em múltiplas ocasiões é o sujeito passivo quem exercita, por inteiro, a atividade de formalização do débito, passou-se a chamar o ato controlador da legalidade daquela conduta de "homologação", construindo-se a espécie do "lançamento por homologação". Ficaria bem mais simples reconhecer que o administrado foi quem realizou a atividade de quantificação da dívida, como na *autodeterminación,* passando a considerar o ato de controle como mero expediente fiscalizador. Obviamente, não se pode impedir que o Fisco controle a legalidade dos atos praticados pelo sujeito passivo, já que o faz com relação aos seus próprios atos, no processo de gestão tributária. É uma decorrência inafastável do princípio da estrita legalidade, nos domínios da implantação dos tributos.

Três ponências espanholas tratam do regime de colaboração entre Administração e administrado, chamando atenção para aspectos diferentes do tema. Assim, as Professoras Pérez de Vega e Aníbarro Pérez teceram apurado estudo sobre a natureza jurídica e efeitos da *liquidación provisional de oficio,* como espécie de declaração editada de ofício e com a colaboração do sujeito passivo ou de terceiros, com o objetivo de determinar a dívida tributária. O Dr. Francisco Escribano, também versando sobre a *autoliquidación,* assevera que o fenômeno tributário, em sua dimensão atual, exige máxima colaboração entre a Administração e os sujeitos passivos, sem esquecer as garantias fundamentais que estes últimos hão de desfrutar. E Soler Roch e Aliaga Agullo, com traço original, ferem o assunto do assim chamado "lançamento por homologação" *(autoliquidación),* destacando o problema da presunção de sua legalidade no procedimento de *autotutela ejecutiva.*

II — Sobre as "faculdades da Administração" em matéria de lançamento tributário

1. As "faculdades" dizem respeito ao processo ou ao produto?

Temos visto que a ambigüidade da expressão "lançamento tributário" é do tipo processo/produto, havendo uma atividade de lançar e o resultado dessa atividade, que é o produto por meio dela obtido. Também pode ocultar-se nessa dupla fisionomia a divergência sobre a constitutividade ou declaratividade do lançamento. O procedimento administrativo é forma de apuração dos fatos ocorridos no passado que, no ato final, serão revestidos em linguagem competente. Toda linguagem descritiva é, ao mesmo tempo, declaratória de um referencial e constitutiva do suporte físico-lingüístico que representa este referencial. E assim pode ocorrer com o lançamento. Todas as providências relativas à atividade intelectual e material, desenvolvida para preparar o ato final, apresentando-o no estilo de linguagem previsto na lei, estariam incluídas na fase, digamos assim, procedimental, remanescendo o documento derradeiro como produto daquela atividade, que seria o processo. Quando se usa "faculdades da Administração", nesse campo, pretende-se aludir à "atividade-processo" e não ao "documento-produto".

Por isso que os autores infracitados, Rodolfo R. Spisso, da Argentina, Ferreiro Lapatza, da Espanha, e Andres Octavio, da Venezuela, sublinham a circunstância de que, pensar em "faculdades da Administração", implica admitir a figura do lançamento, no seu aspecto fáctico-procedimental, isto é, na série de atos e termos em que se manifesta o procedimento, objetivando-se no produto final, que é o ato de lançamento tributário. Será exercício de competência administrativa, se a pessoa indicada pela lei para empreender esses fatos for um agente administrativo. Mas será o desempenho de deveres instrumentais no caso do destinatário do mandamento vir a ser o próprio administrado.

Debaixo dessa rubrica, interessa-nos os atos praticados pela Administração Pública, motivo pelo qual colocarei entre parênteses metódicos os demais atos dos particulares. Isso nos permitirá outro isolamento temático, na medida em que separamos a palavra "faculdade", passando a examiná-la pelo prisma da Lógica. "Faculdade" é operador relacional que pressupõe dois termos-sujeitos: Administração e administrado. Representa-se pela conjunção de duas permissões: permissão de cumprir a conduta e permissão de omiti-la. Em símbolos formais Fp=(Pp.P-p).

Ao mesmo tempo em que o agente público, fazendo as vezes da Administração, dispõe de faculdades perante o sujeito passivo dos tributos, que também se expressa como um "poder", aquele mesmo agente se acha atrelado à entidade tributante, no contexto de outra relação de direito administrativo, em que há de realizar determinado fato em cumprimento de seu dever. Nesta outra relação, o agente público é sujeito passivo do vínculo, sendo sujeito ativo a Administração, como órgão.

Na primeira, aparece o agente público representando o órgão da entidade tributante, como sujeito ativo, e o administrado, como sujeito passivo. A Administração obriga o agente que, por sua vez, obriga o administrado. Este sujeita-se aos atos do agente que, de sua parte, sujeita-se às prescrições da Administração. Trata-se da decomposição analítica daquilo que conhecemos por "dever-poder" da entidade pública perante o sujeito passivo da obrigação tributária. Dever do agente, em face da Administração; e poder diante do administrado.

Os trabalhos mencionados insistem na tese de que "faculdade administrativa" é mera permissão decorrente do exercício vinculado da competência administrativa. Nesse sentido, a manifestação do Dr. Rodolfo Spisso, afirmando que a atividade de gestão e liquidação comporta a competência normativa tributária *(potestad normativa tributária)* e a competência de imposição *(potestad de imposición):* cuida esta da correta aplicação da lei tributária e compreende um conjunto de "potestades" de investigação e de comprovação de fatos; aquela, do desenho material da norma tributária. A "potestad" de imposição é uma faculdade-dever. Vincular a "potestad" a dever significa que, de um lado, a Administração deverá exercitar a "potestad" sempre que o exija o cumprimento de tal dever e, pelo outro, que só poderá exercitá-lo na medida que seu exercício seja um meio de cumprimento de dito dever.

A atividade administrativa de gestão suscita relações entre a Administração e os particulares, cujo objeto são prestações de caráter instrumental que têm por finalidade imediata favorecer o exercício da gestão tributária, na busca da "verdade material". Tais deveres públicos de prestação denominam-se *deveres formais* e consistem em obrigações de fazer que prescrevem aos particulares condutas tendentes a facilitar a atividade de gestão da Administração tributária. Esta, no exercício de suas funções de aplicação do tributo ao caso concreto, deve atuar com sujeição estrita ao princípio da legalidade, que se erige numa garantia dos administrados em face dos poderes públicos.

O Dr. Ferreiro Lapatza, questionando o termo "faculdades", diz ser a lei quem determina a base de cálculo dos tributos. Cabe à Administração tão-só aplicar a determinação assim feita pela lei, carecendo, portanto, de qualquer espécie de "faculdade", senão a de cumprir a lei. O sistema de presunções, como procedimento de substituição de um imposto sobre valores reais por outro sobre valores médios, deve servir de fundamento e razão inexcusável para remeter ao Parlamento a competência para a sua regulação, respeitando o princípio da legalidade e garantindo a realização da segurança jurídica.

As "faculdades da Administração", para o Dr. Andres Octavio, constituem manifestação de competência administrativa vinculada às normas legais que definem e regulam, em conformidade com o cânone da legalidade. Portanto, a lei deve estabelecer os métodos de determinação, as formas de atuação, a iniciativa do processo e os efeitos jurídicos subseqüentes.

Registremos também a opinião do Dr. Guillermo D. Grellaud Gusmán, do Peru, ao ponderar que toma a não discricionariedade como referida à necessária sujeição aos mandamentos legais, que configuram os aspectos material, pessoal, espacial e temporal da relação, e não assim a certas faculdades que a lei concede à Administração, para que, utilizando seu critério e livre-arbítrio, resolva assuntos tão variados como podem ser o definir prazos de intimação, quem será fiscalizado e qual o alcance dessa fiscalização etc.

Cabe, ao final deste tópico, adscrever o pensamento do Dr. José Marques Domingues de Oliveira, do Brasil, tratando da aplicação, pelo intérprete, de conceitos indeterminados. Aduz, neste sentido, que, ao fazê-lo, estará ele, o intérprete, proclamando a única vontade da lei e, por força do princípio da proporcionalidade, submete-se ao crivo jurisdicional, resguardando-se e compatibilizando, assim com o princípio formal da legalidade tributária que só se justifica como garantia dos valores material e finalisticamente postos na Constituição.

2. *Formas de reconhecimento jurídico do fato imponível e da base de cálculo*

Re-conhecer é enunciar o conhecido. O ato de conhecer é atividade meramente intra-psíquica, particular a cada sujeito cognoscente, mas o direito impõe um método para o reconhecimento das verdades jurídicas, constituindo aquilo que chamamos de "verdades formais". A busca da verdade jurídica, entretanto, pouco tem que ver com os valores verdadeiro/falso das linguagens descritivas das ciências. Há uma diferença que se revela fortalecida no plano pragmático: a ciência procura explicar o mundo dos objetos, agrupados nas quatro regiões ônticas; o direito, prescrever condutas intersubjetivas, compondo conflitos de interesses. O conhecer jurídico relativo ao ato de determinação tributária manifesta-se na evolução do procedimento administrativo. As normas que regulam esse processo funcionam como filtros seletores de propriedades do real. Seu produto não será, certamente, a realidade mesma, mas a realidade reconstituída pela própria linguagem do direito.

Todo o conhecimento é redutor de complexidades, e o conhecimento jurídico-prescritivo não foge à regra. No caso das pretensões tributárias, o re-conhecimento dos fatos dar-se-á consoante os recursos de linguagem que o direito positivo liberar ao sujeito passivo, quando a ele competir fazê-lo, ou à autoridade competente, no âmbito de procedimento administrativo. Nesta segunda hipótese, assume grande interesse, atualmente, a classificação do lançamento pelo critério do procedimento e dos meios pelos quais as autoridades administrativas o realizam. Trata-se de uma determinação de ofício, que pode ser: a) sobre base certa; b) sobre base presumida; ou c) mista. A curiosidade e as dúvidas se concentram nas duas últimas. Meditemos que o sujeito passivo tem garantias de uma tributação pautada rigorosamente dentro dos limites da lei, ao mesmo tempo em que o Poder Público não pode aceitar a mutilação de seus direitos, pela ausência ou pela insuficiência de suportes materiais que lhe permitam apurar a dívida tributária também absolutamente dentro dos padrões legais. É assim que as legislações estabelecem o direito de o Fisco prover aquela falta ou insuficiência por outros meios que lhe dêem acesso à realidade subjacente, quantificando, então, a dívida tributária.

Precisamente nesse sentido é a intervenção do Dr. Guillermo D. Grellaud Gusmán, do Peru, lembrando que em quase todos os supostos que autorizam a Administração a utilizar os procedimentos sobre bases presumidas, contemplados no Código Tributário do Peru, encontram-se referidos casos em que o devedor tributário tivesse cometido alguma infração formal, tais como não ter apresentado a declaração a que estava obrigado, dentro do prazo de lei ou não ter exibido livros e registros contábeis, quando intimado para tanto. Sem embargo, também há hipóteses que não configuram infrações, como a não exibição de livros e documentos por motivo de perda ou roubo.

3. *Propostas definitórias dos conceitos de presunção e de ficção*

Ingressa no assunto de modo sugestivo a Dra. Ana Maria Pita Grandal, observando que as regras que definem a base de cálculo constituem um conjunto normativo complexo em que, como poucos, se materializa a dificuldade para diferençar as normas de direito material das normas de direito formal, e este tema é de vital importância para a compreensão plena dos regimes de apuração indireta da base imponível. Daí a conclusão de que a regra de juízo que se incorpora nos pressupostos da apuração indireta é uma regra de caráter procedimental, construída para resolver um problema de procedimento.

Entende a representante espanhola que o pressuposto para a apuração indireta se encontra na impossibilidade fáctica de conhecer a real perspectiva dimensível do fato tributário. A Administração há de motivar suficientemente a aplicação da apuração indireta, justificando a impossibilidade do emprego do regime de determinação direta.

O Dr. Lima Gonçalves, do Brasil, por seu turno, tocando o ponto da ficção, consigna o dado de que esta figura abstrai toda a consideração a respeito da probabilidade: ao utilizá-la, o legislador mesmo prescindiu de toda a exploração do real. Diversamente, na base das presunções legais, está o julgamento sobre fatos que não se pode conhecer facilmente, ou que, de ordinário, escapam à investigação.

Tratando dos métodos de apuração da base imponível, como diretos e indiretos, esclarece o Prof. Euzébio Gonzalez, da Espanha, que diretos são aqueles que se baseiam em declarações ou documentos apresentados pelo contribuinte ou em dados consignados em livros e registros fiscais, comprovados pela Administração. Ao contrário, o método indiciário se baseia, em maior ou menor grau, em presunções ou índices.

Os Drs. Sandoval Vasquez, Gonzalez de Bernal e Tobar Alvarado, apontam a presunção relativa como surtindo efeitos limitados a determinadas pessoas e admitindo prova em sentido oposto. A *contrario sensu,* a presunção absoluta, *juris et de jure,* se irradia contra todos, não admitindo prova em contrário.

As presunções absolutas estão na zona cinzenta em que o direito adjetivo se confunde com o direito substantivo, de tal modo que afirmar a presença do fato B, conduzindo à existência do fato A, sem possibilidade de comprovar o contrário, significa o mesmo que querer aplicar uma norma de caráter substantivo que estabeleça a equivalência de B e A (a obrigação fiscal se funda na presunção de A e não de B).

O Dr. Andrea Amatucci, da Itália, chama a atenção para a circunstância de que a presunção relativa, limitando-se a inverter o ônus da prova, torna mais complexo o exercício do direito de defesa. Trata-se de uma presunção estabelecida pela lei, a qual impõe nexo de causalidade entre dois eventos que, na realidade, não estão necessariamente ligados.

A presunção absoluta apresenta os mesmos caracteres da relativa, induzindo uma situação de fato a partir de outra. Distingue-se desta última por constituir prova determinante da verdade formal, inadmitindo-se argumentação em contrário.

O Dr. Fernández Sagardi, do México, aduz que as presunções, *juris tantum* se estabelecem em favor da autoridade administrativa, facilitando o processo de determinação dos tributos, sem acudir à prova direta. E o Dr. Rodriguez Villalba refere-se às ficções como os assertos consagrados pela lei, que dão por certo e indiscutível determinado fato, prescindindo de sua relação com a realidade, a qual muitas vezes a ele se contrapõe. Por presunção legal entende o postulado que ordena considerar como ocorrido um fato, em função da prova do acontecimento de outro fato, tecendo, a seguir, interessantes observações sobre o raciocínio presuntivo.

O Dr. Andres Octavio alude também ao lançamento sobre base presumida, como aquele que se realiza em forma estimativa, mediante a utilização de índices e de presunções, ao passo que o método da base certa consiste na apuração exata do fato imponível e de sua base, a fim de compor o lançamento tributário.

4. Observações críticas sobre as formas de reconhecimento do fato jurídico tributário, para efeito de lançamento

No que concerne às técnicas de reconhecimento do fato jurídico tributário, sejam quais forem, haverão de pautar-se pelo regime jurídico previsto para os tributos, segundo as linhas mestras fixadas na Constituição de cada país. A realização desse modelo impositivo, não obstante, requer o seguimento de uma linha diretiva que os trabalhos abaixo mencionados chamam de *princípio da busca da verdade material,* orientação informadora do processo que vai ensejar o lançamento do tributo.

Cumpre lembrar que, sendo os fatos ocorrências que já se consumiram no tempo e, portanto, exauridas as circunstâncias histórico-existenciais em que o evento se deu por acontecido, seu conhecimento será sempre indireto, mediante signos lingüísticos (símbolos, índices e ícones). A diferença entre o chamado conhecimento direto e o indireto está em que este último estaria representado por signos de segundo grau, vale dizer, signos de signos ou metasignos.

Interessante e atual é a posição de Lima Gonçalves, do Brasil, distinguindo evento de fato, com supedâneo em Habermas. Os eventos seriam as alterações ocorridas com os objetos da experiência, no "mundo da vida", ao passo que os fatos se consubstanciariam no relato lingüístico dos eventos. Esta tese, que vem sendo desenvolvida nos programas de pós-graduação da PUC/SP, quando aplicada nos domínios do direito e, especificamente, do direito tributário, proporciona resultados práticos sumamente interessantes. Neste sentido, a própria "verdade material" haveria de ser buscada na linguagem competente, isto é, em manifestações de linguagem aceitas pelo sistema do direito positivo, na qualidade de "provas".

Enfatiza o Prof. Eusebio Gonzalez que as atividades administrativas de provar e de comprovar têm essencialmente por objeto fixar a dimensão do fato imponível e quantificar a base tributária, servindo-se, para esse fim, dos meios e procedimentos estabelecidos na ordem jurídica. Entende que, de todos os procedimentos possíveis, o da determinação direta ou sobre base certa é o mais credenciado, desfrutando, por isso, de preferência sobre os demais.

Relevando o princípio da capacidade contributiva, lembra o Prof. Ferreiro Lapatza, da Espanha, que o procedimento que mais se ajusta àquele primado é o que exige a medição direta da base: valor, renda, vendas etc. Entretanto, este princípio não se opõe de forma absoluta à existência de outras formas de apuração, desde que não ofendam o Texto Constitucional.

No que toca aos problemas relativos à quantificação da dívida tributária, o Dr. Navarro Faure, também da Espanha, identifica vários problemas que concorrem na determinação da perspectiva dimensível do fato jurídico tributário, referindo, entre eles, a utilização de termos indeterminados, por parte do legislador, na definição da base imponível.

O Dr. Rodolfo R. Spisso, da Argentina, admite a determinação presumida tão-só nos casos em que se mostrar impossível a obtenção de elementos certos.

Sobre o caráter excepcional e subsidiário da determinação sobre base presumida, manifestam-se os Drs. Felix Abadi Pilosof e Jonás Bergstein, do Uruguai, opinando pela necessidade de que a Administração leve em conta os dados certos, totais ou parciais. No caso da contabilidade desqualificada como insuficiente, apenas os elementos incertos podem ser objeto de operações presuntivas, tudo em respeito ao princípio da busca da verdade material.

No mesmo sentido, o Dr. Gustavo Rodrigues Villalba, do Uruguai, falando das técnicas de identificação da base imponível, aponta para o direto, que procura o conhecimento certo da realidade, e o indireto, que tem por objeto resolver situações incertas, em função de pautas predeterminadas que permitem dar por ocorrido o fato, ainda que não seja possível concluir sobre sua certeza. O primeiro será aplicável como regra e o segundo, de modo subsidiário em relação a este, vale dizer, nos casos em que for impossível o conhecimento certo e direto dos fatos tributariamente relevantes.

Outra possibilidade, como esclarece, é o da chamada "determinação mista", realizada parcialmente sobre bases certas e presumidas, supondo a integração da realidade com elementos estimativos e suprindo a ausência de dados certos.

Sobre o tópico da contabilidade insuficiente, na mesma linha já referida, entende que as informações ausentes deverão ser apreciadas em cada circunstância concreta, com referência ao grau de certeza dos registros sobre a realidade dos fatos. Esse procedimento determinaria que a falha parcial não fosse causa de desqualificação da contabilidade.

Propugnando pela adoção do método da base certa como procedimento normal e ordinário para a determinação do tributo, a fim de que recaia o gravame exatamente no fato eleito pelo legislador tributário, o Dr. Andres Octavio, da Venezuela, postula que todo lançamento realizado pela Administração, quer sobre base certa, quer sobre base presumida, deva ser susceptível de impugnação judicial ou administrativa. Ressalva, porém, em caráter excepcional, o uso de presunções absolutas.

5. O princípio da legalidade e as "faculdades da Administração" em matéria de lançamento tributário

Nas constituições atuais, o princípio da legalidade derrama sua influência por todos os setores da ordem jurídica, não sendo possível pensar no surgimento de direitos subjetivos e deveres correlatos, sem que a lei os estipule ou delimite. E a relevância desse cânone ultrapassa qualquer argumentação que pretenda enaltecê-lo.

Ora, no exercício administrativo de apuração da matéria tributável, duas são as formas de irradiação desse princípio: uma, relativa à norma de direito tributário material, que se projeta sobre o fato imponível; outra, a norma de direito tributário formal, que regula o comportamento da Administração, no proceder administrativo de apuração dos fatos e aplicação do direito material. Sobre isso, aliás, não houve dissensão alguma entre os trabalhos apresentados, de modo que se pode fixar, como premissa, que a determinação do fato imponível e dos elementos que servem para fixar a quantia da obrigação tributária estão reservadas à lei.

Adverte o Prof. Euzebio Gonzalez, da Espanha, que a presunção de legalidade dos atos administrativos exige que a Administração atue de forma habitual dentro da esfera da legalidade. Entretanto, a presunção de legalidade do proceder administrativo, de modo algum, é extensiva aos fatos tomados em consideração por esses atos, de sorte que o Poder Público fique na contingência de provar o fato base da presunção, restando ao contribuinte ainda a possibilidade de infirmar o fato presumido, mediante a apresentação da oportuna prova em contrário.

O Dr. Andrea Amatucci, da Itália, enaltecendo o princípio constitucional da reserva de lei, assevera que, em matéria tão delicada, qual a tributária, a coletividade deve decidir por meio de seus representantes. Só a lei nacional, portanto, deve estabelecer os elementos constitutivos da obrigação. Acrescenta ainda que, no processo de *accertamento* está presente um só e único interesse tutelado pela lei tributária: a busca concreta da situação de fato que realize o pressuposto do tributo para aquele caso positivo. O princípio da reserva legal consentiria em outorgar à Administração fiscal a função de interpretar conceitos jurídicos não definidos, não havendo qualquer discricionariedade na determinação do fato.

Igualmente, no caminho do respeito à estrita legalidade, temos as manifestações do Dr. Claudino Pita, do Panamá, e a dos advogados uruguaios Felix Abadi Pilosof e Jonás Bergstein, juntamente com a do Dr. Andres Octavio, da Venezuela, que reivindica para o lançamento tributário, qualquer que seja o método utilizado para sua celebração, o enquadramento rígido no princípio da legalidade, de tal modo que quaisquer índices ou presunções utilizados devam estar previstos em lei.

6. *Limites às "faculdades da Administração" no lançamento tributário e garantia dos administrados*

Tem suscitado muita inquietação o desconhecimento ou a própria ausência de limites, dentro dos quais a atividade administrativa possa mover-se com o auxílio dos signos indiciários. É uma região nebulosa, que dá ensejo a um excesso de discricionariedade, transbordando para a arbitrariedade de agentes da Administração, tudo com sérios detrimentos para a racionalidade e o bom funcionamento do sistema tributário. A desconsideração da chamada "escrita fiscal" tem sido feita, algumas vezes, de modo precipitado, passando a desclassificar-se, por inteiro, um plano contábil que poderia, em boa parte, ser aproveitado. Funcionários da entidade tributante, animados pela busca da "verdade material", passam a ingressar, desordenadamente, em setores nem sempre admissíveis, pondo em risco a integridade de direitos fundamentais do cidadão. E não basta proclamar que os limites da ação do Estado ficam determinados pelo feixe dos direitos e garantias individuais, porquanto, nas situações que examinamos, qualquer desvio significará a violação daqueles direitos. Como resolver esse delicado problema, isto é, dar instrumentos ao Poder Público para que desenvolva seus programas de gestão tributária e, ao mesmo tempo, assegurar a plataforma dos direitos fundamentais dos administrados? Ninguém discute a procedência de presunções relativas e absolutas, bem como de ficções, para que o subsistema das normas tributárias possa cumprir seus objetivos reguladores. Ficou assentado, também, que as presunções e ficções utilizadas haverão de ser cuidadosamente construídas como tipos normativos. Mas o problema já não se situa nesse plano e sim no das regras formais que, estipulando a competência dos funcionários da Administração, possam permitir-lhes, ainda que involuntariamente, transgressões a direitos e garantias tão importantes para a pessoa do administrado.

Sobre essa temática, que pode ser trabalhada em várias direções de significado, comecemos pelo asserto do Dr. Lima Gonçalves, do Brasil, para quem a certeza e a segurança jurídicas são limites objetivos aos direitos dos particulares e às prerrogativas e faculdades dos agentes públicos, indistintamente.

O Prof. Euzebio Gonzalez, da Espanha, observa, com procedência, que as atividades administrativas de provar e de comprovar os fatos exigem que o conteúdo das valorações realizadas pelo Poder Público, na fase de comprovação, devam ser motivadas, para que os administrados não fiquem indefesos. Exigência desse teor assume caráter fundamental para o próprio controle da legalidade dos atos administrativos, seja pela Administração, seja pelo Poder Judiciário. E valorizando a necessária motivação dos atos praticados pelo Fisco, nessa área, a posição do Dr. Rodolfo R. Spisso, da Argentina, ponderando ainda a necessidade de reconhecer-se uma relação de proporcionalidade entre o número e a intensidade dos deveres de colaboração requeridos pela Administração fiscal, bem como o grau de veracidade adequado à atividade comprobatória.

Insistindo nesse ponto, o Dr. Ferreiro Lapatza, da Espanha, averba que o uso de valorações presuntivas pela lei se justifica, na medida em que trata de introduzir certeza ali onde a medição direta da base real implicaria sérias dificuldades, aumentando a pressão fiscal indireta sobre o contribuinte. Por outro lado, a determinação da base mediante as presunções absolutas ou ficções trazem consigo a nota positiva de sua neutralidade.

Já as presunções *juris tantum* apresentam a função técnica de fortalecer a posição do Fisco, evitando o encargo desta em provar diretamente a realidade dos fatos, ao mesmo tempo em que translada esse encargo para o próprio sujeito passivo obrigado.

Acerca das presunções absolutas e das ficções, afirma o Dr. Andrea Amatucci, da Itália, que constituem situações de fato que não coincidem com a *fattispecie* legislativa. Violam princípios fundamentais do direito tributário, como a ampla defesa, a impugnabilidade dos atos administrativos do fisco, a reserva legal, a capacidade contributiva e a progressividade.

7. *Limites da atividade de inspeção fiscal*

A propósito de um quadro de limites objetivos para o desempenho da atividade de inspeção fiscal, sabemos que é de difícil obtenção, exatamente porque os domínios da verdade material, procurada como fim último do procedimento, não é alguma coisa tangível, materialmente configurada. Essa verdade há de resultar de um processo às vezes penoso de convicção, envolvendo elementos concretos e abstratos, o que torna complexo qualquer iniciativa no sentido de aprisioná-la para estabelecer seus limites.

Mesmo assim, o Dr. Rodolfo R. Spisso, da Argentina, sugere a necessidade de predicarmos a elaboração de planos gerais de fiscalização, como imperativo do equilíbrio entre os direitos da Administração e do administrado. Invocando a lição de Fantozzi, sustenta que a publicidade de tais critérios se converte em condição necessária para que possa ser controlada a sua aplicação por parte dos contribuintes, comportando assim a possibilidade de impugnação da discricionariedade administrativa por desvio de poder.

Participando da mesma preocupação, os Drs. Felix Abadi Pilosof e Jonás Bergstein também reiteram que a fiscalização deve exercer-se com estrita observância dos direitos e garantias individuais, devendo evitar-se o uso distorcido desse instrumento como expediente sancionatório, além do respeito ao direito da intimidade, que há de ser exigido.

E, advertindo para as alegadas distorções, arremata o Dr. Ferreiro Lapatza, da Espanha, para a possibilidade de as atividades de fiscalização prévia ao lançamento durarem indefinidamente, o que chocaria com as mais elementares exigências do princípio da segurança jurídica.

Como limite objetivo às "faculdades da Administração", entende o Dr. Rodrigo Garcés Moreano, do Equador, que, de forma alguma, os princípios de certeza e segurança jurídica cumprem esse papel. O controle de legalidade dos atos administrativos, que é meio de zelar pela vigência daqueles princípios, não é, senão uma forma de evitar abusos eventuais que, no final das contas, são inerentes à condição humana. Os freios e contrapesos que a lei estabelece para obrigar ao sujeito passivo e ao agente administrativo ao cumprimento de seus dispositivos, não fazem senão reforçar a vigência desses princípios.

8. *A transação como forma de determinação da base de cálculo*

Uma forma que tem despertado a curiosidade dos estudiosos do assunto é o de saber-se até que ponto é possível a adoção de juízos arbitrais no setor da fixação das bases do tributo, sempre que inexistir condições satisfatórias para a aplicação dos critérios gerais que a lei prevê. Em que limites Administração e administrado poderão negociar sobre essa matéria? Entenda-se, aqui, o vocábulo "transação", não no sentido de concessões recíprocas, entre credor e devedor, para pôr fim ao litígio, mas como singelo acordo entre o contribuinte e a autoridade administrativa, tendente a fixar o valor da base de cálculo numa operação tributável. Esse lado semântico não fugiu à análise do Dr. Pérez Novaro, do Uruguai, que alude ao dever de colaboração do particular para com o Poder Público no procedimento de determinação sobre base presumida, defendendo a participação ativa do sujeito passivo neste tipo de expediente.

Não há acordo entre os especialistas no que concerne à natureza do "concordato" do direito tributário italiano. Alguns dizem tratar-se de transação, enquanto outros discordam. Durante certo período desapareceu do sistema, para reingressar em 1956, não mais agora com o nome de "concordato", mas debaixo do título "adesão do contribuinte ao lançamento".

Como nos esclarece o Prof. Alcides Jorge Costa, do Brasil, "o chamado 'concordato' consiste no exame conjunto, pela administração e pelo contribuinte, da situação de fato que constitue o pressuposto do tributo ou de sua base de cálculo. O acordo a respeito, entre administração e contribuinte torna o lançamento certo e livre de dúvidas. Há várias correntes doutrinárias para explicar a natureza jurídica do 'concordato', que seria transação para uns, ato de lançamento para outros, contrato para outros e, enfim, um ato unilateral administrativo" (*Da Extinção das Obrigações Tributárias*, tese de concurso, na USP, ed. limitada, pp. 211-212).

A natureza *ex legge* da obrigação tributária, entretanto, como faz ver o Dr. Guillermo D. Grellaud Guzmán, representante do Peru, torna muito difícil aceitarmos esse tipo de acordo para firmar o *quantum* da dívida fiscal.

Sobre a solução dada pelo direito equatoriano, regulando o instituto dos convênios tributários, o Dr. Rodrigo Garcés Moreano, tece interessantes comentários críticos. E termina dando conta de que o sistema de determinação por convênio, incorporado na legislação equatoriana, desde janeiro de 1994, foi drasticamente questionado pela própria Administração Tributária daquele país. Tudo gerado pela incompatibilidade dessa espécie procedimental, com a natureza rígida que os sistemas positivos modernos imprimem ao desenvolvimento da atividade jurídica de implantação e administração dos tributos.

9. Conclusões preliminares

Eis aqui, como hipótese de trabalho, alguns enunciados oferecidos aos senhores participantes destas XVIII Jornadas, como propostas a serem desenvolvidas e retificadas.

Primeira: A palavra "lançamento" pode ser usada para referir tanto o procedimento, como atividade, quanto o ato, produto final desse procedimento. Desse modo, sempre que utilizado no discurso científico, convém elucidar em qual das acepções o termo foi empregado.

Segunda: A distinção entre "procedimento" e "ato", aparentemente de mera feição teórica, tem importantes efeitos práticos, entre eles, na demarcação do termo inicial do prazo em que o lançamento pode ser regularmente feito.

Terceira: É imperativo do princípio da legalidade que tanto o procedimento (processo), como o ato final (produto) estejam rigorosamente dentro dos parâmetros da lei.

Quarta: Como decorrência lógica da conclusão anterior, não se concebe que os índices informadores e o esquema compositivo das presunções sobre tributos escapem dos limites previsivos do texto legal.

Quinta: A técnica regular de apuração do *quantum* devido a título de tributo é a conhecida como "de base certa". Somente em casos especiais, devidamente autorizados de forma expressa pela lei, poderá a autoridade servir-se de técnicas presuntivas e, mesmo assim, nos estritos termos da previsão normativa.

Sexta: O caminho das técnicas presuntivas atende ao princípio de procura da "verdade material", justificando-se sempre que não houver possibilidade de reconstituir-se o fato imponível, com os recursos da escrituração regular, tornando-se impossível dimensioná-lo por meio das operações convencionais.

Sétima: A atividade de implantação das técnicas presuntivas, a cargo das autoridades competentes da Administração, deve fazer-se com prévio conhecimento do sujeito passivo, para que este possa verificar a procedência jurídica das medidas a serem praticadas e contestar sua aplicação, se for o caso.

Oitava: O exercício do direito de defesa, garantindo ao sujeito passivo os recursos atinentes à discussão administrativa ou judicial, abrangerá, não só todos os tópicos do procedimento, por qualquer das técnicas adotadas pelo Fisco, como também a composição material e imaterial do produto (ato), incluindo-se sua publicidade.

Nona: Além dos sucessivos controles de legalidade dos atos administrativos, promovidos pela Administração e pelo Judiciário, e das normas sancionadoras que acompanham a atividade dos agentes da entidade tributante, não há mecanismos jurídicos ágeis para tolher os abusos de funcionários no desempenho das atividades de fiscalização.

Décima: A celebração de acordos entre os sujeitos (ativo e passivo) da obrigação tributária, para discutir os termos de mensuração da base imponível, conhecidos por "concordato" ou "convênio", ou ainda "transação", não pode ter acolhida em sistemas tributários que operem debaixo do regime da legalidade estrita.

CONFERÊNCIAS & DEBATES

A PROGRESSIVIDADE DO ITBI (SISA)

AIRES FERNANDINO BARRETO
Advogado em São Paulo

José Fernando Lima Souza (Corregedor-geral de Justiça do Estado de Alagoas): Ouvi com muita atenção a conferência produzida pelo eminente professor Marco Greco, e algumas das suas palavras servirão de inspiração para mim neste instante. Falava Sua Excelência sobre finalidade, sobre finalística, sobre Norberto Bobbio e me permito nesta hora, aqui e agora, invocar Norberto Bobbio para dizer que o homem é um animal teleológico pois atua em função de normas voltadas para o porvir.

Quero também nesta oportunidade dizer da minha euforia por mais essa iniciativa da Escola Nacional da Magistratura. Ontem eu estava em São Paulo a participar de um encontro sobre direito notarial e registral; hoje acho-me aqui, nesta ilha do Estado da Bahia para participar de uma jornada versando especificamente sobre o direito imobiliário. Esse é um novo momento que vive a magistratura nacional, é um momento em que se sente que o Judiciário brasileiro está preocupado com todas as questões que digam respeito, direta ou indiretamente, àqueles que são os destinatários do produto chamado justiça. Essas relações no mercado imobiliário, essas relações no direito notarial e registral interessam, e em muito, ao povo, à população. Então esse é um momento novo e não quero perder a oportunidade de parabenizar ao Ministro Sálvio de Figueiredo Teixeira, uma das lideranças, um dos líderes dessa magistratura atuante do Brasil.

Iremos ouvir, dentro de mais alguns instantes, a palavra de uma das maiores autoridades em direito tributário no Brasil, o professor Aires Barreto, e quero, de logo, desejar ao referido professor que Deus o ilumine e que ele consiga fazer uma comunicação que corresponda às aspirações de todos que aqui se acham; quer me parecer que isso será o óbvio ululante. Sendo assim, dou por aberto os trabalhos dessa segunda parte desta manhã devolvendo a palavra à diretoria executiva dos trabalhos, ao dr. Ricardo Fiúza.

Ricardo Fiúza: Obrigado. Teremos o prazer de ouvir agora o dr. Aires Fernandino Barreto que vai usar da tribuna para a sua exposição.

Aires Fernandino Barreto: Excelentíssimo senhor desembargador José Fernandes de Lima Souza, digníssimo Corregedor-Geral de Justiça do Estado de Alagoas, que preside esta sessão e que foi extremamente generoso na apresentação do nosso modesto nome; dr. José Renato Nalini, digníssimo Juiz do Tribunal de Alçada Criminal e Diretor-adjunto da Escola Nacional da Magistratura; excelentíssimo senhor Dr. Bóris Padon Kaufman, digníssimo Presidente do Segundo Tribunal de Alçada Civil de São Paulo; Dr. Miguel Sérgio Mauad, Presidente do Conselho Consultivo do Secovi-São Paulo e Diretor Presidente da Consmarc S/A Construções; excelentíssimo Ministro Moreira Alves. Senhoras e senhores. Pedimos licença para saudar a todos os ilustres participantes deste evento, no nome da eminente Juíza do Tribunal Regional Federal da 3ª Região, a Professora da PUC/São Paulo, Diva Malerbi, além de em seu nome homenagear também a cultura e a inteligência da mulher brasileira.

Falar depois do professor Marco Aurélio Greco é missão extremamente difícil. Ele é de uma didática notável, de uma facilidade de expressão incomum. Se ao ínclito Ministro Moreira Alves, ontem, era dado dizer, ainda que impropriamente, ainda que fosse fruto de sua modéstia, estar ele em palpos de aranha diante da vastidão do tema que lhe fora conferido e da dificuldade de situá-lo, em razão dos princípios constitucionais, imaginem, senhores, o nível das nossas dificuldades, seja em virtude de falarmos depois do Professor Marco Aurélio Greco, seja porque haveremos de cuidar de tema, não só extremamente específico mas também controvertido, tanto na doutrina como nos tribunais, ao menos até aqui.

Cabe-nos discorrer sobre a possibilidade de ser progressivo o imposto de competência dos Municípios sobre transmissão "inter-vivos", versado no artigo 156, inciso II, do Texto Constitucional, nos seguintes termos: "transmissão inter-vivos, a qualquer título, por ato oneroso, de bens imóveis, por natureza ou por acessão física, e de direitos reais sobre imóveis, exceto os de garantia, bem como cessão de direitos à sua aquisição".

Trata-se de imposto pouco estudado e, conseqüentemente, se o próprio imposto não é objeto de grandes estudos por parte da doutrina, muito mais difícil é cuidar, via de conseqüência, do específico tema de sua eventual progressividade.

Focalizar o tema da progressão dos impostos exige a análise de dois pressupostos inafastáveis: é que a doutrina, de um modo geral, busca fundamentar a progressividade no princípio da capacidade contributiva inscrito no § 1º do artigo 145, do Texto Constitucional que, em linhas gerais, diz: "sempre que possível os impostos terão caráter pessoal e serão graduados de acordo com a capacidade econômica do contribuinte...". E diz também grande parte da doutrina que a progressividade tem lastro na conjugação desse princípio com o princípio da isonomia versado no artigo 150, II, do Texto Constitucional. Pensamos que isso, *data venia*, não é correto. Para tanto, propomo-nos a analisar, inauguralmente, os dois pressupostos inafastáveis do exame desse tema: (a) a base de cálculo e a alíquota dos tributos na Constituição e (b) o princípio da capacidade econômica.

Comecemos com a análise do prestígio que a Constituição conferiu à base de cálculo e à alíquota. O Texto Constitucional, no artigo 145, § 2º, diz: "As taxas não poderão ter base de cálculo própria de impostos". Se formos mais adiante, verificamos que o artigo 146 registra a necessidade de que lei complementar disponha sobre *base de cálculo*. Se nos dedicarmos ao exame do artigo 154, vamos verificar que a União, mediante lei complementar pode instituir outros impostos não discriminados no Texto Constitucional, desde que sejam não-cumulativos e não tenham fato gerador ou *base de cálculo* próprios daqueles discriminados na Constituição. O mesmo se dá com a alíquota. Há sucessivas referências à alíquota no Texto Constitucional: no campo do ITR (art. 153, § 4º); alíquota interna, alíquota interestadual, alíquota mínima, alíquota máxima, no caso do ICMS (art. 155 e §§); alíquota máxima, relativamente ao ISS (art. 156); e outros tantos registros, a demonstrar que, para a Constituição, é inafastável a existência de base de cálculo e de alíquota, em matéria tributária e isso nos conduz a que os tributos, para serem analisados, para que possamos dizer, qual a sua espécie tributária, tem que ter base de cálculo e alíquota. Voltemos ao § 2º, do artigo 145, que diz que taxas não podem ter base de cálculo própria de impostos. Como é que poderemos dizer se um tributo tem base de cálculo própria de impostos, ou não, se esse tributo não tiver base de cálculo? Para que possa dizer se determinada espécie tributária é imposto, taxa ou contribuição, é mister, inafastável, que conheça sua base de cálculo. Não chegamos ao extremo de reduzir a questão, como o fazia Alfredo Augusto Becker, ao exame da base de cálculo; para Becker a base é que ditaria a natureza jurídica dos tributos. Diversamente, o Código Tributário Nacional diz, em seu artigo 4º, que "a base de cálculo é determinada em razão do fato gerador". Temos por certo que a natureza jurídica de um tributo é determinada pela conjugação desses dois elementos: o fato tributário e base de cálculo. E ao assim pensarmos, seguimos as lições de Geraldo Ataliba, de Paulo Barros Carvalho, de Marco Aurélio Greco, de Diva Malerbi e de tantos outros estudiosos do tema. O que é importante, ao que nos parece, é termos presente que todo tributo haverá de ter, sempre, base de cálculo; e, se falamos "haverá de sempre ter base de cálculo", é inafastável concluir que sempre terá que ter alíquota, porque base de cálculo e alíquota são figuras inafastáveis. Compõem um binômio indissociável. São como corda e caçamba, onde houver base tem que haver alíquota, onde existir alíquota, haverá de relacionar-se a certa base. Qual é a importância da consideração desse primeiro pressuposto? É que a necessidade de existência de base de cálculo, isto é, de critério para medir, de meio para calcular, de critério de aferição, ao qual se aplicará um fator designado alíquota, é relevante para que se afaste, desde logo, a possibilidade da existência dos chamados tributos fixos. A Constituição, estamos convencidos, não autoriza a existência de tributos fixos e, via de conseqüência, impostos fixos porque, estes sim, atentam, agridem, afrontam assim o princípio da igualdade como o princípio da capacidade contributiva. Não queremos tomar aqui um exemplo no campo da atividade advocatícia para não nos valermos de idéia que pudesse relacionar-se com a nossa profissão. Vamos imaginar, no entanto, que estivéssemos confrontando aqui a atividade do médico que se formou no ano passado e que inicia a sua lida, o seu mister, com dificuldades, sem um consultório. Vamos imaginar que ganhos pode ter esse profissional e vamos confrontar a atividade desse profissional com a de um grande e renomado profissional de medicina, com a de um grande cirurgião, por exemplo. Hoje, em matéria de ISS, essas duas pessoas são tratadas como se tivessem idênticas forças, idêntica capacidade econômica, igual capacidade contributiva. Delas se cobra um tributo, fixo, que se pretende seja o ISS. Dizemos que se pretende seja o ISS, porque não temos como identificar nem a espécie nem muito menos o tipo tributário, já que, no exemplo, não há nem base de cálculo nem alíquota. Parece-nos que a Constituição não admite, não tolera, não permite a existência de tributos fixos. Em outras palavras, a Constituição exige que os tributos sejam sempre proporcionais, *ad valorem*, medindo a capacidade contributiva e realizando o princípio da isonomia. Mas isso não nos leva a concluir também que a Constituição tenha exigido, em face do princípio da capacidade contributiva e do princípio da isonomia, que se tenha sempre tributos (e, notadamente, impostos) progressivos. O princípio da capacidade contributiva e o princípio da isonomia resolvem-se integralmente pela proporcionalidade dos impostos e não por sua progressão. A Constituição ora exigiu a progressividade, ora facultou a progressividade (com maior ou com menor amplitude), ora vedou a possibilidade de sua aplicação. Não negamos aqui nem o princípio da capacidade contributiva nem o princípio da isonomia, apenas não nos parece que o alcance que se lhes tem dado seja compatível com o sistema constitucional, interpretado de modo sistemático e harmônico. A doutrina tem enveredado por caminhos os mais diversos. Chega-se até, e o Ministro Moreira Alves bem o sabe, a dizer que no caso do IPTU existem três modalidades: uma com base no artigo 145, § 1º, que contempla o princípio da capacidade contributiva; outra, com base no § 1º do artigo 156, que admite a possibilidade de o IPTU ser progressivo, nos termos de lei municipal, de forma a assegurar o cumprimento da função social da propriedade; e, finalmente, ainda uma terceira: a chamada progressividade sancionatória, lastreada no artigo 182 e parágrafos. Em matéria de progressividade, a doutrina está comportando-se, de modo similar, à chamada história do balão. Conta-se que, numa ilha deserta, estava uma pessoa quando, inopinadamente, aproxima-se alguém, num balão à gás, que pergunta ao solitário da ilha: "Onde é que eu estou?" E o cidadão da ilha lhe responde: "O senhor está em um balão" "O senhor deve ser contador, não?" "Como é que o senhor adivinhou minha profissão?" "É porque o senhor responde mas não explica nada". Disse o da ilha: "O senhor deve ser economista" "Como é que o senhor adivinhou minha profissão?" "É que o senhor saiu sem rumo, não sabe onde está e não tem os pés no chão". (Risos). Línguas maldosas dizem que também havia um advogado nessa ilha que, indagado pelo contador "Afinal de contas quem tem razão, eu ou o economista?", teria respondido: "Bem, primeiro eu preciso saber quem é o meu cliente". (Risos).

O fato é que nessa matéria a doutrina está perdida e perplexa. Três progressividades, duas progressividades, uma progressividade e até, como pensamos nós, pelo menos em termos de ITBI, nenhuma progressividade. Nessa matéria é preciso ter presente a advertência que nos fazia, ainda ontem, o Ministro Moreira Alves ao dizer que o princípio da igualdade não é panacéia para todos os males, não é solução para todos os problemas, não é passível de invocação a todo instante e a qualquer pretexto; é preciso que se o veja com parcimônia, com cautela, para só aplicá-lo em situações em que cabe sua invocação. Até porque o princípio da igualdade, posto como aquele que deve exige sejam "tratados desigualmente os desiguais na medida das suas desigualdades", como dizia Rui Barbosa, e que nada mais fez ao dizê-lo, do que repetir Aristóteles, não nos leva a nenhuma solução. Porque quem são os iguais e quem são os desiguais? Esta pergunta era formulada por Celso Antônio Bandeira de Mello quando escreveu um livro, de poucas páginas, mas de denso conteúdo chamado *O Conteúdo Jurídico do Princípio da Igualdade*. Diz ele, por exemplo, que haver "discriminação" (entre aspas) entre pessoas de mais de 1,70 metro e de menos de 1,70, pode significar ofensa ao princípio da igualdade para a conquista de um emprego, mas, ressalva, logo após que nem sempre isso se traduz em verdade porque, se essa desigualação, aparentemente discriminatória em termos da altura das pessoas, fosse para um concurso da guarda presidencial, então ela se justificaria. De sorte que é preciso ver se o critério de discriminação é ou não compatível com a distinção que se faz. Diante disso, pensamos que a Constituição, exatamente para evitar interpretações equivocadas, díspares, sempre ao sabor, ao talante, do intérprete e para balizar o próprio aplicador da lei, já estabeleceu os casos que é possível a utilização da progressividade. Vejam, se o princípio da capacidade contributiva, em si mesmo e por si mesmo (e quando falamos no princípio da capacidade contributiva agreguem, por favor, também o princípio da igualdade) autorizasse (ou exigisse) a progressividade, que necessidade teria o Texto Constitucional — que não tem palavras inúteis — de dizer, no artigo 153, § 2º, inciso I, que "o imposto sobre a renda será informado pelos critérios da generalidade, da universalidade e da progressividade, nos termos da lei"? Para que dizer isto se a progressividade fosse imanente ao princípio da capacidade contributiva? Norma descabida, inútil, vazia, oca. Que necessidade teria o Texto Constitucional de, ao versar o Imposto Territorial Rural, no § 4º, do artigo 153, referir que as alíquotas desse imposto haverão de ser estipuladas de modo a desincentivar a manutenção de propriedades improdutivas? Que necessidade teria o Texto Constitucional de dizer que o IPTU poderá ser progressivo, nos termos de lei municipal, de sorte a assegurar a função social da propriedade (conforme artigo 156, § 1º, do Texto Constitucional)?

Por isso, senhores, e desde logo pedimos perdão àqueles que discreparem desse entendimento, cremos que a Constituição só autoriza a progressividade nos casos em que expressamente a exigiu: Imposto sobre a Renda, Imposto Territorial Rural ou em relação a impostos onde se exige a seletividade. E para isso é necessário que se aborde ligeiramente o que consideramos o segundo pressuposto da análise do tema da progressividade: a necessidade de distinguirmos proporcionalidade, progressão, seletividade e diferenciação das alíquotas, que, modestamente, pensamos serem quatro institutos, quatro entidades absolutamente distintas.

Em que consiste a proporcionalidade? A proporcionalidade, também designada de graduação dos impostos, consiste em aplicar uma alíquota única sobre matéria tributável variável. É proporcional porque o imposto será tão maior quanto maior for a matéria tributável, embora a alíquota persista idêntica.

Diferentemente, na progressividade há a variação da matéria tributável e, conjugadamente, a variação também da alíquota, que será tanto maior quanto maior for o valor da matéria tributável. Progressividade que pode tanto ser simples, isto é, aplica-se uma alíquota maior, consoante também maior for a matéria tributável, sem descontar nada, como pode ser por patamares, por degraus, como é nosso Imposto sobre a Renda, em que as várias alíquotas são aplicadas em função de determinadas parcelas de valor.

Esses institutos não se confundem com a seletividade. Esta é diversa e pode envolver tanto a graduação, como a diferenciação, como a progressividade. Podemos ter alíquotas diferentes para produtos, consoante sua essencialidade. Essa distinção pode ser tanto entre dois produtos diferentes, como poderia haver também distinção em relação ao produto de mesmo tipo, mas de valor diferente. Tudo isso não se confunde, ainda, com a diferenciação das alíquotas, que consiste não em progressão, mas no estabelecimento de alíquotas diversas, diferentes, para classes de contribuintes diferentes.

Não há progressão, por exemplo, se determinada alíquota for aplicada à razão de 1%, por hipótese, para imóveis construídos e à razão de 2% para imóveis não-construídos. Não há aí nenhuma progressão, são classes de imóveis diferentes, as alíquotas diferem com base em elemento externo ao próprio fato. Progressão há quando se toma em conta uma variação da alíquota em função do valor do imóvel ou em função do elemento que compõe o valor do imóvel.

O exame, mesmo perfunctório, do tema da progressividade não pode deixar de parte a classificação — já sinalizada pelo Supremo Tribunal Federal — dos impostos em pessoais e reais, a levar à conclusão de que progressividade só seria compatível com os chamados impostos pessoais. E o que são impostos pessoais, em confronto com impostos reais? São aqueles em que a ênfase está na pessoa objeto da tributação, em suas peculiaridades, em traços distintivos dessa pessoa, se é solteira, casada, se tem ou não filhos, se tem dependentes ou não. Em contraposição, há impostos reais; nestes a ênfase está na própria matéria objeto da tributação, como no caso de imóvel, diante da propriedade imobiliária (na suas perspectivas estática e dinâmica).

Postos esses pressupostos, pensamos que o Texto Constitucional, em matéria de ITBI, não admite a progressividade; que em matéria de ITBI só é possível tributo proporcional, isto é, de alíquota única que se aplica aos diversos valores das transmissões imobiliárias. Insistimos, porém: não se pode confundir progressão com diferenciação. A existência de uma alíquota para imóveis não-construídos e de uma outra para imóveis construídos não caracteriza progressividade (até porque, em última análise, o Texto Constitucional não veda a instituição de um imposto sobre transmissão de bens imóveis *edificados* e outro sobre a transmissão de bens imóveis *não-edificados*.

Nem se diga que a progressividade enseja tributação mais elevada. Isso nem sempre é verdadeiro. Alíquotas progressivas, variando entre a mínima de 0,002 e a máxima de 0,006 resultariam em tributação mais suave que outra na qual o imposto fosse proporcional, mas a alíquota fosse genericamente de 1%.

Essas são as amarras postas pela Constituição, em matéria da progressividade. Ao tempo da Carta de 69 assim não era. À época, dissemos, acertada ou erroneamente, que o IPTU podia ser progressivo em qualquer circunstância, e pensamos que, na oportunidade, também poderia sê-lo o ITBI, porque a Constituição de 69 não estabelecia nenhum tipo de restrição, de circunscrição, à aplicação da progressividade. Todavia, a partir da Constituição de 1988 a progressividade — perdoem-nos a insistência — só pode dar-se em relação àqueles impostos em que a CF a previu, expressamente. O grande Aliomar Baleeiro, dizia, no prefácio do livro *Introdução ao Estudo do Direito*, do saudoso Amílcar de Araújo Falcão: "os fiscos são como pantagruéis gigantescos, põem prato e talher em todas as mesas". Para conter essa fúria fiscal é que a Constituição estabeleceu essas limitações, limitações que também impedem que as alíquotas sejam tão fortes que conduzam ao efeito de confisco, proibido, mercê do inciso IV, do artigo 150, do Texto Constitucional, que estabelece: "É vedado utilizar tributo com efeito de confisco". Claro que o tema do confisco é extremamente difícil de ser abordado, seja porque integra o grupo dos conceitos indeterminados, seja porque, em relação a ele, a doutrina sequer esclareceu aquela área clara a que se referem os que versam o tema; da área de luminosidade da expressão "efeito de confisco". É dizer, não explica sequer a parte induvidosa que se contêm nos conceitos indeterminados. A doutrina limita-se a dizer que tributo com efeito de confisco é um problema do Poder Judiciário, que o Poder Judiciário é que deve dizer, em cada caso concreto, o que é e o que não é confiscatório. Isto é verdade, apenas em termos, porque o fato de competir ao Poder Judiciário, e tão-somente a ele, dizer se determinado tributo é confiscatório ou não, em dado momento e diante de um certo caso concreto, não significa que a doutrina possa abster-se de suscitar critérios, caminhos, diretrizes, vetores que facilitem a atuação do Poder Judiciário na busca da existência de confiscatoriedade, no caso concreto. Até porque, como dizia Popper, "é sobre o erro que se constróem os acertos". A doutrina pode até errar e errar muito nisso, mas mesmo quando tiver errado, possibilitará, facilitará, a análise do Poder Judiciário, possibilitando que se afaste desses rumos equivocados da doutrina. Se a doutrina disser (acertadamente) o caminho a ser trilhado, ótimo. Se o disser equivocadamente terá ainda assim auxiliado o Judiciário que desprezará essa trilha e enveredará por caminho diverso. Por exemplo, se mais não for, a doutrina pode dizer — como dizemos agora — que nem todos os tributos podem ser confiscatórios, ou, de modo mais particular, nem todos os impostos podem ser confiscatórios, independentemente do número expressivo de suas alíquotas. Não podemos falar em confiscatoriedade de um imposto de importação, mesmo que as alíquotas desse imposto representem 400, de 500 ou 1.000% do valor de veículos de luxo. Mas todos diríamos confiscatório, sem medo de erro, qualquer imposto sobre a transmissão de bens imóveis ou sobre o patrimônio imobiliário na casa de 50%, de 20%. E nos atreveríamos a dizer que em nenhuma hipótese seriam confiscatórios se fossem da ordem de 0,5%. Então, cabe à doutrina estabelecer algumas linhas mestras para dizer — como o fazemos agora — que, como regra, só podem ser confiscatórios os impostos sobre o patrimônio e a renda, considerado o termo patrimônio, na sua dicotomia (estática e dinâmica). Os demais, como regra, não podem ser confiscatórios. Excepcionalmente poderia ser confiscatório outro tributo se tivesse por base de cálculo a receita bruta, porque não há como trasladá-la para o adquirente, para um terceiro, não há como repassar esse valor. Em relação aos tributos cujo valor possa ser repassado, não vemos como possa haver confisco.

Uma segunda consideração: devemos meditar um pouco mais nas palavras de Sampaio Dória, que, em seu notável livro, dizia: "se o Estado toma mais do que dá em troca, o imposto se transforma em confisco". Se formos confrontar essa afirmação com o nosso sistema constitucional vamos ver que o Estado não dá saúde, não dá educação, não dá segurança, não dá proteção ao menor, não dá assistência social. Invocamos, mais uma vez, o exemplo utilizado pelo professor Celso Antônio Bandeira de Mello. Dizia ele, certa feita, que se um ser extraterreno viesse à Terra, aportasse no Brasil e resolvesse estudar o padrão de vida das pessoas, usando como fonte para seu estudo, para as suas conclusões, o Texto Constitucional brasileiro, diria: "Isto é um paraíso". Mas na hora que pusesse de parte o Texto Constitucional e fosse confrontá-lo com a realidade, veria que, mais do que um purgatório, estamos às portas do inferno.

Senhoras e senhores: Alguém, que reputamos sábio, disse que o orador deve ficar muito na tribuna se satisfizer dois requisitos: discursar muito bem ou dizer estritamente aquilo que o auditório quer ouvir. Como não temos a pretensão de ter preenchido nenhum desses dois requisitos, encerramos aqui a nossa fala. Muito obrigado.

Marcelo Terra (do Conselho Jurídico do Secovi): Minha indagação é também de futurologia e, à semelhança do que o Dr. Casilo perguntou ao Marco Aurélio, pergunto ao senhor: qual é a sua previsão, a sua sensação em relação a esse tema no posicionamento jurisprudencial futuro?

Aires Barreto: Pergunta extremamente difícil. Temos a impressão de que, como futurólogo, não ganharíamos sequer para viver; ousamos arriscar, porém: lendo as notícias nos jornais relativamente à decisão do Supremo Tribunal Federal, em relação à progressividade do IPTU, cremos que o STF fulminou impostos progressivos, salvo em relação a impostos pessoais. Mesmo o IPTU progressivo no tempo, a chamada progressividade sancionatória, a que se refere o artigo 182, § 4º, ainda não pode ser aplicado. Em uma aula do professor Marco Aurélio Greco, ouvimos: "Vejam, senhores, para que possamos chegar à chamada progressividade no tempo, que, no caso do IPTU, que está prevista no § 4º do artigo 182, é preciso que, inauguralmente, passemos por uma etapa precedente, uma vez que esse preceito utiliza o termo 'sucessivamente'. Vamos ler esse § 4º: 'É facultado ao poder público municipal, mediante lei específica para área incluída no plano diretor, exigir, nos termos da lei federal, do proprietário do solo urbano não edificado, subutilizado ou não utilizado, que promova seu adequado aproveitamento, sob pena, sucessivamente, de: I — parcelamento ou edificação compulsórios'. E, depois, 'II — imposto sobre a propriedade predial e territorial urbana progressivo no tempo"'. Dizia então o professor Marco Aurélio Greco: entre a pretensão de implantar essa progressividade e sua concretização medeará tempo bastante longo. Por quê? Porque, primeiro, seria preciso detectar que áreas seriam, em função de um plano diretor preexistente, destinadas a parcelamento ou edificação compulsórios. Depois seria necessário conceder um prazo razoável para que proprietários, que não tivessem parcelado ou edificado compulsoriamente, o fizessem. E, só depois disso, é que se poderia cogitar da aplicação de uma progressividade no tempo. Ora, diante de tudo isso, supor que matéria exclusivamente desse teor já tivesse chegado ao crivo do Supremo Tribunal Federal seria extremamente difícil. Num seminário em São Paulo, alguém nos deu um informativo do STF, de setembro de 96, que dizia: "Iniciado o julgamento de recurso extraordinário em que se discute sobre a constitucionalidade da Lei 5.641/89, do Município de Belo Horizonte, na parte em que estabelece a progressividade de alíquotas do IPTU segundo valor e localização do imóvel, com pretendido fundamento no artigo 145, § 1º da Constituição Federal". Portanto, se esse é um resumo fiel, e supomos que o seja...

Min. Moreira Alves: Não é exatamente fiel porque o Ministro Veloso se baseou na conjugação. Ele não adotou a tese de que a simples capacidade econômica do contribuinte daria margem à progressividade, mas ele conjugou, disse que essa progressividade decorreria da conjugação do art. 145, § 1º, com o art. 156, § 1º. De modo que ele ficou naquela corrente que admitia duas imposições: uma com base na conjugação desses artigos e a outra imposição lastreada no art. 182, § 4º. De modo que faltou aí apenas a complementacão. Ele não ficou só no 145, conjugou-o com o 156.

Aires Barreto: Agradecemos o esclarecimento do Ministro Moreira Alves. De sorte que nos parece — o Ministro voltará a corrigir-nos se estivermos equivocados — ter havido uma sinalização do Supremo Tribunal Federal no sentido de que ele não aceita a progressividade com base na conjugação do art. 145, § 1º e 156, § 1º, e pensamos que nem mesmo isoladamente, em função do princípio da capacidade contributiva (art. 145, § 1º).

Min. Moreira Alves: Vossa Excelência me permita completar a informação. O julgamento começou na sessão de 19 de setembro de 1996. Essa notícia é justamente a do início do julgamento, mas ele só terminou na sessão de quarta-feira passada, quando houve a inversão da decisão. Porque a princípio o Ministro Veloso havia considerado a possibilidade da progressividade, tendo declarado que era constitucional a lei do Município de Belo Horizonte. Nessa sessão de quarta-feira, em virtude de um pedido de vista meu, em que votei em sentido contrário, considerando que não se admitia essa progressividade, o Tribunal me acompanhou por 9 votos a 1. De modo que foi quarta-feira passada que se concluiu o julgamento.

Aires Barreto: Agradecemos ao eminente Ministro. Sua Excelência contava-nos exatamente isso, ontem, no ônibus que nos trouxe até esta ilha paradisíaca; esse fato, essa votação de 9 a 1, é que nos leva a supor, a admitir, a pressupor — se é que podemos fazer um exercício de futurologia — que a tendência será a de que os novos processos que chegarem ao Supremo, versando o IPTU ou o Imposto Sobre a Transmissão de Bens Imóveis, sejam decididos pela impossibilidade de aplicação da progressividade. É o que preconizamos.

Ricardo Fiúza: Como não há mais perguntas, eu gostaria de dar dois avisos. Primeiro, que está sendo passada uma lista para que os senhores coloquem seus endereços a fim de que os certificados sejam enviados. Alguns participantes pediram que se enviasse junto com o certificado a própria lista para que todos tivessem os endereços de todos os participantes e a secretaria do evento vai providenciar isso. O segundo aviso é sobre o convite para hoje a tarde, cujo horário é 16:30 horas. Peço a todos que cheguem no horário. Aliás, o título da conferência é "A Multa Moratória". Portanto, renovo o pedido para que possamos ter as duas conferências da tarde e ainda uma breve mas muito importante cerimônia de encerramento dos nossos trabalhos. Devolvo a palavra com muita honra ao Desembargador Luiz Fernando.

Luiz Fernando: Colegas, pela profundidade confesso aos senhores que fiquei encantado com a produção intelectual do conferencista Aires Barreto. Tenho eu a certeza que é esse o estado de espírito de todos os que compõem essa assembléia. E na minha falação inicial cheguei a pedir ao Deus todo-poderoso, o que era desnecessário até, para que iluminasse o conferencista para que pudesse fazer uma conferência que fosse ao encontro às verdadeiras aspirações de todos nós. Tenho a impressão que o fato de uma só pessoa ter pedido a palavra para fazer uma pergunta demonstra, à saciedade, o atilamento, a perfeição, a magnitude, a grandeza da falação do conferencista. Mas me permito *très rapid* fazer rápidas considerações acerca do que foi dito pelo professor Aires Barreto.

Sua Excelência destacou que progressividade só incide sobre tributos onde há uma previsão constitucional, como que a dizer que há aí *numerus clausus,* que o legislador constitucional dispôs de forma taxativa. Fez ver, paralelamente, que o fato de incidir sobre um terreno edificado uma alíquota, e incidir sobre um terreno não edificado outra alíquota, não significava a progressividade porque a base de cálculo e o fato gerador, no seu aspecto ontológico, na sua essência, são diferentes. Foram essas cousas trazidas à reflexão, que pude extrair, dentre as várias afirmativas feitas. Confesso que apesar de também ter me apaixonado pelo direito tributário, militei como advogado durante mais de 30 anos na área criminal; tenho, todavia, a sensibilidade para alcançar esse tipo de abordagem, razão porque me permito tecer essas considerações e, para conforto meu, dizer ao ilustre conferencista que suas palavras coincidem com as minhas.

Para finalizar, eu — que faço questão de exaltar que me integro de corpo e alma à essa magistratura atuante do momento presente, que prego pelo Brasil a necessidade de que o Poder Judiciário não seja um mero expectador da história mas um agente dessa história, eu que sempre estou a invocar o grande Ruy Barbosa que diz "tradição não significa o governo dos vivos pelos mortos", eu quero viver o momento presente visualizando o futuro — quero nesta tarde, na Bahia de Todos os Santos, agradecer a deferência da minha indicação e parabenizar o professor Aires Barreto, na certeza de que esse é o desejo de todos os que fazem, de todos os que integram, de todos aqueles que participam desta jornada de direito imobiliário. Portanto, professor Aires Barreto, os meus parabéns e que Deus sempre o ilumine para que essa luminosidade percebida através de nossos órgãos sensoriais seja uma constante na vida de Vossa Excelência.

NOTAS & COMENTÁRIOS

IPI — PRINCÍPIO DA NÃO-CUMULATIVIDADE — CRÉDITO RELATIVO A INSUMOS ISENTOS

MARCELO PAULO FORTES DE CERQUEIRA
Advogado e Mestrando em Direito Tributário na Pontifícia Universidade Católica de São Paulo

Mandado de segurança n. 49.677-PE (95.05.18248-1)

Impetrante(s): Garanhuns Refrigerantes Ltda. e outro

Advs.: Dr. José Henrique Wanderley Filho e outros

Impetrado: Juízo Federal da 2ª Vara-PE

Relator: O Sr. Juiz Araken Mariz

***Ementa**: Tributário. IPI. Princípio da não-cumulatividade. Crédito relativo a insumos isentos. Art. 153, IV, § 3º, da CF.*

1. Determina a Constituição Federal que o Impostos sobre Produtos Industrializados será não-cumulativo, compensando-se o que for devido em cada operação com o montante cobrado nas anteriores.

2. O princípio da não-cumulatividade ampara a pretensão ao crédito do IPI relativo a insumos isentos.

3. Segurança concedida.

Acórdão

Vistos, relatados e discutidos estes autos em que figuram como partes as acima identificadas.

Decide o Pleno do Tribunal Regional Federal da 5ª Região, por unanimidade, conceder a segurança, nos termos do relatório, do voto do Juiz Relator e das notas taquigráficas constantes dos autos, que passam a integrar o presente julgado.

Custas, como de lei.

Recife, 4 de setembro de 1996 (data de julgamento). Juiz Araken Mariz (Relator).

Relatório

O Sr. Juiz Araken Mariz (Relator): Cuida-se de mandado de segurança, impetrado por Garanhuns Refrigerantes Ltda. e outro, antes do advento da Lei n. 9.139/95, contra despacho que indeferiu liminar, em *mandamus* ajuizado perante o Juiz Federal da 2ª Vara-PE, no qual os impetrantes pretendem eximir-se da cobrança do IPI, relativo às matérias-primas que adquirem de produtor sediado na Zona Franca de Manaus.

A liminar foi deferida pelo MM. Juiz Hugo Machado, em substituição (fls. 82).

A Fazenda Nacional, citada como litisconsorte passiva necessária, manifestou às fls. 104/129, sustentando a inexistência de ato abusivo de autoridade e de direito líquido e certo, capaz de ser comprovado de plano.

Parecer do representante do Ministério Público Federal, pela denegação da segurança (fls. 147).

É o relatório.

Voto

O Sr. Juiz Araken Mariz (Relator): Já tive a oportunidade de decidir esta matéria na egrégia Segunda Turma, quando me manifestei favorável ao pleito formulado na inicial, por entender que as empresas que adquirem matérias-primas de indústrias sediadas na Zona Franca de Manaus, com isenção do IPI, podem utilizar o crédito relativo a esse imposto (que não foi pago), justamente em razão daquela isenção, sob pena de o incentivo para as empresas sediadas na Zona Franca restar anulado. Então, se a lei estabeleceu o direito ao crédito dos valores relativos ao IPI, nas operações de aquisição de matéria-prima, ainda que essas operações estejam isentas do mesmo imposto na origem, não pode o RIPI negá-lo.

Destarte, acosto-me ao entendimento do eminente tributarista, Juiz Hugo de Brito Machado, transcrevendo parte de artigo que S. Exa. escreveu para a *Revista Dialética de Direito Tributário*, sobre a não-cumulatividade do IPI:

> "Determina a Constituição Federal que o Imposto sobre Produtos Industrializados 'será não-cumulativo, compensando-se o que for devido em cada operação com o montante cobrado nas anteriores'. Já o Código Tributário Nacional estabelece que 'o imposto é não-cumulativo, dispondo a lei de forma que o montante devido resulte da diferença a maior, em determinado período, entre o imposto referente aos produtos saídos do estabelecimento e o pago relativamente aos produtos nele entrados'.

Em face desses dispositivos coloca-se a questão de saber se as empresas que adquirem matérias-primas de indústrias sediadas na Zona Franca de Manaus, e por isto isentas do IPI, podem utilizar o crédito relativo a esse imposto, que na verdade não é pago, nem é cobrado na operação anterior, precisamente em virtude daquela isenção.

Pode parecer que não tendo sido cobrado o IPI na operação anterior, em fase da isenção, inexistiria o direito ao crédito. Tal entendimento, porém, levaria à supressão pura e simples das isenções, que restariam convertidas em meros diferimentos de incidência. Em casos como o de que se cuida, o incentivo consubstanciado na isenção concedida às indústrias sediada em Manaus restaria inteiramente anulado. O que a Fazenda deixasse de arrecadar a título do IPI, do produtor da matéria-prima, no Amazonas, seria por ela tranqüilamente recuperado, com a cobrança do valor respectivo às empresas que utilizam aquela matéria-prima.

Seria mais vantajoso para os industriais adquirir as matérias-primas produzidas fora da Zona Franca. O produtor daquelas matérias-primas, favorecido com a isenção, teria de vendê-las por preço mais baixo do que os seus concorrentes, sediados em outros locais, concedendo a estes redução nunca inferior ao valor do IPI, a cujo crédito não teriam direito. Assim, e em virtude da distância, chega-se facilmente à conclusão de que a isenção concedida às indústrias para se instalarem na Zona Franca de Manaus seria um verdadeiro engodo, pois em nada lhes favoreceriam.

É razoável, assim, entender-se que o princípio da não-cumulatividade efetivamente ampara a pretensão das adquirentes ao crédito do IPI relativo a insumos isentos, pois não é admissível uma interpretação segundo a qual resta anulada a finalidade da isenção. O elemento sistemático impõe a preferência pela interpretação que não anula o instituto da isenção.

Entendo que a isenção não configura simples dispensa de tributo devido. Isenção é exclusão de parcela do suporte fático da norma de tributação. Em face da norma de isenção, que incide sobre aquela parcela fática, não ocorre o fato tributável, dito fato gerador da obrigação tributária. Isenção é exceção à regra jurídica de tributação.

De todo modo, tem-se de considerar que o Supremo Tribunal Federal já afirmou, com arrimo na doutrina do mestre Gomes de Sousa, que a isenção é uma dispensa de tributo devido. Se é assim, não pode haver dúvida de que a isenção do IPI, sendo apenas uma dispensa desse tributo, para o fim de estimular o contribuinte isento, não pode excluir o direito ao crédito respectivo, para o comprador de tais produtos. Tal entendimento jurisprudencial da Corte Maior tem suas conseqüências, entre as quais a de se considerar o IPI um imposto devido, para os fins do art. 153, inciso IV, e § 3º, inciso II, da Constituição Federal.

Seja como for, inadmissível é a interpretação literal dos preceitos da Constituição Federal, e do Código Tributário Nacional, quanto às palavras 'cobrado', contida no art. 153, inciso IV, e § 3º, inciso II, e 'pago', contida no art. 49 do Código Tributário Nacional. Qualquer pessoa que tenha alguma vivência da sistemática da não-cumulatividade sabe perfeitamente que jamais o fisco exigiu de qualquer contribuinte a prova da cobrança, ou do pagamento, como condição para o uso do crédito correspondente. O que se exige é que exista tributo relativo a operação anterior. Em face da isenção esse imposto, relativo a operação anterior, ou não será devido, ou será devido mas dispensado em virtude da norma isentiva, mas não pode ser desconsiderado, porque isto implicaria abolir o instituto da isenção, que restaria substituído inexoravelmente pelo instituto do diferimento de incidência."

Por todo o exposto, concedo a segurança, confirmando os termos da liminar.

É como voto.

O Sr. Juiz Araken Mariz (Relator): concedo a segurança.

Os Srs. Juízes Castros Meira, José Maria Lucena, Geraldo Apoliano e Ridalvo Costa: de acordo (sem explicitação).

Decisão: O Tribunal, por unanimidade, concedeu a segurança, nos termos do voto do Relator.

Comentários ao Mandato de Segurança n. 49.677-PE

1. Considerações preliminares

No retro-transcrito acórdão decidiu o Pleno do Tribunal Regional Federal da 5ª Região acerca de tema capitalmente relevante, no que concerne à inteligência do primado constitucional da não-cumulatividade relativamente ao IPI, mormente no que atina ao pretenso direito ao crédito relativo à aquisição de insumos isentos. O julgado procurou dar ao art. 153, § 3º, II da CF/88 uma interpretação ampla, sistemática, num sentido que não viesse a anular a finalidade de uma isenção concedida sobre determinados produtos sujeitos à incidência do IPI, garantindo o direito ao crédito mesmo quando o produto não sofrera tributação em operação anterior.

O aludido tema está em vias de decisão pelos nossos tribunais superiores e ainda hoje suscita controvérsias das mais variadas sortes, decorrentes cada qual da pluri-diversidade de premissas adotadas no tratamento da matéria. Para a perfeita equalização da problemática da não-cumulatividade no IPI, mormente no que se refere às discutíveis exceções ao referido princípio que parcela da doutrina insiste em vislumbrar, hão de ser procedidas algumas tomadas de posição quanto ao tema, o que procuraremos empreender nas linhas que se seguem.

2. Sistema Constitucional Tributário brasileiro

O Direito Positivo, compreendido como o conjunto das normas jurídicas válidas, em determinadas e precisas coordenadas de espaço e tempo, não se constitui num aglomerado caótico de normas jurídicas, antes disso, apresenta-se como *um* todo harmônico em que suas múltiplas unidades, as normas jurídicas, encontram-se dispostas de forma rigorosamente organizada. Sob a perspectiva da Dogmática, o Direito Positivo compõe-se por um conjunto de normas jurídicas dispostas organicamente numa estrutura hierarquizada, regido pelos processos de fundamentação e derivação. Todas as normas do sistema convergem para um só ponto, a norma hipotética fundamental, que atribui fundamento de validade à Constituição Federal. É a existência desta norma pressuposta que imprime caráter unitário ao sistema dogmático-jurídico.

Para sua exata compreensão, o Direito Positivo, dessa forma, há se ser tomado como um sistema, ou seja, um conjunto de elementos interrelacionados em torno de princípios unificadores. É neste sentido também que o Direito Tributário há de ser apreendido. A Constituição Federal de 1988, ao tratar da matéria tributária, fê-lo de forma exaustiva, delineando minuciosamente o campo de atuação das pessoas políticas tributantes, impingido-as, dentre outras coisas, à observância inescusável dos princípios informadores da ação de tributar. O sistema constitucional brasileiro é um sistema rígido, pautado por regras jurídicas hierarquizadas que disciplinam rigorosamente a atuosidade legislativa infraconstitucional.

O sistema do Direito Positivo assim entendido, na sua complexidade estrutural, é formado por vários subconjuntos ou subsistemas que se relacionam entre si. No interior do sistema positivo são vislumbrados inúmeros sistemas parciais, tomados por perspectivas materiais diversas. O conjunto das normas jurídicas construídas a partir do Texto Constitucional integra o sistema constitucional brasileiro. Por sua vez, o plexo das normas da Constituição versantes sobre matéria tributária forma o sistema constitucional tributário, que é um sistema parcial, na cosmovisão de Geraldo Ataliba.

Sabe-se que um sistema não só se caracteriza pela reunião dos elementos que o compõem, o seu repertório, mas, principalmente, pela forma como tais elementos estão organizados, pela arrumação que lhes é dada, sua estrutura. Este sistema tributário brasileiro apresenta características bastante peculiares, não encontráveis na maioria esmagadora dos demais países.

Em contraposição com os sistemas constitucionais tributários italiano, francês, norte-americano e alemão, o brasileiro apresenta características bastante mercantes. Em nenhum dos demais sistemas constitucionais tributários estrangeiros a matéria tributária fora disciplinada com tanta exaustividade. É comum para os sistemas tributários alienígenas a inclusão de um número reduzido de preceitos tributários na ordem constitucional, restando em contrapartida, para a legislação ordinária, toda a disciplina da matéria.

A exaustividade no tratamento da matéria tributária é uma característica própria do sistema constitucional tributário brasileiro. Cremos, juntamente com Geraldo Ataliba, ser esta peculiaridade uma decorrência da própria cultura política pátria, uma vez que, na quase totalidade das reformas constitucionais procedidas no nosso sistema tributário, constatou-se acréscimo e não redução no número de preceitos reguladores da matéria.

Sob uma certa óptica, o constituinte brasileiro esgotou a disciplina da matéria tributária, deixando à lei tão-só a função regulamentar. É de ser destacado que no sistema positivo brasileiro não são admissíveis os regulamentos autônomos. Nenhum arbítrio e limitadíssima esfera de *discricionariedade* foi conferida ao legislador infraconstitucional. O nosso sistema tributário, rigorosamente moldado pelo constituinte, também não deixou à lei ordinária a menor possibilidade de inovar primariamente na disciplina da matéria. Somente são admissíveis aquelas regulações previamente contempladas constitucionalmente. Tudo já se encontra previamente gizado na Carta Magna.

O sistema constitucional tributário caracteriza-se assim por quatro traços fundamentais: a) minúcia e exaustividade no delineamento do âmbito de outorga das competências impositivas; b) exclusividade, salvo hipóteses extraordinárias, no exercício das competências tributárias; c) rigidez das competências tributárias outorgadas a cada ente, somente alteráveis pelo poder constituinte derivado; e d) outorga de garantias aos contribuintes que implicam em limitações à atuação impositiva do legislador infraconstitucional.

O constituinte de 1988 delineou de forma bastante precisa os campos de atuação de cada um dos entes tributantes em matéria tributária, e o fez justamente com o fito de assegurar a autonomia e harmonia dos mesmos, evitando conflitos e garantindo autonomia financeira a todos. Vale dizer, concedeu exclusividade a cada um deles para tratar de seus respectivos tributos, não admitindo interferências de uma ordem jurídica em outra.

A rigidez é outro traço marcante do nosso sistema constitucional tributário. Só o sistema brasileiro oferece um quadro sistemático de disciplina da matéria tributária dotado de rigidez em tão alto grau. Nenhuma norma infraconstitucional poderá modificar repartição de competências prevista na Constituição. Ainda mais, o constituinte já indicou os entes autorizados a instituir tributos e elegeu os fatos passíveis de serem acolhidos para a sua criação. Construiu, portanto, um sistema rígido e exaustivo que não comporta modificações em face de leis infraconstitucionais, afastando, *a priori*, qualquer possibilidade de conflito entre as entidades tributantes.

Não bastasse ainda, para a proteção dos contribuintes contra eventuais abusos perpetrados pelas entidades tributantes, estabelece a Constituição, inobstante os já mencionados, uma série de limites à atividade legiferante. Além de indicar espécies tributárias passíveis de serem criadas pelas pessoas políticas de direito constitucional interno, elencou ainda certas garantias não suprimíveis nem mesmo mediante Emenda à Constituição. Dentre estas encontram-se: o princípio da estrita legalidade tributária; a igualdade em matéria tributária, em cujas dobras encontra-se o princípio da capacidade contributiva; o princípio da irretroatividade, o princípio da anterioridade, o da vedação da instituição de tributo com efeito confiscatório, dentre outros. Com tudo isso, um sistema bastante extenso foi moldado, tendo como pretensão garantir a harmonia entre os entes federados e proteger os contribuintes contra eventuais arbitrariedades.

É no bojo desse sistema constitucional tributário, pautado pela minúcia e exaustividade no delineamento das competências, privatividade, rigidez e garantias asseguradas aos contribuintes, que deverá ser alocado o primado da não-cumulatividade e suas exceções constitucionais, quando previstas.

3. Princípios Constitucionais Tributário

O vocábulo "princípio" é empregado doutrinariamente com os mais variados sentidos, ora para designar as normas jurídicas, ora para representar os valores incrustados no sistema; ou como critério objetivo firmado em normas de superior hierarquia. Não há uma definição unívoca do que seja princípio. Consoante Paulo de Barros Carvalho,[1] utiliza-se, no Direito, "o termo 'princípio' para denotar as regras de que falamos, mas também se emprega a palavra para apontar normas que fixam importantes critérios objetivos, além de ser usada, igualmente, para significar o próprio valor, independentemente da estrutura a que está agregado e, do mesmo modo, o limite objetivo sem a consideração da norma".

Em breve reflexão semântica, são divisados quatro usos distintos do vocábulo "princípio": a) como norma jurídica de posição privilegiada e portadora de valor expressivo; b) como norma jurídica de posi-

1. *Curso de Direito Tributário*, p. 90.

ção privilegiada que estipula limites objetivos; c) como os valores insertos em regras jurídicas de posição privilegiada, mas considerados independentemente das estruturas normativas; e d) como o limite objetivo estipulado em regra de forte hierarquia, tomado, porém, sem levar em conta a estrutura da norma.

Sob uma certa óptica, pode-se afirmar que os princípios jurídicos são valores impregnados no sistema do Direito Positivo. Compõem a norma jurídica mas não integram sua estrutura lógica. Em clássica concepção, o sistema jurídico ergue-se como um vasto edifício, onde tudo está disposto em sábia arquitetura. Contemplando-o, o jurista não só encontra a ordem, na aparente complicação, como identifica, imediatamente, alicerces e vigas mestras.

O ordenamento jurídico positivo brasileiro é composto pelo conjunto das normas jurídicas válidas. Tais normas encontram-se estruturadas de forma hierarquizada, temos normas e princípios. Encontramos hierarquia entre normas jurídicas, entre princípios e também entre princípios e normas jurídicas. A Constituição ocupa, nesse sistema, o patamar mais elevado, dando fundamento de validade a todas as demais normas.

Consiste a Constituição Federal num plexo de normas[2] de superior hierarquia que disciplina a organização do Estado, estabelecendo quais são seus órgãos e suas respectivas competências, bem como os direitos fundamentais dos cidadãos. É a Carta que traz as normas estruturais de uma dada sociedade política. Determina a maneira particular de ser de um Estado, disciplinando seus aspectos fundamentais. Na concepção de Tércio Sampaio Ferraz Júnior, "é lei fundamental, é um conjunto de normas articuladas, que tecnicamente viabilizam os procedimentos para que realmente a atividade organizada da sociedade possa se desenvolver".[3]

Além de ocuparem o grau máximo da pirâmide jurídica, têm as normas constitucionais como traço característico fundamental a imperatividade de seus comandos, impondo a todos, de modo incondicionado, a obrigatoriedade às suas prescrições. A Constituição não é uma carta de conselhos, ensinamentos ou sugestões, mas sim de comandos imperativos que condicionam toda a atuosidade legislativa, bem como todos os cidadãos. Como corolário da supremacia da ordem jurídica constitucional e da imperatividade de seus comandos, todos os atos normativos produzidos pelo legislador infraconstitucional deverão com a mesma se conformar. Somente serão válidas normas infraconstitucionais que forem produzidas em absoluta consonância com as diretivas consagradas pela Constituição.[4]

4. Princípio da não-cumulatividade

Tércio Sampaio Ferraz Júnior,[5] sob uma perspectiva teleológica, sustenta que "a opção do Constituinte por um imposto não-cumulativo responde obviamente a problemas gerados pela cumulatividade dos impostos multifásicos, no que diz respeito aos efeitos econômicos de uma política tributária. O primeiro desses problemas

2. Sob a rubrica de normas, incluem-se também os princípios.

3. *Introdução ao Estudo do Direito*, p. 208.

4. A normatividade dos preceitos constitucionais foi demasiadamente sustentada por Konrad Hess. Este, reportando-se a Walter Burckhard, pontifica: "aquilo que é identificado como vontade da Constituição deve ser honestamente preservado, mesmo que, para isso, tenhamos de renunciar a alguns benefícios, ou até a algumas vantagens justas. Quem se mostra disposto a sacrificar um interesse em favor da preservação de um princípio constitucional fortalece o respeito à Constituição e garante um bem da vida indispensável à essência do Estado, mormente do Estado democrático. Aquele que, ao contrário, não se dispõe a esse sacrifício, malbarata, pouco a pouco, um capital que significa muito mais do que todas as vantagens angariadas, e que, desperdiçado, não mais será recuperado".

5. *Revista de Direito Tributário* 48, p. 19.

pode ser visto na incidência repetida sobre as bases de cálculo que, por superposição em cascata, tornam-se cada vez mais elevadas pela adição de novas margens de lucro, de novas despesas acessórias e do próprio imposto incidente sobre operações posteriores. O inchaço artificial provocado no preço das mercadorias tem um efeito indesejável que levou as nações modernas a optar pela não-cumulatividade. Uma segunda razão, não menos importante, é o fato que um imposto multifásico cumulativo acaba por estimular a integração vertical das empresas, posto que a superposição em cascata faz com que quanto mais integralizada verticalmente uma empresa, tanto menor seria o ônus a que ficariam sujeitas as mercadorias para ela vendidas. (...) Um terceiro problema atesta o sentido do princípio da não-cumulatividade: a cumulatividade em cascata num imposto multifásico produz uma falta de uniformidade na carga tributária para todos os consumidores, os quais são os que, de fato, a suportam. Este efeito, que se torna tão mais extenso quanto mais longo é o ciclo de produção e de comercialização, acaba por gerar uma espécie de perversão da justiça tributária, fazendo com que seja menor a carga de produtos supérfluos e mais onerosa a de produtos essenciais. Compara-se, neste sentido, o ciclo de produção e comercialização de jóias com o da carne, o primeiro, por natureza, mais curto que o segundo".

O princípio da não-cumulatividade está plasmado no artigo 153, § 3º, II e 155, § 2º, I e II da Constituição Federal. Em suma prescrevem os dispositivos citados que o IPI e o ICMS serão não-cumulativos, compensando-se o que for devido em cada operação relativa à industrialização de produtos, à circulação de mercadorias ou à prestação de serviços com o montante cobrado nas operações anteriores. Interessa nesta oportunidade a não-cumulatividade do IPI, muito embora tenhamos, aqui e ali, que nos reportarmos à não-cumulatividade do ICMS, haja vista que a mesma nos oferta uma mais completa visualização do problema relativo ao direito ao crédito decorrente da aquisição de insumos isentos.

O direito ao crédito do montante "incidente" na operação anterior é diretriz constitucional não susceptível de ser restringida ou condicionada por nenhuma norma decorrente da legislação ordinária. Consiste num imperativo constitucional não passível de ser amesquinhado por nenhuma lei, decreto, portaria ou qualquer outro ato normativo que, direta ou indiretamente, tolha os seus efeitos jurídicos. Todo e qualquer ato normativo, de interpretação ou de aplicação, que restrinja o direito ao crédito, será tido por inconstitucional, mormente por ofender ao nosso sistema constitucional tributário.

No sentido supra, pontificam Geraldo Ataliba e Cléber Giardino que "a compensação do montante recolhido na operação anterior é induvidosamente uma categoria jurídica de hierarquia constitucional. Consiste num direito público subjetivo de nível constitucional oponível ao Estado em qualquer circunstância. O próprio Texto Constitucional, que outorgou ao Estado a competência para exigir o IPI e o ICMS, deu ao contribuinte o direito de abatimento".[6]

Na trilha do raciocínio dos citados juristas, poder-se-ia afirmar que ocorrido o fato jurídico tributário dos impostos em questão, nasceria, concomitantemente à obrigação tributária respectiva, outra relação jurídica de natureza não-tributária, que atribuiria ao contribuinte do imposto o direito a compensar o montante devido nas operações anteriores, nas operações subseqüentes. Tal direito à compensação é, na linguagem escorreita de Cléber Giardino,[7] uma moeda especial para o pagamento de ICMS e, acrescentamos, de IPI.

Não obstante seja bem concatenado, claro e envolvente o fio de raciocínio dos

6. *Revista de Direito Tributário* 29-30, p. 116 (atualizamos a sigla ICM para ICMS).

7. *Revista de Direito Tributário* 25-26, p. 191.

festejados tributaristas supramencionados, não é exatamente da mesma forma que visualizamos a fenomenologia da não-cumulatividade. O primado constitucional da não-cumulatividade é regra constitucional expressa. Gera dever subjetivo (e não somente direito subjetivo)[8] constitucional ao contribuinte de compensar em cada operação o montante devido nas operações anteriores. É postulado que, em função das características do nosso sistema constitucional tributário, somente admite exceções se constitucionalmente previstas, não podendo, fora dessas exceções, ser amesquinhado sob nenhum pretexto. Esta é a interpretação que se buscará fundamentar no transcorrer das linhas seguintes.

Se num primeiro momento, Geraldo Ataliba e Cléber Giardino entenderam que do aludido princípio decorre um direito subjetivo constitucional do contribuinte de compensar em cada operação o montante devido nas operações anteriores, Paulo de Barros Carvalho, com maior acuidade, arremata que o primado da não-cumulatividade é uma determinação constitucional que deve ser cumprida, assim por aqueles que dela se beneficiam, como pelos próprios agentes da Administração Pública, concluindo assim que antes mesmo de um direito subjetivo, consiste o abatimento do montante cobrado na operação anterior num dever jurídico do sujeito passivo da obrigação tributária do ICMS e do IPI. Formula ainda, para justificar sua posição, as seguintes indagações: "que direito subjetivo seria esse que, por disponível, comprometeria a integridade de tão elevado preceito constitucional? E que imperativo supremo é esse que fica ao sabor dos bons humores dos administrados, envolvidos nos jogos das forças subjetivas?"[9]

O denominado direito ao crédito do montante cobrado na operação anterior a título de IPI ou ICMS é, na verdade, não uma faculdade de que é titular o sujeito passivo da obrigação tributária, mas sim uma obrigação jurídica a cargo do mesmo. O administrado não poderá optar entre utilizar ou não o crédito do montante recolhido em momento anterior, sob pena do mesmo, agindo desta forma em arbítrio próprio, simplesmente anular o primado constitucional da não-cumulatividade, tornando cumulativos tributos que a própria Carta Magna já determinou não-cumulativos.

Na esteira de Paulo de Barros Carvalho podemos concluir tratarem-se de duas relações jurídicas distintas, onde são diversos os sujeitos ativos, os sujeitos passivos, os seus objetos e também os fatos jurídicos que fazem brotar as relações. Possui uma a natureza jurídica tributária, decorrente da concretização, no mundo fático, da hipótese da regra-matriz de incidência do IPI ou do ICMS. A segunda, natureza tributária não possui. Nasce da realização, por parte do sujeito passivo da obrigação tributária, de uma operação jurídica) anterior sujeita à incidência do IPI ou do ICMS; seu objeto é o valor relativo à incidência do tributo nesta operação, que terá o contribuinte o dever jurídico de compensar nas operações seguintes. Tem como sujeito ativo o próprio contribuinte do IPI ou ICMS e como sujeito passivo a Administração Pública.

Em regra, essa segunda relação jurídica, que denominamos simplificadamente de relação de crédito do contribuinte, ou de direito ao crédito, abatimento ou compensação do montante recolhido na operação anterior, nasce antes mesma da ocorrência do fato jurídico tributário do IPI ou ICMS; surge, exemplificativamente quanto ao primeiro, de operação anterior relativa à aquisição de bens necessários e utilizáveis na fabricação de produtos (insumos) que venham a ser objeto de futuras operações pelo contribuinte, como é especificamente o caso do acórdão ora comentado.

8. Todo aquele sujeito de direito portador de determinado dever jurídico, também tem para si, embutido neste dever, no mínimo um direito, qual seja, o direito de cumprir tal dever jurídico. Trata-se de uma lei lógica.

9. *A regra-matriz do ICM*, p. 377.

Assim, a natureza jurídica da relação estabelecida entre Estado e contribuinte, a qual investe este no direito ao crédito do tributo, não é de natureza tributária, sua estrutura revela que seu objeto, em absoluto, não é um tributo, tem como sujeito ativo uma pessoa privada e possui como sujeito passivo o Estado, que é titular da competência tributária. Com a obrigação tributária, dessa forma, em nada se confunde.

No mesmo sentido, quando analisaram a questão da natureza jurídica dessa relação não-tributária relativamente ao antigo ICM, Geraldo Ataliba e Cléber Giardino, com muita propriedade, defenderam ser a mesma "uma relação jurídica obrigacional, porque dotada de conteúdo econômico, e constitucional, porque disciplinada exaustivamente na Constituição, e que ainda se podia qualificar como financeira, em oposição a tributária, no sentido de que, embora envolvendo valores econômicos, nada tem a ver com as relações tributárias".[10] Tais considerações prestam-se à confirmação da natureza não-tributária da relação jurídica de abatimento do ICMS e do IPI, razão pela qual não se aplica às mesmas o regime jurídico tributário.

É de mister que se entenda que os destinatários imediatos da diretriz da não-cumulatividade, tanto no IPI, quanto no ICMS, são os legisladores dos Poderes Legislativos da União, dos Estados-membros e do Distrito Federal, que estão cabalmente proibidos de emitir qualquer ato normativo não condizente com a prescrição contida na Constituição Federal. Dessa forma, não pode o RIPI impor qualquer restrição ao direito constitucional ao crédito.

Imperioso frisar que a Constituição Federal não traz distinção quanto à origem dos créditos; portanto, independentemente da natureza jurídica das operações ou serviços que geraram o crédito, sempre surge o direito à compensação. É forçosa a conclusão: o crédito do ICMS ou do IPI não está atrelado ao bem ou a natureza da operação anterior.

10. *Revista de Direito Tributário* 25-26, p. 122 (atualizamos a sigla ICM para ICMS).

5. IPI e o direito ao crédito relativo à aquisição de insumos isento

Em face do sistema constitucional tributário pátrio, somente o Texto Constitucional pode impor restrições ao princípio da não-cumulatividade, bem como a qualquer outro primado da mesma magnitude. Trata-se de uma regra que inadmite restrições, haja vista todas as peculiaridades deste sistema normativo já amplamente apontadas. Se a própria Constituição não previr limitações ao princípio da não-cumulatividade, descabe falar-se em vedações ao crédito do administrado decorrente de operação anterior, tributada ou não.

Quanto ao ICMS a questão se toma um pouco complexa. É porque a própria Constituição Federal prescreveu nas alíneas "a" e "b" do inc. II do § 2º do art. 155 que "a isenção ou não-incidência, salvo determinação em contrário da legislação: a) não implicará crédito para compensação com o montante devido nas operações ou prestações seguintes e b) acarretará a anulação do crédito relativo às operações anteriores".

Ante tal panorama impõem-se algumas tomadas de posição. Vem a calhar na oportunidade a proposição segundo a qual a Constituição se apresenta como um articulado de sentido, onde princípios e normas estão dispostos de forma hierarquizada, em que somente uma interpretação voltada às peculiaridades do sistema poderá sacar exatos conteúdo, sentido e alcance das normas interpretandas. Assim, é com tais propósitos que se tem que perquirir a amplitude das exceções constitucionais ao primado da não-cumulatividade e como devem ser as mesmas interpretadas à luz do sistema constitucional tributário. Além disso, tem-se que comprovar como tais exceções somente dizem respeito ao ICMS, não podendo serem analogicamente aplicadas ao IPI.

Pois bem, a regra é que o ICMS, como o IPI, deve ser não-cumulativo, sendo compensados os créditos, mediante abatimento, independentemente de se tratar de operações anteriores ou posteriores, tributadas ou não.[11] Assim, as regras do inciso II, "a" e "b", conflitam, em tese, com aquele princípio, ao estabelecerem que a isenção e a não-incidência no ICMS não implicam crédito relativo às operações seguintes e acarretam a anulação no que concerne às anteriores. Todavia, essa exegese decorrente duma interpretação meramente literal, não suporta uma análise sistemática do sistema constitucional tributário. Sabe-se que na interpretação de qualquer dispositivo constitucional deverá ser considerado o sistema como um todo, vale dizer, não existe norma isolada.

Neste sentido, a Constituição deve ser concebida não como um conjunto compacto e indiferençado de normas, mas como um sistema de normas coordenadas e interrelacionadas que se condicionam reciprocamente. Tendo-se em vista as supramencionadas peculiaridades da não-cumulatividade no ICMS, há de se levar em conta que as alíneas "a" e "b", ao abrir-lhe uma exceção, devem ser interpretadas de forma coerente com esses objetivos constitucionais.

Se, por um lado, a aplicação do princípio da não-cumulatividade traz todas as relevantes propriedades anteriormente aduzidas, por outro a ocorrência de isenções e não-incidências sem direito a crédito, tomada extensivamente, desfaz todos os benefícios conquistados, destruindo a unidade de sentido que deve prevalecer. Como corolário, a única interpretação aceitável das normas contidas nas referidas alíneas "a" e "b" só pode ser a de que as mesmas não estão a derrogar o princípio da não-cumulatividade relativamente ao ICMS, mas sim a caracterizar situações em que, da aplicação desse princípio, resultaria uma situação tecnicamente indesejável, injusta. Vale dizer, elas não foram postas para anular o princípio da não-cumulatividade, mas, pelo contrário, fazer com que, diante de algumas situações excepcionais, os seus objetivos sejam mantidos, impedindo que alguns contribuintes sejam indevidamente beneficiados, em detrimento da coletividade.

Ainda mais, por tratar-se duma exceção à regra, não se pode olvidar a advertência de Carlos Maximiliano, segundo a qual interpretam-se restritamente os dispositivos que instituem exceções às regras gerais firmadas pela Constituição, sendo inclusive mais um fundamento para que as exceções constitucionais à não-cumultatividade do ICMS não alcancem o IPI.[12]

No que pertine à questão em tela, Tércio Sampaio Ferraz Júnior, valendo-se do "princípio hermenêutico da unidade da Constituição", apresentou satisfatória equação para contornar o aparente conflito existente entre o princípio constitucional da não-cumulatividade e as referidas alíneas "a" e "b". Segundo ele, as exceções contidas nas alíneas "a" e "b" do inc. II do §2º do art. 155 só cabem para aquelas situações em que o crédito de um imposto que não incidiu em operação anterior conduzisse a um efeito oposto ao da acumulação, pois levaria a uma incidência final inferior à que resultaria da aplicação da alíquota nominal do tributo ao preço do varejo. Regra geral, estas situações aparecem quando a isenção ou não-incidência ocorrem no começo ou no fim do ciclo de circulação de mercadorias. Nestes casos e apenas neles da aplicação do princípio da não-cumulatividade haveria um prejuízo para órgão arrecadador, configurando-se destarte uma situação excepcional que exige

11. No que conserne ao IPI esta regra é absoluta.

12. *Hermenêutica e aplicação do Direito*, p. 313.

a aplicação da regra da especialidade e da qual decorre o estrito entendimento das referidas alíneas "a" e "b". Este entendimento estrito, que preserva o sentido próprio e genérico da não-cumulatividade, exige, por outro lado, que quando a isenção ou a não-incidência ocorra no meio do ciclo, o crédito só deixará de ser compensado, devendo ser anulado, apenas no que diz respeito às operações imediatamente posteriores e anteriores, não valendo para as subseqüentes, sob pena de se provocarem extensos e perversos efeitos cumulativos. Fora destes casos, vale plenamente o princípio da não-cumulatividade no ICMS.[13]

Ante a posição exposta, a exegese mais consentânea com a diretriz da não-cumulatividade é a que labora no sentido de que, quando a isenção ou "não-incidência" ocorra no meio do ciclo de circulação da mercadoria, o crédito do ICMS não será compensado, podendo ser anulado, mas apenas no tocante às operações imediatamente anteriores e posteriores, permitindo-se o crédito relativo às operações não imediatas. Noutros termos: quando a isenção ou não-incidência se verificar no início ou no final do ciclo de circulação de mercadoria, não são admitidos os créditos, por imposição das alíneas "a" e "b" do § 2º, inc. II, do art. 155. E, por outro lado, quando a isenção ou não-incidência se verificar no meio do ciclo de circulação, as aludidas exceções constitucionais devem ser interpretadas no sentido de que o crédito não será compensado tão-somente quanto às operações imediatamente subseqüentes, quer anteriores ou posteriores.

Numa missão investigativa, percorrendo-se todo o sistema constitucional tributário brasileiro, a totalidade de suas normas e princípios informadores, nenhuma exceção ao primado constitucional da não-cumulatividade poderá ser detectada no que concerne ao Imposto sobre Produtos Industrializados. Logo, por imposição lógica, o direito ao crédito relativamente ao IPI é amplo, irrestrito, de nada importando que a operação anterior tenha sido tributada ou não. É de ser mantido o direito ao crédito mesmo quando decorrente de operações isentas, sujeitas à alíquota zero, não-incidência, enfim, não tributadas. Consectariamente, é de se concluir logo de plano a judiciosidade da decisão do E. Tribunal Regional Federal da 5ª Região que ora nos propomos a comentar. O crédito do montante incidente na operação anterior não poderá ser obstaculizado sob pena de se afrontar diretamente ao nosso sistema constitucional tributário.

Noutros termos: uma vez que exclusivamente a Constituição Federal tem competência para instituir exceções ao princípio da não-cumulatividade, proibindo o crédito relativo à operações anteriores, tributadas ou não, e levando-se em consideração também que nenhuma vedação foi imposta constitucionalmente ao crédito do IPI relativo às operações antecedentes, é patente e indiscutível que o abatimento do respectivo montante poderá ser levado a cabo pelo contribuinte do imposto, haja vista que, antes mesmo que um direito subjetivo, o respectivo creditamento lhe constitui um dever jurídico, isto por ser esta a única maneira de fazer valer plenamente o primado da não-cumulatividade.

Assim sendo, verificado no mundo fenomênico o fato jurídico da realização, por parte do sujeito passivo da obrigação tributária, de uma operação (jurídica) anterior sujeita à incidência do IPI, nasce uma relação jurídica de natureza não-tributária que alberga o direito ao abatimento do montante relativo a esta operação no valor de tributo a ser recolhido quando do surgimento da obrigação tributária, no preciso instante da ocorrência do fato imponível respectivo. Esta relação jurídica de creditamento, nasce antes mesma da ocorrência do fato jurídico tributário do IPI, surge de operação anterior relativa à aquisição de bens necessários e utilizáveis na fabricação de produtos que venham a ser

13. *Revista do Direito Tributário* 48, p. 20.

objeto de futuras operações pelo contribuinte. E assim, como a Constituição não previu limitações ao princípio da não-cumulatividade relativamente ao IPI, descabe falar-se em vedações ao crédito.

Além do mais, conforme fora bem desenvolvido no acórdão do TRF-5ª Região, uma vez não admitido o crédito oriundo de operação relativa à aquisição de insumos isentos restaria aniquilada toda a finalidade da isenção concedida. Mediante tal interpretação as isenções passariam a funcionar como meros diferimentos de incidência e, destarte, ao invés de benefício transformar-se-iam num verdadeiro ônus ao contribuinte do IPI.

A rigorosa disquisição sobre o princípio da não-cumulatividade, incumbe esclarecer ainda que a expressão "montante *cobrado* nas anteriores", prevista textualmente nos arts. 153, § 3º, II e 155, § 2º, I da Constituição Federal, foi impropriamente utilizada pelo constituinte, uma vez que o objetivo não é exigir que o contribuinte perquira em cada operação se houve ou não pagamento para, posteriormente, creditar-se. Se assim fosse, frustrado estaria o objetivo de institui-se um gravame não-cumulativo, diante das diversidades das ocorrências fáticas.

Advertia enfaticamente o saudoso Gilberto Ulhôa Canto que a expressão "... montante cobrado nas anteriores..." teria de ser captada como significando o "montante relativo às anteriores..." isto porque não se tem por escopo condicionar o crédito ao efetivo pagamento do tributo. Caso houvesse tal condição, seria necessário que cada contribuinte buscasse a certeza que os industriais, os fornecedores das matérias-primas, dos produtos intermediários ou de outros materiais integrados no sistema de agregação de valor efetivamente pagaram o IPI ou o ICMS acumulado até a respectiva saída de seus estabelecimentos, para que só a partir de então surgisse o direito ao respectivo crédito do tributo.[14]

14. *Revista de Direito Tributário* 25-26, p. 87 (atualizamos a sigla ICM para ICMS).

Por outro lado, é absolutamente descabida, em virtude da legislação vigente, qualquer alusão à distinção entre créditos físicos e financeiros, uma vez que todo e qualquer bem adquirido pela empresa que tenha sido tributado pelo imposto enseja o direito ao crédito correspondente.

6. Conclusões

Ante a totalidade das argumentações dispendidas, cumpre-nos afirmar, sinteticamente, à guisa de conclusão, que:

1. O denominado direito ao crédito do montante pago na operação anterior não se constitui numa faculdade do contribuinte do IPI, bem como do ICMS. Antes disso, o creditamento do montante relativo à operação antecedente reside na única forma possível de implementar o princípio da não-cumulatividade nos moldes como disciplinado na Carta Política de 1988. Destarte, muito mais que um direito subjetivo o aludido crédito constitui um dever a cargo do contribuinte.

2. No preciso instante em que é realizada a operação anterior sujeita à incidência do IPI nasce o direito à compensação, que não poderá ser restringido sob nenhuma alegação, nem ser condicionado ao tipo de operação que futuramente venha a ser realizada. Decorre de relação jurídica não confundível com a obrigação tributária, possui natureza jurídica distinta desta.

3. Diante das características do sistema constitucional tributário brasileiro, exclusivamente a Constituição Federal pode criar exceções ao princípio da não-cumulatividade. Como corolário, o direito ao crédito do montante incidente na operação anterior é diretriz constitucional não susceptível de ser restringida ou condicionada por nenhuma norma da legislação ordinária. Com efeito, não pode o Regulamento do Imposto sobre Produtos Industrializados vedar nem restringir o creditamento sob nenhuma hipótese.

4. Estando IPI e ICMS sujeitos ao mesmo primado da não-cumulatividade, e tendo a Constituição Federal apenas imposto restrições ao crédito no que concerte ao ICMS, é de se concluir, por imposição lógica, que o aludido direito ao crédito no que atina ao IPI é absoluto, irrestrito, até mesmo para as hipóteses não sujeitas à tributação, como nos casos de isenção, não-incidência e alíquota zero.

5. A expressão "montante cobrado nas anteriores", prevista nos arts. 153, § 3º, II, não poderá ser aprendida na sua literalidade. O importante não é constatar-se o pagamento ou não de tributo, mas simplesmente a verificação se aquela operação estaria normalmente sujeita à incidência de tributo. O crédito não pode ser condicionado ao pagamento de tributo, nem importa, em virtude da legislação vigente, a distinção entre créditos físicos e financeiros, uma vez que todo e qualquer bem adquirido pela empresa que tenha sido tributado pelo imposto enseja o direito ao crédito correspondente.

6. No caso sob comentário, no que respeita ao IPI e o crédito relativo a insumos isentos, pouco importa que a operação anterior, geradora do crédito, haja sido tributada ou não. O creditamento é válido para todas as hipóteses, isto porque a vedação ao crédito, além de anular a finalidade da isenção concedida, infringiria diretamente ao primado constitucional da não-cumulatividade.

7. Por toda a fundamentação empreendida até aqui estamos em total sintonia com o entendimento esposado pelo Pleno do Tribunal Regional Federal da 5ª Região no acórdão ora comentado.

São Paulo, 12 de março de 1997

NOTAS & COMENTÁRIOS

ICMS — CRÉDITO — CORREÇÃO MONETÁRIA

Paulo Ayres Barreto
Advogado em São Paulo

Recurso Especial n. 86.467-RS(96-0004603-4)

Relator: o Exmo. Sr. Ministro José Delgado

Recorrente: Fasolo S/A Indústria de Couros e Sucedâneos

Recorrido: Estado do Rio Grande do Sul

Advs.: Drs. Maria Rita de Freitas Ossi e outros

Dr. Antônio Carlos Welter

Ementa: *Tributário. ICMS. Crédito. Correção monetária.*

1. É legal a incidência da correção monetária sobre crédito relativo ao ICMS utilizado extemporaneamente.

2. A correção monetária tem por finalidade exclusiva manter, no tempo, o valor real da moeda.

3. A aplicação do princípio isonômico às relações jurídicas tributárias torna irrecusável a incidência da correção monetária nos créditos de ICMS, haja vista que o débito em contraste também é corrigido.

4. Recurso provido.

Acórdão

Vistos, relatados e discutidos estes autos, acordam os Exmos. Srs. Ministros da Primeira Turma do Superior Tribunal de Justiça, na conformidade dos votos e notas taquigráficas a seguir, por unanimidade, dar provimento ao recurso. Participaram do julgamento os Exmos. Srs. Ministros Humberto Gomes de Barros e Milton Luiz Pereira. Ausentes, justificadamente, os Exmos. Srs. Ministros José de Jesus Filho e Demócrito Reinaldo.

Brasília, 29 de abril 1996 (data do julgamento) Ministro Humberto Gomes de Barros (Presidente). Ministro José Delgado (Relator).

Relatório

O *Exmo. Sr. Ministro José Delgado*: Fasolo S/A Indústria de Couros e Sucedâneos interpõe o presente Recurso Especial (fls. 120/124), com fulcro no art. 105, inciso III, alínea "a", da Lei Maior, contra acórdão oriundo do E. Tribunal de Justiça do Rio Grande do Sul.

O aresto infirmado negou incidência da correção monetária sobre os créditos tributários, o que, para a Recorrente contraria frontalmente o art. 3º do Decreto-lei n. 406/68, que estabelece o princípio da não-cumuiatividade do ICM.

A Fazenda Estadual ofereceu contrarazões (fls. 127/132). O Ministério Público emitiu parecer no sentido da admissão do Recurso Especial (fls. 134/137). Sem obstáculo à admissibilidade do apelo extremo.

É o relatório

Voto

Exmo. Sr. Ministro José Delgado (Relator): O Recurso Especial examinado está fundado na letra "a", inciso III, art. 105 da CF, por entender que a veneranda decisão recorrida contraria o art. 3º do DL 406/68, que estabelece o princípio da não-cumulatividade do ICMS.

Conheço do recurso e dou-lhe provimento. O tema central a ser enfrentado por esta Turma já tem vários precedentes defendendo a linha desenvolvida pela Recorrente.

Na verdade, harmoniza-se com as regras tributárias do nosso ordenamento jurídico a incidência da correção monetária sobre créditos do ICMS tardiamente utilizados.

Registro, no trato da questão, os julgados seguintes:

a) REsp n. 76214-SP, relatado pelo eminente Ministro José de Jesus Filho, com ementa publicada no *DJU* de 5.2.96, p. 1.370, e assim posta:

"Tributário. Ação declaratória. Correção monetária. Crédito extemporâneo. Reconhecimento. Cabimento,

I — Esta Colenda Turma já reconheceu a legalidade da incidência da correção monetária, em casos tais. É que o reajuste monetário visa, exclusivamente, a manter no tempo o valor real da moeda. Precedentes.

II — Recurso conhecido e provido".

b) REsp n. 68033-SP, Rel. Min. César Asfor Rocha, *DJU* de 20.11.95, p. 39.562, cuja ementa afirma:

"Tributário. ICMS. Incidência da correção monetária em crédito extemporâneo reconhecido. Cabimento.

I — A atualização monetária não constitui "acréscimo", senão resgate do valor real da moeda corroído pelo fenômeno inflacionário. Não há qualquer aumento no valor corrigido, mas sua simples preservação.

II — Recurso provido".

A doutrina comunga, igualmente, do mesmo entendimento.

Salutar se registrar o pensamento sobre o assunto, manifestado por Aires F. Barreto, em artigo sob o título "Tributos e Indexação", in *Revista de Direito Tributário*, vol. 60, p. 15 e 16, do teor seguinte:

"Créditos de ICMS e correção monetária.

O creditamento tardio.

São comuns os casos de contribuintes de ICMS (ou do antigo ICM) que, em razão de características próprias das atividades a que se dedicam, não têm condições de aproveitar, imediatamente, os créditos de ICMS (ou até do antigo ICMS) a quem tem jus, de acordo com a Constituição e com a lei. Diante dessa impossibilidade, os créditos de ICMS acumulam-se em suas contabilidades por meses e até por anos. E, como ali estão lançados pelo seu valor nominal, quando surge a oportunidade de utilizá-los, o montante respectivo já está substancialmente corroído pela desvalorização da moeda. Inviabiliza-se, assim, a recomposição de seu patrimônio. Este, com o passar do tempo, sofre diminuição.

Impõe-se, destarte, para cumprir a Constituição, a correção desses créditos. Não se olvide que débito e crédito de ICMS são categorias jurídicas distintas, correspondendo a direitos diversos, opostos e contrastantes, além de reciprocamente independentes e autônomos como tão bem o demonstrou Cléber Giardino (*RDT* 29/110). Desencadeiam relações jurídicas autônomas, nas quais credor e devedor alternam-se: o Estado é credor na primeira e o contribuinte na outra e vice-versa.

Submetem-se, enfim, a princípios, critérios e regras de interpretação totalmente distintos, porque diferentes são suas funções e natureza jurídica. Em outras palavras: como o débito do ICMS (a cargo do contribuinte) é de natureza tributária, ao regime próprio da espécie se submete. Já o crédito (direto do contribuinte) é mera figura financeira, operante na fase (momento) do pagamento, por compensação. Funciona como moeda de pagamento. Tem sua operacionalidade limitada à função de atender ao 'abatimento' constitucionalmente previsto (Geraldo Ataliba, *RDT* 29/110).

Assim, por esse mecanismo, o Estado pode exigir, a final, o recolhimento de uma importância que corresponde ao resultado do cálculo do ICMS sobre o valor da operação, menos o valor do ICMS correspondente às operações anteriores. Vê-se que o 'crédito" de ICMS serve para o contribuinte pagar, parcialmente, por compensação, o seu débito tributário (recolhendo o saldo devedor em dinheiro).

Apenas o saldo é recolhido em dinheiro, diretamente aos cofres do Estado. Enfim, o ICMS é imposto que se paga parte em dinheiro e parte com créditos escriturais, constitucionalmente qualificados.

Tudo que se refere ao abatimento de ICMS (crédito) — seja a extensão desse direito, sua natureza, montante, oportunidade de apropriação, compensação com ICMS devido, etc. — envolve-se num regime legal de direito constitucional-financeiro, alheio ao regime jurídico do tributo, nada tendo a ver com a disciplina da incidência, base imponível, alíquota e outros aspectos do imposto. A mais evidente demonstração disso está em que — na relação de 'crédito de ICMS', o Estado é devedor e o contribuinte credor; e, na relação (tributária) de 'débito de ICMS', o Estado é credor e o contribuinte devedor. Somente à luz dessas premissas será possível estudar o 'crédito de ICMS'.

Reiteradas lições — infelizmente nem sempre bem apreendidas — de Geraldo Ataliba e de Cléber Giardino, demonstram, de modo irretrucável, que o chamado 'direito ao crédito' não decorre, não nasce de 'lançamentos' anteriores. A gênese do crédito, o fato que constitucionalmente determina o surgimento desse direito é verdadeiramente a aquisição, por alguém — qualificado como contribuinte do tributo — a outro contribuinte, da titularidade de mercadorias (neste conceito pressuposta a destinação desses bens — por isso 'mercadorias' — a futuras operações mercantis). Já se vê que a esse conceito é estranha a presença ou não de anteriores 'lançamentos' de ICMS. Com ou sem tais lançamentos, o 'crédito de ICMS' surge, *ex vi* da Constituição (cf. *RDT 298*).

Porque a moeda não mais cumpre sua função de medida de valor, o imposto devido pela realização de operação mercantil deve ser sempre atualizado. Fazê-lo, porém, exige a adoção do mesmo critério de atualização relativamente às compensações a que têm jus os contribuintes."

Acrescento parte da síntese conclusiva firmada pelo ilustre doutrinador citado, p. 20:

"Se o contribuinte empresa tem que dispor de menos crédito ou de outro ângulo, arcar com maior débito, descumprindo está o princípio da não-cumulatividade. Como o crédito é uma das 'moedas' para pagar o ICMS, se ocorrer a diminuição do crédito (em termos reais) o contribuinte tem maior dispêndio. O contribuinte vê seu débito aumentado em desconformidade com a compensação constitucionalmente prevista. O ICMS deixa de ser não-cumulativo para ser parcialmente cumulativo. E isso repugna à Constituição.

Ademais, sendo desembolso de uma das moedas de pagamento maior, é inexorável que, ou se elevou a base ou se elevou a alíquota. Ora, como a base continua sendo o valor da operação mercantil (ou o da prestação de serviço) é forçoso concluir que há aumento de imposto, pela oblíqua elevação da alíquota, sem previsão legal.

Assim, a não-correção de créditos de ICMS implica cumulativas ofensas à Constituição,

a) fere o princípio da compensação, porque os créditos do Estado são corrigidos e os do contribuinte não o são; ora, só há verdadeira compensação quando os termos compensáveis são homogêneos; e, homogeneidade só há se os dois valores (crédito e débito) forem apurados segundo a mesma medida (ou ambos valores reais, ou ambos valores nominais);

b) fere o princípio da não-cumulatividade, porque a compensação, pelo valor nominal equivale à compensação parcial e, conseqüentemente, transforma o ICMS em imposto parcialmente cumulativo;

c) fere o princípio da estrita legalidade, porque maior dispêndio equivale a aumento de imposto, sem lei;

d) fere o preceito do art. 150, II, na medida que exige menor desembolso dos contribuintes cujo giro de negócios é ágil, em confronto com aqueles, cujas atividades se desenvolvem em áreas econômicas mais lentas.

Em suma, se o 'crédito de ICMS' é moeda de pagamento parcial de tributo — constitucionalmente prevista para tanto — não há por que não ser corrigido monetariamente.

A sua correção implica aumento da carga tributária, significando maior receita para o Fisco: isto configura enriquecimento ilícito (que só se evita pela correção).

Os desembolsos do contribuinte devem ser nos montantes estritamente decorrentes do esquema constitucional, tal como legalmente estabelecido.

Não há como fugir à adoção de correção de um dos termos 'acompanháveis', sem estabelecer desequilíbrio constitucionalmente não consentido.

Ou se admite a corrosão inflacionária como fenômeno inexorável, a desmerecer reparos jurídicos — prejudicando igualmente Fisco e contribuinte — ou se reage, prevendo correção restauradora de valores. Neste caso, é inexorável que os dois valores envolvidos devam ser igualmente preservados.

Seria despropositado só corrigir o 'crédito', em dano ao Fisco, da mesma forma que é inaceitável corrigir só o débito, em prejuízo do contribuinte."

Igual compreensão sobre o tema foi explicitada por Xavier de Albuquerque, Ministro aposentado do Supremo Tribunal Federal e advogado, em parecer publicado na *RDT*, v. 59, p. 56-72, onde está registrado, após exaustiva análise da questão, o que se cita:

"No Superior Tribunal de Justiça, que sucedeu ao Supremo Tribunal Federal na competência para o exame da matéria em perspectiva infraconstitucional, também vacilou a jurisprudência, com acórdãos dissonantes das duas Turmas integrantes da Primeira Seção. Provocada, esta, todavia, em embargos de divergência, a maioria de seus juízes confluiu para a uniformização da jurisprudência em favor da tese favorável à admissão da correção monetária do critérios retardatários. Deu-se isso no julgamento, a 21.8,90, dos EREsp 1.472 quando se tornou Relator para o acórdão o Ministro Ilmar Galvão. A ementa consignou:

"(...) Uniformização que se opera em favor da tese consagrada na decisão embargada.

Correção monetária irrecusável, em face dos efeitos da inflação sobre o crédito que o contribuinte não pode desfrutar no devido tempo, em razão de embargos opostos pelo Fisco. Ausência de óbice legal ao reconhecimento, em ação declaratória, de direito subjetivo a crédito fiscal pelo respectivo valor corrigido.

Embargos rejeitados."

No voto condutor desse decisivo aresto, cuja cópia obtivemos e consultamos, o Ministro Ilmar Galvão fez implícito reparo, na mesma linha de nosso entendimento, há pouco reiterado, à orientação final prevalecente no Supremo Tribunal Federal. E disse: 'O argumento, o fundamento que se invoca para recusar-se a correção monetária, é que se trata de ação declaratória em que não houve pagamento. Então é que vem, no meu entender, a premissa falsa. Porque se o importador, o comerciante, deixou de creditar-se daquela quantia, é claro que desembolsou a quantia, porque o ICMS, como se sabe, é um imposto apurado por quinzena, sob sistema de lançamentos correntes de créditos e débitos. Ao final da quinzena, apura o contribuinte o que está devendo e recolhe. Um contribuinte que deixou de creditar-se, naquele período, de uma determinada quantia, claro que teve o seu saldo devedor acrescido da correspondente quantia e, conseqüentemente, também o *quantum* a pagar'.

Pouco depois desse julgamento, a mesma Primeira Seção reiterou seu entendimento, ainda por maioria de votos, nos EREsp 421, julgados a 13.11.90, tornando-se Relator para o acórdão o Ministro Vicente Cernichiaro."

"IX — Créditos acumulados e correção monetária.

Por todo o exposto, não vemos como se possa razoavelmente repudiar a admissibilidade da correção monetária dos créditos de ICM e/ou ICMS que o contribuinte venha a acumular em sua contacorrente fiscal. Essa situação, quiçá pouco freqüente, não é insólita. 'Poderá haver — exemplifica Gilberto de Ulhôa Canto — a situação oposta, como a de empresa que tenha tanto crédito que pode deixar por algum tempo de efetuar recolhimentos do ICM, como no caso de quem estocou muitas mercadorias adquiridas por preços relativamente altos e tem de vender num mercado de procura escassa e por preços não muito elevados, caso no qual os créditos acumulados nas aquisições sustentarão os débitos decorrentes das vendas, sem necessidade de recolhimentos'.

Todos os caminhos, pelo contrário, levam à conclusão da admissibilidade de tal correção: seja o emprego do instrumental dogmático pertinente à compensação que o sistema constitucional impõe como traço da não-cumulatividade do tributo, seja o recurso à analogia ou ao princípio eterno do Direito — na linguagem expressiva de Agostinho Alvim — que proscreve o enriquecimento sem causa.

Aos dois últimos processos jurídicos de análise da questão, também preside, latente mas sobranceiro, o princípio isonômico. Registram-no Geraldo Ataliba e Aires F. Barreto, no parecer tantas vezes mencionado (fls. 38-39): Curioso é que se a situação fosse inversa — ou seja, se o contribuinte se creditasse por valor maior do que aquele a que fazia jus — isso implicaria desembolso menor, para pagamento do ICMS devido. Equivale dizer que o Fisco receberia menor quantidade de moeda. Tais correlações são matemáticas e inconfuntáveis. Só que, neste caso, não se levantariam dúvidas — como até aqui não se levantaram — sobre o direito de o Fisco exigir a reposição do patrimônio estadual, pela aplicação da correção monetária sobre a diferença a haver. Ora, que ordenamento jurídico é esse que o Estado assegura a correção de seus créditos, mas não a correção de seus débitos? Onde o tratamento isonômico entre as duas — substancialmente — idênticas situações?'

Deve acrescentar-se, para reforço do argumento isonômico, que, numa economia marcadamente inflacionária como teima em ser a nossa, a índole e o mecanismo do ICM e/ou ICMS permitem que, numa situação de acumulação de créditos do contribuinte, sejam os seus débitos, que se originam das saídas e constituem, no reverso, créditos na Fazenda Pública, atualizados de modo virtual, pela só elevação periódica e sistemática — reparadora da erosão monetária, ao invés de incrementadora do lucro real — dos preços de venda das mercadorias.

A doutrina registra o fenômeno que, conquanto econômico, guarda relevância jurídica. 'No caso de imposto *ad valorem'* — anotam Henry Tilbery e Ives Gandra da Silva Martins, referindo-se ao ICM e ao IPI — não há necessidade de indexação já que a base de cálculo desses impostos automaticamente acompanha a evolução dos preços'. Outro tanto foi observado por Amílcar de Araújo Falcão, nestes termos: 'No mundo econômico, ante a inflação, a correção monetária se faz espontaneamente, por um simples impulso instintivo, no que diz respeito às prestações instantâneas'.

X — Conclusão.

É afirmativa, à luz das considerações anteriormente expendidas, nossa resposta à indagação da consulente."

Por tais fundamentos, dou provimento ao recurso.

É como voto

Certidão de Julgamento Primeira Turma

N. Registro: 96/0004603-4

REsp 00086467-RS

Pauta: 25.4.1996

Julgado: 29.4.1996

Relator: Exmo. Sr. Min. José Delgado

Presidente da Sessão: Exmo. Sr. Min. Humberto Gomes de Barros

Subprocurador-Geral da República: Exma. Sra. Dra. Edylcéa Tavares Nogueira de Paula

Secretário (a): Maria Auxiliadora Ramalho da Rocha Soato

Autuação

Recte.: Fasolo S/A Indústria de Couros e Sucedâneos

Adv.: Maria Rita de Freitas Ossi e Outros

Recdo.: Estado do Rio Grande do Sul

Adv. Antonio Carlos Welter

Certidão

Certifico que a Egrégia Primeira Turma ao apreciar o processo em epígrafe, em sessão realizada nesta data, proferiu a seguinte decisão:

A Turma, por unanimidade, deu provimento ao recurso.

Participaram do julgamento os Exmos. Srs. Ministros Humberto Gomes de Barros e Milton Luiz Pereira.

Ausentes, justificadamente, os Exmos. Srs. Ministros José de Jesus Filho e Demócrito Reinaldo.

O referido é verdade. Dou fé.

Brasília, 29 de abril de 1996

Comentário ao acordão no Recurso Especial n. 86.467 - RS

Ao impor a correção monetária plena, de crédito de ICMS, este acórdão da Primeira Turma do Superior Tribunal de Justiça assenta entendimento sobre questão tormentosa e ainda atual. Nada obstante a significativa redução dos níveis de corrosão da moeda, a inflação anual brasileira é ainda de molde a resultar em sensíveis distorções, quando não seja ela considerada, ou ainda, quando o seja de forma distinta para uma das partes que venha compor determinada relação jurídica.

O tema "indexação" há que ser enfrentado consoante seu conteúdo normativo, despido, portanto, de considerações econômicas ou extrajurídicas. Faz-se necessário perquirir, como adverte Fernando Albino de Oliveira (*RDT* 60/40) "a forma pela qual o ordenamento jurídico introduz o fenômeno inflacionário no relacionamento entre particulares e entre estes e o Estado". Acrescenta ainda o ilustre professor que "ignorar a inflação significa abraçar o 'nominalismo jurídico', que pode ser traduzido como dar eficácia à norma jurídica refletidora de um aspecto quantitativo, sem atentar para a perda do poder aquisitivo da moeda."

Desconsiderar a perda de poder aquisitivo da moeda em relações jurídicas entre Fisco e contribuinte, implica, necessariamente, o privilégio de uma das partes da referida relação.

Essa questão é enfrentada com precisão no acórdão que ora comentamos. Trata-se de discussão atinente à correção monetária sobre crédito relativo a ICMS, utilizado extemporaneamente. Entenderam, de forma unânime, os Ministros da Primeira Turma do Superior Tribunal de Justiça ser legal a incidência de correção monetária sobre tais créditos.

Inequívoco o acerto da referida decisão.

Como nos ensina Paulo de Barros Carvalho, "a ordenação jurídica é una e indecomponível. Seus elementos — as unidades normativas — se acham irremediavelmente entrelaçados pelos vínculos de hierarquia e pelas relações de coordenação, de tal modo que tentar conhecer regras jurídicas isoladas, como se prescindissem da totalidade do conjunto, seria ignorá-lo, enquanto sistema de proposições prescritivas" (*Curso de Direito Tributário*, 4ª ed., 1991, p. 11).

Dado o caráter uno e indecomponível da ordenação jurídica e os seus vínculos de hierarquia, a análise do tema concernente à correção monetária de crédito de ICMS só pode ser efetuada à luz dos princípios constitucionais. Com efeito, não admitir a correção monetária de créditos de ICMS implica afronta a diversos mandamentos do Texto Magno.

A obrigação tributária, com seu cunho marcante de natureza patrimonial, exsurge em razão da verificação no mundo físico do fato descrito hipoteticamente na norma.

Logo, ocorridos os fatos jurídicos tributários, descritos na hipótese tributária de incidência do ICMS, surgirá uma obrigação de o contribuinte desse imposto, pagar ao Estado um percentual (alíquota definida em lei) do valor da operação.

Paralelamente ao fenômeno de incidência da regra-matriz tem o contribuinte o direito subjetivo de compensar o que for devido em cada operação com o montante cobrado nas anteriores (cf. art. 155, § 2º, I, da CF). Inequivocamente, é o regime jurídico do direito de compensação autônomo em relação ao débito tributário.

Por intermédio da compensação entre débitos e crédito autonomamente constituídos se liquida parte (em alguns casos até a totalidade) da obrigação tributária.

O legislador constituinte alçou o instituto da compensação ao plano constitucional, garantindo ao contribuinte do ICMS, nesse plano, direito público subjetivo oponível ao Estado.

Essa garantia constitucional de abatimento dá ao ICMS o propalado caráter não-cumulativo. Em cada operação o contribuinte terá assegurado constitucionalmente a compensação dos valores cobrados em operações anteriores.

Registre-se nesse sentido, as sempre precisas lições dos saudosos professores Geraldo Ataliba e Cléber Giardino. Observam os mestres, ao analisar a não-cumulatividade do ICMS, à luz da Constituição anterior, que "o esquema constitucional, portanto — ao mencionar 'abatimento' — pode ser visto como um processo matemático de dedução no qual, por imposição constitucional, o montante de ICM devido é o 'minuendo', e o montante de ICM anteriormente cobrado é o 'subtraendo'. Não é de surpreender, assim, que tenham prosperado as expressões 'débito', 'crédito', 'conta corrente', etc., para indicar esse fenômeno, todas elas tradutoras numa linguagem leiga, do procedimento jurídico da compensação" (*RDT* 29/30, p. 110-1).

Podemos afirmar, assim, que o direito de compensar constitui direito patrimonial e subjetivo, assegurado ao contribuinte, em função do qual pode ele liquidar seus débitos de ICMS, parcial ou integralmente, com moeda escritural consubstanciada pelos créditos desse imposto. Tem, portanto, natureza constitucional financeira.

Ora, vedar a utilização de créditos por valores reais ou, diversamente, impingir a sua utilização por valores nominais implica afronta ao citado princípio. É descumprir preceito constitucional. É afrontar a Constituição. Os critérios de correção de débitos e créditos de ICMS não podem ser distintos.

É dizer, não haverá a compensação em seu sentido pleno, assegurada constitucionalmente, quando a correção não ocorrer. A compensação será meramente parcial e será tanto menor quanto maior for a inflação no período.

Aires Barreto adverte, nesse sentido, que "só há verdadeira compensação quando os termos compensáveis são homogêneos; e homogeneidade só há se os dois valores (crédito e débito) forem apurados segundo a mesma medida (ou ambos valores reais, ou ambos valores nominais)". Logo, não pode haver previsão de correção monetária para os débitos de ICMS, sem que haja a correspondente contrapartida no que tange aos créditos deste imposto. Qualquer descompasso entre os critérios de atualização de débito e crédito implicará inexoravelmente o enriquecimento ilícito de uma das partes. E com isso o nosso ordenamento jurídico não se compagina.

A não correção de crédito de ICMS utilizado extemporaneamente resultaria em tratamento mais benéfico ao Fisco em relação aos contribuintes. Observa com precisão Marçal Justen Filho que "ou existe fundamento para o tratamento jurídico mais benéfico ou será ele inválido". Acrescenta ainda que "isso também importa a conseqüência de o Fisco não poder atribuir tratamento mais benéfico para si do que o previsto para os contribuintes".

A decisão proferida pelo STJ abona esse entendimento. Consoante o estabelecido na ementa do acórdão *"a aplicação do princípio ison*ômico às relações jurídicas tributárias torna irrecusável a incidência de correção monetária nos créditos de ICMS, haja vista que o débito em contraste também é corrigido."

Em resumo, é imperioso concluir que não se opera a compensação constitucionalmente assegurada se não houver a atualização do crédito de ICMS extemporâneo. Sem atualização, a compensação é apenas parcial, nunca total.

É bem de ver que o descompasso entre o débito e o crédito do ICMS conduz ao enriquecimento ilícito de uma das partes. E isso é vedado pelo nosso sistema jurídico.

A aplicação do princípio isonômico às relações tributárias impõe sejam débitos e créditos do ICMS sujeitos aos mesmos critérios de correção, como acertadamente conclui o v. acórdão.

JURISPRUDÊNCIA

SUPREMO TRIBUNAL FEDERAL

ICMS E ENERGIA ELÉTRICA: CREDITAMENTO

Voto do Ministro Ilmar Galvão no RE 200.168-RJ*

Relatório

Trata-se de recurso extraodinário que, na forma do art. 102, III, "a", da Constituição, foi interposto contra acórdão do Tribunal de Justiça do Estado do Rio de Janeiro que negou a contribuinte do ICMS o direito de creditar-se do tributo incidente sobre a energia elétrica consumida em seu estabelecimento comercial.

Sustenta a recorrente haver a referida decisão ofendido o princípio constitucional da não-cumulatividade.

A douta Procuradoria-Geral da República, oficiando no feito, opinou no sentido do não-conhecimento.

É o relatório.

Voto

O parecer da douta Procuradoria-Geral da República assim apreciou a controvérsia em seu cerne (fls. 206):

"A recorrente, em síntese, é indiscutivelmente a consumidora final da mercadoria energia elétrica, que não se integra como insumo aos produtos que revende, por tratar-se de uma empresa dedicada ao comércio varejista de vestuário que utiliza energia elétrica no desempenho de suas atividades, na condição de consumidora e não como transferidora ou agente de transformação dessa mesma energia. Somente no processo industrial, em que a energia elétrica é indispensável na combinação dos fatores de produção, na condição de insumo, concorrendo para a formação de um determinado produto é que se pode aplicar o princípio constitucional da não-cumulatividade."

Trata-se de manifestação que deu exata interpretação aos fatos da causa, à luz das normas e princípios que regem a espécie.

Com efeito, não há falar-se em ofensa ao princípio da não-cumulatividade, se o bem tributado é consumido no próprio estabelecimento, não se destinando à comercialização ou à utilização em processo de produção de novos bens, como elemento indispensável à composição destes.

Nesse sentido, dispõe o Convênio ICM n. 66/88, em seu artigo 31, *verbis*:

"Art. 31. Não implicará crédito para compensação com o montante do imposto devido nas operações ou prestações seguintes:

"(...)

*Acórdão ainda não publicado.

"II — a entrada de bens destinados a consumo ou à integração no ativo fixo do estabelecimento."

O acórdão recorrido, decidindo de acordo com esse entendimento, não merece censura.

Meu voto, portanto, com o parecer, é no sentido de não conhecer do recurso.

SUPREMO TRIBUNAL FEDERAL

IPTU — O SISTEMA DE PROGRESSIVIDADE NO MUNICÍPIO DE SÃO PAULO

Petição n. 1.245-3-SP (Medida Liminar)
Rel.: Ministro-Presidente
Reqte.: Procurador-Geral de Justiça do Estado de São Paulo
Adv.: PGE 1-SP Luiz Antônio Guimarães Marrey
Reqdo.: Município de São Paulo

Despacho

O E. Tribunal de Justiça do Estado de São Paulo, por votação majoritária, julgou improcedente a Ação Direta de Inconstitucionalidade ajuizada originariamente perante aquela Corte Judiciária pelo eminente Chefe do Ministério Público paulista (CF, art. 125, § 2º) e reconheceu válida, em conseqüência, a legislação do Município de São Paulo que havia instituído, em tema de IPTU, o sistema da progressividade.

O acórdão emanado do Órgão Especial do Tribunal de Justiça do Estado de São Paulo, proferido em sede de controle normativo abstrato, no julgamento da ADIn n. 14.927-0-SP, Rel. Des. Salles Penteado, foi assim ementado (fls. 15):

> "IPTU — Progressividade de alíquotas, graduadas conforme o valor dos imóveis — Distinção entre imóveis destinados exclusivamente à residência e demais casos — Constitucionalidade de um e de outro critério — Ação Direta de Inconstitucionalidade improcedente. Votos vencidos.
>
> Não viola a Constituição; antes a ela dá cumprimento a progressividade de alíquotas do IPTU, graduada conforme o valor dos imóveis.
>
> A distinção entre imóveis destinados exclusivamente a residência e demais casos não viola o princípio da isonomia tributária."

Essa decisão plenária — em cujo âmbito foi amplamente prequestionado o tema de direito constitucional positivo pertinente à matéria em questão — sofreu a interposição de recurso extraordinário por parte do Senhor Procurador-Geral de Justiça do Estado de São Paulo (fls. 123-136), que insiste na tese da ilegitimidade constitucional da legislação tributária do Município de São Paulo, nos pontos em que esta instituiu o mecanismo da progressividade concernente ao IPTU.

O recurso extraordinário deduzido pelo Chefe do Ministério Público do Estado de São Paulo foi admitido pela Presidência do E. Tribunal de Justiça paulista (fls. 156-158).

Esse apelo extremo, ora em tramitação no Supremo Tribunal Federal (RE n. 199.281-6-SP, Rel. Min. Sydney Sanches), acha-se, presentemente, na douta Procuradoria-Geral da República, para oferecimento de parecer.

O Senhor Procurador-Geral de Justiça do Estado de São Paulo — invocando precedentes específicos firmados pelo Plenário do Supremo Tribunal Federal em recentes julgamentos (RE n. 153.771-MG, Rel. p/ o acórdão Min. Moreira Alves, e RE n. 204.827-SP, Rel. Min. Ilmar Galvão) —, e sustentando a ocorrência de grave situação de risco em detrimento dos contribuintes paulistanos, injustamente submetidos, pelo Município de São Paulo, a medidas tributárias fundadas em legislação evidentemente inconstitucional — deduz pretensão de ordem cautelar, objetivando (fls. 12-13):

> "a) a concessão incidental de medida cautelar, para a atribuição de efeito suspensivo ao Recurso Extraordinário n. 199.281-6-SP e, bem assim, para a suspensão provisória de eficácia do art. 1º da Lei n. 11.152, de 30 de dezembro de 1991, na parte em que alterou a redação dos arts. 7º e 27, bem como dos respectivos incisos e parágrafos, da Lei n. 6.989, de 29 de dezembro de 1966, com a redação que lhes foi conferida pelas Leis ns. 10.394, de 20 de novembro de 1987, 10.805, de 27 de dezembro de 1989, e 10.921, de 20 de dezembro de 1990, todas do Município de São Paulo;
>
> b) a imediata comunicação dessa r. Medida Cautelar à Municipalidade de São Paulo, com a conseqüente ordem para que, até o julgamento definitivo do presente recurso extraordinário, se abstenha de exigir ou cobrar o IPTU (Imposto Predial e Territorial Urbano), em juízo ou fora dele, com a progressividade de alíquotas instituída nos dispositivos legais acima invocados."

Antes de analisar a pretensão em causa, impõe-se examinar, por razões de caráter ético-jurídico, uma questão preliminar consistente na ocorrência, ou não, no presente caso, de situação configuradora de impedimento ou de suspeição que possa inibir a minha atuação jurisdicional neste processo.

Embora seja contribuinte do IPTU no Município de São Paulo, não sofro, no caso presente — que se acha instrumentalmente vinculado a processo de fiscalização abstrata de constitucionalidade de qualquer das incompatibilidades legais, que, previstas no art. 134 (impedimento) e no art. 135 (suspeição), ambos do CPC, poderiam inibir-me de atuar neste processo.

É que a presente medida cautelar foi requerida em face de recurso extraordinário interposto contra acórdão proferido pelo Tribunal de Justiça do Estado de São Paulo, em sede de controle normativo abstrato.

Sabemos que os institutos do impedimento e da suspeição, por restringirem-se ao plano exclusivo dos processos subjetivos (em cujo âmbito discutem-se situações individuais e interesses concretos), não se estendem e nem se aplicam ao processo de fiscalização abstrata de constitucionalidade, que se qualifica como típico processo de caráter objetivo, *sine contradictores*, destinado a viabilizar "*o julgamento, não de uma relação jurídica concreta, mas de validade de lei em tese...*" (*RTJ* 95/999, Rel. Min. Moreira Alves — grifei).

A importância de qualificar o controle normativo abstrato de constitucionalidade como processo objetivo — vocacionado exclusivamente à defesa, em tese, da "harmonia do sistema constitucional, ferida pela manutenção de lei produzida em desrespeito à Constituição" (Celso Ribeiro Bastos, *Curso de Direito Constitucional*, p. 327, 11ª ed., 1989, Saraiva) —, além de refletir entendimento exposto em autorizado magistério (Clèmerson Merlin Clève, *A Fiscalização Abstrata de Constitucionalidade no Direito Brasileiro*, p. 112, 1995, Ed. RT; Nagib Slaibi Filho, *Ação Declaratória de Constitucionalidade*, p. 106, 2ª ed., 1995, Forense; Gilmar Ferreira Mendes, *Controle de Constitucionalidade — Aspectos Jurídicos e Políticos*, p. 250, 1990, Saraiva), encontra apoio na própria jurisprudência do Supremo Tribunal Federal, que, por mais de uma vez, já enfatizou a objetividade desse instrumento de proteção *in abstracto* da ordem constitucional (*RTJ* 113/22, Rel. Min. Néri da Silveira; *RTJ* 131/1.001, Rel. Min. Celso de Mello; *RTJ* 136/467, Rel. Min. Celso de Mello).

É preciso ter presente, neste ponto — considerada a autonomia instrumental do processo constitucional, irredutível, em seus lineamentos fundamentais, à generalidade das normas que se aplicam ao processo comum —, que o princípio da subsidiariedade, tratando-se de fiscalização abstrata, não se revela ordinariamente invocável nas ações diretas.

Isso significa — uma vez admitido o perfil objetivo que tipifica a fiscalização abstrata de constitucionalidade (Gilmar Ferreira Mendes, *Jurisdição Constitucional*, pp. 129-130, 1996, Saraiva) — que, em regra, não se deve reconhecer, como pauta usual de comportamento hermanêutico, à possibilidade de aplicação sistemática, em caráter supletivo, das normas concernentes aos processos de índole subjetiva, especialmente daquelas regras meramente legais que disciplinam e definem as hipóteses de impedimento e de suspeição, que se revelam ordinariamente inaplicáveis aos procedimentos de Ação Direta de Inconstitucionalidade, como já decidido, algumas vezes, pelo Plenário do Supremo Tribunal Federal (*RTJ* 146/3-7, Rel. Min. Octávio Gallotti; *RTJ* 147/719 e 750/752, Rel. Min. Sidney Sanches).

A compreensão da natureza objetiva do processo de controle concentrado — que, insista-se, supõe a discussão meramente abstrata de questões jurídicas atinentes à conformação constitucional dos atos estatais — torna justificável a asserção de que, em princípio, o postulado da subsidiariedade não encontra vigência irrestrita no âmbito do processo de fiscalização normativa de constitucionalidade.

Assim sendo, tendo presente o magistério da doutrina — e considerando, ainda, a própria jurisprudência firmada pelo Supremo Tribunal Federal —, impõe-se concluir que inocorre, na espécie, precisamente por tratar-se de controle normativo abstrato (Ação Direta de Inconstitucionalidade), qualquer situação que possa traduzir-se, no caso em análise, em hipótese de impedimento ou de suspeição.

Passo, em conseqüência, a apreciar a postulação cautelar ora deduzida pelo eminente Chefe do Ministério Público do Estado de São Paulo.

Sabemos que o recurso extraordinário — que configura instrumento jurídico-processual destinado a preservar a intangibilidade do ordenamento constitucional, assegurando o respeito à autoridade, à eficácia, à validade e à integridade ou inteireza positiva da Carta Política (Pontes de Miranda, *Comentários à Constituição de 1946*, v. III/58, 2ª ed., 1953, Max Limonad; Alfredo Buzaid, *Estudos de Direito*, v. 1/152, item n. 21, 1972, Saraiva) — reveste-se, no que concerne aos efeitos que lhe são inerentes, de mera devolutividade.

Isso significa que, ordinariamente, o apelo extremo não dispõe de efeito suspensivo (CPC, art. 542, § 2º, com a redação dada pela Lei n. 8.950/94), circunstância esta que legitima, até mesmo, quando viável, a própria execução provisória do julgado recorrido (CPC, art. 497, c/c art. 587, segunda parte).

O Supremo Tribunal Federal, no entanto, tem admitido que circunstâncias excepcionais podem autorizar a concessão de efeito suspensivo ao recurso extraordinário interposto, desde que utilizada, pelo interessado, providência processual juridicamente idônea. Vale dizer, esta Suprema Corte, em situações de absoluta excepcionalidade, tem deferido eficácia suspensiva ao apelo extremo, desde que requerida, como no caso, nos termos do que prescrevem os arts. 8º, I, 21, IV, e 304, todos do seu Regimento Interno, a competente medida cautelar inominada (*RTJ* 110/458; *RTJ* 112/957).

Impõe-se destacar, na linha da jurisprudência do STF, que a outorga de efeito suspensivo, em sede cautelar incidental — além da cumulativa satisfação dos requisitos concernentes ao *fumus boni juris* e ao *periculum in mora* — depende da existência de juízo positivo de admissibilidade, que, emanado da Presidência do Tribunal *a quo*, haja incidido sobre o recurso extraordinário interposto pela parte interessada (Pet. n. 721-SP (AgRg), Rel. Min. Celso de Mello; Pet. n. 748-RJ, Rel. Min. Celso de Mello; Pet. n. 196-6 (Medida Liminar), Rel. Min. Octávio Gallotti; *RTJ* 116/428, Rel. Min. Francisco Rezek, *v.g.*).

Cumpre referir, desde logo, que esse pressuposto específico, concorrente à existência de juízo positivo de admissibilidade, acha-se atendido no caso em análise, eis que o eminente Presidente do Tribunal a quo expressamente admitiu, em decisão motivada, o recurso extraordinário interposto pelo Chefe do Ministério Público paulista.

Cabe analisar, portanto, a plausibilidade jurídica da pretensão manifestada pelo Senhor Procurador-Geral de Justiça do Estado de São Paulo.

Sob tal aspecto, assiste plena razão ao ora requerente, eis que o Plenário do STF, por duas vezes, com um só e isolado voto vencido, repudiou, por inconstitucional, a legislação tributária dos Municípios de Belo Horizonte/MG (RE n. 153.771-MG, Rel. p/ acórdão Min. Moreira Alves) e de São Paulo/SP (RE n. 204.827-SP, Rel. Min. Ilmar Galvão), no ponto em que esses Municípios, tendo presente o valor venal do imóvel, instituíram alíquotas progressivas para o Imposto Predial e Territorial Urbano (IPTU).

Esta Suprema Corte, ao declarar a inconstitucionalidade de dispositivos da legislação tributária do Município de São Paulo (normas análogas às que constituem objeto de apreciação no caso em análise), enfatizou que a única progressividade admitida pela Carta Federal, em tema de IPTU, é aquela de caráter extrafiscal, vocacionada a garantir o cumprimento da função social da propriedade urbana, desde que estritamente observados os requisitos fixados pelo art. 156, § 1º e, também, pelo art. 182, § 4º, II, ambos da Constituição da República.

Os precedentes específicos sobre a matéria em exame, firmados pelo Plenário do STF — apoiados em qualificado magistério doutrinário (Ives Gandra Martins, *Comentários à Constituição do Brasil*, v. 6º, t. I/548-552, 1990, Saraiva; Aires Fernandino Barreto, "A progressividade do IPTU na Constituição de 1988", in *Repertório IOB de Jurisprudência*, 1ª quinzena de novembro de 1990, n. 21/90, pp. 359 e ss.; Celso Ribeiro Bastos, *Curso de Direito Financeiro e de Direito Tributário*, pp. 269-270, 1991, Saraiva, *v.g.*) — desautorizam, em tema de progressividade do IPTU, a decisão proferida pelo Tribunal de Justiça de São Paulo na causa em análise e justificam o reconhecimento da absoluta incompatibilidade material da legislação tributária do Município de São Paulo, no ponto em que instituiu, com fundamento no valor venal dos imóveis, alíquotas progressivas para o Imposto Predial e Territorial Urbano.

Mostra-se relevante destacar, neste ponto, um aspecto essencial da questão: o de que a progressividade do IPTU traduz um princípio constitucional tributário, de índole federal, imponível à observância compulsória das unidades federadas locais.

Enquanto princípio constitucional tributário consagrado pela Constituição da República, a progressividade do IPTU evidencia-se como postulado intangível no plano do Estado Federal e revela-se imune, conseqüentemente, a qualquer ação normativa modificadora por parte das instâncias políticas locais.

Na realidade, cumpre reconhecer que, tratando-se do IPTU, a única progressividade admitida pelo Texto Constitucional é aquela de índole extrafiscal, que só pode ser instituída pelo Município com a finalidade exclusiva de fazer cumprir a função social da propriedade, observados, no entanto, os parâmetros indeclináveis fixados em lei federal reclamada pela própria Constituição da República (art. 182, § 4º).

Essa progressividade acha-se, portanto, consoante proclama a Carta Política, vinculada a uma específica função social da propriedade, especialmente quando analisada em face das exigências públicas de ordenação adequada do solo urbano. Isso significa que a propriedade que cumpre a sua função social não pode e não deve sofrer a incidência do IPTU progressivo.

Esse é o sentido em que acertadamente se orienta o magistério de Ives Gandra Martins (*Comentários à Constituição do Brasil*, v. 6º, t. I/548-552, 1990, Saraiva) e de Aires Fernandino Barreto ("A progressividade do IPTU da Constituição de 1988", in *Repertório IOB de Jurisprudência*, 1ª quinzena de novembro de 1990, n. 21/90, pp. 359 e ss.), que sustentam que a progressividade do IPTU só tem incidência constitucionalmente autorizada nas hipóteses em que, descumprida a função social da propriedade urbana, também ocorrerem os demais pressupostos estipulados no art. 182, § 4º, da Carta Política, especialmente a edição de lei federal (ainda inexistente) destinada a caracterizar, em seus aspectos básicos, os requisitos definidores do conceito de função social da propriedade.

Cumpre enfatizar, desse modo — não obstante respeitáveis posições em contrário (Elizabeth Nazar Carrazza, *IPTU e Progressividade*, 1992, Juruá Editora; José Maurício Conti, *Princípios Tributários da Capacidade Contributiva e da Progressividade* pp. 92-98, 1996, Dialética; Geraldo Ataliba, "IPTU — Progressividade", in *Revista de Direito Público*, v. 93/233-238; Alcides Jorge Costa, "IPTU — Progressividade", in *Revista de Direito Público*, v. 93/239-232; Sandra A. Lopez Barbon, *Do IPTU*, pp. 109-131, 1995, Del Rey; Sacha Calmon Navarro Coelho, *Comentários à Constituição de 1988 — Sistema Tributário*, pp. 225-258, 4ª ed., 1992, Forense; Roque Antônio Carrazza, *Curso de Direito Constitucional Tributário*, pp. 62-65, 5ª ed., 1993, Malheiros Editores), que a progressividade do IPTU, sendo identificada como instrumento essencial de concretização da função social da propriedade, assume caráter exclusivamente extrafiscal, devendo atender, para efeito de sua legítima utilização, ao que dispõe o art. 156, § 1º, da Constituição, observadas, cumulativamente, as restrições impostas pelo art. 182, §§ 2º e 4º, também da Carta Federal.

Em uma palavra: a única progressividade constitucionalmente admitida em tema de IPTU reveste-se de índole extrafiscal, achando-se instrumentalmente vinculada à concretização da função social da propriedade, consoante registra autorizado magistério doutrinário (Ricardo Lobo Torres, *Curso de Direito Financeiro e Tributário*, p. 328, 2ª ed., 1995, Renovar; Marco Aurélio Greco, "Os Tributos Municipais", in *A Constituição Brasileira de 1988 — Interpretações*, pp. 332-337, 1988, Forense Universitária; Bernardo Ribeiro de Moraes, "O IPTU e as Limitações do Legislador Municipal", in *Repertório IOB de Jurisprudência* n. 4/56-62, 1990; Celso Ribeiro Bastos, *Curso de Direito Financeiro e de Direito Tributário*, pp. 269-270, 1991, Saraiva; Ives Gandra da Silva Martins, *Comentários à Constituição do Brasil*, v. 6º, t. I/548-552, 1990, Saraiva; Aires Fernandino Barreto, "Imposto Predial e Territorial Urbano — IPTU", in *Curso de Direito Tributário*, v. 2/299-303, 4ª ed., 1995, CEJUP, *v.g.*).

Disso resulta que a progressividade do IPTU reflete um modelo jurídico heterônomo, fundado na verdade exclusiva do constituinte federal, caracterizado por uma nota de compulsoriedade na observância das diretrizes e dos lineamentos traçados pela própria Constituição da República. Isso significa, portanto, ante o coeficiente de máxima federalidade de que se acha impregnado o princípio da progressividade tributária, que as unidades federadas estão adstritas, nesse aspecto, à superior positividade jurídica estabelecida pela Carta da República, cujo modelo projeta-se como valor subordinante da vontade normativa dos Municípios, que, em conseqüência, não poderão, nesse tema, dispor diferentemente.

Vê-se, pois, consoante emerge do próprio Texto Constitucional, que a progressividade do IPTU, para legitimar-se, deve perseguir finalidade marcadamente extrafiscal, qual seja o cumprimento da função social da propriedade.

Existe, pois, a condicionar a atuação normativa do legislador municipal, em tema de progressividade do IPTU, um parâmetro constitucional, que previsto no art. 156, § 1º, e reiterado no art. 182, §§ 2º e 4º, II, da Carta Política delimita e restringe o poder dos Municípios.

Vê-se, portanto, a partir das considerações expostas, que a adoção do critério da progressividade do IPTU — embora inquestionavelmente justa e socialmente legítima — está sujeita, por efeito de explícita determinação constitucional, a determinadas limitações de ordem jurídica, notadamente aquelas cujo fundamento reside no art. 182, § 4º, da Carta Política.

A ausência da lei federal a que se refere expressamente o art. 182, § 4º, da Constituição — lei federal que ainda não foi editada — atua, em tema de progressividade do IPTU, como fator inibitório da instituição, por qualquer Município, do Imposto Predial e Territorial Urbano, com alíquotas progressivas.

Sendo assim, tenho por plenamente configurada a plausibilidade jurídica da tese sustentada pelo eminente Procurador-Geral de Justiça do Estado de São Paulo.

Resta verificar se também concorre, na espécie em análise, o requisito concernente ao *periculum in mora*.

Entendo que esse pressuposto essencial à concessão da medida cautelar postulada acha-se igualmente presente no caso ora em exame.

O Chefe do Ministério Público paulista, autor da presente medida cautelar, justificou, com inteira propriedade, os motivos subjacentes a esse entendimento, em ordem a autorizar o reconhecimento da conveniência e da necessidade de impedir que o Município de São Paulo, apoiando-se em legislação evidentemente inconstitucional, venha a adotar, injustamente, no plano tributário, medidas administrativas e/ou processuais contra mais de um milhão de contribuintes paulistanos afetando-os, gravemente, em sua esfera jurídica e comprometendo-lhes, sem qualquer razão de Direito, a própria integridade patrimonial (fls. 11-12):

"À manifesta relevância dos fundamentos jurídicos desta pretensão cautelar associam-se seríssimas conseqüências de ordem administrativa e política, decorrentes do ato impugnado. De fato, se o recurso extraordinário for provido — como parece provável, porque a tese nele sustentada está em harmonia com os dois precedentes dessa Suprema Corte —, haverá radical disseminação de intensos efeitos na vida e na economia da população interessada, cuja reversão implica onerosa imposição de sacrifícios sociais e individuais, além de ampliar os litígios entre o Estado e seu súditos, em grave comprometimento da segurança jurídica.

Nesse juízo discricionário, não se pode subestimar a contribuição danosa, que provavelmente advirá, para o próprio funcionamento dessa Suprema Corte. É fato notório que o acúmulo de processos no mais eminente Tribunal brasileiro deriva, em boa parte, de leis e atos estatais ostensivamente praticados contra a Constituição e é agravado, continuamente, pela teimosa insistência do Poder Público em teses repudiadas pelo Pretório Excelso. A este cabe, em defesa do prestígio de seus julgados, e da plena eficácia de suas decisões, cortar cerce a fonte primária de sua crise, da qual decorre a imensa dificuldade que enfrenta para resolver, prontamente, o enorme contencioso constitucional do País. É inquestionável, nesse contexto, a conveniência de conceder o provimento cautelar, para prevenir futuros conflitos — que, envolvendo os contribuintes da maior cidade brasileira, presumivelmente se contarão aos milhares... Aliás, a Municipalidade já providenciou o ajuizamento de 1.037.000

execuções fiscais (cf. Comunicado do E. Tribunal de Justiça de São Paulo, publicado no *DOE* — Poder Judiciário de 19.12.96, p. 2...)".

O comportamento do Poder Público municipal — que, com fundamento em normas legais já declaradas inconstitucionais pelo STF, pretende exigir de mais de um milhão de contribuintes a diferença da alíquota aplicada, enquanto vigente liminar concedida pela Presidência do Tribunal de Justiça de São Paulo (0,2%) —, além de ensejar a incompreensível instauração de processos multitudinários, com indevida obstrução material do aparelho judiciário, importará em tratamento arbitrário e danoso aos contribuintes do Município de São Paulo, que serão injustamente submetidos a uma pretensão fiscal ilegítima e inconseqüente, sem qualquer fundamento jurídico-constitucional, apta, no entanto, a expor o cidadão de boa-fé a conseqüências perversas e extremamente prejudiciais ao seu próprio *status dignitatis*.

Entendo que o acolhimento do pedido ora formulado pelo Senhor Procurador-Geral de Justiça do Estado de São Paulo, além de neutralizar os graves efeitos decorrentes da instauração temerária, pelo Município de São Paulo, de processos fiscais infundados — porque apoiados em legislação inconstitucional —, permitirá, em função dos próprios precedentes jurisprudenciais firmados na matéria pelo Supremo Tribunal Federal, que se outorgue proteção imediata ao direito evidente dos contribuintes paulistanos, afastando-se, desde logo, o gravíssimo risco de ofensa e desrespeito ao texto da Constituição da República e garantindo-se, em conseqüência, mediante verdadeira e necessária antecipação de tutela, a plena eficácia da decisão a ser proferida por esta Suprema Corte no julgamento da causa principal.

Tenho salientado, em diversas decisões que proferi no Supremo Tribunal Federal, que os desvios inconstitucionais do Estado, no exercício do seu poder de tributar, geram, na ilegitimidade desse comportamento do aparelho governamental, efeitos perversos, que, projetando-se nas relações jurídico-fiscais mantidas com os contribuintes, deformam os princípios que estruturam a ordem jurídica, subvertem as finalidades do sistema normativo e comprometem a integridade e a supremacia da própria Constituição da República.

A prática das competências impositivas por parte das entidades políticas investidas da prerrogativa de tributar não pode caracterizar-se como instrumento, que, arbitrariamente manipulado pelas pessoas estatais, venha a conduzir à destruição ou ao comprometimento da própria ordem constitucional.

A necessidade de preservação da incolumidade do sistema consagrado pela Constituição Federal não se revela compatível com pretensões fiscais contestáveis do Poder Público, que, divorciando-se dos parâmetros estabelecidos pela Lei Magna, busca impor ao contribuinte um estado de submissão tributária inconvivente com os princípios que informam e condicionam, no âmbito do Estado Democrático de Direito, a ação das instâncias governamentais.

Bem por isso, tenho enfatizado a importância de que exercício do poder tributário, pelo Estado, deve submeter-se, por inteiro, aos modelos jurídicos positivados no Texto Constitucional, que institui, em favor dos contribuintes, decisivas limitações à competência estatal para impor e exigir, coativamente, as diversas espécies tributárias existentes.

O fundamento do poder de tributar reside, em essência, no dever jurídico de estrita fidelidade dos entes tributantes ao que imperativamente dispõe a Constituição da República.

O respeito incondicional aos princípios constitucionais evidencia-se como dever inderrogável do Poder Público. A ofensa do Estado a esses valores — que desempenham, enquanto categorias fundamentais que são, um papel subordinante na própria configuração dos direitos individuais ou coletivos — introduz em perigoso fator de desequilíbrio sistêmico e rompe, por completo, a harmonia que deve presidir as relações, sempre tão estruturalmente desiguais, entre os indivíduos e o Poder.

O comportamento assumido pelo Município de São Paulo qualifica-se como um inaceitável gesto de consciente e deliberada insubmissão à supremacia da Lei Fundamental da República e reveste-se — considerados os gravíssimos efeitos de ordem moral e patrimonial que se projetarão sobre a esfera pessoal de todos e de cada um dos contribuintes paulistanos — de um sentido de intolerável inconseqüência, especialmente em face da injustificável insistência do Poder Público municipal em fazer prevalecer tese já repudiada pelo Plenário do próprio Supremo Tribunal Federal.

Impõe-se registrar, finalmente, que a indeterminação subjetiva dos beneficiários desta decisão cautelar, cuja eficácia se reveste, por isso mesmo, de caráter universal, nada mais traduz senão uma necessária conseqüência que emerge da própria natureza do processo de controle normativo abstrato, que, instaurado originariamente perante o E. Tribunal de Justiça de São Paulo, acha-se, agora, sujeito à apreciação desta Suprema Corte, em sede recursal extraordinária, consoante admitido pela jurisprudência do Supremo Tribunal Federal, mesmo tratando-se de leis municipais questionadas em face da Constituição estadual, que reproduz, no ponto, princípios de observância compulsória inscrito na Constituição da República (*RTJ* 147/404, Rel. Min. Moreira Alves; *RTJ* 152/371-373, Rel. Min. Néri da Silveira; RE n. 190.985-SC, Rel. Min. Néri da Silveira).

Assim sendo, tendo presentes as razões expostas — e considerando, sobretudo, os precedentes jurisprudenciais específicos firmados pelo STF, em tema de progressividade do IPTU, notadamente a decisão plenária desta Suprema Corte, que declarou inconstitucional a legislação do Município de São Paulo, no ponto em que instituiu, para esse imposto local, alíquotas progressivas —, defiro o pedido formulado pelo eminente Procurador-Geral de Justiça do Estado de São Paulo e determino, em conseqüência, até final julgamento do RE n. 199.281-6-SP, que o Município de São Paulo se abstenha de proceder à notificação do lançamento e de exigir ou de cobrar, administrativa ou judicialmente, o IPTU, com a progressividade de alíquotas instituídas pelo art. 1º da Lei Municipal n. 11.152, de 30.12.91, na parte em que alterou a redação dos artigos 7º e 27 (e respectivos incisos e parágrafos), ambos da Lei Municipal n. 6.889, de 29.12.66, com a redação dada pelas Leis Municipais n. 10.394, de 20.11.87, n. 10.805, de 27.12.89 e n. 10.921, de 20.12.90.

Comunique-se o teor desta decisão ao Egrégio Tribunal de Justiça do Estado de São Paulo, aos MM. Juízes de Direito das Varas da Fazenda Pública, na Comarca de São Paulo/ SP, e aos Senhor Procurador-Geral do Município de São Paulo.

Após executadas as medidas ora determinadas neste ato decisório, voltem-me conclusos os presentes autos.

Publique-se.

Brasília, 21 de janeiro de 1997

Ministro Celso de Mello, Vice-Presidente no exercício do Presidência (RTSTF, art. 37, I).

JURISPRUDÊNCIA

SUPERIOR TRIBUNAL DE JUSTIÇA

ICMS — BASE DE CÁLCULO: É O VALOR DA OPERAÇÃO DE QUE DECORRE A SAÍDA DA MERCADORIA

Recurso Especial n. 86.653-SP (96.0005522-0)

Relator: O Exmo. Sr. Ministro José Delgado

Recorrente: Luzir Indústria e Comércio Ltda.

Recorrida: Fazenda do Estado de São Paulo

Advs: Drs. Gerson Ghizellini e outros; Drs. Nelson Lopes de Oliveira Ferreira Júnior e outros

***Ementa**: ICMS. Base de cálculo. É o valor da operação de que decorre a saída da mercadoria.*

1. A base de cálculo do ICMS é o valor da operação de que decorre a saída da mercadoria, valor esse que representa "o universo monetário tributado, ainda que incluso a carga fiscal que onera o preço de mercadoria posta à disposição comercial".

2. Aplicação e interpretação do DL n. 406/68, art 2º, item I e do DL n. 05/75, art. 14, item I.

3. Recurso conhecido e improviso.

Acórdão

Vistos, relatados e discutidos estes autos, acordam os Exmos. Srs. Ministros da Primeira Turma do Superior Tribunal de Justiça, na conformidade dos votos e notas taquigráficas a seguir, por unanimidade, negar provimento ao recurso. Participaram do julgamento os Exmos. Srs. Ministros José de Jesus Filho, Humberto Gomes de Barros e Milton Luiz Pereira.

Ausente, justificadamente, o Exmo. Sr. Ministro Demócrito Reinaldo.

Brasília, 18 de abril de 1996 (data do julgamento). Ministro Humberto Gomes de Barros, Presidente. Ministro José Delgado, Relator.

Relatório

O Exmo. Sr. Ministro José Delgado: Luzir Indústria e Comércio Ltda. interpõe o presente Recurso Especial (fls. 142-165), com fulcro no artigo 105, enciso III, alínea "c", da Lei Maior, contra acórdão (fls. 75-76), oriundo da 2ª Câmara Civil de Férias do E. Tribunal de Justiça do Estado de São Paulo.

Alegra a Recorrente que o aresto impugnado, além de eiavado de nulidade por falta de fundamentação, diverge de jurisprudência do Tribunal de Justiça de Rio Grande do Sul, Primeira Câmara Civil (fls.174-180), assim ementada:

> "Tributário. ICMS. Energia elétrica.
>
> 1. A base de cálculo do ICMS é 'preço então praticado na operação final' (ADCT da CF/88, art. 34, § 9º). Por conseguinte, não pode o montante do próprio imposto integrá-la, o que configura bitributação e aumenta,

artificialmente, a carga tributária, burlando a alíquota fixada em lei. O art. 20 da Lei Estadual n. 8.820/89 não é inconstitucional, porém, pois deve ser interpretado em conjunto com o art. 17, atendido o art. 155, XI, parte final, da CF/88.

2. Apelação provida para julgar procedentes os pedidos de declaração e de condenação."

A Fazenda do Estado de São Paulo, parte recorrida, em contra-razões (fls. 204-211), refutou a tese da ocorrência de bitributação, corroborando a decisão de 1º grau, bem como o venerando acórdão.

Às fls. 221-223, o Desembargador Carlos Ortiz, em substituição ao 4º Vice-Presidente, procedeu ao juízo de admissibilidade do presente recurso, dando-lhe seguimento.

É o relatório.

Voto

O Exmo. Sr. Minstro José Delgado (Relator): O Recurso Especial, ao contrário do que alega a Recorrida, merece ser conhecido.

A matéria legal tido como controvertida foi satisfatoriamente exposta na petição de interposição e devidamente examinada pelo acórdão, pelo que considero atendido, portanto, o requesito do prequestionamento.

Por sua vez, o dissídio jurisprudencial se encontra demonstrado, satisfazendo as condições exigidas pelo art. 255 do RISTJ e pela Lei n. 8.038/90.

Não prospera a alegação da Recorrente de que o acórdão não se encontra devidamente fundamentado, muito embora o mesmo se apresente, no referente a tal exigência, parcimonioso e tenha com razões que o integram os da sentença de primeiro grau. Não há de se considerado com o vício pretendio pela Recorrente.

Registro o seu conteúdo para melhor formação da convição sobre o tema (fls. 75-76): "II — O recurso não merece acolhida. A r. sentença decidiu com acerto a causa, não merecendo qualquer reparo, ficando, por isso, mantida por seus próprios fundamentos. Nessas condições, nega-se provimento ao recurso".

Como visto, o acórdão adotou, por inteiro, os fundamentos da sentença, o que tenho, como suficiente para considerá-lo como tendo atendido os requisitos formais exigidos para a sua elaboração.

Rejeito, assim, a referida argüição preliminar.

Quanto ao mérito, tenho que o recurso não merece provimento.

A legislação específica sobre o ICMS, no caso o DL n. 406/68, art. 2º, I, c/c o DL n. 05/75, art. 14, I, determina que "a base de cálculo do imposto é o valor da operação de que decorrer a saída da mercadoria".

A respeito da interposição a ser dada à expressão "valor da operação de que decorrer a saída da mercadoria", tenho que, de modo adequado com o nosso ordenamento jurídico tributário, postou-se a sentença de primeiro grau, cujos fundamentos, conforme já assinalados, foram acolhidos pelo acórdão recorrido.

Por acatar as razões acima mencionadas, como alimento de convicção, transcrevo-as na íntegra (fls. 45/47):

> "A questão da cobrança do ICMS, enraizada no nosso sistema jurídico, decorre de princípio aceito na prática industrial e comercial, de integralizar no custo final da mercadoria circulante a parcela tributária correspondente, de sorte que ocorre uma bi-incidência parcial.
>
> Sendo não cumulativo, inobstante plurifásico, o ICMS caracteriza-se como tributo indireto que é repassado ao consumidor final, este sim à parte passiva da relação obrigacional e único a concentrar interesse no questionamento do critério de cálculo.

Daí porque deve ser registrado, em primeiro lugar, a ilegitimidade do industrial de questionar a forma de cobrança 'por dentro' do ICMS, como se fosse possível admitir sua intervenção subsidiária e coletiva em benefício dos consumidores.

Afinal, quando adquire matéria-prima ou bens destinados à composição de seu ativo fixo, a autora compensa o valor destacado da nota para abatimento do débito de ICMS, no período fiscal seguinte e passa a funcionar como mero figurante da ordem contábil que se estabelece no processo de industrialização, repassando o encargo tributário ao último adquirente.

Consta que o Centro de Apoio das Promotorias de Justiça de Proteção ao Consumidor, ao examinar a situação fiscal, deixou de ajuizar demanda coletiva por entender legítima a cobrança do ICMS, tal como vigora em nossa organização jurídica.

E a razão está com o Fisco, apresentando-se correta a incidência do ICMS sobre o valor da operação, que representa o universo monetário a ser tributado, ainda que incluso a carga fiscal que onera o preço na mercadoria posta à disposição comercial.

A própria característica compensatória do imposto de circulação estimula a inclusão da parcela tributária na valorização derradeira do produto a ser adquirido, de sorte que a contribuição fiscal deveria mesmo considerar esta última cotação como parâmetro seguro da compatibilidade contributiva, até que a indústria e o comércio se abstenham de embutir o ICMS na saída de produtos.

Inexiste prejuízo fiscal que comprometa as previsões orçamentárias da autora, que, pelo que consta, não exclui e sequer prometeu excluir em favor de seus clientes, o ICMS que faz agravar o custo das mercadorias que comercializa.

Na realidade, normalizada a cobrança do ICMS sobre o valor da operação, não resta outra alternativa senão a de convalidar a base de cálculo, ressalvando-se conclusão diversa na análise de demanda aforada por consumidor final, como ocorre naquelas em que se questione a legalidade da cobrança do imposto pelo consumo de energia, tal como consta dos precedentes jurisprudenciais citados na réplica.

Nesses casos, além do pressuposto da legitimidade do contribuinte, reforça o juízo de procedência da reclamação fiscal a inexistência de motivo econômico e jurídico para a agregação de ônus tributário antecedente, pois tratando-se de prestação de serviços e não de circulação de mercadorias, impossível admitir a dupla incidência."

Postas tais considerações, nego provimento ao recurso.

É como voto.

Certidão

Certifico que a Egrégia Primeira Turma ao apreciar o processo em epígrafe, em sessão realizada nesta data, proferiu a seguinte decisão:

A Turma, por unanimidade, negou provimento ao recurso.

Participaram do julgamento os Exmos. Srs. Ministros José de Jesus Filho, Humberto Gomes de Barros e Milton Luiz Pereira.

Ausente, justificadamente, o Exmo. Sr. Ministro Demócrito Reinaldo.

O referido é verdade. Dou fé.

Brasília, 18 de abril de 1996

JURISPRUDÊNCIA

TRIBUNAL REGIONAL FEDERAL DA 3ª REGIÃO

CRÉDITO TRIBUTÁRIO — PRESCRIÇÃO — EXTINÇÃO

Remessa "ex officio" n. 90.294-SP
Registro n.: 92.03.52629-3
Parte A: Audi S/A Distribuidora de Títulos e Valores Mobiliários
Advs.: Léo Krakowiak e outros
Parte R: Fazenda Nacional (União Federal)
Advs.: Elyadir Ferreira Borges e outra
Remetente: Juízo Federal da 3ª Vara das Execuções Fiscais/SP
Relator: Juiz Homar Cais — Quarta Turma

Ementa: Tributário. Crédito Tributário. Prescrição. Extinção.

1. Uma vez decorridos mais de cinco anos desde a data da constituição do crédito tributário, opera-se a prescrição e a conseqüente extinção do mesmo.

2. Remessa oficial improvida.

Acórdão

Vistos, relatados e discutidos estes autos em que são partes as acima indicadas decide a Quarta Turma do Tribunal Regional Federal da 3ª Região, por unanimidade, negar provimento à remessa oficial, na conformidade da ata de julgamento que fica fazendo parte integrante do presente julgado.

São Paulo, 7 de dezembro de 1994 (data do julgamento). Juiz Homar Cais, (Presidente e Relator).

Relatório

Cuida-se de remessa oficial da sentença que acolheu embargos à execução fiscal, em virtude de ter ocorrido a extinção do crédito tributário pela prescrição, julgando extinta a ação.

Regularmente processados, vieram os autos a este Tribunal.

É o relatório.

Voto

Trata-se de cobrança de imposto de renda do exercício de 1974, relativo ao lucro real auferido no ano-base de 1973.

Prescreve em cinco anos a ação para a cobrança do crédito tributário (CTN, artigo 174), contados de sua constituição definitiva, isto é, data em que não mais se o discute em procedimento administrativo.

Na espécie, o lançamento ocorreu quando da entrega da declaração de rendimentos em 17 de maio de 1974 e, em se tratando de imposto de renda exigido parceladamente, a fluência do prazo prescricional iniciou-se a partir do vencimento da segunda parcela, qual seja 20.6.74, sem que tenha ocorrido qualquer das hipóteses interruptivas da prescrição a que alude o parágrafo único do artigo 174 Código Tributário Nacional e tampouco de suspensão daquele prazo, visto não ter havido qualquer impugnação pelo sujeito passivo da obrigação tributária.

Portanto, quando da inscrição da dívida, em 20.10.80, o crédito tributário encontrava-se inexoravelmente prescrito, já que o referido prazo havia se esgotado em 20.6.79. Logo, tenho por procedentes os embargos opostos pela executada com o que é de ser mantida a sentença que julgou extinta a execução fiscal.

Ante o exposto, por meu voto, nega-se provimento à remessa oficial.

É como voto.

Certidão

Certifico que a Egrégia Quarta Turma ao apreciar o processo em epígrafe, em sessão realizada nesta data, proferiu a seguinte decisão:

A Turma, por unanimidade, negou provimento à remessa oficial, nos termos do voto do(a) Relator(a).

Votaram os(as) Exmos(as). Srs(as). Juízes(as) Lucia Figueiredo e Silveira Bueno. Bel. Silvia Senciales Machado (Secretária).

JURISPRUDÊNCIA

TRIBUNAL REGIONAL FEDERAL DA 3ª REGIÃO

CONTRIBUIÇÃO SOCIAL — COMPENSAÇÃO — PRAZO E PRESCRIÇÃO

AG-SP: 96.03.021601-1-36786 (95.0057621-0)
Relator: Juíza Marli Ferreira
Agrte.: Goiasa Goiatuba Álcool Ltda.
Advs.: Vanda Lucia Silva Pereira e outros
Agrdo.: União Federal (Fazenda Nacional)
Advs.: Fernando Netto Boiteux e Helenilson C. Pontes
Interes.: Juízo Federal da 15ª Vara São Paulo-Sec. Jud. SP.
Sexta Turma — 4º andar

Goiasa Goiatuba Álcool Ltda. interpõe Agravo de Instrumento de decisão do MM. Juiz da 5ª Vara Federal da Capital, pedindo que se reconheça o direito da Agravante de compensar seus créditos nos 10 (dez) últimos anos, relativamente ao que indevidamente recolheu a título de contribuição no FINSOCIAL, além da alíquota de 10% com a contribuição ao COFINS até o limite de seus créditos.

Ao ensejo da análise da Media Cautelar interposta perante o Juízo Agravado, o MM. Juiz proferiu a decisão, ora agravada:

Vistos

Descabe a concessão de liminar para autorizar compensação (TRF 3ª Região — MS n. 151.272 - SP, Rel. Juiz Fleury Pires; TRF 4ª Região — MS n. 13.995-3-PR e n. 28.504-8, Rel. Juiz Ari Pargendler).

Todavia, pode-se admitir um *minus*, que é o afastamento das restrições regulamentares, em aparente insubmissão à lei.

Presentes os pressupostos, concedo liminar, para o fim específico de afastar as restrições regulamentares à compensação, sem embargo de ressalvas, à Receita, a faculdade de fiscalizar, a qualquer tempo, a correção dos valores.

O Agravante interpôs dessa decisão embargos declaratórios, sob os seguintes argumentos — que tendo o lançamento referente à contribuições sociais, denominado lançamento por homologação a prescrição somente ocorreria após o decurso de 10 anos após o auto-lançamento, ou seja, cinco para impugnação da Vara Federal e mais cinco para o início da prescrição, e que assim sendo, teria a Agravante o direito de compensar os valores pagos a mais nos últimos 10 (dez) anos.

Sobreveio, então, a segunda decisão do d. Juízo monocrático que assim se contém:

"Na hipótese de existirem parcelas recolhidas anteriormente ao qüinqüênio do ajuizamento, operar-se-á a prescrição, eis que o pedido foi formulado como sucedâneo de repetição, gerando efeitos, nas espécie, o art. 168, do CTN."

Decido.

1. Indefiro liminarmente o agravo.

2. Isto porque a pretensão da agravante foi atendida com a decisão do MM. Juízo monocrático, mas verifica-se que a recorrente deseja mais.

Deseja na verdade, que o Poder Judiciário lhe outorgue um alvará de salvo-conduto, para que possa ser chancelado como legítima e legal a própria compensação de créditos dos últimos 10 (dez) anos.

Ora, realmente não poderia o MM. Juízo monocrático admitir viesse o agravante a apropriar-se dos valores de 10 (dez) anos atrás, a título de pretensa "compensação".

Efetivamente, as parcelas anteriores do qüinqüênio do ajuizamento do pedido encontram-se prescritas, não podendo a agravante confundir a prescrição do direito de pleitear restituição de seu crédito, com a prescrição da ação de cobrança do crédito tributário, posto que esse prazo sim, é contado em 5 anos da constituição definitiva do crédito tributário.

Não se pode confundir, como pretende o agravante, o direito contido no art. 173, do CTN (Constituição do crédito tributário) com aquele do art. 174, do CTN, que é ação para cobrança do crédito tributário para a Fazenda Pública e, ainda, com o direito do contribuinte de pleitear a restituição contemplada no art. 168, do CTN.

Por todas essas razões, e também porque a agravante indica como lide principal a "ação competente, objetivando o reconhecimento de seu direito à compensação", ou seja ação nenhuma, não vejo porque reformar a decisão agravada, pela absoluta inexistência de prejuízos.

Comunique-se ao d. Juízo monocrático.

Após, arquivem-se os autos.

Int.

São Paulo, 21 de março de 1996. Marli Ferreira (Juíza Relatora).

JURISPRUDÊNCIA

PRIMEIRO TRIBUNAL DE ALÇADA CIVIL DO ESTADO DE SÃO PAULO

ISS — MUNICÍPIO DE SÃO PAULO — EXERCÍCIO DE 1978-1992 — ILEGITIMIDADE — EMPRESA NÃO PRESTADORA DE SERVIÇOS MÉDICO-HOSPITALARES

Acórdão

***Ementa:** Imposto. ISS. Município de São Paulo. Exercício de 1978 a 1982. Seguridade. Golden Cross. Ilegitimidade. Empresa não prestadora de serviços médico-hospitalares. Embargos á execução julgados procedentes.*

Vistos, relatados e discutidos estes autos de Apelação n. 586.589-4, da Comarca de São Paulo, sendo recorrente o Juízo "ex officio", apelantes e reciprocamente apelados Goden Cross Assistência Internacional de Saúde e a Municipalidade de São Paulo.

Acordam, em Décima Primeira Câmara do Primeiro Tribunal de Alçada Civil, por maioria de votos, negar provimento aos recursos oficial e voluntário da embargada e dar provimento ao recurso da embargante, vencido o Terceiro Juiz, que fará declaração de voto.

Irresignados com o teor da r. sentença (fls.499-502), que julgou procedente os presentes embargos à execução intentada pelo Município de São Paulo, objetivando a cobrança do ISS sobre os serviços pretestados pela Golden Cross Assistência Internacional de Saúde Ltda., referente aos exercícios de 1978 a 1982 — apela a vencida, ratificando os termos de suas posições anteriores, objetivando a inversão do julgado, com a rejeição dos embargos, asseverando que embora os contratos firmados pela embargante guardem semelhança com seguro, constituem-se, na verdade, em prestação de serviços médico-hospitalares, ainda que efetivamente prestados por terceiros. De outra banda, recorre parcialmente a embargante, objetivando a majoração da verba honorária.

Recursos bem processados e respondidos.

É o relatório.

No que tange ao recurso da Municipalidade de São Paulo, improsperável a pretensão irresignativa.

De fato, demonstrou o magistrado, com acuidade, que as atividades da apelada não se enquadram na hipótese enunciada no item IX, do artigo 49, da Lei paulistana n. 6.989/66, com a redação da Lei n. 7.410/69.

A decisão hostilizada, ao perfilhar o fundamento exposto nos Embargos Infringentes n. 352.938, da Terceira Câmara desta

Corte, acolheu corretamente o entendimento de que a recorrida não presta nenhum serviço de assistência médica, até porque, não mantém nenhum hospital, sanatório, ambulatório, pronto-socorro, casa de saúde e similares, não prestando nenhum serviço do ramo da medicina. Em conseqüência, sobre as atividades da recorrida não pode haver incidência do Imposto sobre Serviços.

Ademais, como revelado pela perícia, sem qualquer discrepância do Assistente indicado pela recorrente, a recorrida se limita a assumir obrigação de indenizar o valor da assistência médico-hospitalar, futura e incerta, que terceiros, ou seja, médicos, hospitais, laboratórios, etc., prestem à seus associados. Caracteriza-se, pois, o caráter aleatório, envolvendo risco, tratando-se de seguradora na modalidade do denominado "seguro-saúde", nos termos do que dispõe o artigo 129, do Decreto-lei n. 73, de 1966.

Ao reverso do sustentado nas razões recursais, não cabe aqui, discussão paralela sobre o fato de possuir ou não a recorrida carta-patente; não emitir apólices e nem estar sujeita ao controle da Susep. Além de estranha a relação controvertida, são, referidos documentos, de estrita observância em relação à fiscalização federal.

No caso em tela, opõe-se à apelada, a exigência que lhe faz a Municipalidade de São Paulo, na cobrança de imposto sobre serviços, porque seria prestadora dos serviços "mencionados no inciso IX", da Lista que especifica os serviços de hospitais, sanatórios, ambulatórios, etc.

O vínculo jurídico, bise-se, entre a recorrida e seus clientes, é de seguro-saúde, pois contrata com seus segurados, a obrigação de ressarcir-lhes as despesas que, eventualmente, poderão vir a suportar em decorrência da utilização de serviços médico-hospitalares, recebendo, em contrapartida, uma remuneração mensal, ou seja, o prêmio.

Os julgados acostados às contra-razões recursais, bem demonstram o acerto da decisão.

Por outro lado, pressupor cabível a exigência de ISS sobre prestação de serviços por outrem realizados é despropositado, com ameaça à segurança do direito, desconsiderado o princípio da capacidade contributiva. A lição de José Souto Maior Borges (fls. 547), dirime de vez a questão.

Conforme sustentado (fls. 549), caso fosse válida a tese esposada pela recorrente, ou seja, de que a recorrida deve ISS por serviços médicos-hospitalares que paga à terceiros, convalidar-se-ia a inteligência de que o fato imponível (fato gerador) do ISS é a despesa com serviços e não receita de serviços, contrariando a Constituição Federal, o Código Tributário Nacional e a própria Lei Municipal.

Revelando a verdade formal pois, que: a recorrida não é prestadora de serviços; os fatos por ela realizados, espelhados nos contratos, caracterizam seguro-saúde — outra não poderia ser a decisão de primeiro grau.

Entretanto, no que concerne ao recurso da embargante, a verba honorária devida pela vencida à parte vencedora, não pode, evidentemente, ser inferior àquela que normalmente teria de pagar se lhe fosse adversa a solução do litígio.

Isto posto, nega-se provimento aos recursos oficial e voluntário da embargada e dá-se provimento ao recurso da embargante para fixar a verba honorária em 10% do valor atualizado das execuções.

Presidiu o julgamento, o Juiz Silveira Paulilo e dele participaram os Juízes Ary Bauer e Urbano Ruiz.

São Paulo, 13 de junho de 1996. Melo Colombi (Relator). Urbano Ruiz (vencido, com declaração de voto em separado).

Declaração de Voto Vencido

ISS. Planos de saúde, prestados por empresa que não seja incluída no item 5 desta lista e que se cumpram através de serviços prestados por terceiros, contratados pela empresa ou apenas pagos por esta, mediante indicação do beneficiário do plano. Conceito de serviço. Embargos à execução. Improcedência. Recurso provido.

A autora foi autuada pelo Fisco municipal, que lhe exigia o pagamento de ISS, dando ensejo, então, aos presentes embargos, sob alegação, entre outros fatos, de que não prestas serviços. Apenas contrata com terceiros o pagamento ou reembolso de valores que, eventualmente estes venham a despender em favor de médicos, hospitais, ambulatórios, etc., mediante certa retribuição mensal. Limita-se a assumir o risco de ressarcir (indenizar) despesas (prejuízos) quando e se ocorrerem, no futuro, certos eventos previstos no contrato (despesas com assistência médico-hospitalar), em troca de retribuição mensal (prêmio), tudo consubstanciado em contrato de adesão (apólice); a atividade da autora é, portanto, objeto de contrato aleatório e não comutativo que celebra com terceiros. Dedica-se, pois, à atividade estritamente securitária, no campo do seguro-saúde, tal como enunciado no DL 73/66, arts. 129 e 130. Se terceiros é que prestam os serviços de assistência médico-hospitalar e sobre eles pagam ISS, a atividade da autora, de seguro-saúde, não poderia ser tributada pelo município, impondo-se por conseqüência a anulação das autuações agora questionadas.

A r. sentença julgou procedente a ação, ensejando recurso da Municipalidade, além do oficial, insistindo na improcedência da ação. A Golden Cross também apelou, buscando majoração dos honorários advocatícios.

Não conheço este último recurso, da embargante, porque não recebida em primeiro grau, sem qualquer recurso contra esre despacho, porque intempestiva (fls. 552).

No mais, estou divergindo da douta e esclarecida maioria por entender que a municipalidade tem razão.

O item 6 da lista de serviços anexa à Lei Complementar 56, de 15.12.1987, tributa os serviços de "planos de saúde, prestados por empresa que não seja incluída no item 5 desta lista e que se cumpram através de serviços prestados por terceiros, contratados pela empresa ou apenas pagos por esta, mediante indicação do beneficiário do plano".

No mesmo sentido era o item 9 da tabela anexa a Lei Municipal 9.664, de 1983, alínea *d.*

Entende a autora que sua atividade tem cunho nitidamente securitário, incompatível com os caracteres da prestação de serviços.

Contudo, no nosso ordenamento, segundo a lição de Sergio Pinto Martins, em *Imposto sobre serviços — ISS,* Ed. Atlas, 1992, p. 37, serviço é bem imaterial na etapa da circulação econômica. Prestação de serviços é a operação pela qual a pessoa em troca do pagamento de um preço (preço do serviço), realiza em favor de outra a transmissão de um bem imaterial (serviço). Prestar serviços é bem imaterial, que pode consistir no fornecimento de trabalho, na locação de bens ou na cessão de direitos. Seu pressuposto é a circulação econômica de um bem imaterial, ou melhor, a prestação de serviços, onde se presume um vendedor (prestador de serviços), um comprador (tomador) e um preço (preço de serviço).

O que interessa, no conceito de serviço, é a existência de uma transferência onerosa, por parte de uma pessoa a outra, de um bem imaterial, que se acha na movimentação econômica. Prestam-se, assim, serviços, quando se vende um bem imaterial. Prestam-se serviços, quando se realiza prestação dependente de contrato de transporte, de agência, de depósito, de locação de bens móveis etc.

Tal conceito de serviço, objeto do ISSQN, foi o adotado pela legislação complementar do ordenamento jurídico brasileiro, desde o início da definição do imposto, com o art. 71 do CTN, de 1996, por ex., alcançando a "locação de bens móveis", "a hospedagem", a "guarda de bens" etc.

A prestação de serviços de qualquer natureza é onerada pelo ISSQN, pouco importando o fornecimento, ou não de materiais.

É importante ressaltar que o legislador constituinte, ao realizar a discriminação de rendas tributárias, outorgou aos Municípios tão-somente os "serviços definidos em lei complementar."

A expressão "definição em lei complementar" tem o sentido de elencá-los, de arrolá-los, de decidir quais os serviços tributáveis pelo ISSQN.

Como assentado, aliás, na Apelação 567.538-5, deste Tribunal, entre as mesmas partes, da qual fui relator, se a autora não prestasse serviços, veicularia, por certo, a publicidade estampada a fls. 288 daquele processo, onde diz que é empresa de saúde que oferece 1.144 hospitais, 1.354 laboratórios, 16.659 médicos e etc. É óbvio que a autora contrata esses serviços e os faz circular, repassando-os aos associados, cobrando, em decorrência, o preço combinado.

No contrato juntado a fls. 62, textualmente diz que o objeto do contrato firmado pela Golden Cross com seus clientes é a utilização exclusivamente, nos termos de cobertura e condições nele previstas, de assistência médico-hospitalar, ambulatorial, exames complementares e serviços auxiliares, para eventos mórbidos, aleatórios, independentes da vontade humana, que se possam atingir, posteriores à sua assinatura e inclusão no contrato, pelos diretores, empregados e associados da contratante e seus respectivos dependentes.

Não se pode pretender que exerça atividade securitária, porque como adverte Caio Mário da Silva Pereira, em *Instituições de Direito Civil,* v. III, Forense, 4ª ed., 1995, p. 304, não é livre a exploração de seguros privados. A lei estabelece exigência de capital mínimo, nacionalidade dos sócios, autorização governamental para operar no ramo, condições gerais de funcionamento, depósito inicial de garantia, fiscalização das atividades, etc.

Assim, pelo meu voto, era dado provimento aos recursos para julgar a ação improcedente, investidos os ônus da sucumbência.

JURISPRUDÊNCIA

Primeiro Tribunal de Alçada Civil do Estado de São Paulo

IPTU — BASE DE CÁLCULO — ALÍQUOTA PROGRESSIVA — NÃO ENQUADRAMENTO NAS HIPÓTESES PREVISTAS NO ART. 182, § 4º, DA CF/88 — CARACTERIZAÇÃO DE VERDADEIRO CONFISCO — INCONSTITUCIONALIDADE DECLARADA

***Ementa:** Imposto — Predial e Territorial e Urbano. Base de cálculo. Alíquota progressiva. Não enquadramento nas hipóteses previstas ao art. 182, § 4º, da Constituição Federal. Caracterização de verdadeiro confisco. Inconstitucionalidade declarada.*

Acórdão

Vistos, relatados e discutidos estes autos de Argüição de Inconstitucionalidade n. 498.328-0/1 da Comarca de São Paulo, sendo arguente Colenda Segunda Câmara do Egrégio Primeiro Tribunal de Alçada Civil, argüido Colendo Órgão Especial do Egrégio Primeiro Tribunal de Alçada Civil e interessados Ivo Zarzur, Waldomiro Zarzur, Minicipalidade de São Paulo e Diretor do Departamento de Rendas Imobiliárias da Secretaria das Finanças do Município de São Paulo.

Acordam, em Órgão Especial do Primeiro Tribunal de Alçada Civil, por maioria de votos, declarar a inconstitucionalidade.

Ivo Zarzur e Waldomiro Zarzur apelam da r. sentença denegatória da segurança por eles impetrada contra ato do Sr. Diretor do Departamento de Rendas Imobiliárias da Secretaria das Finanças do Município de São Paulo, alegando, em resumo, a inconstitucionalidade da progressão das alíquotas do tributo lançado, prevista na Lei Municipal n. 10.921/90. Além disso, aumentou-se a base de cálculo acima da inflação. E a aplicação da TR e TRD como índice de correção monetária é ilegal. Demais disso, utilizou-se para as taxas a mesma base de cálculo do imposto. Por outro lado, a progressão tem caráter confiscatório.

Há contra-razões para manter-se a r. sentença.

A Douta Procuradoria de Justiça opinou pelo desprovimento do recurso e rejeição da argüição de inconstitucionalidade.

É o relatório.

O Egrégio Órgão Especial deste Tribunal, por maioria, houve por bem declarar a inconstitucionalidade do art. 7º, da Lei n. 6.989, de 29.12.66, alterado pela Lei n. 10.921, de 31.12.90, que instituiu alíquotas progressivas para o Imposto Predial e Territorial Urbano do Município de São Paulo. E o fez pelos motivos constantes no V. Acórdão de fls. 282-287, que deste passam a fazer parte integrante:

"O *punctum saliens* da questão está em se saber se os arts. 156, inciso I, § 1º e 182, § 4º, ambos da Constituição da República

Federativa do Brasil, tratam de hipóteses diversas, ou não. E a resposta parece óbvia: ambos disciplinam a mesma matéria, a progressividade do Imposto Predial e Territorial Urbano. E esta progressividade, nos termos constitucionais, tem como finalidade assegurar o cumprimento da função social da propriedade, ou seja, deve obrigatoriamente atender ao art. 5º, inciso XXIII, da Carta Magna.

"Mas, como conceituar a função social da propriedade? A função social da propriedade tem caráter dinâmico, evolutivo, pois muda de acordo com as próprias alterações que vierem a surgir na estrutura da sociedade. Por outras palavras, são os reclamos da sociedade que ditam as regras definidoras do caráter social da propriedade. Dessa forma, sua conceituação definitiva, acabada é tarefa difícil. A Constituição da República Federativa do Brasil atribuiu este encargo à lei complementar, nos termos do seu art. 148, inciso III, letra "a".

"Porém, sabemos que atualmente a função social da propriedade, em harmonia com a fruição individual do bem, está relacionada ao seu caráter econômico-produtivo, visando eliminar da sociedade os imóveis que, dessa forma, considera improdutivos e ociosos. Para atendimento desta finalidade, qual seja, coibir o uso degenerado, especulativo da propriedade mecanismos de proteção social foram criados pelo constituinte, nos quais se insere a progressividade do IPTU. Daí por que, somente quando houver o descumprimento da função social da propriedade, incidirá a progressividade do imposto em questão, como sanção a tal comportamento. E, é o art. 182, § 4º mencionado, que estabelece em que condições a progressividade se verificará, a saber: quando não edificado, quando subutilizado, ou não utilizado o solo urbano; existência de um plano diretor aprovado pela Câmara Municipal que estabeleça as exigências fundamentais de ordenação da cidade; obediência aos termos da lei federal. Demais disso, a progressividade incidirá pelo período em que permanecer o mau uso da propriedade, como forma de coagir o proprietário a utilizar seu bem de forma produtiva à sociedade da qual participa.

"Dessa forma, o § 1º do citado art. 156, da Constituição da República Federativa do Brasil, ao referir-se à progressividade das alíquotas do IPTU, nada mais fez do que frisar esta possibilidade em capítulo relativo ao Sistema Tributário Nacional, já que tal tema é disciplinado pelo mencionado art. 182, que se insere no capítulo da Política Urbana. E, como é do conhecimento de todos, a lei não contém palavras inúteis.

"Conseqüentemente, a instituição de alíquotas progressivas ao IPTU pela Lei n. 10.921/90, contraria as exigências constitucionais acima referidas, pois não se trata de descumprimento da função social da propriedade ensejando tal penalidade. Além disso, o próprio imposto, tendo como base de cálculo o valor venal do imóvel, já estabelece uma progressão de valores a sua exigência, visto que os imóveis que possuirem valor venal elevado, pagarão imposto maior. Isso porque o IPTU é tributo de caráter real, não pessoal, e sua graduação considera o imóvel tributado e não a pessoa que o possui, sendo, pois, atendidos os princípios da capacidade contributiva do contribuinte e da igualdade tributária.

"Outra não é a lição de Ives Gandra Martins:

> 'O IPTU apenas poderá ser progressivo, como penalidade, em relação aos imóveis que não cumprirem sua função social. A expressão 'assegura', utilizada pelo constituinte, não oferta margem de dúvida. A propriedade que cumpre sua função social está, automaticamente, fora da incidência de um imposto municipal progressivo.
>
> 'Alguns autores procuram encontrar no § 1º do art. 145 da Constituição Federal fundamentos para a introdução da progressividade a partir da inteligência de que a graduação do tributo, de acordo com a capacidade econômica do contribuinte, o permitiria.
>
> 'A interpretação peca por reduzir o espectro do § 1º apenas à progressividade. Há outras formas de graduação da capacidade econômica que não pela progressividade, o que ocorre com a seletividade, por exemplo. Indiretamente a seletividade é forma de graduar a capacidade econômica do contribuinte no pagamento do tributo. Se se tributa um Mercedez Benz, na importação, por um valor superior ao Chevette nacional, a graduação é seletiva, objetivando não apenas proteger a indús-

"tria nacional, mas só permitir que o pague, na aquisição dos bens, quem tenha capacidade econômica para fazê-lo' (*Comentários à Constituição do Brasil*, Ed. Saraiva, São Paulo, 6º v., t. I, pp. 548-549).

"Aliás, a progressão de alíquotas caracteriza-se em verdadeiro confisco, expropriação do bem, pois leva à tributação excessiva do imóvel a ponto de ser insuportável ao contribuinte e incompatível com a própria finalidade do imposto."

Posto isso, declaram a inconstitucionalidade do art. 7º, da Lei n. 6.989, de 29.12.66, alterado pela Lei n. 10.921, de 30.12.90, do Município de São Paulo, que instituiu a progressividade das alíquotas do Imposto Predial e Territorial Urbano.

Presidiu o julgamento, com voto, o Juiz Paulo Bonito Jr. (vencido) e dele participaram os Juízes Carlos Roberto Gonçalves, Octaviano Lobo, De Santi Ribeiro (vencido), Castilho Barbosa (vencido), André Mesquita, Ferraz Nogueira, Elliot Akel (vencido), Silvio Marques Neto (vencido), Evaldo Veríssimo (vencido), Nivaldo Balzano (vencido), Maurício Ferreira Leite, Aloísio Toledo Cesar, Carlos Alberto Hernandez, Carlos Paulo Travain, Fernando Pupo, Mário Álvares Lobo (vencido), Alberto Tedesco, Carlos Bittar, Joaquim Garcia (vencido), Ribeiro de Souza e Sidnei Beneti.

São Paulo, 22 de junho de 1995. Rodrigues de Carvalho (Relator). Ferraz Nogueira (vencedor, com declaração de voto em separado). Elliot Akel (vencido com declaração de voto em separado).

[Declaração de novo vencedor]

Também acompanho a douta maioria. Sem embargos da respeitável fundamentação dos votos minoritários, o art. 7º da Lei da Lei Municipal n. 6.989/66, alterado pela Lei Municipal n. 10.921, de 30 de dezembro de 1990, ressente-se de evidente inconstitucionalidade quanto ao Imposto Predial e Territorial Urbano (IPTU).

Inafastável, aliás, o argumento de que esse tributo, quando progressivo no tempo, decorre unicamente de seu caráter sancionatório. Sua admissibilidade, portanto, depende de lei federal, mas essa ainda não foi promulgada, conforme exigido pelo art. 182, § 4º, da Constituição Federal de 1988.

Para aplicação dessa pena torna-se, assim, indispensável — além do esclarecimento legal do que seja a função social da propriedade —, a existência de um "Plano Diretor" e de prévio processo administrativo, a fim de que se possa aferir as razões que venham justificá-la, apurando-se, desse modo, eventual não edificação, ou a subutilização (inadequada utilização), ou, ainda, a não utilização, de qualquer forma, do imóvel urbano (art. 182, § 4º, II, da CF/88).

Sem a comprovação de que o contribuinte está objetivando meramente manter a propriedade para fins especulativos, onde, por presunção óbvia, estaria relegando a função social da propriedade e postergando o bem-estar da população, como melhor será definido em lei (art. 182, § 4º, inciso II, c/c arts. 156, § 1º, e 5º, incisos XXII e XXIII, da CF/88), descabe a aludida progressividade no tempo, pois, do contrário, simplesmente tributando mais os imóveis e prédios de maior valor, aleatoriamente, se estará olvidando o supremo princípio justiça tributária.

Além do mais, é certo que a Municipalidade de São Paulo procurou, através dessa norma tributária, atender a uma pretensão de caráter ideológico, obstando a riqueza individual, atitude esta incompatível com o espírito norteador da Carta Magna de 1988. E o mesmo veio ocorrer, aliás, em lei posterior (Lei Municipal n. 11.152, de 30.12.91), que se estaria visando, confessadamente, arrecadar mais, a fim de que "a tarifa dos transportes coletivos resultasse em custo zero". Como registrado nos jornais da época, esse IPTU foi denominado pela Administração de então, como "operação

Robin Hood", porque pretendeu "tirar dos ricos para dar aos pobres".

A norma tributária municipal veio também infringir o princípio da isonomia tributária, resultando tal progressividade em tratamento desigual e injustificado entre contribuintes que até poderiam estar, em princípio, em igualdade de condições (art. 150, II, da CF/88).

E se a pretendida progressividade do IPTU fosse alicerçada no § 1º do art. 145 da Carta Magna Federal — sob a equivocada alegação de que se trata de "tributo pessoal" —, mesmo assim, a norma tributária resultou em presumida graduação da capacidade econômica do contribuinte, só pelo valor do imóvel individualmente tributado. Deixou de realizar a efetiva identificação do contribuinte — "respeitados os direitos individuais e nos termos da lei" —, sem aferir seu patrimônio, seus rendimentos e sua atividade econômica, como exige a norma constitucional. Daí, também, por esse aspecto, o descabimento da aplicação de alíquotas diversas, só com base no maior ou menor valor do imóvel tributado.

Na realidade, cumpre observar, "rigorosamente falando, *capacidade econômica* seria apenas o *grau de riqueza*; *entretanto*, ao mencionar a '*capacidade econômica do contribuinte*', o texto constitucional faz da *capacidade econômica sinônimo de capacidade contributiva*, ou seja, *de capacidade de contribuir* para o todo, por meio dos impostos que paga, levando-se em conta não só a riqueza, mas também *condições pessoais* (*situação familiar, dependentes, etc*)" (grifei) (cf. Manoel Gonçalves Ferreira Filho, *Comentários à Constituição Brasileira de 1988*, Saraiva, 1994, v. 3, p. 93), o que foi notoriamente olvidado nessa norma tributária do Município de São Paulo.

Assente, ademais, que essa "progressão de alíquotas caracteriza-se em verdadeiro confisco, expropriação do bem, pois leva à tributação excessiva do imóvel a ponto de ser insuportável ao contribuinte e incompatível com a própria finalidade do imposto" (cf. Apelação n. 497.468/5, de São Paulo, in *Lex-JTACSP* 139/141). Enseja venha o contribuinte perder parte substancial do valor do bem em proveito do Poder Público (art. 150, IV, da CF/88). E, com isso, se transformaria o "poder de tributar" — segundo observação de Marshall — no inconcebível "poder de destruir" (cf. Aliomar Baleeiro, *Limitações constitucionais ao poder de tributar*, Forense, 5ª ed., 1977, p. 267).

Por essas razões, que venho aditar aos fundamentos do voto do eminente Juiz relator, também declaro a inconstitucionalidade do art. 7º da Lei n. 6.989/66, alterado pela Lei n. 10.921/90, do Município de São Paulo.

É o meu voto. Antonio de Pádua Ferraz Nogueira.

Declaração de voto vencido

Colocou-se em discussão, uma vez mais, o tema relativo à progressividade do IPTU, acerca do qual já se manifestaram reiteradamente as diversas Câmaras neste Tribunal.

Ousei divergir da douta maioria que se formou no Órgão Especial por ocasião do julgamento da Argüição de Inconstitucionalidade do artigo 7º da Lei Municipal n. 6.989/66 com a redação que lhe foi dada pela Lei Municipal n. 10.921, de 30 de dezembro de 1990, que instituiu alíquotas progressivas para o Imposto Predial e Territorial Urbano do Município de São Paulo e o fiz pelas razões expostas em vários acórdãos de que fui relator, da Primeira Câmara deste Tribunal, dentre eles aquele proferido na Apelação n. 524.504/5 (julg. 21.11.94, v.u.).

Ainda na vigência da Constituição anterior, a Colenda Sexta Câmara deste Tribunal teve oportunidade de se manifestar acerca da questão, através de acórdão de que foi relator o eminente Juiz Augusto Marin, assinalando que "o critério de variação do imposto territorial, tendo em conta as especiais características de alguns lotes de terreno, é marcado por evidente caráter objetivo e atende a relevante finalidade social da propriedade" para concluir que a progressividade é perfeitamente admissível em nosso direito tributário (*Julgados*, Ed. RT, v. 97/147). Transcreveu-se, naquele aresto, excerto de voto vencido proferido pelo eminente Ministro Aliomar Baleeiro em julgamento no Excelso Pretório:

"Há mais de 80 anos, Rui, no Relatório do Ministro da Fazenda (1891), já defendia a tributação enérgica dos lotes baldios e das casas arruinadas, em prol da construção de novos edifícios e aproveitamento racional da terra urbana. E cita tentativas ainda no regime monárquico num século avesso a intervenção do Estado. Com mais razão, desde a Constituição Federal de 1934, até a atual, pois todas elas expressam 'a função social da propriedade' (EC 1/69, art. 160, III), bem longe do *ius utende et abutende* da tradição romana".

É certo que, apesar de os anteriores textos constitucionais consagrarem a função social da propriedade, silenciaram a respeito da progressividade do imposto territorial, seja para autorizá-lo, seja para proibí-lo.

A partir da Constituição de 1988, contudo, alterou-se tal situação, na medida em que o artigo 156, depois de estabelecer, no *caput*, que compete aos municípios instituir impostos sobre a propriedade predial e territorial urbana (inciso I), estatuiu, em seu § 1º, de forma expressa, que "o imposto previsto no inciso I poderá ser progressivo, nos termos de lei municipal, de forma a assegurar o cumprimento da função social da propriedade".

Ora, se quando ainda não existia expressa previsão constitucional da progressividade esta era admitida, *a fortiori ratione*, há que admiti-la agora, quando a ela se refere de modo direto a lei fundamental.

Diga-se, agora, que o constituinte, no caso do IPTU, não condicionou a aplicação da progressividade à definição, por lei federal, do alcance e sentido da expressão "função social". A permissão de progressão de progressão foi dada para que sua regulação se fizesse "nos termos da lei municipal". Vale dizer, a Constituição já definiu qual a célula federativa competente para regular a matéria.

Análise sistemática do texto constitucional vigente revela que em todas as hipóteses em que pretendeu cometer a questão à lei infraconstitucional, complementar ou não, o fez expressamente, através de expressões inequívocas como, *v.g.*, "na forma da lei", "nos termos da lei", "a lei estabelecerá", "a lei assegurará", "a lei regulará", "a lei definirá," "a lei determinará", etc.

Portanto, é a lei municipal, tendo como filosofia e pressuposto básico assegurar o cumprimento da função social da propriedade, que tem competência para dispor sobre a progressividade do IPTU.

A definição de função social da propriedade, na realidade, já veio expressa na própria norma constitucional, situação esclarecida por José Afonso da Silva, ao escrever que

"É o imposto sobre propriedade predial e territorial urbana (art. 156, I), que representa o gravame fiscal da propriedade imóvel, com ou sem edificação, localizada na zona urbana ou com destinação urbana. Poderá ser progressivo, nos termos da lei municipal, de forma a assegurar o cumprimento da função social da propriedade. A progressividade prevista no art. 156 é genérica e pode ser estabelecida com base em critérios diferentes do estabelecido no art. 182, § 4º, que é vinculado à situação específica ali indicada, em que a aplicação da progressividade constitui sanção pelo não atendimento de regular e específica exigência do Poder Público Municipal". (in *Curso de Direito Constitucional Positivo*, 6ª ed., RT, p. 606).

Conveniente, nesse ponto, assinalar que a hipótese de progressividade a que alude o artigo 156, § 1º do Texto Constitucional, é de natureza fiscal e objetivo, distinguindo-se daquela decorrente do artigo 182, § 4º da Constituição, a denominada progressividade no tempo, que tem caráter extrafiscal. Apenas nessa segunda hipótese é que se exige, para sua implementação, a concorrência de duas condições básicas: que o Poder Público Municipal edite lei específica para área incluída no plano diretor e anterior promulgação de lei federal regulamentando a hipótese.

Em suma, a Lei Municipal 10.921/90, que estabeleceu a progressividade de acordo com os valores venais dos imóveis, encontra seu fundamento de validade no artigo 156, § 1º, da Constituição Federal, pelo que não há como reconhecer sua inconstitucionalidade e a conseqüente ilegalidade dos lançamentos com base nela realizados.

Diga-se, agora, que a imposição de qualquer tributo importa em diminuição do patrimônio, o que não leva, contudo, à conclusão de que a incidência de alíquotas progressivas implica em verdadeiro confisco. O imposto lançado pode até sofrer acentuada elevação, considerando-se o valor lançado em exercícios anteriores, mas de confisco somente se poderia cogitar se o imposto cobrado expressasse valor exorbitante, que viesse a exceder a própria utilidade do imóvel, acabando por absorver o valor da propriedade, o que só pode ser examinado em cada caso.

Oportuno, pela profundidade de seus conceitos, que se transcrevam aqui as observações contidas no brilhante acórdão de lavra do eminente Juiz Franklin Nogueira, proferido no julgamento da Apelação n. 481.474/6 (8ª Câmara, julg. 23.3.94, v.u.), em que também se abordou a questão da progressividade das alíquotas do Imposto Predial e Territorial Urbano:

> "(...) 3.1 O direito de propriedade, que nos primórdios era, no dizer de Pacchioni, 'una signoria piena e ideale di una persona sopra una cosa' (Washington de Barros Monteiro, *Curso de Direito Civil*, Saraiva, v. 3, p. 86), experimentou evolução através dos tempos, predominando, na atualidade, a concepção de sua função social. Função social esta que não pode ser vista como mero limite a seu exercício, mas sim como princípio básico a influir em seu conteúdo, integrando mesmo sua estrutura.

O civilista Orlando Gomes já observou que 'no direito moderno, o primado do interesse público ganhou ênfase, influindo no próprio conceito de propriedade. As limitações fundadas nesta supremacia multiplicam-se dia a dia, alargando-se o conceito de interesse público a ponto de se confundi-lo com o interesse coletivo no mais amplo sentido da alocução' (*Direitos Reais*, Forense, p. 111).

A nova ordem constitucional, instaurada em outubro de 1988, reafirma essa idéia ao caracterizar esta função social como elemento da estrutura e do regime jurídico da propriedade.

De fato, o emérito constitucionalista José Afonso da Silva, discorrendo sobre o fundamento constitucional do direito de propriedade, à luz da Constituição de 1988, assinala que 'o regime jurídico da propriedade tem seu fundamento na Constituição. Esta garante o direito de propriedade, desde que este atenda sua função social. Se diz: é garantido o direito de propriedade (art. 5º, XXII), e a propriedade atenderá sua função social (art. 5º, XXIII), não há como escapar ao sentido de que só garante o direito de propriedade que atenda sua função social'. E completa, mais adiante: 'Esse conjunto de normas constitucionais sobre a propriedade denota que ela não pode mais ser considerada como um direito individual nem como instituição do Direito Privado. Por isso, deveria ser prevista apenas como uma instituição da ordem econômica, como instituição de relações econômicas, como nas Constituições da Itália (art. 42) e de Portugal (art. 62)' (*Curso de Direito Constitucional Positivo*, RT, 6ª ed., p. 239).

Realmente, não mais se concebe, nos dias atuais, o direito de propriedade dissociado desta função social.

Função social que não se confunde, no dizer de José Afonso da Silva, 'com os sistemas de limitação da propriedade. Estas dizem respeito ao exercício do direito, ao proprietário; aquela, à estrutura do direito mesmo, à propriedade' (ob. cit., p. 249).

Isto se torna mais claro quando a Constituição Federal, ao cuidar da tributação da propriedade imobiliária e da política urbana, traça diretrizes ao legislador ordinário, vinculando-o à função social da propriedade. Assim, como instrumento de política tributária, admite a progressividade do IPTU desde que para assegurar o cumprimento da função social da propriedade (art. 156, § 1º). E, como instrumento de política urbanística, permite apenar com esta mesma progressividade, os imóveis que desrespeitarem norma do Plano Diretor relativa ao seu adequado aproveitamento.

3.2 Ao município compete, dentre outras coisas, instituir e arrecadar tributos de sua competência, e promover o adequado ordenamento territorial, com planejamento e controle de seu uso (CF, art. 30, III e VIII).

Como se sabe, o moderno Direito Tributário vê o tributo não só como fonte de receita, mas também como instrumento para atingir fins político-sociais. É a chamada extra-fiscalidade do tributo, que representa, na lição do saudoso Hely Lopes Meirelles, 'a utilização do tributo como meio de fomento ou de desestímulo a atividades reputadas convenientes ou inconvenientes à comunidade. É ato de política fiscal, isto é, de apoio de governo para o atingimento de fins sociais, através da maior ou menor imposição tributária' (*Direito Municipal Brasileiro*, RT, 5ª ed., p. 150).

Completa ele, mais adiante, que 'quando o município majora o imposto territorial urbano dos terrenos não construídos na zona central da cidade, não tem em vista, precipuamente, aumentar a arrecadação, mas sim, compelir os proprietários à edificação' (ob. cit., p. 151), assinalando, ainda, que 'pode e deve ser agravado o imposto relativamente aos terrenos baldios centrais, para compelir os proprietários a edificar, evitando-se o desnecessário espraiamento da cidade, sempre prejudicial aos serviços públicos, do mesmo modo como pode e deve ser agravado o incidente sobre edificações além de uma determinada área construída, quando o que se deseja é coibir o aumento populacional de zona já saturada. A esse propósito, já decidimos, em sentença confirmada pelo Tribunal de Justiça Estado de São Paulo, pela constitucionalidade de imposição progressista do imposto territorial urbano, da periferia para o centro da cidade' (ob. cit., p. 159).

Neste mesmo diapasão, já escreveu Ives Gandra Martins da Silva, antes da vigência da Constituição de 1988, que 'o IPTU não deve ser um imposto instituído com fins meramente arrecadatórios, mas, sobretudo, com o fito de servir como valioso subsídio de um regular e ordenado crescimento da cidade' (*Manual do Imposto Sobre a Propriedade Predial e Territorial Urbana*, RT, 1985, p. 121).

3.3 Como já foi dito, a Constituição Federal de 1988 vale-se da função social da propriedade como diretriz ao legislador ordinário, tanto em matéria de política tributária, como de política urbanística.

Assim é que permite a adoção, através de lei local, de IPTU progressivo 'de forma a assegurar a função social da propriedade' (art. 156, § 1º). Esta regra, típico instrumento de política tributária, está inserida no capítulo relativo ao sistema tributário nacional.

Já em capítulo relativo à política urbana, estabelece a possibilidade de fixação, pelos municípios, através de lei, de diretrizes gerais para ordenar o pleno desenvolvimento das funções sociais da cidade e garantir o bem-estar de seus habitantes, através de Plano Diretor, facultando, ainda, a exigência, para determinadas áreas incluídas neste Plano Diretor, do proprietário do solo urbano não edificado, subutilizado ou não utilizado, que promova seu adequado aproveitamento. E, dentre as penalidade previstas para o descumprimento desta norma, prevê 'imposto sobre a propriedade predial e territórial urbana progressivo no tempo'.

Por ai se percebe que o art. 156, § 1º, que prevê a progressividade deste tributo, nenhuma relação guarda com este art. 182 e seu parágrafos.

São duas situações absolutamente distintas.

O primeiro constitui instrumento de política tributária do município, a ser utilizado com caráter geral. O segundo, instrumento de política urbana, aplicável apenas àqueles que descumprirem norma do Plano Diretor, deixando de promover o adequado aproveitamento do solo urbano.

Nítido o caráter punitivo da regra do § 4º do art. 182. Veja-se a expressão ali utilizada pelo legislador constituinte: 'sob pena, sucessivamente, de: (...)'. E seguem-se as penalidades: 'I — parcelamento ou edificação compulsórios; II — imposto sobre a propriedade predial e territorial urbana progressivo no tempo; III — desapropriação com pagamento mediante títulos da dívida pública (...)'

Mais ainda, este dispositivo constitucional alude a uma progressividade temporal. Ou seja, enquanto o proprietário não cumprir a norma do Plano Diretor, promovendo o adequado aproveitamento do solo de seu imóvel, verá a alíquota daquele tributo ser elevada ano a ano.

Assim, uma coisa é a possibilidade de instituição, como medida de caráter geral, do IPTU progressivo, através de lei, para assegurar o cumprimento da função social da propriedade, e outra é estabelecer esta mesma progressividade, temporal, como punição, em casos específicos, para o não cumprimento de diretrizes do Plano Diretor, como instrumento de política urbana.

De fato, 'o constituinte preocupou-se com a política urbana, a ponto de dedicar-lhe um capítulo, cujas normas traçam o perfil da propriedade imóvel urbana, sempre sob a epígrafe da função social, que na hipótese está vinculada à adequação do bem de raiz às atividades urbanas básicas. Para esse fim a norma constitucional impõe a edificação e boa utilização do imóvel urbano, prevendo sanções sucessivas que alcançam o ápice com a expropriação do bem' (José Acir Lessa Giordani, "Propriedade imóvel: seu conceito, sua garantia e sua função social na nova ordem constitucional", artigo publicado na *RT* 669/47).

Corrobora esse entendimento a lição de José Afonso da Silva: 'a progressividade prevista no art. 156 é genérica e pode ser estabelecida com base em critérios diferentes do estabelecido no art. 182, § 4º, que é vinculado à situação específica ali indicada, em que a aplicação da progressividade constitui sanção pelo não atendimento de regular e específica exigência do Poder Público Municipal' (ob. cit., p. 606).

Do mesmo pensar o Prof. Geraldo Ataliba, expresso em parecer publicado no *DOM* de 1.12.1990: 'Prevê-se alíquota maior para terrenos e menor para edificações, com o lícito intuito de induzir e estimular o aproveitamento dos equipamentos urbanos existentes. Tal extrafiscalidade não se insere na área do art. 182, § 4º, da Constituição. Ela sempre existiu na legislação municipal brasileira. É tradicional em São Paulo. O art. 182 não modificou o quadro tradicional. Apenas agregou-lhe a previsão de novos e mais drásticos instrumentos de disciplina urbanística, inclusive sancionatório (art. 182, § 4º, II). Nítida a sanção punitiva, talvez questionável na ausência desses preceitos constitucionais inovadores'.

Wolgran Junqueira Ferreira, por seu turno, comentando este art. 156, § 1º, afirma que 'o imposto predial e territorial urbano poderá ter alíquota progressiva fixada em lei municipal. A finalidade da progressão é assegurar o cumprimento da função social da propriedade. Quer isto dizer, que os terrenos baldios localizados em zonas que tenham todos os equipamento urbanos paguem muito mais que um simples terreno localizado na periferia. A obrigatoriedade de construção de calçadas e muros, sob pena de incidência de alíquota superiores, no sentido de evitar que os terrenos sejam destinados a especulação imobiliária. Ou o proprietário constrói ou vende para que outro possa construir, deve ser o direcionamento do imposto territorial urbano' (*Comentários à Constituição de 1988*, Julex, v. 2, p. 903).

3.4 Sob a égide da Constituição anterior, que não contemplava, de modo expresso, a hipótese, este Tribunal, em acórdão relatado pelo então Juiz Souza Lima, sufragou a legalidade deste procedimento: 'não resta dúvida de que o Município pode e deve dispor sobre o ordenamento urbano, por se tratar de questão de seu peculiar interesse, dando à propriedade um conceito social e, com isso, estabelecer alíquota progressiva do imposto para terrenos vagos, de acordo com a área' (*RT* 611/107). O que se acoimou de ilegal, neste acórdão, foi o estabelecimento de um adicional a penalizar os proprietários de terrenos acima de determinadas áreas.

Assim, se ao tempo da Constituição anterior era lícito aos Municípios, através de lei, estabelecer alíquotas progressivas para este tributo, sem qualquer condicionamento constitucional, o mesmo não ocorre no momento atual. A Carta Magna de 1988, como já foi visto, condiciona esta progressividade como forma de assegurar o cumprimento da função social da propriedade.

No regime constitucional atual, portanto, a progressividade do IPTU somente pode ser instituída para assegurar a função social da propriedade, função social que, no dizer de José Afonso da Silva, 'transforma a propriedade capitalista, sem socializá-la. Condiciona-a como um todo, não apenas seu exercício, possibilitando ao legislador entender com os modos de aquisição em geral ou com certos tipos de propriedade, com seu uso, gozo e disposição. Constitui, como já se disse, o fundamento do regime jurídico da propriedade, não de limitações, obrigações e ônus que podem apoiar-se — e sempre se apoiaram — em outros títulos de intervenção, como a ordem pública ou a atividade de polícia. A função social, assinala Pedro Escribano Collado, 'introduziu na esfera interna do direito de propriedade, um interesse que pode não coincidir com o do proprietário e que, em todo caso, é estranho ao mesmo', constitui um princípio ordenador da propriedade privada e fundamento da atribuição desse direito, de seu reconhecimento e da sua garantia mesma, incidindo sobre seu próprio conteúdo' (ob. cit., pp. 250-251).

Desta forma, não se questiona a legalidade da progressividade do IPTU, desde que instituída por lei, 'de forma a assegurar o cumprimento da função social da propriedade'."

Por tais razões, meu voto não declarava a inconstitucionalidade argüida. Elliot Akel.

Impressão e acabamento
Gráfica e Editora FCA
Tel. (011) 419-0200

RDT 68

CADERNOS DE DIREITO TRIBUTÁRIO: **LAS FACULTADES DE LA ADMINISTRACIÓN EN MATERIA DE DETERMINACIÓN DE TRIBUTOS** — José J. Ferreiro Lapatza • **DISCREZIONALITÀ DELL'AMMINISTRAZIONE NELL'ACCERTAMENTO TRIBUTARIO** — Andrea Amatucci • **COMPENSAÇÃO DOS PREJUÍZOS FISCAIS ACUMULADOS DO IMPOSTO SOBRE A RENDA E A INCONSTITUCIONALIDADE DA LIMITAÇÃO DE 30% PRESCRITA NA LEI N. 8.981/95** — Paulo de Barros Carvalho • **FACULDADES DA ADMINISTRAÇÃO EM MATÉRIA DE LANÇAMENTO TRIBUTÁRIO** — Alcides Jorge Costa • **AS LIMINARES E O DIREITO DE LANÇAR TRIBUTO** — Hugo de Brito Machado • **ICMS — TRANSFERÊNCIA ENTRE ESTABELECIMENTOS DO MESMO CONTRIBUINTE — DIREITO AO APROVEITAMENTO DOS CRÉDITOS — COMPENSAÇÃO — AUTONOMIA DAS OPERAÇÕES** — Aires Fernandino Barreto • **ICMS — ANÁLISE DA CONSTITUCIONALIDADE DA VINCULAÇÃO DA RECEITA TRIBUTÁRIA PREVISTA NA LEI ESTADUAL N. 6.556/89** — Eros Roberto Grau • **O REGIME ESPECIAL DO ICMS** — Heron Arzua • **INTELIGÊNCIA DO ART. 155, § 2º, INC. IV, DA CONSTITUIÇÃO FEDERAL — COMPETÊNCIA EXCLUSIVA DO SENADO FEDERAL DE FIXAÇÃO DAS ALÍQUOTAS INTERESTADUAIS DO ICMS — CONSTITUCIONALIDADE DO PROJETO DE RESOLUÇÃO N. 113/96 DO SENADO FEDERAL QUE AS FIXA PARA A NAVEGAÇÃO AÉREA NO PRESSUPOSTO DE CONSTITUCIONALIDADE DA LEI COMPLEMENTAR N. 87/96 PARA REGULAMENTAÇÃO DESSA INCIDÊNCIA — PARECER** — Ives Gandra da Silva Martins • **DIREITO CONSTITUCIONAL TRIBUTÁRIO COMPARADO: BRASIL E ESPANHA** — Diego Marín-Barnuevo Fabo e José Roberto Vieira • **FACULDADE DA ADMINISTRAÇÃO NA DETERMINAÇÃO DE TRIBUTOS (LANÇAMENTO E LIQUIDAÇÃO)** — Aurélio Pitanga Seixas Filho • **A CONTRIBUIÇÃO AO PASEP E SUAS IMPLICAÇÕES COM O ART. 173 DA CONSTITUIÇÃO FEDERAL** — Reinaldo Pizolio • **CRÉDITO PRESUMIDO DE IPI, INSTITUÍDO EM BENEFÍCIO DO PRODUTOR EXPORTADOR DE MERCADORIA NACIONAL, OU, NA IMPOSSIBILIDADE DE SEU APROVEITAMENTO, O RESSARCIMENTO EM MOEDA CORRENTE, AMBOS COMO MODALIDADE DE "INDENIZAÇÃO FISCAL" PELO PAGAMENTO DE EXCESSIVAS CONTRIBUIÇÕES SOCIAIS (DESTINADAS AO PIS/PASEP E COFINS), INCIDENTES SOBRE OS INSUMOS UTILIZADOS NO PROCESSO PRODUTIVO — INTERPRETAÇÃO E ALCANCE DA NORMA JURÍDICA — LEI FEDERAL N. 9.363/96** — Edison Araújo Peixoto • **ICMS — SUBSTITUIÇÃO TRIBUTÁRIA — BASE DE CÁLCULO — LEI COMPLMENTAR N. 87/96 — PREÇO DE VENDA SUGERIDO — ADMISSIBILIDADE PERANTE AS LEIS TRIBUTÁRIAS E DE DEFESA DO CONSUMIDOR** — J. A. Lima Gonçalves • *CONFERÊNCIAS E DEBATES*: **LA IMPOSICIÓN A LAS RENTAS DE LAS EMPRESAS EN LOS PROCESOS DE INTEGRACIÓN** — Ramon Falcon y Tella (Rel. Geral do Tema na XVIII Jornada Latino-Americana de Direito Tributário) • **FACULDADES DA ADMINISTRAÇÃO NO LANÇAMENTO TRIBUTÁRIO** — Paulo de Barros Carvalho (Rel. Geral do Tema na XVIII Jornada Latino-Americana de Direito Tributário) • **A PROGRESSIVIDADE DO ITBI (SISA)** — Aires Fernandino Barreto • *NOTAS E COMENTÁRIOS*: **IPI — PRINCÍPIO DA NÃO-CUMULATIVIDADE — CRÉDITO RELATIVO A INSUMOS ISENTOS** — Marcelo Paulo Fortes de Cerqueira • **ICMS — CRÉDITO — CORREÇÃO MONETÁRIA** — Paulo Ayres Barreto • ***JURISPRUDÊNCIA***

MALHEIROS EDITORES